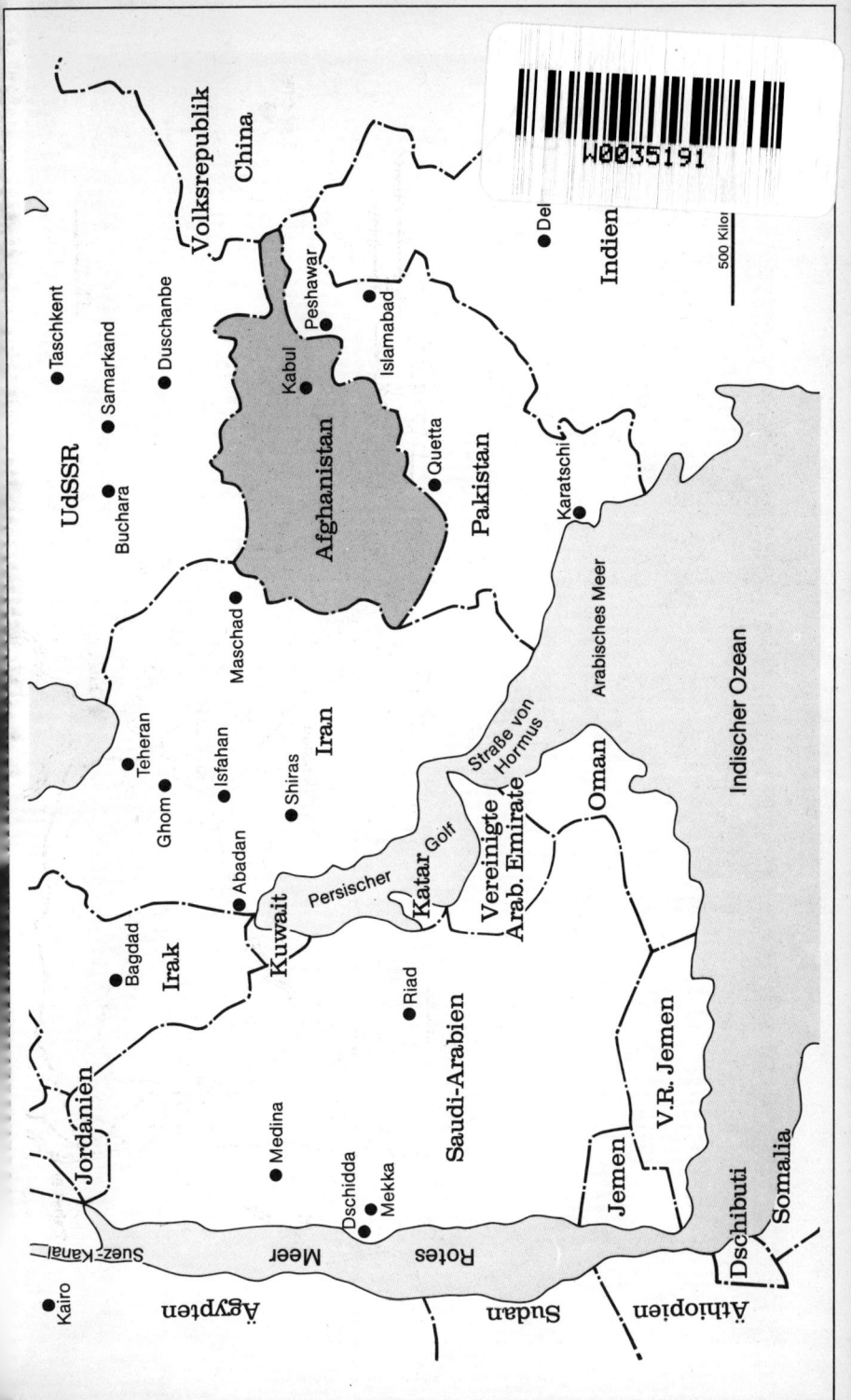

Wilhelm Dietl
Brückenkopf Afghanistan

Wilhelm Dietl

Brückenkopf Afghanistan

Machtpolitik im Mittleren Osten

verlegt bei Kindler

© 1984 by Kindler Verlag GmbH, München
Alle Rechte vorbehalten, auch die des teilweisen Abdrucks,
des öffentlichen Vortrags und der Übertragung durch Rundfunk und Fernsehen
Fotomechanische Wiedergabe nur mit Genehmigung des Verlages
Umschlaggestaltung: Werner Rebhuhn, Hamburg
Satz: C. H. Beck'sche Buchdruckerei, Nördlingen
Druck und Verarbeitung: Freiburger Graphische Betriebe
Printed in Germany
8-1-5-2-4

ISBN 3-463-00871-8

Inhalt

Vorwort

Man nehme ein bis vor kurzem noch feudalistisches, gerade »befreites« Land. Ihm suggeriere man die Notwendigkeit des Aufbaus einer neuen Gesellschaft, einer antiimperialistischen, sozialistischen, versteht sich. Dazu wird noch eine herzhafte Prise proletarischer Internationalismus benötigt, und schon stimmt die Mischung. Der nächste Schritt ist gemeinhin ein Freundschaftsvertrag mit der Schutzmacht aller sozialistischen Internationalisten – der Sowjetunion. Der Kreml sichert seinen Partnern mit sanften Worten Unabhängigkeit, Schutz der Staatsgrenzen, Souveränität, Selbstbestimmung und schier unbegrenzte Hilfe beim Aufbau einer Wohlfahrtsgesellschaft zu.

Quasi durch den Lieferanteneingang verschaffen sich die Sowjets dadurch Zutritt in den, wie es die Juristen sagen, »völkerrechtlich verschlossenen innerstaatlichen Bereich« des Partners. Langsam, aber mit absoluter Sicherheit, streben die Abgesandten Moskaus nach der Beherrschung des kleinen Landes. Erweist sich dabei die bislang freundlich gesinnte Regierung als hinderlich, so kann es passieren, daß sie ein rasches Ende erleidet. Die mächtigen »Freunde« sind nicht zimperlich und können sich rasch an neue Vertragspartner gewöhnen. Im weiteren Verlauf der Politinszenierung werden die politischen und militärischen Strukturen des jungen Staates unterwandert. Agitation und Klassenkampf dienen als Mittel der Machtpolitik. Sollten noch Hindernisse bestehen, dann ist es auch möglich, daß die einheimischen »progressiven Kräfte« zu den Waffen greifen. Dieser Vorgang wäre in ihren Augen eine Revolution.

Schwierig wird es in einem solchen Fall für den großen Bruder jenseits der Grenzen, wenn das ungefragte Volk einen nicht einkalkulierten Widerstand entwickelt oder sich ausdauernder wehrt als gedacht. Dann gerät das Unternehmen in Turbulenzen und droht militärisch (aber noch lange nicht politisch) zu scheitern. In Afghanistan können wir genau diese Situation beobachten. Die Sowjets haben dort an den Weihnachtstagen des Jahres 1979 ihr gewagtestes Militärunternehmen seit dem Ende des Zweiten Weltkrieges und ihre erste bewaffnete Intervention außerhalb des Warschauer Paktes eingeleitet. Seither wird am Hindukusch ein grausamer Krieg geführt, der den Vergleich mit Vietnam in vieler Hinsicht nicht zu scheuen braucht. Vermutlich ein Viertel des afghanischen Volkes ist mittlerweile in Nachbarstaaten geflüchtet.

Der Krieg zwischen einer Supermacht und der Bevölkerungsmehrheit eines kleinen, unterentwickelten Landes darf nicht isoliert gesehen werden. In Afghanistan spielt sich ein Weltkonflikt ab, bei dem sich mehr als zwei Gegner attackieren. Manch andere Interessenten bleiben verdeckt im Hintergrund. Denn Afghanistan ist von hoher geostrategischer Bedeutung und liegt inmitten der Krisenzone der achtziger Jahre. Nebenan wird der revolutionäre Iran nicht so schnell wieder zur Ruhe kommen, und auch andere Staaten am Persischen Golf wie am Indischen Ozean leiden unter politischen Wirren. Ihre innere Ordnung kann von heute auf morgen in Frage gestellt werden.

Die gesamte Region droht aus den Fugen zu geraten, da sie zu alledem den Weltmächten als militärischer Aufmarsch- und Bereitstellungsraum dient. Weit mehr als eine halbe Million bestausgerüsteter Soldaten können hier innerhalb kurzer Zeit in einen Krieg von bislang unbekannter Intensität geschickt werden; die Verwendung von atomaren Waffen eingeschlossen. Der ölreiche Mittlere Osten gilt mehr denn je als Meilenstein auf dem Weg zur Beherrschung der Welt. Das zu verdeutlichen, ist die Aufgabe des vorliegenden Buches.

München, im Oktober 1983

8

»Die Intervention
des allmächtigen Gottes«

»Wir wollen hoffen, daß jeder die Aus-
sichtslosigkeit der Versuche, in Afghanistans interne Angelegenheiten einzugreifen
und diesem Volk zu diktieren, wie es leben
und welche Regierung es haben sollte, ein-
sehen wird ...«

Leonid Breschnew im Oktober 1980

Es war ein Alarmzeichen, als im August 1979 eine Gruppe orden-
geschmückter älterer Männer eine lange Reise unternahm. An der
Spitze der 50 Uniformierten stand Marschall Iwan Grigorewitsch
Pawlowsky, stellvertretender Verteidigungsminister der Sowjetunion. Pawlowsky, ein alter Waffengefährte Breschnews, war bis
1967 Befehlshaber des Wehrkreises Fernost und rückte dann zum
Oberbefehlshaber des Heeres auf. Damit war auch die Beförde-
rung zum Vizeminister verbunden. Bereits einige Monate später
konnte er seine Qualifikation unter Beweis stellen – als Oberbefehlshaber der sowjetischen Invasionstruppen in der Tschechoslowakei.
In Pawlowskys Begleitung befand sich ein Mann, der gleichfalls in
der ČSSR Erfahrungen gesammelt hatte: Alexej Schepilow, Chef-
Politkommissar der Sowjetarmee. Die Gesellschaft streng blicken-
der Herren reiste von Moskau nach Kabul im wilden Afghanistan,
um dort nach dem Rechten zu sehen und schließlich im Kreml eine
Diagnose zur »Heilung« des schwerkranken Patienten abzugeben.
Während der zehn Tage dauernden Tour führten mehrere sowjetische Divisionen eine ungewöhnliche Übung in den schwierigen
Bergregionen der Slowakei durch. Jener Vorgang unterschied sich
von den üblichen Warschauer-Pakt-Manövern, in denen gemeinhin nur der rasche Vorstoß nach Deutschland trainiert wird. Fallschirmjäger und Hubschrauber mit Infanteristen landeten auf
den Pässen, während die Heereseinheiten in schwer zugängliche

Bergtäler vorstießen. Zu diesem Zeitpunkt konnte sich jedoch kein westlicher Beobachter einen Reim auf das Gebirgsmanöver machen.

Die 50 sowjetischen Militärs in Afghanistan durften mit eigenen Augen sehen, daß das schwer angeschlagene Regime in Kabul nur noch sechs der 29 Provinzen unter Kontrolle hatte, daß nachts bereits die islamischen Rebellen herrschten und die Regierung von heute auf morgen von ihnen überwältigt werden konnte. So schlimm hatten sie es nicht erwartet. Die Kreml-Kommission kehrte bestürzt an die Moskwa zurück. Das Ergebnis ihrer Untersuchung wurde von ZK-Funktionär Nikolai Portugalow beinahe ein Jahr später im Rahmen eines Gesprächs mit der Presse so umschrieben: »Schon anderthalb Jahre vor unserer Hilfeleistung für die legitime Regierung in Kabul begann ein unerklärter Krieg gegen diese Regierung – unterstützt durch amerikanische und saudiarabische Gelder sowie chinesische Berater ... Man muß die Strategie der Amerikaner als Ganzes sehen, die Einkreisung der Sowjetunion an allen Grenzen ... Der Westen war es, der damals in der ČSSR wie heute in Afghanistan durch Unterstützung der Konterrevolution das Gleichgewicht zu seinen Gunsten verändern wollte. In beiden Fällen haben wir darauf nur reagiert.« (*Der Spiegel* 24/1980).

Um ihre entscheidende »Reaktion« vorzubereiten, benötigte die Sowjetunion exakt drei Monate. In dieser Zeit lieferten die Russen westlichen Geheimdiensten einige Anhaltspunkte auf die zu erwartende Aktion. Diese Ereignisse wurden aber damals, als der Iran die öffentliche Diskussion beherrschte, noch nicht richtig gedeutet. Bereits am 21. September 1979 erging der Marschbefehl für eine vorläufig noch begrenzte Intervention. Die von der Militärdelegation und dem damaligen Botschafter in Kabul, Alexander Pusanow, informierte Kreml-Führung hatte reagiert. Zehn Kompanien sowjetischer Eingreiftruppen landeten auf den Militärflughäfen Kabul und Bagram (65 Kilometer nördlich der Hauptstadt). Bis zum 9. Oktober trafen 30 MI-24-Kampfhubschrauber ein, weitere 20 wurden noch erwartet. In jenen Tagen erreichten zudem 800 Panzer, 800 Panzerspähwagen sowie mehrere Artillerieeinheiten die afghanische Metropole.

Szenenwechsel: Am anderen Ende des Sowjetblocks ging derweil ein sozialistischer »Held der Arbeit« seiner gewohnten Tätigkeit nach. Vasil Bilak, Sekretär des Zentralkomitees der tschechoslowakischen Kommunistischen Partei und auch deren Präsidiums-

28. Dezember 1979: Ein dichter Ring von sowjetischen Panzern hat die afghanische Hauptstadt Kabul eingeschlossen. Die Invasoren kontrollieren sämtliche Zugänge, überlassen jedoch die Innenstadt weitgehend der afghanischen Armee.

mitglied, genießt in östlichen Insiderkreisen den Ruf eines »Spezialisten für brüderliche Hilferufe«. Er war es, der 1968 die sowjetischen Freunde an die Moldau gerufen hat, sechs Jahre später zusammen mit jugoslawischen Altstalinisten dasselbe gegen Tito einfädeln wollte und 1978 als Verschwörer gegen Rumänien auftrat. Ein Putsch gegen Ceausescu sollte damals ebenfalls den »Hilferuf« an die Adresse Moskaus auslösen.

Auch im vorliegenden Fall widmete der gebürtige Karapato-Ukrainer und assimilierte Slowake Vasil Bilak seine volle Arbeitskraft einem neuen Komplott. Bilak, im ZK zuständig für internationale Parteibeziehungen, betreute Babrak Karmal, seit Juli 1978 aus Kabul verjagter Kommunist der ersten Stunde und nun Afghanistans Botschafter in Prag. Verbindungsmann Bilak sorgte dafür, daß Karmals Draht zu Moskau nicht abriß und den Afghanen im richtigen Moment der Ruf zur Heimkehr ereilte. Als klar war, daß die Russen dem Kabuler Regime des Präsidenten Hafisullah Amin nicht mehr vertrauten, durfte Babrak Karmal im Einvernehmen mit seiner Freundin Dr. Anahita Ratebzad, die 1978 auf den Botschafterposten in Belgrad abgeschoben worden war, seine Koffer

11

packen und sich auf Schloß Jindrichovice (Heinrichsgrün) bei Neudeck in der Tschechoslowakei drei Monate lang für die Rückkehr an den Hindukusch vorbereiten. Hafisullah Amins Uhr lief ab. Ein kläglicher militärischer Versuch, ihn loszuwerden, startete am 14. Oktober 1979. An diesem Sonntag brach eine Einheit der 7. Infanteriedivision von Rischkor unter dem Kommando des Exgenerals Abdul Majid Spinghar mit vier Panzern, zehn leichten gepanzerten Truppentransportern und zwei Lastwagen mit afghanischen Soldaten nach Kabul auf. In orientalischer Manier eröffneten sie bereits das Feuer, als sie ihre Unterkünfte verließen. Die um das Verteidigungsministerium stationierten regierungstreuen Truppen empfingen die Angreifer. Rund 20 Panzer stießen aus dem Kabuler Vorort Pule Charkhi zur Abwehr dazu. Kampfhubschrauber aus Kabul und MiG-21-Jets erhielten Einsatzbefehl. Die Putschisten erlitten schwere Verluste, und auch ihre Garnison wurde auf Amins Befehl angegriffen. Diese Aktion war so dilettantisch aufgezogen und unterschied sich so wenig von der Unzahl afghanischer Umsturzversuche, daß die Russen mit großer Wahrscheinlichkeit davon nichts gewußt haben. Vermutlich hatte die Garnison von Rischkor mit einer Partisanengruppierung paktiert.

Amin war klar, daß er sehr vorsichtig taktieren mußte und daß die Sowjets nur darauf lauerten, ihn bei einem politischen Kunstfehler zu erwischen. Unbeirrt setzten sie ihre Invasionsvorbereitungen fort. Am 29. Oktober verließen Hunderte von Panzerfahrzeugen die afghanische Garnison Gardez. Im Raum Djaji und Mangal zerstörten sie, unterstützt von der Feuerkraft ihrer Helikopter, Dorf um Dorf. 30000 Menschen flüchteten in den folgenden Tagen nach Pakistan. Ein Vorgeschmack auf die Zeit nach dem russischen Einmarsch in Afghanistan. Im November trafen bei westlichen Nachrichtendiensten erste Hinweise auf ungewöhnliche Truppenbewegungen in Sowjetisch-Mittelasien ein. Satellitenfotos zeigten lange Fahrzeugkolonnen. Kabul war noch ahnungslos. In der Nähe des Flusses Amu Darja, der den Großteil der Grenze zwischen Afghanistan und der Sowjetunion bildet, trafen bei allen Einheiten der Sowjetarmee Brückenbaumaterialien für die Pioniere ein. Zu dieser Zeit waren erst 5000 sowjetische Militärberater im Nachbarland, keine ungewöhnliche Zahl angesichts der engen und lange zurückreichenden Kooperation zwischen Moskau und Kabul. In den ersten Dezembertagen flogen viele männliche Zivilisten mit regulären Maschinen der Aeroflot in die Garnisonsstädte der südöstlichen Sowjetunion. Die Linienflüge waren permanent ausgebucht. Ausländer wurden in diesem Raum nicht mehr gerne gesehen und auch behindert. Trotzdem trafen im Westen noch Meldungen von Truppenkonzentrationen in den Regionen Frunse, Taschkent, Samarkand und Fergana ein.

Am 2. Dezember kam Generalmajor Victor Semjonowitsch Paputin, Erster stellvertretender Innenminister der Sowjetunion, nach Kabul. Er wollte Staatspräsident Amin treffen und ihn vermutlich zu einer Revision seiner Politik oder gar zum Rücktritt bewegen. Das führte jedoch zu keinem Erfolg. Zwei Tage später sandte die Kreml-Führung Glückwunschtelegramme zum ersten Jahrestag des sowjetisch-afghanischen Freundschaftsvertrages. Breschnew und Kossygin hatten die scheinheilige Botschaft unterzeichnet. Paputin übernahm inzwischen die Aufgabe, auf politischer Ebene Interventionsvorbereitungen zu treffen. Der schlaue Amin hatte jedoch längst Lunte gerochen und sich wenigstens rhetorisch abgesichert: »Niemals werden wir unsere ausländischen Freunde und Brüder bitten, ihr Blut für uns zu vergießen, unter keinen Umständen. Wir verkünden der Welt, daß wir unser Land selbst verteidigen werden.«

Amin wußte nicht, daß das Politbüro im fernen Moskau seinen Tod bereits beschlossen hatte. Wie später aus Quellen des sowjetischen Geheimdienstes KGB bekannt wurde, hatte sich das höchste Gremium der Sowjetunion mit der Frage beschäftigt, ob es hilfreich sei, den afghanischen Präsidenten zu ermorden. Nachdem der damalige KGB-Chef Jurij Andropow seinen Plan für diese Aktion vorgelegt hatte, stimmten die Sowjetführer zu. Wie der amerikanische KGB-Experte John Barron in einem 1983 erschienenen Buch berichtete, wurde für diesen heiklen Auftrag der hochqualifizierte Geheimdienst-Oberstleutnant Michail Talebow ausgewählt. Er gehörte dem streng geheimen »Direktorat S« an, das sich mit Spionage in fremden Ländern beschäftigt. Michail Talebow brachte für diese Aufgabe viel Erfahrung mit: In Aserbaidschan aufgewachsen, sprach er Farsi so fließend, daß ihn niemand von einem Durchschnittsafghanen unterscheiden konnte.

Ende Oktober oder Anfang November 1979 kam Talebow nach Kabul. Aufgrund der hervorragenden KGB-Verbindungen gelang es, ihn als Koch in den Präsidentenpalast einzuschleusen. Stets trug er ein farb- und geruchloses Gift bei sich, das die Technische Abteilung des KGB extra für dieses Unternehmen entwickelt hatte. In Talebows Berichten steht zu lesen, daß er das Gift zweimal in Amins Lieblingsgetränk Fruchtsaft gemischt hat. Doch Amin, der sich verfolgt fühlte und um sein Leben fürchtete, war viel zu gerissen, darauf hereinzufallen. Er mixte seinen Fruchtsaft aus verschiedenen Behältern und nahm ein Getränk nie in der Form, wie es ihm kredenzt wurde, an. Dadurch verminderte er unbewußt die Wirkung des Giftes und wurde nicht einmal krank. Talebow hatte in der Küche keine Möglichkeit, zu kontrollieren, warum das Gift versagte.

Kleine Luftbrücken brachten inzwischen immer mehr Sowjetmilitär ins Land. Am 8. und 9. Dezember trafen zwei Bataillone Luftlandetruppen auf dem Flugplatz von Bagram ein. Es soll sich um 2500 Mann gehandelt haben. Ein Bataillon setzte sich von Bagram aus zum strategisch wichtigen Salang-Paß in Marsch. Von dort, der kürzesten Verbindung zur Sowjetunion, sollte später das Gros der Interventionstruppen kommen. Auf dem Militärflughafen wurden zahlreiche ankommende Transporter, abgesichert von Jagdfliegerverbänden, beobachtet. Jenseits der Grenze, in Taschkent und Alma Ata, hatten die Kommandeure der Militärbezirke Turkestan und Mittelasien alle Hände voll zu tun. In ihrem Zuständigkeitsbereich wurden am 17. Dezember auch sämtliche Reservisten eingezogen. Großraumtransporter der Typen AN-12 und AN-22 nahmen in Moskau die Prätorianergarde der Sowjetarmee, die 105. Luftlandedivision, eine Art schnelle Eingreiftruppe, an Bord. Zwei Tage später entdeckten westliche Geheimdienste neue, große Treibstoffdepots an der Grenze zu Afghanistan.

Hafisullah Amin fühlte sich immer unwohler in seiner Haut. In einem Interview mit dem amerikanischen Buchautor Rhea Talley signalisierte er die Bereitschaft zu einer Annäherung an Washington. Verhaltene Hilferufe schickte er auch an Pakistans Präsidenten Mohammed Zia ul-Haq. Zia reagierte zurückhaltend. Als Amins Appelle immer dringlicher wurden, erhielt der pakistanische Außenminister Aga Shahi den Auftrag, nach Kabul zu fliegen. Just an diesem Tag war aber der dortige Flughafen wegen schlechten Wetters geschlossen. Und dann begann auch schon der sowjetische Einmarsch.

Am 21. Dezember schwebten drei Bataillone Luftlandetruppen, also ein komplettes Regiment, in Afghanistan ein. Rund fünf Divisionen mit 50 000 Mann stauten sich bereits an der Nordgrenze. Die Voraustruppen trafen letzte Vorbereitungen zum Empfang der Invasionsarmee. Noch eine Woche vorher hatte das amerikanische Außenministerium bei Sowjetbotschafter Anatol Dobrynin gegen die Truppenverlegungen nach Afghanistan protestiert und war be-

Text der Originalvorlage: »Mit herzlichem Entgegenkommen und tiefer Dankbarkeit begegnen alle aufrechten Afghanen den Sowjetsoldaten, die sich auf Bitten der Regierung vorübergehend in diesem befreundeten Land befinden.«

schwichtigt worden. Präsident Jimmy Carter, außenpolitisch nicht gerade beschlagen, sprach verärgert von einer »extensiven Auslegung der Breschnew-Doktrin«.

Am 20. Dezember, einen Tag nach einer neuerlichen Schießerei zwischen Attentätern und Amins Leibwächtern – der Staatschef überlebte wieder unverletzt –, wies die *Prawda* US-Vorwürfe, es seien Kampftruppen in Afghanistan eingetroffen, als »reine Lügen und Erfindungen« zurück. Zuletzt meldete sich die sowjetische Parteizeitung noch einmal am 23. Dezember zu Wort: »Die USA bereiten eine Konterrevolution in Afghanistan vor. Berichte über eine sowjetische Einmischung sind von A bis Z erlogen.«

Der Beginn der ersten Besetzung eines nicht dem Warschauer Pakt angehörenden Landes durch sowjetische Truppen war nur noch eine Frage von Stunden. Im Kaukasus wurden die dort stationierten Divisionen auf volle Kampfstärke gebracht. Ein Großteil der gesamten Streitkräfte stand schon seit Wochen in Bereitschaft – der ahnungslose Westen sah die Ursache immer noch in der Krise um den Iran.

Im letzten Moment trafen drei oder vier DDR-Brigaden bei der sowjetischen 40. Armee ein, um sich am Afghanistan-Abenteuer zu beteiligen. In Ungarn, Bulgarien, der Tschechoslowakei, der DDR und Polen wurde für Reservisten Alarmbereitschaft angeordnet. Viele Zug- und Flugverbindungen innerhalb der Sowjetunion fielen aus, um die letzten taktischen Handgriffe nicht zu gefährden.

In Afghanistan schwärmten währenddessen sowjetische Militärberater aus, um die einheimischen Truppen kaltzustellen. In einer Luftwaffenbasis demontierten sie die Funkgeräte und nahmen sie »zur Inspektion« mit. In der Garnison von Pule Charkhi, 15 Autominuten von Kabul gelegen, entfernten die Sowjets die Batterien aus den 200 Panzern der afghanischen 4. und 15. Division. Die Aktion wurde als »Maßnahme gegen die strenge Winterkälte« bezeichnet. Andere Einheiten erhielten den Befehl, ihre Panzer und Mannschaftstransporter zum Kabuler Flughafen zu bringen, da sie in wenigen Tagen gegen neu ankommendes Gerät ausgetauscht würden. Die gutgläubigen afghanischen Militärs nahmen die Bemühungen ihrer sowjetischen Waffenbrüder ohne Argwohn hin. Verständnis für komplizierte Technik war ohnehin noch nie ihre starke Seite. Zu guter Letzt luden die Russen für den 24. Dezember zu einem Empfang des usbekischen Ministers Dzhurabekow in das »Kabul International Hotel« ein. Viele hochrangige Regierungsvertreter nahmen arglos daran teil.

In der usbekischen Stadt Termes, dem bedeutendsten Grenzübergang zu Afghanistan, saß zur gleichen Zeit Feldmarschall Sergej Leonidowitsch Sokolow vor seinen Karten, umgeben vom Generalstab der sowjetischen 40. Armee. Der damals 68jährige hatte den Weltkrieg bei den Panzertruppen verbracht. Zu seinen wichtigsten Karrierestationen zählt das Amt des Wehrkreisbefehlshabers von Leningrad. 1967 wurde er Erster stellvertretender Verteidigungsminister. Ein Jahr später rückte er ins Zentralkomitee auf. In den siebziger Jahren wirkte Sokolow in erster Linie als Außenpolitiker der Sowjetarmee. Das heißt, er kümmerte sich um den schwunghaft angestiegenen Waffenhandel mit Ländern der Dritten Welt und reiste selbst nach Vietnam und Somalia. Der eher unscheinbare Sokolow war vermutlich wegen dieser Erfahrungen mit dem Afghanistan-Abenteuer betraut worden. Es sollte ihm kein Glück bringen: Da der Mißerfolg nach einem Jahr auf der Hand lag, mußte Sokolow Kabul wieder verlassen.

Der Einmarsch fand zu einem psychologisch und militärisch günstigen Zeitpunkt statt: als die westliche Welt das Fest des Friedens feierte. Die Weihnachtsfeiertage der Christen hatten begonnen und die Aufmerksamkeit der meisten Menschen von allen Geschehnissen außerhalb des Familienkreises abgelenkt. Der Kreml kalkulierte wohl zu Recht, daß es viele nicht weiter erschüttern dürfte, wenn weit hinter der Türkei die Bewaffneten aufeinander einschlagen würden. Die USA, so vermuteten die Moskauer Strategen auch, waren mit den Geiseln in der besetzten Teheraner Botschaft ausgiebig beschäftigt.

Sokolows Truppen konnten sich in Bewegung setzen. Am 24. Dezember, exakt um 23 Uhr, gingen die ersten Großraumtransporter der sowjetischen Luftwaffe auf den Flughäfen Kabul und Bagram nieder. Die bulligen Antonow-Maschinen brachten bei etwa 350 Einsätzen neben anderen die 105. Luftlandedivision ins Land. In äußerst kurzen Abständen – Augenzeugen berichten von etwa 20 Landungen pro Stunde – kamen die stählernen Kolosse aus Witebsk, Potschinok und Smolensk herein. Besorgten Ausländern wurde erzählt, es laufe ein Intensivprogramm für afghanische Piloten. Das »Programm« dauerte die ganze Nacht an. Bereits am Morgen war ein verändertes Klima zu spüren. Die Anhänger Babrak Karmals, Parchamis genannt, wurden aus den Gefängnissen entlassen. Auch hier hatte man schon gemerkt, daß ein politischer Umsturz begonnen haben mußte. Amin war noch im Amt.

Gleichzeitig wurden die Bodentruppen der Sowjetarmee in Marsch gesetzt. Ihre Vorhut bestand aus der 360. motorisierten Schützendivision, die bei der Grenzstadt Termes den Amu Darja überquerte. Aus dem Raum Marikatschka rollte die 5. motorisierte Gardeschützendivision über den Grenzübergang Kuschka in das Gebiet um Herat. In drei Achsen strebten die langen Kolonnen der Invasionstruppen der Hauptstadt zu, vorbei an Masar-i-Sharif, Kundus und Kandahar. Weitere vier Divisionen wurden von Termes und Kuschka aus in Marsch gesetzt. Ein Teil der Truppen startete sofort Angriffe gegen Stellungen der islamischen Rebellen in den Provinzen Kundus, Tachar und Badachschan. Die Mehrheit igelte sich aber in den Bereitstellungsräumen ein. Die Einheiten in Kabul wurden vorübergehend in Entwicklungshilfebauwerken einquartiert, so zum Beispiel in einer Fabrik für Betonfertigteile. Am Flughafen entstand auch eine komplette Zeltstadt. Sobald die Großraumtransporter ihre Ladung an Menschen und Panzern abgegeben hatten, flogen sie wieder zurück. Die Luftlandetruppen sammelten sich am 25. Dezember und warteten noch den folgenden Tag ab, damit alle Aktionen kombiniert werden konnten.

Als am Morgen des 26. Dezember, gegen 9.45 Uhr, die Luftbrücke nach Kabul beendet wurde, tauchten die ersten Panzer der 360. Division in den nördlichen Ausläufern der Hauptstadt auf. Die Division war mit 300 Panzern und gepanzerten Mannschaftstransportern sowie einem langen Konvoi von Tank- und Lastwagen unterwegs. In Kabul angekommen, umzingelte diese Einheit die afghanische Garnison des Vororts Rischkor. Die 105. Luftlandedivision steuerte auf die wichtigste Kaserne, in Pule Charkhi gelegen, zu, während die 357. Division Khargha besetzte. Auf den Flughäfen Kabul, Bagram und Schindand wimmelte es von MiG-21- und MiG-23-Düsenjägern, von Kampfflugzeugen der Typen SU-17 und SU-24 sowie von waffenstarrenden Hubschraubern des Typs MI-24. Alle Schaltstellen waren bereits in der Hand von KGB-Leuten – eine in Prag erprobte Taktik.

Ein Teil der Maschinen trug sogar die Farben der afghanischen Luftwaffe. Damit sollte das Ausmaß der Invasion verschleiert werden. An vielen Transportern prangte aber auch die Werbeinschrift der heimischen Aeroflot: »Official Olympic Carrier«. Die Rebellen merkten als erste, was hier im Gange war. Sie griffen landende Sowjetflugzeuge am Flughafen von Kabul an. In der Endphase der Luftbrücke verlor der Pilot einer schweren AN-12 die Gewalt über seine Maschine. Sie raste über die Rollbahn hinaus, zerbrach und brannte aus. Die gesamte Mannschaft kam dabei ums Leben.

Während noch immer alles relativ lautlos ablief, erschien General Victor Paputin in Hafisullah Amins Darulaman-Palast, der sich im gleichnamigen südlichen Vorort von Kabul befindet. Paputin wollte seine eigentliche Mission erfüllen. Wie schon in den ersten Tagen des Monats, versuchte er auch am 27. Dezember den afghanischen Staatschef zum Einlenken zu bewegen. Diesmal legte er ihm sogar ein Papier zur Unterschrift vor, das die Russen offiziell nach Afghanistan eingeladen hätte. Amin weigerte sich, der Aufforderung nachzukommen, worauf ihn Paputin zu erpressen versuchte. Er bedrohte ihn, kündigte ihm Gefahr für Leib und Leben an. Amin blieb jedoch hart.

Der afghanische Brigadier Sarwar Schinwari, Kommandeur der Einsatzabteilung am Flughafen Kabul, war an diesem Morgen des 27. Dezember schon in seinem Büro angekommen. Der joviale Schinwari – inzwischen nach Pakistan desertiert – schilderte mir im Dorf Sherpao, 50 Kilometer nördlich von Peshawar, seine damaligen Eindrücke: »Ich traf in der Kwajarawasch-Luftwaffenbasis ein, wie jeden Tag. An meinem Schreibtisch saß ein Offizier in der

Uniform der Roten Armee. Russische Soldaten, die Kalaschnikow im Anschlag, folgten mir und meinen Leuten auf Schritt und Tritt. Wir konnten nichts mehr tun, höchstens nach Hause gehen. In dieser Phase der Invasion hatte längst kein Afghane mehr etwas zu sagen.«

Im Palast von Darulaman, wohin sich Hafisullah Amin Tage vorher mit 200 Leibgardisten aus Sicherheitsgründen zurückgezogen hatte – sein eigentlicher Amtssitz, das im Stadtzentrum gelegene »Haus des Volkes«, ist schwer zu verteidigen –, begann der Showdown gegen zwölf Uhr mittags. Die russischen Militärberater fingen plötzlich damit an, die meisten Waffen einzusammeln. Sie erklärten den verdutzten Soldaten der Präsidentengarde, ihre Ausrüstung würde gegen eine neue, modernere Ausführung umgetauscht. Ein Wachsoldat, der anonym bleiben möchte, schilderte mir die Geschehnisse. Er hatte – wie an jedem Donnerstag – seinen freien Tag und bereitete sich darauf vor, den Palast zu verlassen. Der Gardist suchte gerade noch seine Kleidungsstücke zusammen, als ein russischer Übersetzer kam. Er lud ihn ein, doch von dem hervorragenden usbekischen Essen zu kosten, das für ein Offiziersbankett vorbereitet war. So viel Freundlichkeit kam dem einfachen Soldaten nicht geheuer vor. Er wollte aufstehen, seine Kleidung nehmen und gehen. Da bemerkte er, wie einer seiner Kameraden von der Leibwache des Präsidenten zusammensackte und lautlos zu Boden fiel. Daraufhin geschah, wie er mir erzählte, folgendes: »Schlagartig drehte sich alles um mich. Ich stolperte in den Saal, wo das Bankett stattfinden sollte. Da sah ich unseren Kommandeur Mohammed Yakub am Boden liegen. Um ihn herum standen die Sowjetberater. Ich weiß nicht, ob er schon tot war. An diesem Tag ist er jedenfalls gestorben. Ich wollte nach einem Telefon greifen. Dann weiß ich nichts mehr. Ich bin dann irgendwann im Krankenhaus aufgewacht, mit einer Kugel in der Hüfte und einer im Oberarm. Danach habe ich auch erfahren, daß die Russen alle jungen Männer der Wachtruppen von Darulaman umgebracht hatten.«

Vorher tobten aber noch heftige Kämpfe um den weithin sichtbaren, europäisch wirkenden Palastbau, den König Amanullah Anfang des 20. Jahrhunderts hatte errichten lassen. Am späten Nachmittag des 27. Dezember verwandelte der Rest von Amins Eliteeinheit den Präsidentenwohnsitz in eine Festung. Sie nahmen Paputin, der sich immer noch in Darulaman befand, als Geisel und kündigten den »Kampf bis zum letzten Blutstropfen« an. Generalmajor Victor Paputin wurde kurz vor 19 Uhr, als die ersten Schießereien um den Palast zu hören waren, von einem Leibwächter Amins kurzerhand erschossen. Seine Leiche wurde Tage später nach Moskau zurückgebracht. Zur Desinformation hieß es, Paputin habe während des Fluges oder, nach einer anderen Version, im Moskauer Airport Selbstmord begangen. Obwohl es sich bei ihm um einen Kandidaten des Zentralkomitees gehandelt hatte, war seine – in der *Prawda* sehr ungünstig plazierte – Todesanzeige nicht von Breschnew unterzeichnet. Ein deutlicher Hinweis, daß Paputin in Ungnade gefallen war, weil er Amin zu keinem Entgegenkommen bewegen, ja nach der Invasion nicht einmal das Leben des afghanischen Staatsoberhaupts hatte schützen können. Dadurch war nämlich die spätere Mär vom afghanischen »Hilferuf« nichts mehr wert.

Hafisullah Amin war in seinem Amtssitz eingeschlossen. Ab 18.30 Uhr funktionierte auch das Telefon nicht mehr, so daß er mit den ihm ergebenen Befehlshabern der afghanischen Streitkräfte keine Verbindung aufnehmen konnte. Mehrere hundert Mann der sowjetischen Eliteluftlandeeinheit und eine besonders intensiv ausgebildete Nahkampftruppe von KGB-Offizieren – das russische Gegenstück zu den amerikanischen »Green Berets« – hatten den Darulaman-Palast umstellt. Sie trugen ausnahmslos afghanische Uniformen und fuhren Transporter mit afghanischen Kennzeichen. Die Palastwachen am Portal wurden von den Insassen des ersten Fahrzeugs niedergemäht. Als die Angreifer vor dem eigentlichen Gebäude standen, empfing sie von drei Seiten ein Kugelhagel.

Der Mittdreißiger Wladimir Kusitschkin, ein im Oktober 1982 nach England desertierter Major des KGB, der für das ultrageheime »Direktorat S« als Agentenführer im Iran gearbeitet hatte, enthüllte dem Nachrichtenmagazin *Time* die dramatischen Ereignisse um den Präsidentenpalast: »Oberst Bajerenow, der Chef der KGB-Terroristenschule, führte die Attacke auf den Palast an. Der Angriff begann reibungslos. Es wäre sogar noch besser gelaufen, wenn sich das Führungsfahrzeug nicht in den Palasttoren verfangen hätte. Moskau wollte keine Afghanen, die später in der Lage gewesen wären, zu erzählen, was sich im Palast ereignet hat. Es sollten keine Gefangenen gemacht werden. Jeder, der das Gebäude verließ, mußte auf der Stelle erschossen werden. Amin wurde in einer Bar im obersten Stockwerk des Palasts trinkend aufgefunden. Bei ihm befand sich eine außergewöhnlich hübsche junge Dame. Die sowjetische Rechnung war aufgegangen, die Planung jedoch nicht ohne Schwächen. Keiner hatte von Amins Leibwache erwartet, daß sie im Palast einen derart entschiedenen Widerstand entwikkeln würde. Die Abwehr war so hartnäckig, daß Oberst Bajerenow nochmals vor das Tor trat, um Verstärkung herbeizurufen. Er hatte jedoch seinen Befehl, auf jeden Herauskommenden das Feuer zu eröffnen, vergessen und wurde von seinen eigenen vor dem Gebäude postierten Leuten erschossen.«

Die angreifenden sowjetischen Eliteeinheiten benutzten Raketen, um die letzte Gegenwehr in Darulaman zu brechen. Augenzeugen berichteten später von großen Löchern in den dicken Palastmauern. Olaf Ihlau, Korrespondent der *Süddeutschen Zeitung,* besuchte den Tatort wenige Tage nach den Ereignissen. Seine Beobachtung: »Jetzt ist die obere Etage weitgehend ausgebrannt; die erst kürzlich renovierte gelbe Außenfassade sowie das Dachgeschoß sind an mehreren Stellen aufgerissen: Raketentreffer.« Dasselbe Schicksal hatten die Invasoren einem kleinen Lustschlößchen am nahen Hügel Tabai Tajbeg, dem früheren Wohnsitz Hafisullah Amins, beschert. Ihlau notierte dazu: »Die Sowjets setzten, bevor ihr Stoßtrupp angriff, auch hier Raketenwerfer ein. Einige hundert Getreue Amins, von denen die letzten bis zum Morgen des 28. Dezember Widerstand leisteten, sollen in einem Massengrab unweit des Tabai-Tajbeg-Hügels verscharrt worden sein. Ein Hauch von Schnee, welcher die rostbraunen Bergrücken um Kabul seit dem Jahreswechsel überzieht, hat die Kampfspuren verwischt.«

Doch zurück zum Beginn der letzten Interventionsphase: Kabul war an diesem 27. Dezember längst von Dunkelheit eingehüllt, als eine Signalrakete in den Himmel stieg. Sie zeigte allen Einheiten der Invasoren, daß die Stunde X gekommen war. Während sich die Spitzen der afghanischen Streitkräfte an einem speziellen Bankett in der Sowjetbotschaft labten und danach für einige Tage erkrankten, neutralisierten verkleidete Sowjets den Rest der intakten afghanischen Verbände in der Kabuler Garnison. Sie entwaffneten ganze Einheiten und ließen den Befehl ausgeben, daß in dieser Nacht kein Uniformierter seine Kaserne verlassen dürfe. Punkt 19.15 Uhr lokaler Zeit griffen die Russen das Hauptpostamt und das Fernmeldeamt am Paschtunistan-Platz an. Eine gewaltige Explosion erschütterte die Telefonzentrale und zerstörte den Großteil ihrer technischen Anlagen. Erst am 1. Januar reparierten sowjetische Fernmeldetechniker den Schaden. Die nächsten Angriffe galten der Radiostation Kabul und dem Innenministerium.

Nicht nur in Darulaman, auch in der Innenstadt regte sich Widerstand. Das führte auf beiden Seiten zu vielen Opfern. Eine Gruppe afghanischer Soldaten rückte unter dem Schutz eines T-54-Panzers gegen die russischen Kommandotrupps vor. Als der Tank von der Granate einer Panzerfaust getroffen wurde, suchten die Afghanen Deckung in nahegelegenen Häusern. Der T-54 brannte beinahe die ganze Nacht. Die Russen benötigten mehr als drei Stunden, um den Widerstand der gegnerischen Soldaten zu brechen. Angeblich hatten diese Verteidiger Kabuls zur einzigen Einheit gehört, die dem Befehl, keinen Widerstand zu leisten, nicht folgte. Etwa um 21 Uhr nahmen die Schießereien im Zentrum Kabuls ab. Gegen Mitternacht wollen Zeugen jedoch noch Detonationen und Geknatter im Süden der Hauptstadt gehört haben.

Vermutlich stammten diese Kampfgeräusche aus dem Präsidentenpalast. Der belagerte Amin hatte noch am frühen Abend zwei Geheimdienstleute losgeschickt, die den Garnisonskommandanten von Khargha und Pule Charkhi seinen Einsatzbefehl überbringen sollten. Amin verlangte in seiner Weisung von den afghanischen Einheiten auch, daß sie jeden Russen töten müßten, dessen sie habhaft werden könnten.

Doch die Kuriere wurden von den Sowjets gefaßt, die Befehle des Staatschefs entdeckt. Radio Kabul, das an jenem Abend ein lustiges Hörspiel ausstrahlte und das Stück bisher auch nicht unterbrochen hatte, meldete gegen 21 Uhr lapidar, daß Babrak Karmal, der frühere Vizepräsident und Vorsitzende der kommunistischen Parcham-Fraktion, ins Land zurückgekommen sei. Zusätzlich hieß es wahrheitswidrig, Hafisullah Amin sei von einem »Revolutionären Gerichtshof« zum Tode verurteilt und mit seiner Familie hingerichtet worden. Amin wurde in der Meldung als »CIA-Spion«, als »Vertreter des amerikanischen Imperialismus« und als »Hundesohn« bezeichnet. Später stellte sich heraus, daß einige seiner Familienmitglieder überlebt hatten und sich im Gefängnis befanden. Plötzlich war Babrak Karmals Stimme auf der Frequenz von Radio Kabul zu hören, obwohl das Hörspiel noch immer andauerte. In einer Botschaft teilte Karmal mit, daß er »ein begrenztes Kontingent sowjetischer Truppen zur militärischen Zusammenarbeit« ins Land gerufen habe. Er versicherte den Nachbarstaaten seine Freundschaft und bekundete, ein blockfreies und muslimisches Land regieren zu wollen. Des Rätsels Lösung: Die Ansprache an das afghanische Volk kam über Tonband vom Sender Taschkent, aus der Sowjetunion. Karmal war um diese Zeit noch auf dem Rückweg aus dem Exil. Er sollte erst nachts gegen zwei Uhr in

Auf der Strecke zwischen Jalalabad und dem Khyber-Paß bewegten sich in den letzten Dezembertagen des Jahres 1979 lange Militärkolonnen. Die Sowjets nahmen von Afghanistan Besitz und sicherten grenznahe Regionen.

Kabul ankommen. Bei einem *Spiegel*-Gespräch, drei Monate später, versuchte er, den Zeitpunkt seiner Rückkehr zu verschleiern, um als Widerstandskämpfer gegen das Amin-Regime zu gelten.

Karmal behauptete nun wahrheitswidrig, daß er bereits im Oktober 1979 heimgekehrt sei. Wörtlich lautete das so: »Sofort habe ich in Zusammenarbeit mit Freunden die Kräfte des Widerstands organisiert, selbstverständlich im Untergrund. Auch mit der Mehrheit der Mitglieder des Revolutionsrates, die offiziell in der Regierung, aber unsere Genossen waren, haben wir Verbindung aufgenommen. Wir waren die Mehrheit in der Regierung und auch im ZK der Partei. Alle waren der Meinung, daß Amin vor Gericht gehörte und bestraft werden sollte.« (*Der Spiegel* 14/1980). Es kam wieder einmal anders als gedacht.

Hafisullah Amin wurde, nach Informationen des Südasien-Korrespondenten des *Spiegel,* Sri Prakash Sinha, gefaßt und in der Nacht zum 28. Dezember ermordet. Sinhas Darstellung: »Er wurde gefangengenommen und sofort in die sowjetische Botschaft gebracht. Eine seiner Sekretärinnen bestätigte, daß er bei seinem Abtransport noch lebte. Die Russen durchwühlten seine Residenz und schafften drei Säcke voller Dokumente weg. Agenten des sowjetischen Geheimdienstes KGB verhörten den Gestürzten beinahe vier Stunden, bevor er anderntags um 4.10 Uhr morgens erschossen wurde. Es gab kein Gerichtsverfahren, und Amin soll zwischendurch gefoltert worden sein.«

Um 00.15 Uhr meldete die sowjetische Nachrichtenagentur TASS in russischer Sprache Babrak Karmals »Hilferuf« an den Kreml. Und Radio Moskaus Paschtu-Service strahlte Karmals bereits erwähnte Botschaft an seine »leidenden islamischen Landsleute«, an die »heldenhaften Frauen und Männer des Landes« aus. Folgendermaßen konnten die Afghanen die historische Entwicklung aus Moskau erfahren: »Das ist die Wende weg von der Unterdrückung und Barbarei, hin zu Glück, Arbeit und friedlichem Leben. Das ist die Wende weg von der Selbstherrschaft der wilden Despoten und der blutsaugenden Ausbeuter, von einer leidgeprüften Gesellschaft des Typs des asiatischen Despotismus, hin zu einer glänzenden Zukunft, einer wahren Demokratie, Unabhängigkeit und Gleichheit, Fortschritt und Gerechtigkeit und Schaffung einer wirklichen demokratischen Gesellschaft.« Das war um 00.23 Uhr.

Die nächsten Hinweise auf das bewegte Geschehen in Kabul erfolgten durch Radio Moskaus serbokroatischen Dienst. In der Sendung um 1.00 Uhr afghanischer Zeit hieß es, »das volksfeindliche Regime Hafisullah Amins« sei beseitigt worden. Zu diesem Zeitpunkt hatten die Iraner über ihre Nachrichtenagentur Pars längst Ähnliches vermeldet. 40 Minuten nach dem letzten Moskauer Hinweis begann Radio Kabul eine Liste des neuen Revolutionsrates, angeführt von Babrak Karmal, zu verbreiten. In Afghanistan war es 2.40 Uhr.

Der neue Staatschef von Moskaus Gnaden befand sich zu dieser Stunde bereits im Kreise seiner ehemaligen Kampfgefährten der Parcham-Fraktion. Dazu zählten auch die aus dem Gefängnis befreiten Altkommunisten Brigadegeneral Abdul Qader und Sultan Ali Keschtmand, heute Verteidigungs- beziehungsweise Premierminister. Die Parchamis tagten im Gebäude von Radio Kabul und versuchten sich über die Grundzüge der von ihnen zu regierenden Demokratischen Republik Afghanistan zu einigen. Gleichzeitig bemühten sie sich, die verworrene Lage zu überblicken, was in einem Land wie Afghanistan unter den damaligen Umständen nicht gerade einfach war.

Der aus Taschkent eingeflogene Babrak Karmal war in seiner Heimat keine unbekannte Größe. Sein Geburtsjahr wird zumeist mit

1929 angegeben. Er ist der Sohn des Generals Hossein Khan und mit der Familie des früheren Königs Zahir Schah verwandt. Bis 1975 war Karmal senior Gouverneur der Provinz Paktia. Der Sohn erhielt an der deutschen Amani-Oberrealschule in Kabul und später beim Jura- und Politologiestudium eine überdurchschnittliche Bildung. Bis 1965 arbeitete er als Beamter im Planungsministerium, entschied sich dann aber nach der Gründung der Demokratischen Volkspartei Afghanistans (DVPA) für die parlamentarische Laufbahn. 1965 und 1969 wurde er in die erste freie Volksvertretung Afghanistans gewählt. Als sich die Partei der afghanischen Kommunisten 1967 in einen eher nationalistischen Flügel namens »Khalq« (Volk) und in eine moskauhörige Gruppierung namens »Parcham« (Flagge) spaltete, war das Fundament für einen bis heute andauernden blutigen Zwist gelegt. Schon damals gehörte Hafisullah Amin zur Khalq- und Babrak Karmal zur Parcham-Gruppe. Nach dem kommunistischen Putsch vom April 1978 (wegen das afghanischen Monatsnamens als »Saur-Revolution« bezeichnet) vereinigten sich die unversöhnlichen Gegner für wenige Monate. Vizepräsident Babrak Karmal und seine Gefolgsleute wurden jedoch bereits im Sommer 1978 wieder aus ihren Ämtern verjagt und auf unbedeutende Botschafterposten abgeschoben. Zudem steckte die Khalq-Regierung zahlreiche Funktionäre der Parcham-Fraktion ins Gefängnis. Die Rache der Parchamis, aus dem Untergrund und nicht zuletzt mit Moskaus Hilfe vorbereitet, wurde am 27. Dezember 1979 durch den massiven Einsatz der Sowjetarmee in die Tat umgesetzt.

Nach dem Ende der nächtlichen Konferenz verkündete Radio Kabul gegen 7.10 Uhr eine weitere Stellungnahme des Revolutionsrates, wonach Amin hingerichtet worden sei. Die neue Regierung erklärte wiederum, daß sie auf der Basis des sowjetisch-afghanischen Freundschaftsvertrages vom Dezember 1979 die Sowjetunion um dringende politische und militärische Hilfe gebeten habe. Erneut wurde der Schein einer »Hilfsaktion« zu wahren versucht. Das bekannte Schema Moskauer Interventionen sollte damit auch auf den befreundeten Staat am Hindukusch übertragen werden.

Wie konnte die sowjetische Intervention so reibungslos ablaufen und auch die in Kabul ansässigen Ausländer völlig überraschen? Ein westlicher Diplomat, der in jenen Tagen vor Ort arbeitete, beschrieb mir die Situation folgendermaßen: »Wir waren an den Weihnachtsfeiertagen fast stets zu Hause. Natürlich blieb uns der permanente Fluglärm nicht verborgen. Niemand von uns dachte jedoch an solche Transporte. Es war sehr kalt und deshalb fuhren wir auch nicht zum Flughafen, um der Ursache auf den Grund zu gehen. Als ich mich am 27. Dezember noch einmal in die Botschaft begab, konnte ich schon überall Schießereien hören. In der Nähe der amerikanischen Vertretung flog ein Panzer in die Luft. Schlag auf Schlag erfolgten die Detonationen, da Munitionskisten explodierten. Am 28. Dezember machten wir morgens eine Rundfahrt durch die Stadt. Es waren aber keine Spuren mehr zu entdecken, außer eben der zerstörte Panzer und Einschüsse am Fernmeldeamt. Die Luftlandetruppen mit ihren blauen Streifen an den Jakken fielen mir im Straßenbild jedoch auf. Viele Russen steckten, nach unseren Beobachtungen, in afghanischen Uniformen. Die Mehrzahl der sowjetischen Soldaten bestand ohnehin aus Tadschiken, Usbeken und Turkmenen. Sie waren deshalb von einheimischen Militärs kaum zu unterscheiden. Unter den Afghanen herrschte eine Stimmung von Verzweiflung bis Resignation. Kaum einer konnte es fassen, daß die Ungläubigen die Macht übernommen hatten. Schon am 28. Dezember traten überall Heckenschützen in Aktion. Das sollte noch bis zum Frühjahr so bleiben.«

Die deutsche Augenzeugin Nora Sethe berichtete Ähnliches in der *Frankfurter Allgemeinen Zeitung:* »Am nächsten Morgen [nach der Intervention] liegt strahlender Sonnenschein über Kabul. Die Dukane, kleine Geschäfte, die aus einem Raum bestehen, sind zum großen Teil geöffnet, alles sieht so aus wie an einem normalen Dschuma, dem islamischen Wochenruhetag. Nur einen Unterschied gibt es: Fünf MiG-Jäger donnern im Tiefflug über die Stadt – märchenhafte Donnervögel, wenn sie vor den weißen Bergen im Gegenlicht wenden, wenn sie fast greifbar nahe über die Menschenmenge dröhnen, aber auch dann von großer Faszination für die Jugendlichen, die ihre Hälse recken. Stunde um Stunde demonstriert so die neue Regierung ihre Macht.«

Weiter schrieb Nora Sethe in ihrem ausgezeichneten Stimmungsbericht: »Ich schließe mich der schon fast zum Ritual gewordenen Nach-Staatsstreich-Prozession der Kabuler Männer an. Sie beginnt am Paschtunistan-Platz und zieht sich hin bis zum Gebäude von Radio Afghanistan, vorbei an dem ehemaligen Königspalast, der jetzt ›Volkshaus‹ heißt. Panzer und Soldaten schützen das ›Volkshaus‹ vor dem Volk. Wie üblich, ist wenig zerstört. Im Innenministerium sind die Hälfte der Fensterscheiben zu Bruch gegangen. Das Telegraphenamt ist gründlicher zerschossen; eine rauchgeschwärzte Mauer und Wunden an der Mauer zeigen, daß diese

Kommunikationszentrale systematisch bekriegt worden ist. Vermutlich sind dabei die Scheiben der umliegenden Gebäude zersplittert, aber sonst ist nichts zerstört. Alte Männer in gebeulten europäischen Anzügen räumen gemächlich und müde die Glassplitter und den wenigen Schutt.

Langsam schlendere ich die von Platanen gesäumte Straße am ›Haus des Volkes‹ entlang, inmitten einer großen Menge ärmerer Kabuler Bürger, wohlhabende zeigen sich nicht. Über die pyjamaartige Nationaltracht haben die meisten alle möglichen Arten europäischer Jacken und Mäntel gezogen, um sich vor der Kälte zu schützen. Die Füße stecken meist ohne Socken in Gummilatschen, und das bei ein Grad minus. Turbane und afghanische oder europäische Mützen vervollständigen den Aufzug, einige Jugendliche tragen europäische Kleidung. Die Menge schiebt sich fast schweigend voran, vorangetrieben von abenteuerlich kostümierten Milizen, deren einziges Hoheitszeichen meistens ein weißer Stoffetzen am Arm ist. Es fällt auf, daß kein Militär zu sehen ist, zweimal nur rattern Panzerspähwagen durch die Straßen. Mir wird erzählt, daß alle Soldaten in die Kasernen beordert seien, offenbar traut die Regierung der Armee nicht. Mehrmals höre ich, daß die Intervention der Russen auch deshalb gekommen sei, weil die afghanischen Soldaten in Scharen nach Hause gegangen oder zu den islamischen Freiheitskämpfern übergelaufen seien. Später frage ich ein paar Wachsoldaten von zwei Garnisonen. Sie antworten zwar nicht direkt, aber man merkt ihnen die Erleichterung an, daß sie nicht in die Kämpfe verwickelt wurden, jedenfalls vorläufig nicht.

Weiter lasse ich mich von der Volksmenge treiben und sehe in die Gesichter: nirgendwo Fremdenfeindlichkeit, nur die gewohnte Neugierde und Freundlichkeit. Allerdings habe ich mich besonders westlich angezogen. Ich frage vorsichtig einige aus dem Menschenstrom, was sie von den Vorgängen halten, vorsichtig deshalb, weil niemand erkennen kann, wer zur Miliz gehört. Viele zucken resigniert die Achseln oder sagen: Mit Afghanistan ist es nun aus. Vor Radio Afghanistan fällt ein Schuß. Alles bleibt stehen. Aber offenbar hat nur irgendein Milizjüngling die Nerven verloren. Ein Offizier verkündet immer und immer wieder, Radio Afghanistan sei endlich in den Händen des Volkes. Das Volk hört es und läßt sich von der Miliz weitertreiben. Niemand darf das Radiogelände betreten, abgesehen von einigen Angestellten, von denen manchmal nicht ganz klar ist, ob sie gerade ihren Posten räumen mußten oder neu antreten.«

Szenenwechsel: In den Morgenstunden desselben Tages, gerade als die erste Kunde vom Geschehen im Herzland Asiens den Westen erreicht hatte, verließ eine schwarze, voluminöse Zil-Limousine Irans Metropole Teheran. Im Fond saß Wladimir Winogradow, Moskaus Botschafter in der jungen Islamischen Republik. Gegen zwei Uhr morgens erreichte er die Residenz des greisen Imams Ruhollah Khomeini in der heiligen Stadt Ghom. Der einzige Zeuge der späten Unterredung war Ahmed, der Sohn des Revolutionsführers. Aus iranischen Führungskreisen sickerte aber später durch, daß Winogradow einen interessanten Vorschlag gemacht hat – ein sowjetisches Veto gegen eine von den USA im Sicherheitsrat der Vereinten Nationen initiierte Sanktion gegen den Iran in der Sache der Teheraner Geiseln als Gegenleistung für eine dezente iranische Reaktion zur Afghanistan-Besetzung.

In Neu-Delhi ließ Premierminister Charan Singh den sowjetischen Botschafter Julij Michailowitsch Woronzow in seine Residenz rufen, wo gerade ein Fest gefeiert wurde. Der Russe durfte sich, entgegen dem sonst heiligen indischen Gastrecht, nicht einmal setzen, als er von Charan Singh zusammengestaucht wurde. »Warum sind Ihre Soldaten dort«, mußte er sich anhören, »sie haben in Afghanistan nichts zu suchen.« Als Woronzow zu einer Erklärung ansetzen wollte, schnitt ihm Charan Singh das Wort ab und bedeutete dem Diplomaten, daß er sich die Worte sparen könne. Die Unterredung sei ohnehin beendet. Eine außerordentlich unfreundliche Behandlung, wie sie den Russen wenige Wochen später bei der neuen Premierministerin Indira Gandhi nicht mehr passieren konnte.

In Kabul wurde inzwischen Babrak Karmals Ernennung zum Generalsekretär des Zentralkomitees der Demokratischen Volkspartei verkündet. Spaziergängerin Nora Sethe setzte ihre Tour durch das spannungsgeladene Kabul fort. Im *Spiegel* notierte sie später ihre Beobachtungen: »Die Düsenjäger dröhnen weiter über die Stadt hinweg, zwei Schützenpanzer rattern etwas verloren durch die leeren Straßen. Ganze Heerlager dagegen an den Ausfallstraßen: Afghanische Soldaten, die scheinbar ihrem Alltagstrott nachgehen, als seien sie froh, mit dem letzten Putsch nichts zu tun gehabt zu haben ... Als ich abfliege, stehen dichtgedrängt Hunderte russische Panzer auf dem Flughafen. Kaum begreiflich, daß der Westen von der Invasion überrascht sein will.«

Leonid Breschnew gratulierte an diesem Tag dem Genossen Babrak Karmal zur gelungenen Ämterhäufung. Die *Prawda* schob noch einen Anwurf gegen den toten Hafisullah Amin, gegen »seine blutige Clique und seine Lakaien« nach. Erneut hieß es, Amin sei ein »Agent des amerikanischen Imperialismus« gewesen – eine gängige Formel, die in solchen Momenten alles rechtfertigen soll. In der Nachrichtensendung des Sowjetfernsehens, *Wremja,* rangierte Afghanistan an diesem 28. Dezember als achte Meldung: nach Informationen über die Eröffnung eines neuen Kernkraftwerkes bei Orenburg, die Kandidatenkür für lokale Wahlen, den Häuserbau für Kolchos-Bewohner und die Herstellung von Souvenir-Seidentüchern für die Olympischen Spiele. Erst drei Tage später wurden die Sowjetbürger davon unterrichtet, daß ein »begrenztes Kontingent« ihrer ruhmreichen Streitkräfte in dem fernen Gebirgsland kämpfte – selbstverständlich in Erfüllung vertraglicher Abmachungen. TV-Kommentator Potapow verharmlosend: »Eines ist völlig klar, die Entwicklung in Afghanistan ist eine innere, eine strikt interne Angelegenheit dieses Landes.« Tagelang wurde das genaue Datum der Intervention schamhaft verschwiegen, da der Hilferuf angesichts eines beim Einmarsch ums Leben gekommenen Präsidenten nur schwer zu erklären war. Diesen Regiefehler konnten die Invasoren nun nicht mehr ausbügeln.

Was die sowjetischen Nachrichtenkonsumenten nicht erfahren durften: In den Tagen nach der Besetzung Afghanistans brachen kleinere Unruhen unter den Waffenbrüdern der Garnison Kabul aus. In der Kaserne von Pule Charkhi wurden einige russische Berater erschossen. In Khargha desertierten 200 afghanische Soldaten. Eine organisierte und konzentrierte Gegenwehr der vier afghanischen Divisionen in und um die Hauptstadt wurde jedoch von vornherein verhindert.

So konnte auch der militärische Aufmarsch aus dem Norden ungehindert weiterlaufen. Zwischen dem 29. und 31. Dezember bewegte sich eine weitere motorisierte Schützendivision auf der großen Ringstraße von Kuschka nach Kandahar vorwärts, Transporter an Transporter, viele Kilometer lang. Eine andere Division benutzte die Strecke von Termes über den Salang-Paß nach Bagram und Kabul. Diese von den Russen gebaute Straße war bereits in der für Panzerkolonnen nötigen Breite angelegt worden. Andere sowjetische Einheiten rollten zum östlich von Kabul gelegenen Khyber-Paß und nach Paktia, wo der islamische Widerstand besonders stark war. In Kabul selbst hielten sich nur wenige russische Soldaten auf, die Stadt war jedoch von Militärcamps der Invasoren vollständig eingekreist. Lediglich vor dem Rundfunkgebäude, dem Innenministerium und dem Postamt waren Sowjetsoldaten zu sehen. Das Hauptquartier der 40. Armee wurde nach und nach von Termes nach Bagram verlegt, dem bestgesicherten Brückenkopf der Russen beim südlichen Nachbarn. Nur die Satelliten-Bodenstation, die das Interventionsheer ständig mit Moskau verband, blieb in Termes, auf Sichtweite jenseits der Grenze.

Es kamen auch laufend weitere Zivilexperten ins Land, die sich um die Übernahme des afghanischen Geheimdienstes Khad, der Polizei und der Schlüsselministerien kümmerten. So war in den Tagen nach der Besetzung Kabuls die Landung von mehreren Iljuschin-18-Maschinen der DDR-Linie Interflug zu beobachten. In westlichen Geheimdienstkreisen wurde bekannt, daß diese Flüge KGB-Mitarbeiter aus Polen und der DDR transportierten. Die Aeroflot brachte sehr bald nicht nur Uniformierte nach Kabul, sondern auch Frauen und Kinder. Es war immer offensichtlicher, daß sich die Sowjets auf eine lange Aufenthaltsdauer einstellten. Als in der afghanischen Hauptstadt zum Jahreswechsel der erste Schnee fiel, waren die Transporte beinahe abgeschlossen. Die bis zu 150 Kilometer langen Kolonnen der Invasionsdivisionen hatten ihre Bestimmungsorte zwar langsam, aber sicher erreicht. Der Widerstand hatte sich noch nicht vom Schock des massiven Einmarsches erholt und erst sporadische Gegenwehr entfaltet. Dazu kam ein Temperatursturz, der der neuen afghanischen Regierung eine militärische Atempause verschaffte. Zwei Sonderkorrespondenten der *Prawda* meldeten aus Kabul: »In der Silvesternacht gab es vereinzelte Schießereien in der Stadt. Die Banditen versuchten den Rundfunksender zu besetzen, stießen aber auf Gegenwehr. Solche Berichte bekommen wir auch aus anderen Teilen des Landes.«

Am 1. Januar 1980 zeigte sich Babrak Karmal, Moskaus neue Hoffnung, ein erstes Mal in der Öffentlichkeit. Es sollte für ihn ein Jahr werden, in dem er vergeblich versuchte, durch viele Reden Profil zu erlangen. Dabei verstieg er sich mehr als einmal zu der These, die atheistischen Sowjetsoldaten würden für »die Sache des islamischen Glaubens« kämpfen. »Das Datum des 27. Dezember«, erklärte Karmal am 18. Juni 1980, »verkörpert die Intervention des allmächtigen Gottes.« Daraus zog er den Schluß, daß der Einmarsch der Sowjetarmee nur »ein Akt Gottes« gewesen sein könne. Solch blumige Worte hatten vor ihm weder Gustav Husak noch Janos Kadar gefunden.

Fremde Mächte
ringen um Afghanistan

»Die afghanische Nation will zu jeder Zeit
unabhängig sein und vor allem an Gott glauben. Dieses Land sollte vor jeder Art von
Fluch bewahrt bleiben. Ein Afghane stört
keinen anderen Menschen, solange er nicht
selbst belästigt wird. Manchmal waren wir
eine große Nation, manchmal eine stark ein-
geschränkte, so wie heute. Wir kämpfen um
verlorene Werte.«

Khalilullah Khalili, Schriftsteller

Kriege der Engländer gegen die Afghanen

Das Land der Afghanen ist nahezu schon so lange besiedelt wie die
Erde selbst. Bereits vor Jahrtausenden haben seine armen und
genügsamen Menschen ein Leben in rauher Umwelt geführt,
streng orientiert an Familien- und Stammesstrukturen. Baktrien
hieß dieser Raum eine Zeitlang, und der griechische Geschichts-
schreiber Herodot bezeichnete seine Bewohner als »die kriege-
rischsten indischen Stämme«. Persiens Kyros II. und auch Alexander der Große führten ihre Heere in die wilde Bergwelt. Das Auf-
einandertreffen von Christentum und Buddhismus löste eine bis
zum 5. Jahrhundert dauernde kulturelle Hochblüte aus. Plündernd
und mordend zogen dann jedoch die Hunnen aus Zentralasien
heran, denen im 13. Jahrhundert vorübergehend die Mongolen
folgten. Seit 1200 Jahren bestimmt der Islam den Weg des afghanischen Lebens.
Die Nachkommen der Steppenreiter, die Mogul, regierten das
Land von Delhi aus, bis auch sie dem unaufhaltsamen Kolonialis-
mus weichen mußten. Vorher aber, in der Mitte des 18. Jahrhunderts, begann sich in Afghanistan ein immer stärkerer Nationalis-

mus durchzusetzen. Die Paschtunen, bis heute das eigentliche Staatsvolk Afghanistans, wollten sich nicht mehr unter Fremdherrschaft zwingen lassen. Das bekamen als erste die Perser zu spüren, denen die Paschtunen in einem geschickt organisierten Guerillakrieg entgegentraten. Das Jahr 1747 gilt als Gründungsdatum des heutigen Staates Afghanistan. Ahmed Khan, ein 23jähriger Offizier aus den Reihen der Durrani-Paschtunen, ließ sich in Kandahar von einer Stammesversammlung zum Schah ernennen. Die Ära der Durrani sollte – mit einigen Unterbrechungen – über 200 Jahre währen, bis zum Sturz Zahir Schahs im Jahre 1973.

Ungeachtet interner Stammesstreitigkeiten – die Gilzai-Paschtunen stellten die größten Rivalen dar –, zementierte Ahmed Schah ein Reich, das von Kaschmir bis zum Indischen Ozean, von Delhi bis zur persischen Grenze reichte. Bis 1773 hieß die Hauptstadt Kandahar. Dann wurde Kabul wegen seines freundlicheren Klimas zur Metropole bestimmt. Afghanistan war jedoch noch weit davon entfernt, eine klar umrissene Nation zu sein. Die Stämme pochten auf ihre Autonomie, und auch die Verbindung zwischen den zerklüfteten, oft schwer zugänglichen Landesteilen blieb immer ein Problem.

Timur Schah, Ahmeds Sohn, trat 1772 die Nachfolge an. Er und seine Söhne konnten jedoch das Reich nicht zusammenhalten. Die Provinzen Belutschistan und Sind lösten sich, und die kriegerischen Sikhs übernahmen den Punjab. Dafür eroberten die afghanischen Emire das Gebiet um Herat sowie die usbekischen Khanate in der Ebene des heutigen Grenzflusses Amu Darja.

In diesem Raum hatten die russischen Nachbarn bereits 1605, 1717 und 1739 Raubzüge unternommen, waren aber stets abgeschlagen worden. Nun mußten sich die Afghanen jedoch auf neue Eroberer einstellen. Die Briten rückten in der ersten Hälfte des 19. Jahrhunderts auf dem Subkontinent immer weiter vor und unterwarfen die bislang selbständigen indischen Fürstentümer ihrer Herrschaft. Bald erkannten die Kolonialherren mögliche Gefahren für ihr reiches Indien aus der Richtung Khyber-Paß. Sie setzten deshalb alles daran, diese Ecke abzusichern. Der Pufferstaat Afghanistan kam bei den Briten ins Gespräch, nachdem ihre Rivalen aus St. Petersburg 1801 Georgien annektiert, die kleinen Khanate in den Bergen des Kaukasus erobert und erstmals einen starken Einfluß auf Teheran ausgeübt hatten. Der damalige russisch-persische Vertrag war den Engländern ein Dorn im Auge. Sie befürchteten einen Vorstoß der Russen auf den Subkontinent.

Diese Einschätzung war schon damals keineswegs unlogisch, nur sollte es dem mächtigen nördlichen Nachbarn erst 1979 gelingen, sein Territorium durch Afghanistan faktisch abzurunden. 150 Jahre früher kümmerten sich die Zaren zunächst um die Türkei und den Balkan. Mit russischer Unterstützung rückten die Perser damals auf Herat vor. Die Engländer verfolgten dies mit wachsendem Unmut und mußten schließlich militärisch eingreifen, um die Iraner zum Rückzug zu zwingen. Die Briten setzten nun auf Schah Schuja, den siebten Sohn Timur Schahs. Er war 1803 von der Winterresidenz der afghanischen Könige in Peshawar aufgebrochen und hatte die Macht in Kabul erobert. 1810 wurde Schuja von seinem Neffen Mahmud aus dem Stamm der Barakzai gestürzt und flüchtete ins indische Exil. 1826 setzten sich die Durrani erneut durch und plazierten Dost Mohammed auf dem Thron. Dieser drohte den Engländern, sich mit den Russen zu verbünden, wenn er nicht ein von den Sikhs nahe Peshawar annektiertes Stück Land zurückbekäme.

Die Kolonialherren weigerten sich, Dost Mohammed entgegenzukommen, und sannen auf Rache. 1838 entsandte der britische Vizekönig von Indien ein Expeditionsheer von 30 000 Mann. Die Truppen besetzten Kabul, Kandahar und Ghazni. Das einte die Stämme und bewirkte, daß sie geschlossen gegen die Eindringlinge aufstanden. Vorläufig errangen die Briten jedoch die Oberhand. 1839 brachten sie den geschlagenen Dost Mohammed als Gefangenen nach Indien und setzten ihren Wunschkandidaten Schah Schuja erneut auf den Thron. Ein vier Jahre dauernder Volkskrieg der Afghanen gegen diesen »Babrak Karmal der Engländer« begann. Während des großen Aufstandes vom November 1841 kam auch Schuja ums Leben.

Die Afghanen schlugen nun alle Invasoren zurück. Im Norden besiegten sie ein herannahendes russisches Heer von 3000 Mann Stärke, das Chiva erobern wollte. In der Nähe des Khyber-Passes massakrierten sie die britische Indus-Armee. Von den insgesamt 16 500 Mann konnte nur ein einziger, der Arzt Dr. Broyden, entkommen und dem Vizekönig von der totalen Niederlage berichten. In ihrer gesamten Kolonialgeschichte mußten die Engländer niemals ein ähnlich demütigendes Debakel hinnehmen. Es war ihnen beileibe kein Trost, daß die konkurrierenden Russen schon ihr viertes Expeditionsheer beim Anmarsch auf Mittelasien verloren hatten. Akbar, der Sohn des Mohammed Dost, war verantwortlich für die Zerschlagung des englischen Heeres. Er erkämpfte damit seinem Vater eine zweite Herrschaftsperiode, die dann 20 Jahre dauern sollte. Die Briten kalkulierten jetzt, daß die Kosten einer militärischen Besetzung Afghanistans den Gewinn nicht rechtfertigen, daß sie damit auf Jahrzehnte hinaus militärisch blockiert sein würden. Sie zogen sich deshalb 1842 vollständig zurück. Ihr Prestige war ohnehin schon angeknackst. Skeptische Zeilen brachte damals der Herzog von Wellington zu Papier: »Es gibt kein Moslemherz von Peking bis Konstantinopel, das nicht vibrieren wird ... Es ist unmöglich, daß diese Tatsache [der Rückzug] keinen moralischen Effekt bewirkt, der Macht und Einfluß der Briten in ganz Asien verletzen wird ...«

Der Konflikt zwischen Russen und Engländern verlagerte sich ins vordere Asien. Im Krimkrieg von 1853 bis 1856 wurden die Soldaten des Zaren besiegt. Vorübergehend erlahmte der Griff der Russen nach dem Balkan. Im Herzen Asiens setzten sie dagegen ihre Expansionspolitik fort. Das entsprach der von Wissenschaftlern und Diplomaten aufgestellten »Pendulum-Theorie«, die besagt, daß sich die Russen nach einer Niederlage im Westen gen Osten ausdehnen und umgekehrt. In den sechziger bis neunziger Jahren des vergangenen Jahrhunderts eroberten sie Samarkand, Buchara und Taschkent, Kasachstan, Kokand, Merv, Chiva und Pamir. Wie sich die Bilder gleichen: Auch damals begründeten die Russen ihre Aktionen mit der Notwendigkeit, ihre Grenzen zu sichern und »bewaffneten Banden« Einhalt zu gebieten. Außenminister Prinz Gorschakow meldete seinem Zaren Alexander II. am 21. November 1864: »Die Position Rußlands in Zentralasien ist die aller zivilisierten Staaten, die mit halbwilden, wandernden Stämmen ohne feste soziale Organisation in Kontakt kommen. In solchen Fällen passiert es immer, daß der zivilisiertere Staat gezwungen ist, im Interesse der Sicherheit seiner Grenzen und der wirtschaftlichen Interessen, eine gewisse Herrschaft über jene Nachbarn auszuüben, deren turbulenter und unruhiger Charakter sie unbequem werden läßt. Zuerst müssen die Übergriffe und Plünderungen gestoppt werden. Um das zu erreichen, müssen die Grenzstämme mehr oder weniger vollständig unterworfen werden.«

Die Engländer sicherten in der Zwischenzeit ihre Herrschaft in den indischen Teilstaaten. Sie bauten auch Eisenbahnlinien, die südlich von Kandahar und nördlich von Herat bis zur afghanischen Grenze reichten. In den Jahren 1870 bis 1872 teilten die Briten das im Südwesten des Landes gelegene Seistan zwischen Afghanistan und Persien auf. Von 1873 bis 1895 saßen sie mit den Russen zusammen und legten dabei die noch heute gültige Nordgrenze Afghanistans fest. In diese Verhandlungen war auch der Wakhan-Korridor einbezogen, ein zumeist über 5000 Meter hoch gelegener Teil des Pamir, dessen äußerste Ecke an China stößt.

Da die Russen aber insgeheim eine rege Diplomatie entfalteten, beim Nachfolger des Mohammed Dost, seinem dritten Sohn Scher Ali, auf Sympathie stießen und deshalb eine russische Intervention drohte, entstanden neue Spannungen mit den Engländern. Im zweiten britisch-afghanischen Krieg zogen 1878 drei Armeekorps gegen Afghanistan und jagten Scher Ali nach Rußland ins Exil, wo er ein Jahr später starb. Jakub Khan, der schwache Sohn des Emirs, übernahm die Macht in Kabul – und war den Engländern ein willfähriges Werkzeug. Die offizielle Moskauer Orientalistik analysiert das heute so: »Das Interesse der britischen herrschenden Kreise für Afghanistan ist damit zu erklären, daß sie in diesem Land ein riesiges Aufmarschgebiet im Herzen Asiens für ein militärisch-politisches Eindringen in die inneren Gebiete Irans und Chinas sowie in Mittelasien erblickten. Je mehr England zur Werkstatt der Welt wurde, desto größer wurde sein Interesse für Afghanistan, denn die Herrschaft über dieses Land gewährleistete die Handels- und Wirtschaftsexpansion in dieser an Rohstoffvorräten reichen Region, die einen aufnahmefähigen Markt für den Absatz englischer Waren darstellte.«

Nachdem die Engländer ab 1879 die Außenpolitik Afghanistans steuerten, durften nur noch britische Diplomaten, Ärzte und Wissenschaftler einreisen. Aber auch das verbesserte die Position der Kolonialmacht im Landesinneren nicht. Schon wenige Wochen nach dem erneuten Einmarsch wurde ihre Botschaft zerstört. Missionschef Major Cavagnari, dessen Einfluß auf die afghanische Politik beträchtlich war, kam zusammen mit allen anderen Diplomaten ums Leben. Die Engländer rächten sich blutig und besetzten erneut Kabul. Trotzdem war auch dieser Sieg eher eine Niederlage. Den landläufig als Verräter betrachteten Jakub Khan brachten sie rasch nach Indien, bevor auch er von seinen Untertanen wahrscheinlich getötet worden wäre. Sie ersetzten ihn durch Dost Mohammeds Enkel Abdurrahman. Mit ihm war ein starker Mann gekommen, der den Nationalstaat Afghanistan zusammenhalten konnte. Dazu verhalf ihm auch die erste schlagkräftige Armee Afghanistans.

Die russische Geschichtsschreibung über die schwache Position der ungeliebten englischen Besatzungsmacht in Afghanistan liest sich höchst interessant. Parallelen sind unverkennbar. Hier ein Auszug aus einem Aufsatz des Moskauer Historikers Naftulla Halfin: »Diese Terrorpolitik der Engländer erwies sich aber als wenig wirksam. Eine massenhafte Partisanenbewegung erfaßte das Land. Die britischen Truppen wurden in den großen Städten eingeschlossen, ihre Strohmänner getötet, sobald sie ohne zuverlässige Wache blieben. In Kabul konnten sich die Interventen nur hinter den Mauern der Befestigungen von Sherpur sicher fühlen.« Ein ungemein aktueller Text.

Zur Regierungszeit des cleveren Abdurrahman entstand auch die sogenannte Durand-Linie, die Ostgrenze Afghanistans. Der Emir und Henry Mortimer Durand, Staatssekretär für Auswärtige Angelegenheiten bei der britischen Regierung in Indien, legten diese Grenze 1893 fest. Sie verläuft mitten durch das Gebiet der Paschtunen. Ab 1947, also nach der Teilung des Subkontinents in Indien und Pakistan, wurde die Durand-Linie von Kabul nicht mehr anerkannt. Seither ertönte immer wieder der nationalistische Ruf nach einem »freien Paschtunistan«, das vom Indus und vom Indischen Ozean begrenzt sein sollte. Moskau und Kabul unterstützten diese Bewegung, wann immer sie in ihr Konzept paßte. Höchst aufschlußreich ist in diesem Zusammenhang auch das politische Testament des Emirs Abdurrahman, das um 1900 verfaßt wurde. Darin heißt es: »Die Politik Rußlands in Asien verdient volle Bewunderung. Man kann sein Vordringen in diesem Erdteil mit dem Vormarsch von vier einzelnen Kolonnen, die zusammen eine Armee unter der Führung eines überaus geschickten Oberbefehlshabers bilden, vergleichen. Seine Armee in vier Teile teilend, führt es gleichzeitig vier Feldzüge, und führt sie dabei so, daß keine von diesen Kolonnen die Absicht erkennen läßt, anzugreifen, sondern jede ruhig den Moment abwartet, bis sich hierfür die günstigste Gelegenheit bietet. Die russische Regierung ist zur Zeit an folgenden vier Punkten im Osten tätig: in Korea und China, im Pamir-Gebiet und in Afghanistan, gegen Persien und schließlich gegen die Türkei. Sie schenkt dem, was außerhalb dieser vier Gebiete liegt, nicht die geringste Beachtung und wählt nur das aus, was infolge seiner Schwäche oder Unvorsichtigkeit nicht imstande ist, dem russischen Vordringen zu widerstehen.« So kam es immer wieder zu Grenzscharmützeln, denen die bestens gerüsteten afghanischen Truppen ohne weiteres begegnen konnten. 1907 unterzeichneten die Engländer und die Russen ein Dokument, das Afghanistans territoriale Integrität garantierte und das Land am Hindukusch dennoch in britischer Hand beließ. Doch das »Große Spiel«, wie es Rudyard Kipling nannte, ging weiter. Lord Curzon, zu Beginn des 20. Jahrhunderts britischer Vizekönig in Indien, pflegte das ganz offen auszusprechen: »Turkestan, Afghanistan, Transkaspien, Persien – für viele strahlen diese Wörter nur den Begriff äußerster Entfernung aus oder sind eine Erinnerung an fremdartige Wechselfälle und eine im Sterben liegende Romanze. Für mich, das gestehe ich ein, sind es die Stücke eines Schachbretts, auf dem ein Spiel um die Beherrschung der Welt abläuft.«

Rußland war jedoch sehr bald fast ausschließlich mit sich selbst beschäftigt und hatte nicht nur den Ersten Weltkrieg, sondern auch die Wirren der kommunistischen Revolution durchzustehen. Die Kriegsjahre lenkten aber auch Englands Aufmerksamkeit von Afghanistan ab. Dort herrschte inzwischen Emir Habibullah, der Sohn Abdurrahmans. Er brachte seinem Land bescheidenen Fortschritt. Zeitungen erschienen, Straßen wurden gebaut, Schulen eröffnet. Man schrieb das Jahr 1915, als eine abenteuerliche Besuchergruppe das schwer zugängliche Kabul erreichte. Eine vom türkischen Militärführer und Deutschlandfreund Enver Pascha unterstützte Delegation unter der Leitung der Offiziere Oskar von Niedermeier und Werner Otto von Hentig traf ein, um den bislang neutralen Habibullah zum Kriegseintritt an der Seite der Mittelmächte zu bewegen. Die Afghanen sollten zusammen mit der Türkei Englands Kolonialheer in Indien angreifen. Habibullah lehnte das Ansinnen ab. Er engagierte jedoch die deutschen Offiziere und übertrug ihnen die Ausbildung der afghanischen Armee. Die Beziehung zwischen beiden Ländern sollte noch intensiver werden.

Ende 1917 spitzte sich für die Afghanen die Lage wieder zu. Die Bolschewiken eroberten Turkestan, und es deutete alles darauf hin, daß ihr Expansionsdrang damit noch lange nicht gestillt war. Lenin stieß indirekte Drohungen gegen das Nachbarland aus: »Mit der völligen Unterwerfung Afghanistans haben sie [die britischen Imperialisten] sich schon längst einen Stützpunkt geschaffen, sowohl um ihre kolonialen Besitzungen auszudehnen und die Nationen zu unterjochen als auch für Überfälle auf Sowjetrußland.« Sowjetische Agenten schürten nun den Unwillen des Volkes gegen Habibullah. Der Herrscher wollte sich außenpolitisch absichern, indem er am 2. Februar 1919 den damaligen britischen Vizekönig in Indien, Lord Chelmsford, bat, die Friedenskonferenz von Paris möge die Unabhängigkeit und Souveränität Afghanistans bestätigen. In der Nacht vom 19. auf den 20. Februar desselben Jahres wurde der Emir von unbekannten Tätern in seiner Jagdhütte bei Jalalabad ermordet. Später hieß es, die Mörder seien islamische Fanatiker gewesen. Der Vorgang wurde nie schlüssig geklärt. Ein gewisser Nasrullah Khan, der sofort die Macht an sich riß, überstand exakt eine Woche im Amt. Dann stürzte ihn die Armee.

Der nächste König Afghanistans hieß Amanullah. Mit ihm begann die Neuzeit der afghanischen Geschichte. Eilig erklärte Amanullah die Unabhängigkeit des Landes. Noch bevor die Engländer darauf antworten konnten, erfolgte die offizielle diplomatische Anerkennung des Staates Afghanistan durch die Sowjets. Zwischen Amanullah und Lenin wurden freundliche Botschaften ausgetauscht. Im Mai 1919 erklärte der von den Russen unterstützte König England den Krieg. Nach einem kurzen, wenig aufsehenerregenden Geplänkel wurde schon vier Wochen danach ein Waffenstillstand vereinbart. Der dritte englisch-afghanische Krieg war beendet. Großbritannien entließ Afghanistan in die volle Unabhängigkeit.

Die ersten Verträge mit der Sowjetunion

Amanullah fixierte die Freundschaft zu den Nachbarn Persien und Sowjetunion vertraglich und schloß ein ähnliches Abkommen auch mit der Türkei. Sein Vorbild war nämlich Kemal Atatürk. Ihm eiferte er bei seinen Reformen nach. Der afghanische König befahl allen Staatsangestellten, europäische Kleidung zu tragen. Er führte Schulpflicht ein, schaffte die Schleier der Frauen ab und ließ eine Reihe von Modernisierungsgesetzen verabschieden. Das brachte ihm heftigen Widerstand von seiten der Landbevölkerung und natürlich auch der islamischen Geistlichkeit ein. Die Mullahs der Dörfer bezeichneten ihn als »Ungläubigen«. Auf Mißtrauen stieß auch der Freundschaftsvertrag mit der Sowjetunion, den Moskau heute noch gerne im Munde führt. Als 1921 auch noch die Entsendung von russischen Zivilberatern nach Afghanistan vereinbart wurde, sorgte dies für neue Unruhe. 1928 war die Geduld des afghanischen Volkes erschöpft. Eine Rebellion gegen Amanullah brach aus. Der König leistete Abbitte und versprach, die Reformen zurückzunehmen, doch es war bereits zu spät. Im April 1929 mußte er das Land verlassen und verbrachte den Rest seines Lebens im europäischen Exil. Der sowjetische Botschafter in Kabul, F. F. Raskolnikow, verfaßte einen Nachruf: »Die Tragik des Amanul-

König Mohammed Zahir: Er regierte in Kabul von 1933 bis 1973.

Mohammed Daud wurde im April 1978 als Staatspräsident gestürzt.

Nur Mohammed Taraki, der erste Premierminister der Kommunisten.

Hafisullah Amin fiel 1979 dem sowjetischen Einmarsch zum Opfer.

lah-Falles lag in der Tatsache, daß er bourgeoise Reformen ohne die Existenz einer nationalen Bourgeoisie in seinem Land unternahm.«

Die nun folgende kurzzeitige Herrschaft eines früheren tadschikischen Räuberhauptmanns namens Habibullah Kalakani brachte Afghanistan an den Rand des wirtschaftlichen Ruins. Da schalteten sich die Engländer wieder ein und unterstützten den Paschtunen-Fürsten Nadir Khan, der Kalakani beseitigte. Die bereits rückgängig gemachten Neuerungen Amanullahs wurden vorsichtig wiederbelebt. Mit Nadir Schah war die Herrschaft der Durrani-Paschtunen über Afghanistan erneut hergestellt. Die Sowjets stellten sich auch mit dem jetzigen König gut und veranlaßten die Afghanen 1931, abermals einen ihrer beliebten Freundschaftsverträge zu unterzeichnen. In dessen Artikel 2 steht wie üblich, daß sich beide Seiten »Aggressionen gegen die andere Partei oder gegen Territorien, die sich in deren Besitz befinden« enthalten müssen. Artikel 3 bestimmt, daß sowohl die Sowjets als auch die Afghanen »sich von jeder bewaffneten oder unbewaffneten Intervention in die inneren Angelegenheiten der anderen Vertragspartei zu distanzieren« haben. Ein Moskauer Standardvertrag, der – wie die Geschichte immer wieder lehrt – sein Papier nicht wert ist.

1932 führte Nadir Schah die konstitutionelle Monarchie ein. Um einigermaßen geordnete Verhältnisse zu schaffen, mußte der König hart durchgreifen und diverse Stammesrebellionen niederschlagen. Das löste nach landläufigem Recht Blutrache aus. So ging Nadir Schah den Weg vieler afghanischer Oberhäupter: Er starb durch Mörderhand. Am 3. November 1933 erschoß ihn der Sohn eines Generals bei einem Fest der deutschen Schule von Kabul.

Fünf Tage später rückte Nadirs Sohn Mohammed Zahir nach. Im Alter von 19 Jahren wurde der adelige Paschtune zum König gekrönt. In Frankreich mit westlicher Bildung und Kultur vertraut geworden, kümmerte er sich zuerst nur um die Repräsentation. Zahir Schah liebte die Jagd und betätigte sich auch als Hobbyarchäologe. Sein Onkel Mohammed Haschem führte derweil die Regierungsgeschäfte eines der abgeschlossensten und rückständigsten Länder der Erde, eines Staates ohne Industrie, ohne Eisenbahnlinien, mit schlechten Straßenverbindungen und einer Bevölkerung, die zu 90 Prozent aus Analphabeten bestand. Der wichtigste Vorzug Afghanistans war seine strategische Lage. Das erkannte auch Lenins Nachfolger Stalin und ließ während seiner jahrzehntelangen Herrschaft nichts unversucht, die »Freundschaft« der ruhmreichen

Sowjetunion gegenüber dem kleinen, schwachen Nachbarn zu beweisen.

Vorläufig baten Zahir Schah und sein Clan jedoch nicht nur die Russen, sondern auch die Deutschen, Engländer und Amerikaner ins Land. Die Modernisierung schritt, von den Machtkämpfen innerhalb der Stämme abgebremst, nur langsam voran. Zahir Schah blieb bis nach dem Zweiten Weltkrieg eine reine Gallionsfigur des Hauses Durrani. Es regierte stets einer seiner Verwandten: bis zum UNO-Beitritt Afghanistans, 1946, Haschem Khan und dann dessen liberaler Bruder Mahmud. Auch der Weltkrieg weckte Afghanistan nicht aus dem Dornröschenschlaf. Es lag ja weitab vom Geschehen. Beeinflußt wurde das Land jedoch vom Rückzug der Briten aus der Region. Als die Kolonialherren den Subkontinent verließen, entstand südlich der Sowjetunion ein Machtvakuum. Bis zu einem gewissen Grad nahmen nun die Amerikaner den Platz der Engländer ein, wenn auch auf längere Sicht relativ unbeholfen. Erst nach erheblichem diplomatischen Druck von seiten der westlichen Alliierten räumten die Sowjets beispielsweise den von ihnen besetzten Teil des Irans. Und mit Hilfe der Truman-Doktrin widerstanden die Türken russischer Erpressung. Das »große Spiel« um die Krisenzone Mittlerer Osten konnte nach dem Zweiten Weltkrieg mit frischen Karten weitergehen.

Eine kurzfristige und unergiebige demokratische Phase brachten den Afghanen nach 1945 die Gründung von politischen Parteien und eine zaghafte Opposition. Moskauer Hilfsprogramme liefen im Norden des Landes an und führten auffällig rasch zu einem Ausbau der Verkehrsadern in Richtung Sowjetunion, während die Amerikaner ein Bewässerungsprojekt im Süden starteten. Die aufkommende Paschtunistan-Frage sowie wirtschaftliche und innenpolitische Schwierigkeiten führten 1953 zum Rücktritt des Kabinetts. General Mohammed Daud Khan, ein Vetter des Königs und seit 1950 Verteidigungsminister, rückte zum Premierminister auf. Er war gleichzeitig aber auch für das Außen- und Verteidigungsressort zuständig.

Der »rote Prinz« regiert gegen das Volk

Der moskaufreundliche Regierungschef sorgte sofort für einen strikten Kurs: Er griff hart gegen jegliche Opposition durch, ignorierte demokratische Spielregeln und widmete sich mit autoritären

Methoden der Entwicklungspolitik. Mit osteuropäischen Geldern kamen die ersten Fünfjahrespläne zustande. Daud spielte auch die Paschtunistan-Frage hoch. Seine Agenten schürten die Unruhe der Paschtunen und Belutschen auf der pakistanischen Seite. Pakistan reagierte mit Luftangriffen und riegelte die Grenzübergänge zu Afghanistan ab. Die Versorgung des Landes war dadurch von dieser Seite gänzlich blockiert. Die Sowjetunion sprang als allzeit bereiter Freund ein, und die Amerikaner lieferten zu allem Übel den Pakistanern Waffen. In diplomatischen Noten bezeichnete Washington die Durand-Linie als rechtmäßige Grenze Afghanistans. Die Beziehungen zwischen den beiden mittelöstlichen Staaten konnten nicht mehr lange gut bleiben. Im Hintergrund standen schon die Sowjets bereit, um die Früchte des afghanischen Zorns zu ernten.

Die Kooperation zwischen Moskau und Kabul blieb bei weitem nicht auf den Wirtschafts- und Erziehungssektor begrenzt. Der Kreml zielte auf den Militärbereich ab, und diese Rechnung ging auf. Schon 1924 hatten Sowjettechniker Amanullahs Luftwaffe aufgebaut und Armeeoffiziere ausgebildet. Selbstverständlich bestellte Kabul daraufhin im Jahre 1927 Flugzeuge aus der Sowjetunion. Zuerst wurden die Maschinen noch von Russen geflogen und gewartet. Das afghanische Personal erhielt seine Ausbildung jenseits der Nordgrenze. Im selben Jahr unterzeichneten die beiden Partner auch einen Vertrag, der den Bau von Flugplätzen vorsah.

Die Amerikaner weigerten sich nach Dauds Machtübernahme, militärische Hilfe zu gewähren. Statt dessen schickten die Sowjets ein Paket Waffen im Wert von 25 Millionen Dollar. Ab 1955 wurden auch wieder sowjetische Berater in Afghanistan festgestellt. Eine afghanische Militärdelegation reiste nach Prag, um sich dort über das Angebot auf dem Waffensektor zu informieren. Bis 1963 trafen Panzer des Typs T-34, MiG-17-Jäger, Il-28-Bomber, Hubschrauber und Handfeuerwaffen aus der Sowjetunion, der Tschechoslowakei, Polen, Ungarn und der DDR ein. Auch Militärberater wurden entsandt.

Mit außerordentlich hohem Aufwand bauten die Sowjets die Verkehrsverbindung zwischen Kabul und dem Grenzfluß Amu Darja aus. Die wichtige und für die Afghanen im übrigen kostenlose Straße führt über den 3363 Meter hohen Salang-Paß und wurde 1964 eröffnet. Ein lawinensicherer, 2700 Meter langer Tunnel sorgt dafür, daß sie auch im Winter benutzt werden kann. Weniger schwierig war der Ausbau der Ringstraße über den Grenzkontroll-punkt Kuschka in Richtung Herat. In Kabul und Pule Khumri errichteten die Russen Brotfabriken. Sie bauten Wasserkraftwerke und Autoreparaturwerkstätten. Gleichzeitig legten sie aber auch Pipelines, um ihre mittelasiatischen Republiken mit afghanischem Erdgas versorgen zu können. Dadurch sind sie heute in der Lage, die sibirischen Vorkommen anderweitig zu nutzen und entsprechende Lieferverträge mit Westeuropa einzugehen. Ansonsten lieferten ihnen die Afghanen schon zu Dauds Zeiten landwirtschaftliche Produkte, speziell Baumwolle. Das reichte aber für eine ausgeglichene Handelsbilanz bei weitem nicht, so daß die Afghanen Ende der fünfziger Jahre im Ostblock bereits mit 300 Millionen Dollar verschuldet waren.

Mohammed Daud, vom Volksmund wegen seiner Neigung für die Sowjets und seiner adeligen Herkunft als »roter Prinz« bezeichnet, verstrickte sich in immer größere Schwierigkeiten. Die Gunst der Bevölkerung verspielte er, indem er 1959 die Aufhebung des Schleierzwangs für Frauen durchsetzte und aufgrund seiner aggressiven Politik gegenüber Pakistan eine permanente Wirtschaftskrise heraufbeschwörte. In den Jahren 1961 bis 1963 waren die Beziehungen zu Islamabad wieder besonders frostig, blieben die Grenzen geschlossen. Da zogen Zahir Schah und seine Familienmitglieder die Konsequenz. Der Herrscher zwang seinen radikalen Ministerpräsidenten zum Rücktritt. Es blieb, genau betrachtet, Zahir Schahs einzige mannhafte Tat, solange er König von Afghanistan war. Bei den Sowjets gewann er durch diese Maßnahme nicht gerade Sympathien.

Die erste Ära Daud war beendet, als Radio Kabul am 9. März 1963 folgende Erklärung ausstrahlte: »Mohammed Daud, der Premierminister von Afghanistan, der sein schweres Amt neuneinhalb Jahre lang versehen hat, reichte am 3. März bei Seiner Majestät dem König den Rücktritt ein, was königliche Einwilligung fand.« Der bisherige Minister für Bodenschätze und Industrie, Dr. Mohammed Yussof, wurde mit der Bildung einer neuen Regierung beauftragt. Gleichfalls im Rundfunk verlesen wurden aber auch Dauds Vorschläge für eine neue Verfassung. Sie verlangten eine »wahre und stabile Demokratie« sowie Gewaltenteilung. Es sollten freie Wahlen stattfinden, das Land eine demokratische Entwicklung nehmen. Der Wolf Daud hatte plötzlich Kreide gefressen. Doch all sein Taktieren half ihm nichts.

Die Regierung Yussof präsentierte am 1. Oktober 1964 eine neue

Verfassung nach französischem Vorbild, deren Kernpunkt die konstitutionelle anstelle der absoluten Monarchie war. Außerdem wurde Mitgliedern des Königshauses verboten, für öffentliche Ämter zu kandidieren. Mohammed Dauds legale Rückkehr war somit verhindert. Die parlamentarische Ära sollte jedoch lediglich bis 1973 andauern. Mit großen Hoffnungen begonnen, brachte auch sie dem Land nur mäßiges Glück. Die sechs demokratischen Regierungen konnten die aufkommenden innenpolitischen Unruhen und die immer offensichtlicher werdende Abhängigkeit von der mächtigen Sowjetunion nicht verhindern. Afghanistan war zum festen Posten in Moskaus Rechnung geworden, ein Abschütteln der Umklammerung von Jahr zu Jahr weniger möglich. Denn nirgends sonst außerhalb des Warschauer Paktes hat sich der Kreml in der Nachkriegszeit so stark und so ausdauernd engagiert wie in dem kargen Bergland am Hindukusch.

1963 hatten die russischen Berater beinahe sämtliche türkischen Offiziere, die traditionsgemäß in Afghanistan arbeiteten, ersetzt. Einige hundert Russen waren bereits in die afghanischen Einheiten integriert. Die Sowjets stellten sämtliche Flugzeuge und Ausbilder. Fast alle Piloten durchliefen ihre Schulung beim Nachbarn. Noch nie konnte Afghanistan über eine derart effiziente Streitmacht verfügen. Mit dem wachsenden sowjetischen Einfluß stieg auch eine von den Streitkräften ausgehende Gefahr für die Monarchie. Im amerikanischen *Gebietshandbuch für Afghanistan* hieß es 1967: »Die Streitkräfte sind bereits vollständig von den Sowjets abhängig, nicht nur bei der Ausrüstung, sondern auch beim logistischen Nachschub ... Die beinahe totale Abhängigkeit des Militärs von logistischer Hilfe der Sowjets, was Benzin, Munition und Ersatzteile betrifft, bedeutet, daß die Sowjets afghanische Militäroperationen größtenteils kontrollieren können.« Das sollte spätestens 1978 sehr wichtig werden. Zwischen 1956 und 1970 befanden sich schätzungsweise 7000 afghanische Offiziere zur Ausbildung in der Sowjetunion und lediglich 600 in den USA. An die Mehrzahl wurden also nicht nur waffentechnische Kenntnisse, sondern auch der dialektische und historische Materialismus vermittelt. Die Russen exportierten ihre kommunistische Ideologie gleichsam durch die Hintertür. Dabei spielten auch immer mehr afghanische Gaststudenten eine Rolle.

Nachdem sich der persische Schah Reza Pahlevi als Vermittler eingeschaltet hatte, nahmen Pakistan und Afghanistan wieder diplomatische Beziehungen auf. Die Paschtunistan-Frage trat vorübergehend in den Hintergrund. Außenpolitisch wahrte Afghanistan das Prinzip der Blockfreiheit. Zahir Schah reiste fünfmal nach Moskau, um den dortigen Gönnern immer wieder die Freundschaft seines Volkes zu bestätigen. Innenpolitisch verlor der König jedoch Boden unter den Füßen. Den rechten Großgrundbesitzern und den konservativen islamischen Geistlichen ging die ohnehin zögerliche Demokratisierung längst zu weit, während die Kabuler Linken die Monarchie generell in Frage stellten. Ihr Idealsystem lag gar nicht so weit vom Moskauer Modell entfernt. Blutige Studentendemonstrationen waren die Folge der aufkommenden Unzufriedenheit.

Die Linken warfen dem König auch vor, daß er das im Entwurf fertige Parteiengesetz nie unterzeichnete. Bei einer Zulassung von Parteien hatten sie sich nämlich Chancen ausgerechnet, ins Parlament gewählt zu werden. So mußten sie sich zur Zeit der Monarchie noch bedeckt halten. Unbedeutende kommunistische Splittergruppen hatte es seit den ersten Jahren nach dem Zweiten Weltkrieg gegeben. Aber erst zu Beginn der sechziger Jahre bekam ihre konspirative Tätigkeit systematischen Charakter. Am 1. Januar 1965 wurde die Demokratische Volkspartei Afghanistans gegründet. Zu ihren ersten Funktionären zählten der Schriftsteller Nur Mohammed Taraki, Generalssohn Babrak Karmal, Gewerkschafter und Universitätslehrer Mir Akbar Khyber, die Ärztin Dr. Anahita Ratebzad und der heutige Minister für das Stammeswesen, Sulaiman Laeq. Hafisullah Amin erhielt nach seiner Rückkehr aus den USA, im Herbst 1965, einen wichtigen Führungsposten in der Partei. Zu ihrem ersten Generalsekretär ernannten die Kommunisten Nur Mohammed Taraki.

Schon 1965 gehörten Babrak Karmal und Anahita Ratebzad als »Unabhängige« (eine Tarnbezeichnung der Kommunisten) dem halbherzigen Parlament afghanischer Prägung an. Dort versuchten sie ihre Ideologie zu propagieren, was häufig zu erregten Diskussionen führte. Die Lehre der linken Intellektuellen wurde in den sechziger Jahren durch ihre beiden Zeitungen *Khalq* (»Volk«) und *Parcham* (»Fahne«) verbreitet. So nannten sich – wie bereits erwähnt – auch die beiden Fraktionen der Demokratischen Volkspartei, die einer tiefgreifenden Spaltung im Jahre 1967 entwuchsen. Diese Meinungsverschiedenheiten zwischen den Flügeln der Partei konnten bis heute nicht beseitigt werden. Sie sind ständig Quelle für Auseinandersetzungen, die bis zu erbitterten Schießereien reichen. Die Khalq-Gruppierung, deren wichtigste Repräsentanten Taraki und Amin waren, wurzelt mehr im ländlichen Mittelstand und fordert die revolutionäre Umgestaltung der Gesellschaft. Ihr Modell weist stark nationalkommunistische Züge auf. Die Parcham-Fraktion dagegen verhält sich ausgesprochen moskautreu. Sie besitzt ihren Rückhalt beim städtischen Bürgertum und den Intellektuellen. Karmal und Ratebzad sind ihre Führer. Die Parchamis steuerten von Anfang an keinen gewaltsamen Umsturz an. Ihr Ziel sollte durch eine permanente Unterwanderung der Institutionen und eventuell sogar durch Regierungsbeteiligung erreicht werden.

Bis zum Ende des Jahrzehnts konnten diverse linke Organisationen Fuß fassen, während die Rechten noch mit vielen Schwierigkeiten zu kämpfen hatten. Auch die islamischen Gruppierungen spielten zu jener Zeit noch keine besondere Rolle. Daran änderte auch der Rechtsrutsch bei den Wahlen von 1969 nichts. Das Parlament konnte seinen Aufgaben ohnehin nur in beschränktem Maße nachkommen, da die Abgeordneten ohne Parteien operierten und oftmals nur in ganz geringer Zahl anwesend waren. Ein Premierminister folgte dem anderen im Amt. Letztlich ging es den Interessengruppen ohnehin nur um die Zementierung der traditionellen Strukturen des Landes. Das war vorläufig auch von den »Unabhängigen« nicht zu ändern.

Anfang der siebziger Jahre wurde Afghanistan von handfesten Problemen heimgesucht. Eine zwei Jahre anhaltende Dürreperiode führte zu Tausenden von Hungertoten und zu noch größerer Armut der Bevölkerung. Die Kleinbauern mußten sich nachhaltig verschulden und gerieten rasch in eine ausweglose Situation. Die Abhängigkeit vom Großgrundbesitzer und von den Saatgutlieferanten wurde für sie unüberwindbar. Von seiten der Regierung kam keine nennenswerte Hilfe. Und an der Universität Kabul lieferten sich nun islamische Fundamentalisten und linke Intellektuelle heftige Gefechte. Derweil bauten die Sowjets heimlich und leise ihre Brückenköpfe aus.

Die afghanische Monarchie wird beseitigt

König Zahir weilte auch 1973 zu seiner üblichen Sommerkur in Italien, als ihn am 17. Juli die Nachricht erreichte, daß der kaltgestellte Mohammed Daud Khan in Kabul die Republik ausgerufen hatte. Der 64jährige war bei einem unblutigen Staatsstreich mit

Hilfe von sowjettreuen Armeeoffizieren an die Macht gekommen. Daud raffte die Ämter des Staatspräsidenten und Regierungschefs, des Außen- und Verteidigungsministers an sich. In einer ersten Rede warf er seinem Schwager und Vetter Zahir Schah vor, daß dessen »korruptes System Afghanistan an den Rand des Ruins« gebracht habe. Nun werde ein republikanischer Staat, der mit »dem wahren Geist des Islam übereinstimme« alles wieder ins rechte Lot rücken. Als Allheilmittel versprach Daud eine – für Afghanistan fiktive – »echte und neutrale Demokratie«.

Das konnte schon deshalb nicht gelingen, weil der »rote Prinz« sich bei seiner Machtübernahme auf die Parchamis stützte. Denn die Interessen von Babrak Karmal oder Oberstleutnant Abdul Qader, der auch bei jedem weiteren Putsch eine Schlüsselrolle spielen sollte, und die des neuen Staatschefs konnten naturgemäß nicht dieselben sein. Wie stark sie voneinander divergierten, wurde sichtbar, als Daud trotz größerer Abhängigkeit von Moskau einen eigenen Kurs zu steuern begann. Er akzeptierte von der Sowjetunion große Mengen an militärischer Ausrüstung, drängte aber die Linken im eigenen Land zurück. Abdul Qader, den Wortführer der moskautreuen Offiziere, ernannte er zum Chef der militärischen Schlachthäuser – glatter Hohn für einen Kampfflieger. Daud setzte 1967 auch durch, daß die Sowjetberater in den afghanischen Streitkräften sich von der Kompanie- bis zur Bataillonsebene zurückziehen mußten.

Außenpolitisch heizte er den ewig schwelenden Paschtunistan-Konflikt wieder an und sorgte auf diese Weise für neue Spannungen mit Pakistan. Gleichzeitig aber lehnte sich Daud an den Pakistan-Sponsor Saudi-Arabien, die iranische Monarchie und den reichen Ölproduzenten Kuwait. Diese drei entschieden antikommunistischen Staaten waren von der freundschaftlichen Beziehung zu Daud höchst angetan und hofften nun, ihn vor der sowjetischen Gefahr erretten zu können. Daud ging sogar soweit, seine Offiziere zur Ausbildung auch nach Indien und Ägypten zu schicken. Die einstige sowjetische Liebe für den »roten Prinz« kühlte merklich ab. Beim einzigen Besuch des afghanischen Staatsoberhaupts in der Sowjetunion, im April 1977, wurde zwar ein »Vertrag über die Entwicklung der wirtschaftlichen Zusammenarbeit« mit 30jähriger Laufzeit abgeschlossen. Doch dabei blieb es.

Ein Mitglied der afghanischen Delegation vertraute mir seine Moskauer Beobachtungen an: »Wir saßen im Kreml, und Breschnew eröffnete die Gespräche. Er fragte Daud in vorwurfsvollem Ton, ob es stimme, daß er Hilfe von den USA und von arabischen Staaten, die mit Afghanistan befreundet seien, haben wolle. Daraufhin stand Daud auf und erwiderte gereizt: ›Ich bin der Präsident eines unabhängigen Staates. Niemand hat das Recht, mir solche Fragen zu stellen.‹ Er drehte sich um und ging. Breschnew bat ihn später nochmals zu sich, aber Daud lehnte ab. Deshalb kam Breschnew zum Zeitpunkt des Abflugs unserer Gruppe zum Flughafen Wnukowo – er erschien bereits 30 Minuten vor der Zeit –, um mit uns weiter zu verhandeln. Daud wußte, was der Russe ihm zu sagen beabsichtigte, und kam darum erst sehr spät. Er blickte den wartenden Breschnew nur kurz an und sagte: ›Es tut mir leid, ich muß gehen.‹«

Etwa zur selben Zeit schlossen sich die Parchamis und die Khalqis wieder zu einer – wenn auch nur äußerlich – einigen Partei zusammen. Ihr gemeinsamer Gegner hieß nun Mohammed Daud. Eine neue Verfassung bescherte dem Staatschef 1977 absolute Vollmachten. Wie schon während seiner ersten Regierungsphase, offenbarte sich auch diesmal Dauds mangelndes Verständnis für Demokratie. Er griff wieder brutal durch und schlug Gewerkschaftsstreiks und Studentendemonstrationen nieder. Linke und rechte Extremisten wurden vor Gericht gestellt und zumeist hingerichtet. Die versprochene Landreform wurde nicht einmal in Ansätzen verwirklicht. Es herrschte nach wie vor die altbekannte Korruption. Wie auch schon bei früheren Gelegenheiten, begann sich die konservative Landbevölkerung gegen Neuerungen aus Kabul, gegen Schulunterricht und ärztliche Versorgung, vor allem aber gegen Eingriffe in Besitz und Privatleben zu wehren. Schließlich konnte es auch Daud keinem Afghanen mehr recht machen.

Moskau verärgerte er ebenfalls immer mehr, unter anderem beispielsweise dadurch, daß er Anfang 1978 sogar den Ausschluß Kubas aus der Bewegung der blockfreien Staaten forderte.

Eine neue Hungersnot strapazierte die afghanische Bevölkerung wie selten zuvor. Im Untergrund formierten sich die ersten radikalen islamischen Gruppierungen. Sie bereiteten einen Dschihad, einen Heiligen Krieg, gegen das »ungläubige Regime in Kabul« vor. Schon jetzt richteten sie ihre Hauptquartiere jenseits der Grenze in Pakistan ein. Die Tage des Mohammed Daud waren gezählt.

Den letzten Anstoß zu seinem gewaltsamen Ende im April 1978 lieferte eine Bluttat, die bis heute nur in Ansätzen geklärt ist. Daud, gerade von einer Betteltour zu den reichen Brüdern am Golf zurückgekehrt, merkte, daß sich die Lage zugespitzt hatte.

Beobachter der damaligen Verhältnisse behaupten fest, den Afghanen sei bewußt gewesen, daß jetzt etwas passieren müsse. Man habe es förmlich fühlen können. Und es passierte etwas. Mir Akbar Khyber, Chefideologe der Parchamis und populärer Gewerkschaftsführer, wurde von einem unbekannten Täter vor seinem Haus erschossen. Glaubwürdige Mitglieder des damaligen Machtapparates sagen heute, Daud habe auf keinen Fall hinter dem Anschlag gesteckt. Die Tat sei entweder vom sowjetischen Geheimdienst ausgeführt worden, um die nun folgenden, lawinenartigen Ereignisse auszulösen, oder ein Resultat der Fehde innerhalb der Demokratischen Volkspartei gewesen. Mit einem Trauerzug, wie es ihn in Kabul noch nie gegeben hatte, wurde Mir Akbar Khyber zu Grabe getragen. Die Menschen beklagten nicht nur seinen Tod, sondern prangerten auch die Versäumnisse und Schwächen der Regierung Daud an. Es war eine einzigartige Demonstration gegen den »roten Prinzen«. Viele der etwa 15 000 Menschen marschierten aber auch zur US-Botschaft und stimmten antiamerikanische Sprechchöre an.

Der schlaue Fuchs Daud war jedoch noch nicht am Ende: Er schlug zurück und ließ die führenden kommunistischen Funktionäre, unter ihnen Nur Mohammed Taraki und Babrak Karmal, inhaftieren. Einzig Hafisullah Amin, der immer schon treue Freunde in Geheimdienst- und Militärkreisen hatte, kam mit Hausarrest davon. Seine Wohnung wurde durchsucht, sämtliche linke Literatur beschlagnahmt. Als die Hinrichtung der gefangengesetzten Kommunisten nur noch eine Frage von ein oder zwei Tagen zu sein schien, mußten Amin und seine Getreuen reagieren. Am 26. April hatte Abdur Rahman Amin, der Sohn Hafisullahs, einen Botengang nach dem anderen zu erledigen. Er durfte den Kontakt zwischen den Militärberatern in der sowjetischen Botschaft, den kommunistischen Offizieren bei den afghanischen Streitkräften – vor allem Sayed Mohammed Gulabsoy und Asadullah Sarwari – und seinem Vater halten. Etwas ratlos saßen in diesen Stunden die Techniker des afghanischen Geheimdienstes vor ihren Funkabhörgeräten: Sie konnten die in russischer Sprache formulierten Befehle der Luftwaffenstützpunkte Bagram und Kabul nicht deuten.

Luftwaffenoffizier Gulabsoy verständigte die 22 Kommandeure der Luftwaffe und des Heeres. Sri Prakash Sinha, *Spiegel*-Korrespondent in Neu-Delhi, konnte dazu recherieren: »Die Umsturzpläne wurden von der Luftwaffe vorbehaltlos unterstützt; das Heer war jedoch gespalten: 60 Prozent der Offiziere traten für einen

Regimewechsel ein, der Rest stimmte dagegen oder war unschlüssig.« Zwei weitere Vertrauensmänner Moskaus, der Panzermajor Aslam Watanjar und der putscherprobte Flieger Abdul Qader, erhielten den Auftrag, die letzten Vorbereitungen zu treffen. Einige der Parteikader konnten sogar zu Amin selbst vordringen und ihre Rollen beim Putsch mit ihm besprechen. Es herrschte die Atmosphäre eines Operettenstaates.

So war es schließlich ausgemachte Sache, daß alle Beteiligten am nächsten Morgen, dem 7. Saur 1357 nach afghanischem Kalender (also dem 27. April 1978), gegen acht Uhr an ihren Ausgangspositionen sein sollten. Eine Viertelstunde nach Abschluß dieser Vorbereitungen trafen jedoch drei Lastwagen mit Polizisten vor Amins Haus in Kuschal Khan Mina ein, um ihn abzuholen. Noch am Abend des 26. April meldete Radio Kabul die Enttarnung einer »anti-islamischen Verschwörung« und die Festnahme von sieben Drahtziehern. Da aber das Wort »Islam« für die Kabuler Machthaber bis heute bloß eine rhetorische und alles rechtfertigende Floskel ist, zählte in diesem Fall nur die Nachricht von einem Komplott. Um Mitternacht befahl Generalleutnant Ghulam Haider Rasuli, der Verteidigungsminister, allen Kommandeuren im Raum Kabul per Telefon, ihre Soldaten sollten die geglückte Verhaftung der Putschisten mit Tanz und Gesang feiern.

Moskau läßt die Kommunisten putschen

Es war ein grauer Donnerstag, an dem nur selten die Sonne durchdrang, als Mohammed Daud gestürzt wurde. Der Vorgang sollte unter der Bezeichnung »Saur-Revolution« in die turbulente afghanische Geschichte eingehen. Gulabsoy traf sich am frühen Morgen noch einmal mit Gleichgesinnten in der Nähe des Gefängnisses von Deh Mazang. Zwischen acht und zehn Uhr riefen die linksgerichteten Kommandeure bei ihren Einheiten zur »Revolution« auf. Zur selben Zeit berieten Daud und sein Kabinett über die anstehenden Hinrichtungen ihrer Gefangenen. Nicht alle Einheiten wollten sich den Aufständischen anschließen, einige versuchten sogar, die Aktion zu stoppen. Major Aslam Watanjar und seine 4. Panzerdivision hatten bereits den Stützpunkt Pule Charkhi verlassen, als der Verteidigungsminister von der Rebellion erfuhr. Er befahl loyalen Kräften, den Präsidentenpalast abzuriegeln. Viele Kommandeure warteten in typisch afghanischer Manier jedoch erst einmal ab, bis zu erkennen war, wer die Oberhand erringen würde.

Gegen elf Uhr passierte Watanjar mit seinen neun Tanks die US-Botschaft. Er selbst saß in einem T-62-Panzer. General Rasuli befahl der Luftwaffenbasis Schindand, südlich von Herat gelegen, Hilfe zu schicken. Den Piloten von Bagram und Kabul traute er zu Recht nicht mehr. Um die Mittagszeit nahmen die Rebellen mit inzwischen 40 bis 50 Panzern Schlüsselpositionen in der Innenstadt ein. Da sich Freund und Feind gegenseitig nur schwer identifizieren konnten, gab es wiederholt Feuergefechte zwischen den Angehörigen derselben Partei. In der Nähe von Dauds Palast wurden fünf Panzer zerstört. Erst als sich Watanjars Führungspanzer mit seiner schweren 90-Millimeter-Kanone einschaltete, drang der Kampf auch in die Vororte. Watanjar feuerte auf das Verteidigungsministerium. Gleich darauf wurde die militärische Schaltstelle von den Rebellen besetzt. Der Präsidentenpalast dagegen erwies sich als starkes Bollwerk. Daud stand selbst an der Spitze seiner 2000 Mann starken Elitetruppe der »Republikanischen Garde«. Sie verteidigte sich mit Maschinengewehren, Granatwerfern und Panzerabwehrkanonen. Vier Stunden dauerte das Gefecht, ohne daß sich ein greifbares Ergebnis zeigte.

Oberst Abdul Qader war mittlerweile auf dem sowjetisch unterwanderten Militärflughafen Bagram eingetroffen. Er konnte einen Khalqi-Major für den Luftangriff auf Dauds Palast gewinnen. Dieser befahl seinen Leuten, MiG-21-Jäger und SU-7-Jagdbomber dafür vorzubereiten. Die Putschisten waren in Kabul inzwischen etwas kopflos geworden. Weil das Abwehrfeuer aus dem Präsidentenpalast heftiger als erwartet ausgefallen war, mußten sich die Panzer aus der unmittelbaren Umgebung des Palastes zurückziehen. Der Putsch geriet ins Stocken.

Louis Dupree, ein amerikanischer Anthropologe und über Jahrzehnte hinweg der namhafteste Afghanistankenner, schilderte in einem Report für den *American Universities Field Staff* minuziös, was sich an diesem Tag in Kabul abspielte: »Da der 27. April ein Donnerstag war, begann mittags schon das Wochenende. Die afghanische Regierung und die meisten Privatfirmen geben ihren Angestellten Donnerstag nachmittag und Freitag frei, da Freitag Dschuma ist, der Sonntag der Muslime. Deshalb leerten sich die Kabuler Büros zur Mittagszeit, als die Kämpfe immer intensiver wurden. Ungeachtet der Gefahr, warteten die Menschen in Schlangen an den Bushaltestellen – sogar in der Kampfzone. Taxis hupten die Panzer an, um sie zu überholen und schlängelten sich durch, auch als die Kampfhandlungen zunahmen. An manchen Ecken bedeuteten Polizisten den Panzerfahrern, sie möchten sich doch am Straßenrand einordnen. Die Panzer ignorierten diese Gesten natürlich und rasselten weiter zu ihren Zielen. Schließlich resignierten die Polizisten und setzten sich an den Straßenrand, um das Geschehen zu verfolgen. Nur britische Filmemacher würden einer derart tragikomischen Szene gerecht werden.«

Dupree, der lange in Kabul gewohnt hatte, fügte jedoch noch einen Satz hinzu, der unschwer den Ernst der Lage erkennen ließ: »Aber die Menschen starben alle auf dieselbe Weise – und nur wenige wußten, warum.«

Beide Seiten waren mittlerweile nicht untätig geblieben. Verteidigungsminister Rasuli hatte sich auf persönliche Anweisung Mohammed Dauds zur Garnison von Khargha begeben, um zu erkunden, warum der angeforderte Entsatz von dort nicht eintraf. Er war mit seinem Dienstwagen unerkannt durch den Belagerungsring der Panzer gefahren. Nur am Chahrahyi-Ansari-Platz hatte es eine Panne gegeben, wie Louis Dupree notierte. Rasulis Chauffeur hatte eine Ampel bei Rot überfahren, worauf der Dienstwagen des Generals von einem Taxi gerammt wurde. Rasuli erlitt Armverletzungen. Bei den Raketeneinheiten und der 8. Panzerdivision von Khargha erfuhr der Minister, daß deren Kommandeure in Urlaub waren und die Soldaten immer noch seine Anordnung, zu singen und zu tanzen, befolgten. Rasuli erteilte den dringenden Befehl, sofort zum Präsidentenpalast im 13 Kilometer entfernten Kabul auszurücken. Der Einsatz wurde allerdings später durch einen Khalqi-Offizier wieder abgeblasen.

Nora Sethe, damals Studienrätin in Kabul, sammelte bei der »Saur-Revolution« wertvolle Erfahrungen, die ihr dann als Augenzeugin des russischen Einmarsches im Dezember 1979 zustatten kamen. In der *Frankfurter Allgemeinen Zeitung* erinnerte sie sich an den 27. April 1978: »Zufällig saß ich neben der Schwägerin Dauds, als die ersten Einschläge der Panzerkanonen im Friseursalon zu hören waren und zwei Leibwächter hereinstürzten, um Frau Naim – mit Lockenwicklern in den Haaren – in den Palast zu bringen; sie erzählten, der Palast sei von Panzern teilweise umstellt. Alle Frauen und Mädchen standen unbewußt auf, als Frau Naim, eine zierliche, freundliche und sehr bescheidene Dame, gefaßt in das Auto kletterte. Niemand von uns hat sie je wiedergesehen. Alle wußten nun, daß ein Staatsstreich im Gange war, aber trotzdem wurden die anwesenden Frauen erst mal frisiert, und dann ging man nach Hause.«

Nora Sethe aber spazierte los, um sich am Ort des Geschehens umzusehen: »In den Straßen Kabuls standen die Männer vor den Häusern und Geschäften, die teilweise immer noch geöffnet waren, und diskutierten gleichgültig oder neugierig, was da wohl vor sich gehe. Niemand, den ich gefragt habe, wußte etwas über diejenigen, die sich Kabuls zu bemächtigen versuchten. Dicht neben den Panzern standen die Leute und sahen zu, als ob sich hier ein Fernsehfilm und nicht ein Staatsstreich abspielte, der das Leben von vielen von ihnen verändern sollte. Kaum einer ahnte, was da inszeniert wurde. Selbst Parteimitglieder erzählten mir später, sie hätten an einen Putsch von rechts gedacht, als sie die ersten Schüsse hörten. Gegen drei Uhr nachmittags wurde die Situation etwas ungemütlicher. MiG-Düsenjäger heulten im Tiefflug über die Stadt und die Kabuler gingen lieber in die Häuser. Die Luftangriffe ... nahmen jetzt so zu, daß man die Stimmen am Telefon nur noch mühsam verstehen konnte. Erst am Abend stellte jemand das Telefon ab.«

Um 14.30 Uhr waren die ersten Düsenjets über der Hauptstadt erschienen. Sie gehörten zur Luftwaffenbasis Schindand und sollten Daud helfen. Da sie aber schon 700 Kilometer geflogen waren, hatten sie über Kabul nur noch Treibstoff für zehn Minuten in den Tanks. Mißlicherweise konnten die Verteidiger des Palastes auch keinen Funkkontakt mit den Besatzungen der MiG-Jäger zustande bringen, so daß es den Piloten unmöglich war, Freund und Feind zu unterscheiden. Deshalb kehrten sie nach den besagten zehn Minuten mit ihrer kompletten Bomben- und Raketenlast nach Schindand zurück.

General Rasuli befand sich immer noch in Khargha und schaffte es nicht, die Raketeneinheiten zum Einsatz zu bewegen. Sie traten erst in Aktion, als sie von den hinter Daud stehenden Truppen der 8. Division angegriffen wurden. Zu dieser Zeit kamen ihnen auch die ersten SU-7-Maschinen aus Bagram zu Hilfe. Zwei SU-7 feuerten aus ihren 20-Millimeter-Kanonen und mit Luft-Boden-Raketen sofort auf den Präsidentenpalast. Der deutsche Entwicklungshelfer Karl-Heinrich Rudersdorf und mehrere seiner Freunde befanden sich gerade auf einer Überlandtour, die sie am Luftwaffenstützpunkt Bagram vorbeiführte: »Wir wunderten uns, daß an diesem Donnerstagnachmittag mehrere Militärflugzeuge von der Piste aufstiegen ... Aber warum soll die afghanische Luftwaffe, sagten wir uns, nicht auch einmal an einem Wochenende Übungen fliegen.« Von 16 bis 17.30 Uhr griffen immer mehr Maschinen aus Bagram Dauds Regierungssitz an. Sie richteten erhebliche Schäden an. Das elektronische Steuerungssystem der Luftabwehr hatte von Anfang an nicht funktioniert. Inzwischen ist aus sicheren Quellen bekannt, daß mindestens zwei der angreifenden Düsenjäger von sowjetischen Piloten gesteuert wurden. Ohne Zustimmung der Russen wäre der Saur-Putsch generell nicht möglich gewesen, da sich die afghanischen Streitkräfte zum großen Teil unter ihrer Kontrolle befanden. Die Attacken gegen den Palast wurden mit großer Präzision geflogen. Deshalb konnten nun auch die Bodentruppen vorrücken. Erst um 17 Uhr wurden die Aktionen von starkem Regen vorübergehend gebremst.

Zwischen 17.30 und 18 Uhr gelang es einer Infanterieeinheit, das Rundfunkgebäude einzunehmen. Der Sender war intakt geblieben. Die inhaftierten Kommunistenführer – Taraki, Amin, Karmal und andere – wurden zur selben Zeit von einem Elitekommando aus dem Gefängnis geholt. Amin begab sich an diesem Abend in das Gebäude von Radio Kabul, Taraki jedoch zu den Khalqi-Einheiten am Kwajarawasch-Militärflughafen von Kabul, um im Falle einer Niederlage sofort ausfliegen zu können. Die offizielle Geschichtsschreibung der afghanischen Kommunisten stellt dies ganz anders dar: »Sobald Genosse Taraki, gefolgt von anderen Mitgliedern des Zentralkomitees, das Gefängnis verlassen hatte, fand er sich von Tausenden junger Männer und Frauen umringt, den Söhnen und Töchtern der werktätigen Bevölkerung. Sie verteidigten mit ihrer Demonstration die Revolution und begrüßten ihre Führer mit donnerndem Applaus.«

General Rasuli befand sich nun in der Garnison Rischkor, um dort die 7. Infanteriedivision in Bewegung zu setzen. Das sollte erst um 19 Uhr gelingen. Dann rückte die Division in voller Kampfausstattung und in Paradeformation ab – ein leichtes Ziel für die Jets. Die Infanterieeinheit erreichte nie das Zentrum von Kabul. Viele Soldaten ließen ihr Leben auf der fünf Kilometer langen Ausfallstraße. Eine beträchtliche Anzahl setzte sich jedoch ab und ging ganz einfach nach Hause. Rasuli und drei weitere Generäle sollten den 27. April nicht überleben.

Der heftige Widerstand aus dem Präsidentenpalast hielt an, obwohl bereits Teile des weitläufigen Gebäudes in Flammen aufgegangen waren. Augenzeuge Sinha berichtete: »Als ich das Gebäude einige Tage später besuchte, sah ich, daß ganze Stockwerke nur

Den sowjetischen Invasionstruppen und ihren afghanischen Verbündeten schlägt heftiger Widerstand entgegen. Auch anfangs als unzerstörbar geltende Hubschrauber werden im Laufe der Zeit immer häufiger abgeschossen.

noch Trümmerhaufen waren, das Resultat der Bomben- und Artillerieangriffe. In den Wänden klafften riesige Löcher, und die zerschmetterten Fensterrahmen und überall herumliegendes Glas zeugten von der Intensität der Kämpfe.«

Um 18 Uhr verkündeten die Putschisten über Radio Kabul eine Ausgangssperre von 20 Uhr bis Sonnenaufgang. Eine Stunde später stellte Hafisullah Amin die militärischen Führer der sogenannten Revolution vor. Oberst Abdul Qader verlas in Dari, der afghanischen Abart des Persischen, eine Stellungnahme: »Zum ersten Mal in der Geschichte Afghanistans wurden die letzten Reste der Monarchie, der Tyrannei, des Despotismus und der Macht der alten [Königs-]Dynastie des Tyrannen Nadir Khan beseitigt. Alle Macht des Staates ist jetzt in den Händen des Volkes von Afghanistan. Die Macht des Staates liegt beim Revolutionsrat der bewaffneten Streitkräfte ...« Major Watanjar wiederholte den Text in der Sprache der Paschtunen. Bis Sonnenuntergang stießen die todbringenden Flieger immer wieder auf Dauds Palast und auf die Garnison der 7. Panzerdivision herab. Dann wurden sie von Kampfhubschraubern, die sich für den gezielten Einsatz im Dunkeln besser eigneten, abgelöst. Das Licht des Halbmonds war für sie ausreichend. Zwischen 1.30 und 2.30 Uhr nachts wurden sogar Artilleriekanonen des Kalibers 190 Millimeter eingesetzt, um den immer noch anhaltenden Widerstand der tapferen Präsidentengarde zu brechen. Dabei war die Einheit ohnehin schon stark dezimiert. Gegen 4.30 Uhr, als der Morgen des 28. April dämmerte, ergaben sich die Überlebenden in kleinen Gruppen.

Um Mohammed Dauds letzte Stunden ranken sich mehrere Geschichten. Besonders heroisch klingt die Version, daß er sich auch zu Ende der Belagerung noch geweigert habe, aufzugeben. Daraufhin seien vor seinen Augen 30 Mitglieder seiner Familie an die Wand gestellt und nacheinander erschossen worden. Er sei Nummer 31 gewesen. Die zweite Version besagt, Daud habe seinen militärischen Adjutanten zu den Rebellen geschickt. Diese hätten ihm freie Ausreise in ein Land seiner Wahl angeboten, wenn er aufgebe und seine »Verbrechen« öffentlich bekenne. Seine jüngere Tochter Shenkai soll Daud bekniet haben, den Vorschlag anzunehmen. Der Präsident sei jedoch dabei geblieben, daß er niemals ein kommunistisches Regime in Afghanistan akzeptieren werde und auch nicht an die Zusage der Putschisten glaube. Daraufhin sei der Palast gestürmt worden.

In einer anderen Fassung heißt es, Daud habe den Brigadier, der ihm die Bedingungen der Übergabe brachte, erschossen. Wais Daud, einer seiner Söhne, soll daraufhin im Auftrag seines Vaters zur Gegenseite gegangen sein, um freien Abzug zu fordern. Dort sei er ermordet worden. Ein Leutnant habe sich zu den Belagerten begeben, um ultimativ die bedingungslose Aufgabe zu fordern. Andernfalls werde angegriffen und jedermann im Palast müsse sterben. Der erzürnte Daud soll den Leutnant eigenhändig erschossen haben, bevor dessen Ankündigung wahrgemacht wurde.

Ziemlich glaubwürdig erscheint mir die Darstellung eines meiner wichtigsten Informanten, des ehemaligen afghanischen Geheimdienstgenerals Ghulam Siddiq Miraki, der sich seit Ende 1982 in Pakistan befindet. Nach seinen Aussagen wurde der Palast in den frühen Morgenstunden von den Khalqis gestürmt. Ein Offizier namens Imamuddin eröffnete dem eingekreisten Präsidenten, daß die Demokratische Volkspartei Afghanistans die Macht übernommen habe und jeder weitere Widerstand zwecklos sei. Der uniformierte Daud streckte den Mann mit einer Pistole nieder. Darauf eröffneten die Soldaten das Feuer auf ihn und 30 Männer, Frauen und Kinder seiner Verwandtschaft. Ein gutes Dutzend Kalaschnikow-

Schnellfeuergewehre wurde durchgezogen, bis die Magazine leer waren. In dem Raum hatte niemand eine Überlebenschance. Sogar einige der Angreifer starben durch ihre eigenen Kameraden. Im ganzen kamen in diesen 20 Kampfstunden etwa 1000 Menschen ums Leben – der blutigste Staatsstreich in der neueren Geschichte Afghanistans. Daud und seine Familienmitglieder wurden anonym begraben. Es sollte sich um seine Leiche kein Mythos ranken.

Eine interessante Ergänzung stammt ebenfalls von Geheimdienstgeneral Miraki, der seine Ausbildung in der Bundesrepublik erhalten hat und deshalb fließend Deutsch spricht: »Dauds Mörder waren Afghanen. Daran besteht kein Zweifel. Ich weiß aber auch hundertprozentig, daß sich in ihrer Gesellschaft Offiziere des KGB und der Sowjetarmee befanden. Es handelte sich um Leute, die Daud eigentlich erst später, am 1. Mai, hätten stürzen sollen. Unser Geheimdienst war frühzeitig über diesen geplanten Coup informiert worden. Ich selbst hatte den Präsidenten durch meinen Vorgesetzten, General Mohammed Ismail, den Chef des Nachrichtendienstes, darüber aufklären lassen. Dauds Fehler war, daß er zu spät und zu schwach reagiert hat.«

Taraki und Amin terrorisieren das Land

Die »Saur-Revolution« war vorüber. In den Morgenstunden des 28. April wirkte Oberst Abdul Qader als Rundfunksprecher und verlas weitere Meldungen des kommunistischen Regimes. Dazwischen gab es heroische Musik und pathetische Gedichte. Ausländer, so hieß es, sollten nicht beunruhigt sein. Der Revolutionsrat habe lediglich dem Volk von Afghanistan die Macht in die Hand gegeben. Eine schier unvermeidliche Floskel in solchen Situationen. Daud, so verlautete weiter, sei ein »Verräter«, ein »Demagoge« gewesen.

Am Morgen jenes Freitags setzte sich die abenteuerlustige Nora Sethe mit ihrem Fahrrad in Richtung Innenstadt in Bewegung, um die aktuelle Lage zu erkunden. Folgendes konnte sie beobachten: »Nur Scheiben waren zerbrochen, der Uhrturm des Palastes war zerschossen, und aus einem Bombentrichter auf der Straße sprudelte Wasser – hier hatte ein Pilot sein Ziel, den Palast, verfehlt. Eine Menschenmenge umzog den Palast, alle wußten jetzt, daß Daud Khan und seine Familie tot waren, auch wenn die Erzählungen über den Tatvorgang weit auseinandergingen; es gab menschliches Mitgefühl für die Toten, aber eigentlich trauerten nur wenige der gestürzten Regierung nach.«

Nora Sethe weiter: »Die Menge der bunt gekleideten Kabuler schob sich auch an den Panzern vorbei, die an vielen Stellen der Stadt standen, wobei besonders zwei ausgebrannte Stahlungetüme das Interesse der Jugend fanden. Die schwarzgekleideten Panzerbesatzungen und die Kabuler Bürger sahen sich skeptisch an, erst später wurden die Panzer mit Girlanden geschmückt, Blumen in die Rohre gesteckt. Eine Art Volksfeststimmung breitete sich dann aus, unter den Ärmeren wohl auch eine irrationale Hoffnung, daß für sie das Leben einfacher werde, denn die meisten Kabuler Einwohner müssen von der Hand in den Mund leben. Das war aber nicht etwa die später von der neuen Regierung bis zum Überdruß beschworene ›revolutionäre Gesinnung‹, sondern ein Gefühl, zusammengesetzt aus vielen kleinen Hoffnungen: der Hoffnung, daß man ein Medikament kaufen könne, wenn man Schmerzen habe, der Hoffnung, im Winter nicht frieren zu müssen, der Hoffnung, vielleicht zweimal öfter im Jahr Palau, das Nationalgericht aus Reis und Fleisch, essen zu können, der Hoffnung, beim nächsten Mal nicht einfach von irgendeinem Beamten herumgestoßen zu werden.« Alles Hoffnungen, die von Moskaus Regime in Kabul nie wirklich erfüllt werden konnten.

Bliebe noch hinzuzufügen, daß zahlreiche Gebäude in der Umgebung des Präsidentenpalastes von fehlgeleiteten Raketen getroffen und beschädigt worden waren, darunter auch mehrere Botschaften. In manchen Gärten lagen Blindgänger. Am 28. April fanden noch einige Feuergefechte im Vorort Tabai Tajbeg statt, wo sich das zentrale Hauptquartier der Streitkräfte befand. Zeugen berichteten von sporadischen Schießereien, die bis zum Nachmittag des nächsten Tages gedauert haben sollen. Um sämtliche erreichbare Familienmitglieder Dauds, darunter sein Bruder Mohammed Naim, und deren wichtigste Freunde liquidieren zu können – afghanische Familien sind außerordentlich verzweigt –, benötigte das kommunistische Regime mehrere Tage. Dann kehrte Normalität zurück. Im Basar und in den traditionellen Teehäusern Kabuls schien es nun so, als sei nichts geschehen. Am 2. Mai 1978 stellte Nur Mohammed Taraki das neue Kabinett vor. Zu seinen Stellvertretern wurden Hafisullah Amin, Babrak Karmal und Oberst Mohammed Afzal ernannt. Amin war zugleich Außenminister, Afzal auch für das Fernmeldewesen zuständig. Oberst Abdul Qader erschien als neuer Verteidigungsminister, Karmals enge Vertraute

Ein Besuch am geschichtsträchtigen Khyber-Paß: Autor Wilhelm Dietl im Gespräch mit Soldaten der zur britischen Kolonialzeit begründeten Eliteeinheit »Khyber Rifles«. Im Tal beginnt Afghanistan.

Dr. Anahita Ratebzad als Sozialministerin. Die Khalq-Fraktion stellte elf der Minister, die Parcham-Gruppe nur zehn.

Das Kabinett bekundete sogleich seine treue Haltung zum Islam und zur Charta der Vereinten Nationen. Taraki wies jegliche Abhängigkeit von einer Großmacht entschieden zurück. Für Afghanistan könne es auch weiterhin nur eine blockfreie Politik geben. Die Demokratische Volkspartei habe weder mit kommunistischer noch mit marxistischer Ideologie etwas im Sinn. Am 10. Mai veröffentlichte Taraki ein Regierungsprogramm mit 20 Punkten. Darin kündigte er unter anderem eine Landreform und die Abschaffung des Feudalismus, die Einführung des Frauenwahlrechts und eines Pflichtschulsystems an. Taraki griff hart durch. Er säuberte den öffentlichen Dienst und setzte unliebsame Stammeshäuptlinge kurzerhand ab. Mit seinem Amtsantritt wurde auch dem alten Traum der Paschtunen von der Gründung eines eigenen Staates wieder neues Leben eingehaucht. Der Premierminister setzte Zeichen, indem er zum Unwillen Pakistans mit den namhaftesten Vorkämpfern der nationalistischen Idee, Ajmal Khattak und Abdul Ghaffar Khan, dinierte.

Wer war dieser Nur Mohammed Taraki, der sich liebend gerne als »großer Führer des Volkes« betiteln ließ? 1917 in der Provinz Ghazni als Sohn eines Kleinbauern geboren, mußte er schon mit fünf Jahren Gelegenheitsarbeiten übernehmen, um Geld zu verdienen. 1932 wurde Taraki bei einer Handelsfirma in Kandahar als Bürobote angestellt. 1935 ging er zu deren Filiale in Bombay. Dort gelang es ihm auch, die fehlende Bildung zu erwerben. Damals soll er Abdul Ghaffar Khan, den legendären Kämpfer für ein freies Paschtunistan, erstmals getroffen haben. 1937 kehrte er nach Kabul zurück, um ein Studium der Wirtschaftswissenschaften zu beginnen. Der Abschluß verschaffte ihm eine Position im Wirtschafts- und später im Informationsministerium. Nebenbei arbeitete er für Radio Kabul und die staatliche Nachrichtenagentur Bakhtar. Taraki, der sich als begnadeter Schriftsteller fühlte, begann überaus nationalistische Gedichte zu schreiben. Nach dem Sturz des Premierministers Haschem Khan im Jahre 1946 entstand mit seiner Hilfe eine Bewegung junger Literaten, »Erwachende Jugend« genannt. Diese Organisation unterstützte die Paschtunen und forderte auch Reformen für Afghanistan: »Wir, die Erwachende Jugend, streben danach, ... die Afghanen aus dem Dunkel der Unwissenheit und der Ignoranz herauszuführen.«
In der Wochenzeitung jener Bewegung ungestümer Idealisten, *Angar* (»Die Glut«), schlug Taraki einen resoluten Ton an und verlangte nach einer Umgestaltung der afghanischen Gesellschaft: »Wir erklären deutlich und bestimmt, daß wir fürs erste fordern: Essen, und sei es trockenes Brot; Kleidung, sei es selbst drittklassige; Bildung im weitesten Maße, echte ernsthafte Volksbildung; Gleichheit für jeden im Dienst an der Gesellschaft ...« Damals zählte auch Babrak Karmal schon zur neuen, zornigen Generation des Landes am Hindukusch. Er kam für seine Überzeugung 1952 erstmals ins Gefängnis.
Taraki konnte der Inhaftierung entgehen, indem er 1953 vorübergehend als Pressesprecher der afghanischen Botschaft in Washington arbeitete. Nach Dauds Machtergreifung im selben Jahr verkündete Taraki auf einer Pressekonferenz in New York, daß er nicht mehr in seine Heimat zurückkehren werde, weil er um sein Leben fürchte. Diesem Vorsatz wurde er 1956, nach der Annäherung Afghanistans an die Sowjetunion, untreu. Er flog nach Kabul und betätigte sich dort zunächst als Übersetzer bei den diplomatischen Vertretungen der Amerikaner und der Vereinten Nationen. Am liebsten widmete er sich jedoch der Schriftstellerei. Zahlreiche sei-

ner Werke entstanden in den fünfziger Jahren. Sie beschäftigten sich fast ausschließlich mit der armen Landbevölkerung und den drückenden sozialen Mißständen. Ab 1963 bereiteten Taraki und Karmal unter konspirativen Umständen die Gründung der Demokratischen Volkspartei vor. Taraki, der Führer der Khalq-Fraktion, wurde ihr erster Generalsekretär.

Schon wenige Wochen nach der sogenannten Revolution waren die Khalqis und die Parchamis wieder zerstritten wie eh und je. Die islamische Opposition hatte sich inzwischen vom Schock der kommunistischen Machtergreifung erholt. Sie trat im ganzen Land zur Gegenwehr an. Das auslösende Moment war ein Pogrom gegen die Ulemas, die religiösen Führer, in den Monaten Mai und Juni. In Kunar und Paktia, zwei Grenzprovinzen zu Pakistan, griffen die Mudschaheddin, die Heiligen Krieger des Islam, Afghanistans Armee und verschiedene Regierungseinrichtungen an. Im Mai 1978 wetterte Taraki erstmals gegen das »verbrecherische Vorgehen von Reaktionären«.

Als die Khalqis im Juli stark genug waren, warfen sie die rivalisierenden Parchamis kurzerhand aus der Regierung. Taraki beschuldigte die moskautreue Fraktion der Vorbereitung eines eigenen Putsches. Die Sowjets konnten durch ihren mächtigen Botschafter Alexander Pusanow gerade noch verhindern, daß ihre treuesten Freunde den Weg beinahe aller afghanischen Machthaber gingen – in den Tod. Vizepräsident Babrak Karmal wurde daraufhin als Botschafter nach Prag geschickt, Nur Ahmed Nur nach Washington und Dr. Anahita Ratebzad nach Belgrad. Als die unfreiwilligen Diplomaten Ende des Jahres zu einem gegen sie inszenierten Prozeß nach Kabul zurückkehren sollten, tauchten sie vorläufig unter. Später beschuldigte Taraki die Flüchtigen, ansehnliche Summen unterschlagen zu haben. Das aber störte die Russen nicht, in deren Obhut sich die drei Afghanen nun befanden.

Im Land selbst nahmen die Unruhen zu. Vom Herbst 1978 an griffen Taraki und Amin hart durch. Antisowjetische Studenten und Professoren verschwanden in den Gefängnissen, Großgrundbesitzer, die sich gegen die Bodenreform wehrten, wurden getötet. Die ersten Flüchtlinge verließen Afghanistan und versuchten in Pakistan, im Iran oder in Indien eine neue Existenz zu gründen. Bis Juni 1979 waren es schon 110000. Ab August 1978 saß auch Oberst Abdul Qader hinter Gittern. Tarakis Mißtrauen hatte ihn nicht verschont. Er war einer von nunmehr 6000 politischen Gefangenen. Ende November waren die Haftanstalten bereits überfüllt. Etwa 12000 Menschen saßen im Pule-Charkhi-Gefängnis, das Doppelte von dessen Kapazität.

In Kabul nahm der Einfluß der Sowjets rapide zu. Leonid Breschnew und Alexej Kossygin hatten als erste zum gelungenen Putsch gratuliert. Staatsoberhaupt Taraki kündigte bereits sieben Tage später Pläne zum weiteren Ausbau der afghanisch-sowjetischen Beziehungen an. Hafisullah Amin besuchte daraufhin Moskau und leitete die Zusammenarbeit in den Bereichen Medizin und Erziehung, Landwirtschaft und Transport ein. Die Sowjetunion gewährte einen Kredit von 19 Millionen Rubel für geophysikalische Projekte im Süden des Landes, die ČSSR drei Millionen Dollar für den Kohlebergbau. Ein umfangreiches Handelsabkommen wurde am 23. Mai unterzeichnet. Insgeheim lieferte Moskau aber auch – zusammen mit zahlreichen neuen Militärberatern – 100 Panzer des Typs T-62 und Kampfflugzeuge. Die afghanischen Streitkräfte erhielten Politkommissare nach sowjetischem Muster. Ab sofort gab es Unterricht in wissenschaftlichem Sozialismus, um das Klassenbewußtsein zu heben. Während immer mehr sowjetische Soldaten aus den mittelasiatischen Republiken nach Afghanistan kamen und, um weniger aufzufallen, die Uniformen der Gastgeber anzogen, beschlossen die beiden Länder den Bau der ersten Brücke über den Grenzfluß Amu Darja. An derselben Stelle, bei Heiratan, sollten sowjetische Pioniere im Dezember 1979 eine Pontonbrücke legen, um den motorisierten Schützendivisionen und den Nachschubkolonnen den Grenzübertritt zu erleichtern.

Taraki versicherte einem sowjetischen Fernsehreporter, daß »uns die UdSSR eine vielseitige wirtschaftliche Hilfe anbietet, ohne daran politische Bedingungen zu knüpfen«. Beim selben Interview folgte der Gipfel der Heuchelei: »Unsere Beziehungen zur Sowjetunion sind freundlich, da sich dieser Staat nie in unsere internen Angelegenheiten eingemischt hat.« Vom 4. bis 6. Dezember 1978 besuchte der Staatschef Afghanistans seinen Kollegen in Moskau. Bei dieser Gelegenheit unterzeichnete Taraki einen längst vorbereiteten Vertrag über »Freundschaft, gute Nachbarschaft und Zusammenarbeit«. Darin war gleich eine mögliche Entschuldigung für die spätere Intervention enthalten. In Artikel 4 heißt es wörtlich: »Die Hohen Vertragsparteien werden sich im Geiste der traditionellen Freundschaft und Gutnachbarlichkeit und im Geiste der Charta der Vereinten Nationen konsultieren und geeignete vertragliche Maßnahmen zur Gewährleistung von Sicherheit, Unabhängigkeit und territorialer Integrität ergreifen. Im Interesse der

Kaum hatte die Schreckensherrschaft Nur Mohammed Tarakis und Hafisullah Amins begonnen, flüchteten die ersten Afghanen über die Berge nach Pakistan. Sie lebten dort zunächst in Zeltlagern.

Intensivierung der Verteidigungskapazität werden die Hohen Vertragsparteien fortfahren, die Kooperation auf militärischem Gebiet, auf der Basis gegenseitiger Abkommen, zu entwickeln.« Die Partner nahmen auch auf die noch bestehenden Freundschaftsverträge von 1921 und 1931 Bezug.

Im heimatlichen Kabul wurde jedoch immer deutlicher, wie schwach die Regierung eigentlich war. Die Basaris der Hauptstadt revoltierten, und auch die Truppen der Garnisonen von Bala Hissar und Rischkor, beide zu Kabul gehörig, meuterten vorübergehend. Schon liefen viele Soldaten zu den islamischen Rebellen über. Diese riefen offiziell zum Heiligen Krieg auf. Die schlecht bewaffneten, aber von großem Kampfgeist erfüllten Mudschaheddin beanspruchten für sich schon im Frühjahr 1979, 23 der 29 Provinzen erobert zu haben. In Nuristan kam es zum ersten Volksaufstand, der rasch auf andere Landesteile übergriff. Die westliche Öffentlichkeit ahnte nicht, was sich bald in dem entlegenen Land am Hindukusch abspielen sollte.

Erst um den 14. Februar sorgte Afghanistan wieder einmal für weltweite Aufmerksamkeit. US-Botschafter Adolph »Spike« Dubs wurde an diesem Tag von maoistischen Stadtguerillas der Gruppe »Schola-e-Javed« (Ewige Flamme) entführt. Die drei Täter begaben sich mit ihrem Opfer in das »Hotel Kabul« nahe des Paschtunistan-Platzes, also in das Stadtzentrum. Dann schickten sie Dubs' Fahrer Gul Mohammed zur Botschaft. Durch ihn boten sie die Freiheit des Diplomaten gegen die gleichzeitige Freilassung einiger ihrer Genossen an. Zugleich wollten die Untergrundkämpfer mit ihrer Tat auf die innenpolitische Situation des Landes aufmerksam machen. Afghanische Sicherheitseinheiten (»Sarandoy«) umstellten das Hotel, während Vertreter der US-Botschaft für Verhandlungen mit den Kidnappern plädierten. Genau vier Stunden nach der Entführung, um 12.45 Uhr, stürmten die afghanischen Polizeikräfte auf Befehl ihres Chefs Major Sayed Daud Talun das Hotelzimmer 117, in dem sich die Kidnapper und Adolph Dubs befanden. Sie feuerten – eine alte afghanische Spezialität –, solange sich in dem Zimmer etwas bewegte. Der »Rettungsversuch« endete natürlich mit dem Tod des Botschafters. Insider wollen wissen, daß Dubs absichtlich getötet wurde, da er über die Vorgänge in Afghanistan besser als jeder andere ausländische Diplomat informiert war. Mit im »Hotel Kabul« befanden sich zu diesem Zeitpunkt vier sowjetische Militärberater, darunter Sergej Bachurin, der leitende Sicherheitsoffizier der Sowjetbotschaft. Sie lenkten den Einsatz, gaben das Kommando zum Beginn des massiven Kalaschnikow-Feuers und stoppten die Sarandoy-Angehörigen nach erst etwa 40 Sekunden wieder.

Ein erster Volksaufstand gegen das Regime

Der nächste große Schlag gegen das Regime des graumelierten, schnurrbärtigen Taraki folgte bei einem im März ausbrechenden Volksaufstand, der zehn Tage dauern sollte. Am 19. März revoltierte die in Herat stationierte 17. Division der afghanischen Armee. Den islamischen Guerillas stand dadurch der Weg in die Stadt offen. Kaum jemand hinderte sie am Vormarsch. Spezielle Kommandos durchkämmten die Häuser der etwa 100000 Einwohner zählenden Metropole Westafghanistans. Sie suchten gezielt nach sowjetischen Militärberatern. In der Umgebung des von Russen erbauten »Herat Hotels« liefen die Frauen und Kinder der Sowjetexperten um ihr Leben. Die meisten wurden auf der Stelle getötet. Eine ganze Anzahl Russen wurde lebendig gehäutet, geköpft oder in Stücke gehackt. Die Mudschaheddin steckten die Köpfe auf Stangen und trugen sie durch die Straßen.

200 Kilometer südlich von Herat war die Brücke über den Farah-Rod-Fluß an der Hauptstraße Herat-Kandahar zerstört und die Telefonverbindung nach Kabul gekappt worden. Aus ungeklärter Ursache war in diesen Tagen auch der Militärflugplatz Schindand vorübergehend geschlossen. Die Rebellen erhielten von der meuternden 17. Division nagelneue Waffen. Mit Kanonen zerschossen sie die Mauern des Gefängnisses von Herat, bekämpften angreifende Flugzeuge mit Luftabwehrgeschützen. Die Sowjets und ihre afghanischen Waffenbrüder schlugen unerbittlich zurück. Zehn Tage lang griffen sie Herat mit Geschwadern von MiG-Jägern und mit Panzereinheiten an. Teile der alten Stadt wurden zerstört, aller Wahrscheinlichkeit nach zwischen 5000 und 10000 Menschen getötet. Unter den Opfern befanden sich 50 bis 200 Russen. Exakte Zahlen sind in diesem Fall nicht zu bekommen. Der Kampf um Herat ist in der neueren Geschichte des Orients nur noch mit der Niederschlagung des Volksaufstandes in der syrischen Stadt Hama, im Februar 1982, zu vergleichen. 30000 Menschen mußten dort ihr Leben lassen. Auch in Hama hatte ein von Moskau gesteuertes Regime seine überlegene militärische Feuerkraft eingesetzt.

Herat bildete einen Wendepunkt in der sowjetischen Afghanistan-Politik. Jetzt befaßte sich auch die Moskauer Presse mit der Situation im Nachbarland. Die Parteizeitung *Prawda* warf dem Iran, Pakistan, China, den Vereinigten Staaten, Großbritannien, der Bundesrepublik Deutschland und Ägypten Einmischung in die inneren Angelegenheiten Afghanistans vor. Nun setzten auch ungetarnte militärische Versorgungsflüge ein. So landeten beispielsweise am 26. und 27. März 1979 auf dem Flughafen von Kabul 25 Transporter. Sie entluden leichte Panzer, Panzerspähwagen und Hubschrauber. Anfang April traf General Alexej Schepilow, der bereits bei der Besetzung der Tschechoslowakei 1968 eine Schlüsselrolle gespielt hatte, an der Spitze einer Militärkommission in Afghanistan ein. Er sollte überprüfen, wie ernst die Lage war – was dann bekanntlich vier Monate später ein zweites Mal und unter anderen Vorzeichen geschah.

Nachdem Schepilow in Moskau über seine Eindrücke berichtet hatte, beseitigten die Russen zuerst einmal die gröbsten »Mangelerscheinungen« der afghanischen Armee. Sie sandten unverzüglich 100 Panzer des Typs T-62, Kampfflugzeuge der Baureihen MiG-21 und MiG-23, SU-20-Bomber, zwölf Kampfhubschrauber des gefürchteten Typs MI-24 und zahlreiche MI-16-Helikopter für den Truppentransport. Sowjetpiloten flogen Überwachungseinsätze vom Flughafen Jalalabad, und Teile einer Division setzten sich zur afghanischen Grenze in Marsch. Die Situation spitzte sich bedenklich, jedoch vom Westen unbemerkt, zu.

Im März gab es Änderungen in der afghanischen Regierung. Taraki wurde Präsident des Obersten Verteidigungsrates und somit auch Oberbefehlshaber der Truppen. Hafisullah Amin erhielt das Amt des Premierministers. Immer wieder meuterten Einheiten der Streitkräfte, schlugen die Guerillas zu. Anfang Juni formierten sich die Aufständischen zur Nationalen Rettungsfront, bestehend aus neun antikommunistischen Organisationen. In diesen Tagen übernahmen die Russen vollständig die afghanische Luftwaffe, wie mir Brigadier Sarwar Schinwari, damals Einsatzleiter am Flughafen Kabul, detailliert mitteilte. In jeder Einheit befanden sich nun Sowjetberater. Der Luftwaffenstützpunkt Bagram wechselte den Besitzer. Dort zogen sowjetische Truppen ein. Dasselbe passierte während der Sommermonate in Schindand. Im Juni stieg die Zahl der Versorgungsflüge nach Bagram rapide an. Es wurden dieselben Waffentypen nachgeliefert wie bereits im April.

Der Heilige Krieg beginnt

Die Mudschaheddin schlugen immer gezielter zu, auch in Kabul. Ende Juli besetzten sie sogar Teile der Basis Bagram und konnten nur mit großem militärischen Aufwand wieder vertrieben werden. Soldaten meuterten in Jalalabad. Die sowjetisch-afghanischen Truppen griffen immer brutaler durch und erschossen beispielsweise 50 Studenten in Anwesenheit ihrer Eltern. Basarhändler und Rebellen warfen Handgranaten auf Sowjetsoldaten, die sich in engen Gassen zum Einkaufen aufhielten. Insassen des überfüllten Gefängnisses von Pule Charkhi griffen ihre Wärter an. In den Provinzen Kunar, Paktia und Zabol, sämtlich an der Grenze zu Pakistan gelegen, liefen drei Garnisonen und eine Panzerbrigade geschlossen zu den Aufständischen über. In Kandahar führten 15 afghanische Offiziere die doppelte Anzahl von Sowjetgästen auf eine Sightseeing-Tour. Unvorsichtigerweise näherten sie sich auch einem alten Schrein islamischer Mystiker. Das rief Empörung bei der einheimischen Bevölkerung hervor. Blitzschnell sprach sich herum, daß Ungläubige dabei seien, den heiligen Ort zu entwei-

Die vom Iran unterstützte schiitische Untergrundorganisation Sasmane Nasr bildet ihren Nachwuchs schon in jungen Jahren an den Waffen aus. Im Heiligen Krieg werden auch Kinder und Jugendliche gebraucht.

hen. Eine empörte Menschenmenge brachte darauf die 45köpfige Gruppe um. Blutige Rache aus Kabul folgte umgehend.

Ein Höhepunkt des heißen Sommers 1979 war im August der Aufstand der Kabuler Garnison in der Zitadelle Bala Hissar. Zu diesem Zeitpunkt war die dort stationierte 2. Panzerbrigade der Armee die bestausgerüstete Einheit des Landes. Sie verfügte über die neuesten Panzer der Typen T-64 und T-72. Als sie damit gegen die islamischen Rebellen in der Nähe des Khyber-Passes antreten sollten, verweigerten die 1500 Mann von Bala Hissar den Befehl. Ihre Revolte wurde durch massiven Einsatz sowjetischer Hubschrauber und Kampfflugzeuge niedergeschlagen. Auch zahlreiche Panzer sollen die Festung umstellt haben. Insider sprechen von 300 Toten auf seiten der Meuternden. Die Russen kamen in Zugzwang. Spätestens während der Erkundungsreise von Marschall Iwan Grigorewitsch Pawlowsky, im August, fiel der brutale Hafisullah Amin bei den Sowjets in Ungnade. Das erfuhr auch Nur Mohammed Taraki, als er am 10. September auf dem Rückweg von der Konferenz der blockfreien Staaten in Havanna zur Stippvisite in Moskau landete. Leonid Breschnew empfing den Staatschef und versicherte ihm, daß »die freundlichen afghanischen Menschen in ihrem gerechten Kampf auf die umfassende und selbstlose Hilfe der Sowjetunion rechnen« könnten. Beide umarmten sich innig. Der »gealterte Poet mit sozialrevolutionären Vorstellungen«, wie mir ein hoher westlicher Diplomat Taraki charakterisierte, hatte mit Breschnew vereinbart, daß er Amin nach der Rückkehr beseitigen würde.

Diesen Gesprächsinhalt kannte jedoch auch ein Amin-Freund aus Tarakis Begleitmannschaft. Dadurch wurde der Plan frühzeitig verraten. Amin traf daraufhin alle Vorbereitungen, um sich gegen seine Feinde zu schützen. Er wollte Verteidigungsminister Aslam Watanjar, Kommunikationsminister Mohammed Gulabsoy, seinen Parteifreund Asadullah Sarwari und den Minister für Grenzangelegenheiten Shir Jan Masdurjar festnehmen lassen. Die vier konnten sich nur durch eine Flucht in die sichere Sowjetbotschaft retten. Daraufhin bat Taraki den mißtrauischen Amin am 14. September zu sich. Dieser kam jedoch nicht. Taraki rief ihn an: »Du bist ein Feigling und hast Angst.«

Das wollte sich Hafisullah Amin nicht zweimal sagen lassen. Er sammelte seine schwerbewaffneten Getreuen um sich und fuhr in den Präsidentenpalast. Sayed Daud Talun, der Sicherheitschef, befand sich bei Taraki. Es gelang ihm, Amin bereits beim Betreten des Gebäudes mitzuteilen, daß Taraki ebenfalls Bewaffnete um sich geschart habe. Die Gäste blickten im Treppenhaus hoch. Da feuerten die Adjutanten Tarakis mit Kalaschnikows. Major Talun warf sich vor Amin und war auf der Stelle tot. Als Amin, der sich mit seiner Mannschaft rasch zurückgezogen hatte, auf die Straße kam, mußte er feststellen, daß die Reifen seines Wagens ohne Luft waren. Er zwang den Fahrer eines anderen Autos, ihn sofort zu seinem Amtssitz zu chauffieren. Dort berief er das Zentralkomitee der Partei ein und führte bittere Klage über den Rivalen Taraki. Das ZK beschloß an diesem Tag, die Öffentlichkeit darüber zu informieren, daß der »kranke« Taraki seinen Rücktritt angeboten habe. Seine Residenz wurde ab sofort hermetisch abgeriegelt, das Telefon lahmgelegt. Journalisten durften ihn nicht mehr treffen. Taraki war kaltgestellt. Am 25. September lud Amin zu einer überraschenden Pressekonferenz ein. Augenzeuge Peter Scholl-Latour berichtete darüber: »Hafisullah Amin war ganz anders, als ich ihn mir vorgestellt hatte. Der stämmige Mann trat uns lächelnd und selbstsicher entgegen. Er wirkte in keiner Weise verklemmt. Unter anderen Umständen hätte man ihn fast sympathisch gefunden. Die Journalistenrunde schüchterte ihn nicht ein. Wir hatten es hier mit einem knallharten zentralasiatischen ›Mafioso‹ zu tun, der die Situation auf unerklärliche Weise genoß. Er setzte sich an den Konferenztisch und sah den Korrespondenten herausfordernd ins Auge ... Das Profil dieses starken Mannes von Kabul war wie in Stein gehauen. Hafisullah Amin strotzte vor Kraft.«

Auf der Pressekonferenz kam soviel heraus, wie bei allen ähnlichen Veranstaltungen afghanischer Regierungen – nämlich gar nichts. Einmal aber wurde Amin unfreiwillig komisch, als er erklärte, er wisse nicht, an welcher Krankheit Taraki leide: »Ich bin doch kein Arzt.« Als die internationale Anteilnahme am Schicksal des gestürzten Staatsoberhauptes abgeklungen war, forderte Amin umgehend die Ablösung des Sowjetbotschafters Pusanow. Er hatte kein Vertrauen mehr zu diesem Freund Tarakis, der sich an jenem 14. September ebenfalls im Präsidentenpalast befunden hatte. Amin begegnete nun den Russen zu Recht mit Vorsicht. Am 8. November wurde Alexander Pusanow durch Fikriyat Tabejew, Mitglied des Zentralkomitees der KPdSU und seit 1960 Sekretär der Autonomen Tatarenrepublik, ersetzt.

Doch noch einmal zurück zu Taraki: Am 8. Oktober 1979 begaben sich vier Amin-Getreue, unter ihnen der Kommandant seiner Residenz, Jandad, und Generalstabschef Yakub, zu dem abgesetzten Staatspräsidenten, der sich bis dahin hartnäckig geweigert hatte, ein »Schuldgeständnis« zu unterschreiben. Sie suchten ihn in seinem Zimmer im zweiten Stock des Palastes auf. Dort erstickten sie ihn mit einem Kissen. Sein Grab war bereits zwei Tage zuvor ausgehoben worden. Am 9. Oktober meldete Radio Kabul Tarakis Tod – »nach langer schwerer Krankheit«. Täter Jandad wurde unter Babrak Karmal festgenommen und nach einem Gerichtsverfahren hingerichtet. Yakub starb während des sowjetischen Angriffs auf Amins Palast in Darulaman, im Dezember 1979. Die beiden anderen Komplizen wurden später gleichfalls zum Tode verurteilt. Das Grab des Nur Mohammed Taraki ist heute nicht mehr aufzufinden, da es ein Kommando der Mudschaheddin zwischenzeitlich in die Luft gesprengt hat.

Der Countdown zur Invasion läuft an

Amin wollte sich nun versöhnlich zeigen und begnadigte den unter Taraki zum Tode verurteilten Oberst Abdul Qader zu 15 Jahren

Gefängnis. Der Kreml hatte, wie üblich, auch für den neuen Präsidenten ein Glückwunschtelegramm geschickt; von Breschnew und Kossygin unterzeichnet. Doch die allgemeine Polit-Reisewelle zwischen Kabul und Moskau brach plötzlich ab. Aus dem Norden kamen nur noch Truppen. Amin hatte sich die Gunst der Sowjets verscherzt.

Wer war Hafisullah Amin? Er wurde 1921 in dem nahe Kabul gelegenen Ort Pagham geboren. Nach dem Besuch des Gymnasiums studierte er Naturwissenschaften und wurde Lehrer. In den fünfziger Jahren ergänzte er sein Studium an der New Yorker Columbia University. Zurück in der Heimat, arbeitete Amin als Direktor einer Schule. Zusammen mit Taraki baute er über Jahre hinweg die kommunistische Bewegung auf. Er bezeichnete sich stets als Schüler Tarakis. 1969 erhielt Amin als einziger Vertreter der Khalqis einen Parlamentssitz. Während Dauds zweiter Amtsperiode organisierte er dann die Unterwanderung der Streitkräfte mit kommunistischen Kadern. Deshalb konnte der Militärputsch des 27. April 1978 über die Bühne gehen.

Mein Informant, der sowohl Taraki als auch Amin persönlich kennengelernt hatte, charakterisierte Amin folgendermaßen: »Ein rücksichtsloser Bursche, der über Leichen geht. Im Kabinett Taraki befanden sich noch einige etwas blauäugige kommunistische Laien und sogar drei Schriftsteller. Das gab es bei Amin nicht mehr. Er zitierte mehr als jeder andere Marx und Engels, nannte sich aber selbst nie Kommunist.« Hier ein Auszug aus einer typischen Amin-Rede: »Es gibt eine neue These zur epochemachenden Theorie über die Arbeiterklasse: Durch den heldenhaften Kampf der Partei der Arbeiterklasse konnte aus der Feudalgesellschaft die Revolution des Proletariats entstehen ... Während in den kapitalistischen Industrieländern die Arbeiterklasse die führende Rolle beim Sturz der kapitalistischen Regime spielt – vorausgesetzt, das Proletariat hat ein Klassenbewußtsein und arbeitet als Partei im Bewußtsein der epochemachenden Theorie über die Arbeiterklasse –, hat unser großer Führer Taraki entdeckt, daß es in den Entwicklungsländern andere Kräfte gibt, die die alles beherrschende Feudalregierung stürzen können.«

Ein Vierteljahr lang durfte Amin sein blutiges Unwesen in Afghanistan treiben. Er steigerte sich in einen Mordrausch hinein und ließ alle Taraki-Anhänger sowie zahlreiche oppositionelle Demokraten und islamische Gelehrte, einfache Bauern und Untergrundkrieger umbringen. Über 200 000 Menschen flüchteten nach Pakistan. Zu spät versuchte er einzulenken und sich an den Westen anzulehnen. Dennoch betonte er in einem Interview mit Andreas Kohlschütter von der Wochenzeitung *Die Zeit* im August 1979: »Die Beziehungen zwischen Afghanistan und der Sowjetunion sind weit mehr als nur freundschaftliche, es sind verwandtschaftliche, brüderliche Beziehungen und zwar zwischen gleichberechtigten Führern.« Da wußte »Abel« Amin aber noch nicht, daß sein sowjetischer Bruder Kain bald kommen würde, um ihn zu erschlagen.

Die Krisenregion der achtziger Jahre

Iran: Wunschtraum und Alptraum für die Supermächte

> »Die Wut ländlicher Menschen, deren Fähigkeiten, Geld und Begreifen der Welt begrenzt sind, ist allumfassend. Nun haben sie eine Waffe: den Islam. Es ist ihre Art, mit der Welt abzurechnen. Er dient ihrem Schmerz, ihrem Gefühl der Unterlegenheit, ihrer gesellschaftlichen Wut und ihrem rassischen Haß.«
>
> V. S. Naipaul, *Eine islamische Reise*

Ayatollah Abbas Vaez Tabasi, einer der Stellvertreter von Imam Khomeini, ist eine beeindruckende Erscheinung, ein Mann mit Charisma und Intellekt. Nur wenige der noch lebenden Führer der islamischen Revolution im Iran waren so engagiert an ihrer Vorbereitung und Durchführung beteiligt wie der 1935 geborene Geistliche aus Maschad, dem wichtigsten Heiligtum der iranischen Schiiten. Er lebt in einer Region, in der die Religion schon immer eine entscheidende Rolle gespielt hat. Auch vor der Zeit des Propheten Mohammed trafen hier, in der weiten Ebene vor dem Hindukusch, die Völker aufeinander.

Eroberer zogen durch, Nomaden besuchten den Basar und beteten zu höheren Wesen. Das isoliert gelegene und viel Eigenleben entfaltende Maschad, früher auch Sanabad genannt, lud stets zu Wallfahrten und Prozessionen ein. »Eine Pilgerfahrt nach Maschad«, stellten die Schiiten kategorisch fest, »ist ebenso gut und wertvoll wie 70 000 Besuche in Mekka.« Das gilt für die Anhänger der muslimischen Minderheitsfraktion bis heute. Daß die Schiiten mittlerweile in Mekka wegen ihrer politischen Agitation mehr und mehr Schwierigkeiten bekommen, ist ein neues Phänomen und kann sie in ihrer tiefverwurzelten Haltung, Maschad als Ersatz-Mekka zu festigen, nur bestätigen.

Der sunnitische Kalif Harun al-Raschid, heute noch populäres Sinnbild für Pracht aus Tausendundeiner Nacht, beherrschte vor 1200 Jahren die Gläubigen, als die Kluft zwischen dem persischen und dem arabischen Teil des Reiches aufbrach. Bei einer Strafexpedition gegen die Schiiten jenseits des Elburs-Gebirges starb Harun al-Raschid eines natürlichen Todes. Mamun, ein den Persern gewogener Sohn des Kalifen, setzte sich im Erbfolgestreit durch und versuchte die Differenzen zwischen den beiden Richtungen des Islam zu beseitigen, indem er die Schia zur Staatsreligion erhob. Er ging sogar so weit, den achten Imam der Schiiten, Reza, einen traditionellen Kontrahenten der Kalifen, zum eigenen Nachfolger zu bestimmen. Wieder folgten kriegerische Auseinandersetzungen. Dabei verlor der Imam 817 sein Leben – durch vergiftete Weintrauben. Es blieb bis heute ungeklärt, wer ihn umgebracht hat. Da Reza in der Nähe von Sanabad starb, wo Harun al-Raschid schon seit zehn Jahren beerdigt war, wurde auch er dort begraben.

Das gläubige Volk taufte Sanabad in Maschad um, was soviel wie »Ort des Martyriums« bedeutet – für die Schiiten eine sinnvolle Bezeichnung, da das immerwährende Leiden und Trauern zu den Grundpfeilern ihres Daseins zählt. 200 Jahre nach dem Tod des Propheten kursierte eine angeblich von ihm stammende Aussage, die dem Ort immense Popularität verschaffte: »Eines meiner Kinder wird vergiftet werden im Lande Khorasan ... Wer sein Grab besuchen wird, der ist aller Sünden ledig, der vergangenen Sünden und der künftigen Sünden. Sollte er so viele Sünden begangen haben, wie es Sterne am Himmel gibt, und sollten sie selbst an Zahl den Regentropfen gleich sein, so werden sie doch alle vergeben.‹«

Die Provinz heißt von alters her Khorasan; sie ist heute einer der 24 Regierungsbezirke des Iran. Hier leben nicht weniger als sieben Millionen Iraner, ein gutes Fünftel der Gesamtbevölkerung. Ihre Haupteinnahmequellen sind kleine Landwirtschaften, Teppiche, Lederwaren und Textilien, gefertigt in Familienbetrieben. Das alles ist jedoch unbedeutend im Vergleich zum Wallfahrtsbetrieb, der das ganze Jahr über Saison hat. Eine Million Gläubige strömt jedes Jahr nach Maschad, um das reich vergoldete Mausoleum des Imam Reza zu besuchen und dort, in der Gauhar-i-Shad-Moschee, seine Wunderkraft zu erflehen.

Ayatollah Abbas Vaez Tabasi, der Hüter der heiligen Stätten von Maschad und zugleich ein Stellvertreter von Imam Khomeini, gehört zur eher liberalen Gruppe in der Staatsführung der Islamischen Republik Iran.

Ich habe 1982 erlebt, wie auch einige Tage nach dem Ende des offiziellen Trauermonats Muharram noch unzählige Gruppen aus dem ganzen Iran in Maschad eintrafen, um in Sprechchören, weinend und klagend, sich selbst mit stählernen Ketten auspeitschend, durch die Straßen zu marschieren. Die Pilger tragen Spruchbänder und Schilder mit sich, wenn sie – zumeist schwarz gekleidet – in das gewaltige Heiligtum einziehen. Ein Vorbeter, das Mikrofon eines mobilen Lautsprechers in der Hand, stimmt Klagehymnen an. Er erinnert an den Märtyrertod des Prophetenenkels Hussein. Darunter mischen sich aber auch Chöre, die Khomeini hochleben lassen und den Erzfeind im Irak, Staatschef Saddam Hussein, verdammen. Die Fanatiker rufen Tod und Verderben auf den Westen und den Osten herab – normaler Alltag im revolutionsgeschüttelten Iran.

An der reich mit blauen und goldenen Mosaiksteinen verzierten Moschee von Maschad herrscht ein ständiges Kommen und Gehen, ein Gedränge wie andernorts nur an hohen Feiertagen. Eng aneinandergepreßt schieben sich die Gläubigen in den üppig mit Silber ausgeschmückten Innenraum des Heiligtums, der von vielen hundert Kerzen erhellt wird. Es riecht nach Wachs und Rauch. Gebete erfüllen das Gewölbe, in dem sich der Schrein des Imam Reza befindet. Dem Heiligen haftet der Ruf an, daß er Blinde sehend machen kann, Todkranke heilen, Gefangene befreien. Studenten soll der Imam gelegentlich sogar durchs Examen helfen und Soldaten an der unseligen Golffront beschützen. In einem der Innenhöfe dieser prächtigen Moschee befindet sich ein Gittertor, an dem die Menschen dicht gedrängt stehen. Hier befestigen sie Stoffstreifen. Wenn sich die Bänder wieder lösen, so glauben sie, dann wird ihr Ansinnen erhört. Einige begehren sogar einen noch exakteren Fingerzeig und benutzen anstelle des sich auch durch Zufall leicht lösenden Stoffes ein billiges Vorhängeschloß.

Alle Rassen der Vielvölkerregion drängen sich an das Grab des Imam Reza. In der Menge sind die Gesichter von beinahe europäisch wirkenden Iranern aus Teheran zu erkennen, von arabischen Golfbewohnern und mittelasiatischen Turkmenen, von Usbeken und auch von Hasaras, deren mongolische Gesichtszüge sie als Gäste aus Zentralafghanistan ausweisen. Über die nur 150 Kilometer entfernte afghanisch-iranische Grenze reisen besonders viele Pilger an. Sie mischen sich auch mit den ohne Sinn für Staatsgrenzen lebenden Nomaden des Gokhans – und des Zaffaranlou-Stammes. Allen gemeinsam ist die beinahe abgöttische Verehrung

Die Trauer ist ein grundlegendes Merkmal der schiitischen Glaubensrichtung. Tag für Tag reisen Iraner aus dem ganzen Land an, um auf dem Teheraner Heldenfriedhof der vielen Opfer zu gedenken.

des Revolutionsführers Khomeini im 1000 Kilometer entfernten Teheran und große Sympathie für seinen hiesigen Statthalter Tabasi. Es sind durchwegs einfache Menschen, deren Urteilsvermögen selten über ihren unmittelbaren Lebenskreis hinausreicht. So bringen auch die Fragen des ausländischen Journalisten zur Politik der herrschenden Mullahs nicht viel mehr als die Auskunft, Khomeinis Leben möge noch bis zum Jüngsten Tag währen.

Ich wurde als erster westlicher Autor von Ayatollah Tabasi empfangen und nach dem Interview sogar in sein Privathaus eingeladen. Wir führten ein langes Gespräch über religiöse Grundsatzfragen und auch über das Innenleben des gewichtigen Khomeini-Stellvertreters, über seinen Anteil am Sturz des Schahs und den Alltag im heutigen Iran. Der in einen braunen Mantel und eine hellbraune Robe mit passendem weißen Hemd gehüllte Ayatollah empfing mich zuerst in seinem Gebets- und Versammlungsraum, im ersten Stock der Moschee. Um ihn herum viel Marmor, kleine silberne Spiegel an den Wänden und der Decke, dicke, alte Teppiche am Boden. Wir saßen uns in kauernder Stellung gegenüber. Hinter Tabasi prangte ein überlebensgroßes Ölporträt Khomeinis an der Wand. Friedvoll blickte der mächtige Revolutionär meinem Gesprächspartner über die Schulter. Bereits während der Begrüßungsworte fiel mir Tabasis große Ähnlichkeit mit dem einst aussichtsreichsten Anwärter auf Khomeinis Nachfolge, Ayatollah Mohammed Beheschti, auf. Er war am 28. Juni 1981 bei einem Bombenanschlag auf das Hauptquartier der Islamisch-Republikanischen Partei ums Leben gekommen. Im Verlauf des Interviews sollte sich zeigen, daß Tabasi und Beheschti einst enge Freunde und Kampfgefährten gewesen waren.

An seinen feingliedrigen Händen trug der großgewachsene Tabasi drei silberne Ringe, davon zwei mit Lapislazuli und Jade. Er spielte mit seinem Gehstock, der ihm die Verkürzung eines Beines – verursacht durch die Folterknechte des Schah-Geheimdienstes SAVAK – ausgleichen hilft. Tabasis Ausstrahlung ist eine beinahe noch stärkere Waffe als seine ausgewogenen, geschickt betonten Worte. Er wirkt clever und glaubwürdig, setzt Mimik und Gestik an der richtigen Stelle ein. Der Rhetoriker Tabasi hat eher etwas von einem europäischen Kirchenfürsten an sich als von einem Orientalen. Mit lebhaften Augen streift er auch immer wieder die Umgebung, fesselt sogar sichtlich die Aufmerksamkeit der hinter mir sitzenden Leibwächter, die ihn ja ständig erleben.

Abbas Tabasi zählt zur eher liberalen Schicht der heutigen Staatsführung des Iran, legt mehr als andere Gewicht auf die Zwischentöne. Auch wenn er die offizielle, steril und dogmatisch wirkende Sprache benutzt, versucht er stets Begründungen hinzuzufügen. Was die bereits angelaufene Diskussion über die Nachfolge Khomeinis und damit die Zukunft der Perser betrifft, will sich Tabasi nicht festnageln lassen. Er zählt aber definitiv zu den Befürwortern eines allein Allah verantwortlichen »Gottesgelehrten«, an der Spitze der Republik, eines »Velayat-e Fakih«, wie Khomeinis auch in der Verfassung festgeschriebener wichtigster Ehrentitel lautet. Der Velayat-e Fakih gilt als letzte Instanz in allen Fragen, die Religion und Staat betreffen.

Tabasi steht auf der Seite von Ayatollah Husseinali Montaseri, der heute als aussichtsreichster Nachfolgekandidat für Khomeini gehandelt wird. Auf folgende Weise beschrieb Tabasi, wer die Zukunft der Islamischen Republik bestimmen sollte: »Die islamischen Geistlichen müssen sich vor Gott und seinen Geschöpfen verantworten, die gegenwärtige Situation in jeder Hinsicht kennen. Vor langer Zeit waren die Imame dafür verantwortlich, Gottes Wünsche zu erfüllen. Jetzt ist wieder ein großer Imam dafür zuständig, der die Gesetze verwirklicht. Nur so kann der Islam ewig existieren. Nur der gerechte Velayat-e Fakih kann als einziger Abweichungen und Fehlhaltungen widerstehen. Er war es auch, der das wahre Wesen von Leuten wie Bani Sadr erkannt hat.« Zur Erinnerung: Bani Sadr steuerte als eher linksgerichteter Staatspräsident der alles verschlingenden Theokratie entgegen und wurde schließlich von der Revolution verschlungen. Der in Gesellschaft bärtig-bulliger Mullahs stets exotisch und schüchtern wirkende, schmächtige Wirtschaftstheoretiker Bani Sadr mußte im Sommer 1981 in den Untergrund flüchten. Er verließ den Iran bei Nacht und Nebel mit einem entführten Flugzeug. In Paris erhielt er dann politisches Asyl.

Sieht Ayatollah Tabasi irgendwo außerhalb der Islamischen Republik Iran die Forderungen nach wahrhaftigem islamischen Leben in die Tat umgesetzt? Er schüttelt den Kopf. Neben dem heutigen Persien gebe es lediglich Ansätze echten islamischen Daseins. Aber ist denn im Iran alles Gold, was glänzt? Tabasi freimütig: »Natürlich kann das, was wir hier sehen, nicht die Verwirklichung des gesamten islamischen Glaubensinhalts sein. Einige Menschen sind eben noch an den falschen Gesetzen, an den schädlichen Sitten des ehemaligen Regimes orientiert.« Erste Schritte zu einer wahren islamischen Gemeinschaft seien getan worden, weitere noch zu erwarten. Im Gegensatz zu den »sogenannten islamischen Ländern« sei das iranische System dem Volk nicht aufgezwungen. »Was bei uns herrscht«, sagt Tabasi noch einmal mit besonderem Nachdruck und läßt die Augen auf jedem Zuhörer einen Moment haften, »das ist der Islam. Solange wir uns der heiligen Werte bewußt sind, kann uns kein anderes Land bezwingen.«

Ich erinnere den Ayatollah an das Schicksal des Nachbarstaates Afghanistan, entlang dessen Westgrenze sich die Provinz Khorasan hinzieht. Ich wußte aus Gesprächen in Teheran, daß Tabasi das Bindeglied der iranischen Geistlichkeit zum afghanischen Widerstand ist, daß sich viele Mudschaheddin in seinen Einflußbereich zurückziehen, in Khorasan medizinisch versorgt werden und von hier aus Einsätze starten, und daß er als einer der besten iranischen Kenner der Lage in Afghanistan gilt und Khomeini des öfteren darüber Bericht erstatten muß.

Doch gerade dazu äußerte sich der »Träger göttlichen Lichts« (so eine Umschreibung seines Titels) nur sehr pauschal. »Wir verurteilen den Einmarsch der Sowjets in Afghanistan«, stellte Tabasi fest. Die Islamische Republik Iran unterstütze »die unterdrückten, geschwächten und den Atheisten hilflos ausgelieferten Muslime in Afghanistan«. An dieser Haltung werde sich auch in Zukunft nichts ändern. Jeder müsse das Recht zu Selbstbestimmung haben und ohne politischen oder militärischen Zwang leben können.

Die Iraner wissen aus ihrer eigenen Geschichte sehr wohl, was es bedeutet, die Liebe des mächtigen Nachbarn im Norden zu verschmähen und ihm die Tür zu weisen. Denn auch die russische Zuneigung zu den Persern hat einen lange zurückreichenden historischen Hintergrund. Zar Peter der Große war es, der die bis heute anhaltende Kolonialära Rußlands begründete. Im Jahre 1715 schickte er eine Delegation nach Persien. Ihre Mitglieder hatten die Aufgabe, sich umzusehen, Landkarten anzulegen, die Eigenheiten des Nachbarvolkes zu studieren und auch die Struktur des kaiserlichen Hofes zu untersuchen. Das zerrüttete und von den Türken geplagte Land stellte sich als leichte Beute dar. Deshalb befahl der Zar sieben Jahre später einem starken Expeditionsheer, sein Reich nach Süden auszudehnen. Der schwache persische Schah war gezwungen, Baku, Derbent und die westlichen sowie die südlichen Uferprovinzen des Kaspischen Meeres den Invasoren preiszugeben. Die Nachfolger Peters des Großen konnten den Zugewinn jedoch nicht halten. Das nun selbst kriselnde Rußland mußte 1735 zurückweichen.

1783 holten sich die zu neuen Kräften gekommenen Russen die Krim, zu Anfang des 19. Jahrhunderts Georgien und Armenien. Dann ging es Schlag auf Schlag. Als sich der Kaukasus nach einem blutigen Feldzug fest in russischer Hand befand, befahl Zar Alexander II. die Eroberung Turkestans, einer 2000 Kilometer breiten Senke, die im Süden an Persien und Afghanistan und im Osten an das Pamir-Gebirge grenzt. Die Kosaken des Zaren stießen bei den einheimischen Stämmen auf wenig Widerstand. Als jedoch Afghanistan auf dem Spiel stand und damit der Zugang zum begehrten Indien offengelegen wäre, griffen die Engländer ein. Alexanders Außenminister, Prinz Gorschakow, war seiner Sorgen – »Die größte Schwierigkeit ist, zu wissen, wo man aufhören muß.« – rasch ledig: Die Engländer setzten dem russischen Ausbreitungsdrang Grenzen. In Persien hatten sie sich mittlerweile selbst etabliert. Julius von Reuter, ein britischer Baron, konnte dort 1872 die erste Erdölkonzession sein eigen nennen, wurde aber nicht fündig. 1890 wurden die Grenzen zwischen dem Zarenreich und Persien abgesteckt. Im selben Jahr vergab der Schah das Tabakmonopol an die englischen Kolonialherren. Das führte zu einer ersten

Massen-Protestbewegung unter Beteiligung der schiitischen Geistlichkeit, der Liberalen und dem Mittelstand der großen Städte. Der Schah mußte seine Entscheidung zurücknehmen.

Spätestens seit 1908, als das Erdöl zu sprudeln begann, wurde das Drängen der Großmächte jedoch immer stärker. Die Anglo-Iranian Oil Company entstand und kümmerte sich darum, daß alles in die richtigen Kanäle floß. 1911 wollten sich die Russen nicht mehr zurückhalten. Sie besetzten Täbris und weite Gebiete Nordirans. Als ihr Einfluß zur Zeit der Oktoberrevolution zu schwinden drohte, landeten ihre Truppen am persischen Ufer des Kaspischen Meeres. Mit Hilfe örtlicher Rebellen gründeten sie die kurzlebige Unabhängige Republik von Gilan. 1921 ernannte die Kolonialmacht England im Gegenzug Reza Khan, einen Offizier der persischen Kosakenbrigade, zum Kriegsminister. Reza sorgte innerhalb kurzer Zeit für Ordnung. Die Rote Armee zog sich noch im selben Jahr aus dem Land zurück.

Dafür griffen die Russen aber nun zur Diplomatie und setzten einen ihrer beliebten Freundschaftsverträge auf. Der Artikel 5 des Abkommens verbot die Anwesenheit von Truppen dritter Länder auf dem Gebiet eines der Vertragspartner, falls sie eine Gefahr für den anderen Partner darstellt. Artikel 6 erlaubte den Vormarsch russischer Truppen auf iranisches Territorium, wenn dies zum Zwecke der Selbstverteidigung notwendig sein sollte, das heißt, sobald Truppen eines dritten Landes aus dem Iran heraus angreifen oder die sowjetische Grenze in irgendeiner Weise bedrohten.

Der Iran erklärte diese beiden Artikel zuerst 1959 und dann nochmals im November 1979 für ungültig. Von seiten der Sowjetunion war dagegen bislang nicht zu hören, ob sie den Vertrag des Jahres 1921 noch als rechtskräftig ansieht.

Nach der Stabilisierung des zerrissenen Landes riß Reza Khan 1925 den Pfauenthron an sich und begründete gegen den Willen der konservativen Geistlichkeit eine neue Dynastie, die der Pahlevis. Er peilte eine weltliche Republik nach dem Vorbild Kemal Atatürks an. Die Konflikte mit den religiösen Kräften mußten also über kurz oder lang ausbrechen. Obwohl sich der Iran im Zweiten Weltkrieg für neutral erklärte, wurde er 1941 von den Alliierten besetzt. Im Jahr darauf teilten diese das Land in drei Zonen auf, eine britische im Süden, eine neutrale in der Mitte und eine sowjetische im Norden. Bei ihrem Einmarsch beriefen sich die Sowjets natürlich auch auf den Vertrag von 1921.

Die Alliierten setzten den Schah kurzerhand ab und seinen 22jährigen Sohn Mohammed Reza als neuen Regenten ein. Mit ihm glaubten sie künftig ein leichtes Spiel zu haben. Schon damals stand die Zukunft der Monarchie auf dem Spiel. 1944 forderte die Sowjetunion eine Ölkonzession im Norden des Landes. Als sich die Regierung weigerte, dem Anliegen nachzukommen, wurden noch mehr Truppen in den Iran geschickt. Im Zusammenwirken der kommunistischen Tudeh-Partei und der Sowjets entstand 1945 die Autonome Republik Aserbaidschan, Anfang 1946 wurde mit russischer Hilfe die Kurdische Republik von Mahabad gegründet. Im März desselben Jahres zogen die Engländer und die Amerikaner ihre Streitkräfte aus Persien zurück. Die Sowjetarmee aber blieb. Unter Zwang stimmte Teheran der Gründung einer sowjetisch-iranischen Ölgesellschaft zu. Erst danach verließen die russischen Truppen das Land. Die reguläre iranische Armee schlug die Aufstände in Aserbaidschan und Kurdistan nieder. Nachdem die USA umfassende Hilfe für den schwachen Staat zugesagt und ihn ermutigt hatte, beschloß das neue iranische Parlament, das Ölabkommen mit der Sowjetunion nicht zu ratifizieren. Die Folge waren Proteste und Drohungen aus Moskau. Davon unbeeindruckt unterzeichnete der Iran im Februar 1948 die erste Vereinbarung zur Lieferung von Rüstungsgütern aus den Vereinigten Staaten. 1959 sollte der gegenseitige Sicherheitspakt folgen.

Der Iran war in den amerikanischen Einflußbereich übergegangen. Washington verteidigte sein Terrain mit Zähnen und Klauen – erstmals 1953, als die CIA eine Schlüsselrolle beim Sturz des nationalistischen Ministerpräsidenten Dr. Mohammed Mossadegh spielte. Der für kurze Zeit ins römische Exil gedrängte Schah konnte nun wieder in den Iran zurückkehren. Noch in den fünfziger Jahren begann Reza Pahlevi sein aussichtsloses Unterfangen, mit Hilfe der unermeßlichen Öleinnahmen das unterentwickelte Land innerhalb von wenigen Jahrzehnten zur fünftgrößten Industriemacht der Erde hochzukatapultieren. Im Vorwort zu seinen Memoiren liest sich das so: »Ich sah die zukünftigen iranischen Generationen stolz und verantwortungsvoll den ihnen gebührenden Platz in der Menschheitsfamilie einnehmen und hoffte, daß das finstere Mittelalter, aus dessen Klauen der Iran vor einem halben Jahrhundert befreit worden war, für immer der Vergangenheit angehören und an seiner Stelle das Reich des Lichts herrschen würde, das die wahre Natur iranischer Kultur und Zivilisation ist. Während meiner ganzen Regierungszeit habe ich nichts anderes getan, als diesen Traum Wirklichkeit werden zu lassen.«

Als die blutigen Kämpfe in Afghanistan begannen, flüchteten viele Familien auch in die Grenzgebiete des Iran. Dieses Bild der Vereinten Nationen zeigt ein provisorisches Flüchtlingslager in Belutschistan.

Schah Reza Pahlevi hat geträumt und dabei die gesellschaftliche Wirklichkeit seines Landes völlig übersehen. Er hat immense Anstrengungen unternommen, um den Iran hochindustrialisierten Staaten anzugleichen. Dabei wurden die seit jeher mächtigen Mullahs und Ayatollahs in den Hintergrund verwiesen und, als sie Kritik am korrupten Regime Reza Pahlevis äußerten, verfolgt und gefoltert. Die Massen konnten der raschen gesellschaftlichen Umwälzung bald nichts mehr abgewinnen und fanden ihre Identität erst wieder, nachdem ihr religiöser Führer Ayatollah Ruhollah Khomeini die Monarchie gestürzt hatte. Die stärkste Militärmacht des Mittleren Ostens, der von den USA ernannte »Polizist am Golf«, war damit für den Westen unkalkulierbar geworden – und ist es heute noch.

Erst als die Revolution gesiegt hatte, gingen Reza Pahlevi, dem Prunkherrscher aus Tausendundeiner Nacht, für einen Moment die Augen auf: »Ich hatte mein Volk verloren und merkte es nicht. Ich war in Richtung Zukunft gerannt, ohne zu spüren, daß mein Volk zurückblieb, daß es gar nicht mitrennen wollte.« Es war für ihn wenig trostreich, daß zudem weder die Amerikaner noch die Sowjets wahrgenommen hatten, wohin der Zug fuhr, nämlich zurück zu den alten Werten, zu den Fundamenten des Islam.

Die Amerikaner verloren nun im Iran den Boden unter den Füßen, während sich die Sowjets sofort beim neuen, frommen Regime anbiederten. Der mächtige Nachbar hatte das strategisch wichtige Land – dessen Beherrschung nicht nur Erdöl, sondern auch den Zugang zum Indischen Ozean verspricht – nie aus den Augen verloren. Nachdem die Russen in den ersten Nachkriegsjahren mit ihrem brachialen Werben um Teheran gescheitert waren, hatten sie sich Persien als wichtigen Handelspartner erhalten. Diese Position wurde Mitte der fünfziger Jahre ausgebaut und zwischen 1963 und 1966 durch mehrere Wirtschaftsabkommen untermauert. Im Oktober 1970 wurde die seinerzeit größte Erdgasleitung der Welt eingeweiht. Sie lieferte den mittelasiatischen Republiken der Sowjetunion pro Jahr zehn Milliarden Kubikmeter Erdgas. Die Sowjets zogen neben vielen anderen Projekten auch ein gewaltiges Stahlwerk in Isfahan hoch.

Im Juni 1977 verpflichtete sich der Iran vertraglich, den Russen jährlich eine Million Tonnen Rohöl zu senden. Zahlreiche technische Berater kamen ins Land, um die Industrialisierung voranzutreiben. Unabhängig davon gab es jedoch in der zweiten Hälfte der siebziger Jahre politische Differenzen. Denn der damals sich noch stark fühlende Schah trug sein außenpolitisches Selbstbewußtsein gerne offen zur Schau. Er unterstützte das arme Afghanistan wirtschaftlich und kam dabei den weit vorausplanenden Sowjets in die Quere. Reza Pahlevi ließ seine Marine im Golf patrouillieren und stützte auch den Oman, dessen Sultan Qabus nicht gerade zu Moskaus Freunden zählte. Außerdem begann er einen politischen Flirt mit der Volksrepublik China und half Somalia sowie dem zu jener Zeit mit vielen Problemen kämpfenden ägyptischen Sowjetfeind Anwar el-Sadat.

Die Russen hielten sich jedoch, berechnend wie sie waren, mit ihrer Kritik an Reza Pahlevi so lange zurück, bis er zweifelsfrei entmachtet war. Dafür warnten sie jedoch die USA vor einem zu großen Engagement in der Region. Breschnew führte am 19. November 1978 aus: »Es muß klar sein, daß jede Einflußnahme – nicht nur die militärische Intervention – auf die Angelegenheiten des Iran, eines Staates mit einer gemeinsamen Grenze zur Sowjetunion, von der UdSSR als Bedrohung ihrer Sicherheitsinteressen betrachtet wird.« Moskaus staatlich gelenkte Massenmedien schwenkten in den letzten Tagen vor Khomeinis Rückkehr nach

Teheran vollständig um und sprachen – was vorher noch nie geschehen war – von »einem gerechten Kampf gegen Tyrannei und Diktatur«, von einem »Ende der 25 Jahre dauernden Herrschaft des amerikanischen Imperialismus im Iran, der die wichtigste Stütze eines korrupten und grausamen Regimes war«. Soweit die *Prawda*.

Plötzlich war der greise Schiitenführer »die Hauptfigur der populären Anti-Schah-Bewegung«, seine Parolen wiesen einen »objektiven und fortschrittlichen Charakter« auf. Nach vier Wochen, am 3. März 1979, meldete sich Leonid Breschnew zu Wort und begrüßte »den Sieg der Revolution«. Gleichzeitig sprach er die Hoffnung aus, daß sich die »guten nachbarlichen Beziehungen fruchtbar entwickeln« würden. Die *Prawda* und auch Radio Moskau holten den Vertrag von 1921 wieder aus der Schublade und stellten ihn als Beweis für die Bemühungen der Sowjetunion hin, die Souveränität und Unabhängigkeit des Iran zu sichern. Moskau warnte fremde Mächte vor einem Eingreifen in die gerade entstehende Mullahkratie.

Der Kreml blieb auch freundlich, als Khomeinis Regime nach und nach daranging, die einheimische Opposition auszurotten. Die Sowjets nahmen es hin und äußerten bis heute nur ganz dezente Kritik, wenn die Schiiten zu aggressiv wurden. Zuletzt opferten die Russen im Frühjahr 1983 sogar die ihnen treu ergebene Tudeh-Partei, deren Führer Nureddin Kianuri und Ehsan Tabari (der Chefideologe) zusammen mit 1500 Mitgliedern inhaftiert und der Spionage für die Sowjetunion beschuldigt wurden.

Revolutionsführer Khomeini in einer schon vor der Rückkehr in den Iran formulierten Erklärung: »Ich habe meinen Anhängern befohlen, auf jegliche Zusammenarbeit mit den Kommunisten zu verzichten. Wir wissen, daß sie uns hinterrücks erdolchen wollen und daß sie – falls sie jemals an die Macht kommen sollten – ein diktatorisches Regime etablieren werden, das dem Gebot des Islam total entgegensteht. In Persien gibt es aber kaum linke oder kommunistische Gruppen, sie können kein Gewicht in der gegenwärtigen Massenbewegung haben. Unsere Überzeugung ist stark und deshalb fähig, sich ihrer Ideologie zu widersetzen.«

Es erstaunt, wie hoch Moskaus Toleranzschwelle gegenüber dem heutigen Iran angesiedelt ist. Nur geostrategische und wirtschaftliche Gesichtspunkte können Moskau dazu veranlassen, sich von Teheran ohne nennenswerte Gegenwehr schikanieren zu lassen. Seit der Revolution wurden immer wieder Sowjetdiplomaten und

-journalisten ausgewiesen, Finanztransaktionen zwischen Banken gebremst, die sowjetischen Kulturzentren geschlossen. Von Zeit zu Zeit wurden die Russen zu Recht beschuldigt, dem Feindstaat Irak, Waffen zu liefern (Im Juli 1983 handelte es sich dabei um 70 Prozent des irakischen Gesamtbedarfs). Das seit jeher gute Verhältnis zwischen dem Irak und der Sowjetunion wird ohnedies von den neuen iranischen Machthabern mit großem Mißtrauen gesehen.

Weit mehr als die Gleichstellung mit dem »großen Satan« USA hat die Sowjetunion jedoch Teherans Haltung zu den Ereignissen in Afghanistan getroffen. Die Unterstützung der dortigen antikommunistischen Kräfte durch den Iran hat bereits Tradition. Auch der Schah war bemüht, durch Gelder und Fachleute den sowjetischen Einfluß zurückzudrängen. Er lehnte die Regierung Taraki/Amin ab und seine Nachfolger traten sofort in Opposition zu Babrak Karmal. Da half auch dessen unterwürfiger Brief an Khomeini nichts. Am letzten Wochenende des Dezembers 1980 belagerte eine erboste Menschenmenge die sowjetische Botschaft in Teheran. Iraner und Afghanen zertrümmerten gemeinsam deren Fenster und verbrannten die rote Fahne. Nur mit Mühe konnten die Demonstranten vom Sturm auf die diplomatische Vertretung zurückgehalten werden. Als Moskau energisch gegen den Angriff auf die Botschaft protestierte, faßte Parlamentssprecher Haschemi Rafsandschani zwei Tage später noch einmal erzürnt nach und kritisierte die Russen wegen der ein Jahr zurückliegenden Intervention in Afghanistan.

Das war jedoch nur eine Episode aus dem heftigen Disput zwischen den beiden Staaten in Sachen Afghanistan. Um den Zusammenhängen auf den Grund zu kommen, müssen wir zum Februar 1979 zurückkehren. Moskau erlebte bekanntlich eine echte Überraschung, als die stets als mittelalterlich und reaktionär abqualifizierten Mullahs ein von den USA gestütztes und an Sicherheitskräften reiches Regime aus dem Sattel hoben. Vergleiche mit dem damals bereits instabilen Afghanistan – Moskaus »Iran« – drängten sich unweigerlich auf. Es zeigte sich auch bald, daß die Ausstrahlung und Faszination der islamischen Revolution des Iran die afghanischen Widerstandsbewegungen stark beeinflußte. Gerade in den Tagen von Khomeinis Machtergreifung nahm die Aktivität der Muslim-Rebellen im Nachbarland erheblich zu. Und bereits einen Monat später fand die erste Treibjagd auf Sowjetberater im nahe der Grenze zum Iran gelegenen Herat statt.

Der revolutionäre Funke war übergesprungen, und Moskau hatte allen Grund, in Afghanistan eine Entwicklung nach iranischem Muster zu befürchten. Denn noch nie war die militante Re-Islamisierung so stark gewesen. Ich habe bei meinen Recherchen immer wieder Hinweise darauf gefunden, daß das Mullah-Regime in Teheran die afghanischen Glaubensbrüder mindestens bis zum Ausbruch des Golfkrieges im September 1980 sehr stark und auch danach noch in großem Maße mit Waffen und Ausrüstungsgegenständen versorgt hat.

Ein ehemaliger Vertrauter Hafisullah Amins, der es 1978/79 zu höchsten Ämtern gebracht hatte, war später von Karmal inhaftiert worden. Unter diesen Umständen fühlte er sich nicht mehr an seine bislang praktizierte Loyalität gebunden und plauderte Interna aus. Dazu zählen auch Informationen über Khomeinis Hilfe für die Mudschaheddin: Der Iran hat nach der Revolution nicht nur Handfeuerwaffen und panzerbrechende Granatwerfer, sondern auch Jeeps und geländegängige Motorräder für den Einsatz im südlichen und westlichen Afghanistan geliefert.

Das bestätigte mir auch ein enger Mitarbeiter Ayatollah Tabasis. Seine Aussage lautet, wörtlich aus dem Englischen übersetzt: »Wir geben den Afghanen Geld, Essen und Instrumente des Krieges.« Es ist jedoch schwierig, dazu Informationen zu erhalten, da die Iraner so dezent wie möglich auftreten und Waffenlieferungen gemeinhin dementieren. Sie ziehen diplomatische Proteste und umfangreiche Berichterstattung in den Massenmedien über den Krieg in Afghanistan vor. Es soll nach außen hin so aussehen, als ob sie ihre schiitischen Brüder nur moralisch und politisch unterstützen würden. Originalton Khomeini vom 21. März 1980: »Ich verurteile entschieden die heimtückische Besetzung Afghanistans durch die Plünderer und Landräuber des aggressiven Ostens.«

Bereits zwei Monate früher hatten die Repräsentanten des afghanischen Widerstandes als Mitglieder der Teheraner Delegation an der Islamischen Konferenz der Außenminister in Islamabad teilgenommen. Dabei war es selbstverständlich zu einer heftigen Attacke gegen die Politik des Kreml gekommen. Der damalige iranische Außenminister Sadegh Ghotbzadeh, der 1982 hingerichtet wurde, weil er Khomeinis Regime beseitigen wollte, exponierte sich auf der Konferenz als Schutzengel der afghanischen Rebellen. Auch später ergriff er immer wieder für sie Partei und ließ während seiner gesamten Amtszeit kein gutes Haar an Moskau. Wenn sich die sowjetischen Medien auf den Iran einschossen, war das fast immer mit Ghotbzadehs Namen verbunden. Außer ihm wurden von den Russen nur noch die Ayatollahs Schariat-Madari und Rohani der »Unterstützung von Konterrevolutionären in Afghanistan« beschuldigt.

Das Verhältnis zwischen beiden Staaten ist konstant kühl bis unfreundlich. Gelegentlich sickern Hintergrundinformationen durch, die besagen, daß die Sowjets Khomeini-feindliche Bewegungen in Aserbaidschan und Kurdistan ausrüsten. Stichhaltige Beweise gibt es dafür jedoch nicht. In diesem Fall würden aber die Iraner am längeren Hebel sitzen und ihre latente Drohung, die Erdgaslieferungen an die benachbarten Sowjetrepubliken zu stoppen, sicherlich wahrmachen. Im transkaukasischen und zentralasiatischen Raum der Sowjetunion hätte das ernsthafte Folgen für die Energieversorgung.

Derzeit sind die Iraner an keinem größeren Konflikt mit der benachbarten Weltmacht interessiert, da sie sowohl mit ihrer maroden Wirtschaft als auch mit dem unentschiedenen Golfkrieg – der täglich 15 Millionen Dollar in Devisen kosten soll – genug zu tun haben. An einer Frontlinie von 1000 Kilometern liegen sich die Todfeinde Irak und Iran gegenüber, und auf persischer Seite kämpfen auch afghanische Freiwillige. Die Front steht unverändert, da keine Seite stark genug ist, eine militärische Entscheidung herbeizuführen, und der Iran von realistischen Waffenstillstandsverhandlungen nichts hält. Ein hochrangiger Offizieller in Teheran ließ mich im Winter 1982/83 wissen, daß dieser Heilige Krieg bald zugunsten der iranischen Seite beendet sei. Dann werde man die gesamte revolutionäre Energie Afghanistan widmen und den unterdrückten Muslimen zu Hilfe eilen. Fromme Wünsche ohne Wirklichkeitsbezug.

Insgeheim rücken inzwischen auch die Iraner von ihren Schützlingen ab. Nur eine Minderheit der etwa eineinhalb Millionen Afghanen im Land besteht aus politischen Flüchtlingen. Lediglich 30 000, ausnahmslos Sunniten, befinden sich in den drei iranischen Flüchtlingslagern von Kashmar und Sabsevar (bei Maschad) sowie Kaen (bei Schiras). Sayed Ahmed Shah Jishdi-Maududi, ein entfernter afghanischer Verwandter des verstorbenen pakistanischen Islamistenführers Abul Ala Maududi, betreut einen Teil der Lagerinsassen. Bei einem Treffen in Pakistan schilderte er mir die Verhältnisse in den abgelegenen iranischen Camps, die noch kein westlicher Beobachter besuchen durfte: »Wir fühlen uns alle wie in einem Gefängnis. Draußen patrouillieren Wächter mit Kalaschnikows. Keiner kann sich frei bewegen. Wenn meine Landsleute diese Konzentrationslager mal verlassen wollen, müssen sie um Erlaubnis fragen und eine Begründung liefern. Wir Afghanen sind im Iran sehr unglücklich. Vielleicht erinnert sich die Regierung in Teheran schon gar nicht mehr daran, daß es uns gibt.«

In der Hauptstadt weiß man jedoch gut Bescheid. Denn die im Land lebenden Afghanen nehmen den sechs Millionen beschäftigungslosen Iranern Arbeitsplätze weg. Darüber kommt es zunehmend zu Protesten der einfachen Bevölkerung. Die Afghanen verdingen sich häufig als Bauarbeiter und Hilfskräfte und unterbieten die Lohnforderungen ihrer iranischen Mitbewerber. Im Frühjahr 1983 mußte das Teheraner Kabinett reagieren. Per Erlaß wurde Taxifahrern und Omnibuschauffeuren verboten, Afghanen zu transportieren. Sämtliche Gastarbeiter bekamen außerdem die Auflage, ständig ihre Personalpapiere mit sich zu führen. Und der Generalstaatsanwalt des Landes erklärte in einer Zeitung: »Afghanen sind Verbrecher.« Die Repressionen gegen die einst geschätzten und zu Propagandazwecken gerne vorgezeigten islamischen Brüder und Schwestern mehrten sich. Im Sommer 1983 trafen plötzlich schiitische Flüchtlinge aus Zentralafghanistan in Pakistan ein. Sie würden Khomeini und seinen Bütteln nicht mehr vertrauen, lautete die Begründung der Hasara-Familien für ihren Richtungswechsel.

Fürwahr, der von Allah und seinen Stellvertretern auf Erden regierte Iran ist noch viel zu chaotisch und mit sich selbst befaßt, um über seine Grenzen hinausblicken zu können. Viel naheliegender erscheint dem Regime die Klärung der Frage, wer Nachfolger des greisen und gesundheitlich schwachen Revolutionsführers werden könnte. Mehrere Interessengruppierungen wetteifern darum. Im Dezember 1982 wurde von der Bevölkerung ein Expertenrat namens »Khobregan« gewählt, der sich dieser Frage annehmen soll. Unter seinen 83 Mitgliedern befinden sich sowohl Konservative als auch Sozialreformer. Mit jener Wahl setzten die Iraner eine Abkehr von der radikalen Linie durch. Das zeigte, wie sich im heutigen Persien die Gewichte langsam verschieben. Die meisten Stimmen erhielten in der Stadt Teheran die als »liberal« geltenden Kandidaten: der Staatspräsident Mir Ali Khamenei und der Parlamentspräsident Akbar Haschemi Rafsandschani. Daraufhin schickte Khomeini zahlreiche Getreue zu den Revolutionsgerichten von Teheran und ließ die Protokolle der Verfahren gegen Homosexuelle, Drogenhändler sowie Prostituierte beschlagnahmen und in sein Büro nach Jamaran, im Norden der Stadt, bringen.

Später ordnete er an, ungerechten Richtern stärker auf die Finger zu sehen; auch habe niemand das Recht, ohne Gerichtsbeschlüsse gegen einzelne Bürger vorzugehen. Das Abhören fremder Telefone oder Tonbänder sei, so Khomeini, »unislamisch«. Diese Weisungen sind nur ein Teil des vom Imam verkündeten Achtpunktekatalogs, der den Bürgern künftig größere persönliche Freiheit bringen soll. Zur Begründung stellte Khomeini fest: »Das ist nicht mehr die Stunde der Revolution. Jetzt, wo die Zeit der Konsolidierung und des Aufbaus angebrochen ist, muß das Volk Ruhe und Sicherheit spüren und gelassen seiner Arbeit nachgehen können.«

Ob sich diese Idealvorstellungen realisieren lassen, wird sich erst auf lange Sicht erweisen. Bislang kontrastieren sie jedenfalls noch mit erschreckenden Zahlen. Es soll im Iran gegenwärtig etwa 100000 politische Häftlinge geben, verteilt auf 200 Gefängnisse. Manche der Haftanstalten, sagt die Opposition, seien fünfmal überbelegt. Die zum großen Teil unschuldigen Opfer einer willkürlichen Revolutionsjustiz müßten in Schichten schlafen. 40000 Perser sollen seit dem Machtwechsel hingerichtet worden sein. Khomeinis erster Regierungschef, Professor Mehdi Basargan, im Herbst 1982 in einem offenen Brief an den Parlamentspräsidenten Rafsandschani: »Was hat die Machtelite in beinahe vier Jahren bewirkt außer Tod, Zerstörung, vollgestopften Gefängnissen und Friedhöfen, Versorgungslücken, Arbeitslosigkeit, Armut, politischen Slogans und einer dunklen Zukunft?« Die Stimmung im Land bezeichnete Basargan bei derselben Gelegenheit als »Atmosphäre von Furcht, Terror und Rache«.

Das widerspricht der Darstellung, die immer wieder von politisch einäugigen Verehrern des Khomeini-Regimes in Europa verbreitet wird. So ist zum Beispiel der einst wegen seiner journalistischen Objektivität sehr angesehene Reporter Kai Hermann zum kritiklosen Propagandisten des neuen Iran geworden. Er schreckte nicht einmal davor zurück, in mehreren Zeitschriften zu zeigen, wie der berüchtigte »Henker von Teheran«, Gefängnisdirektor Asadollah Ladjewardi, lachenden Häftlingen Kekse reicht. Einem 31jährigen Iraner ist die Flucht aus dem von Ladjewardi verwalteten Evin-Gefängnis geglückt. In Paris berichtete er, daß ihn die Wächter der Revolution mit elektrischen Zangen, wie sie zum Betäuben von Schlachtvieh gebraucht werden, gefoltert hatten. Die Häftlinge würden geschlagen, müßten ihre eigenen Exkremente und ihre Haare essen und würden vom Wachpersonal vergewaltigt. Als Essen gebe es schmale Rationen aus Fladenbrot und Reis. In Zellen von zwölf Quadratmetern habe man bis zu 40 Gefangene untergebracht. Nachts seien die Schreie der Gequälten so laut, daß niemand Schlaf finden könne.

Der iranische Exil-Schriftsteller Bahman Nirumand versuchte 1982 in einer umfangreichen Studie, die Situation seines Landes zu analysieren: »Ein von Terror, Trauer und Tod heimgesuchtes, enttäuschtes Volk sieht sich schon wieder gezwungen, seinen Willen nach Freiheit, Demokratie und Unabhängigkeit gegen eine brutale Diktatur durchzusetzen. Wird es dazu imstande sein? . . . Mit einer Diktatur ist der Iran nicht regierbar. Jede Monopolisierung der Macht, ob von Militärs, Linken, Radikalen oder Nationaldemokraten, ist außerstande, der Gewalt ein Ende zu setzen, das bereits zerstörte Land aufzubauen und die tiefen Wunden zu heilen, die das Volk erlitten hat.«

Daran mußte ich denken, als ich im Arbeitszimmer von Ayatollah Tabasi, einem der hervorstechendsten Repräsentanten des Regimes, saß. »Was bei uns herrscht«, gab er mir auf den Weg, »das ist der Islam, aufgebaut auf dem Wunsch der Bevölkerung. Dafür haben wir gekämpft.«

Beim Verlassen des Heiligtums von Maschad ließ ich mir den silbern gerahmten Koranvers im ehemaligen Empfangszimmer des Schahs Reza Pahlevi übersetzen. Aus der 65. Sure steht da geschrieben: »Und wer auf Allah vertraut, für den ist er sein Genüge. Siehe, Allah erreicht sein Vorhaben. Jedem Ding hat Allah eine Bestimmung gegeben.« Der Iran hat in der Krisenregion der achtziger Jahre die Hauptrolle erhalten.

Sowjetischer Orient: Die Erben des Imam Schamil

>»Religion ist ein komplexes soziales Phäno-
men mit Traditionen, Bräuchen und Festen.
Sie wird nicht von selbst aussterben. Dazu
muß es sorgfältige, systematische Arbeit aller geben, die an der ideologischen Front
kämpfen.«

> S. Dadabayeva, Dekan der Fakultät
> für wissenschaftlichen Atheismus
> an der Akademie der Wissenschaften
> in Tadschikistan, am 31. Oktober 1980

Die usbekische Stadt Buchara liegt mitten in der Wüste. Tagsüber
ist es sehr heiß, nachts aber kann die Temperatur tief fallen. Wer
vom obersten Stock des nach dem Ort benannten sozialistischen
Einheitshotels seinen Blick in die Ferne schweifen läßt, der sieht,
wie am Rande der Oase die Sandwüste Kyzyl Kum beginnt. Der
Wind wirbelt immer wieder Staubwolken auf, in denen altmodische
Lastwagen und andere Fahrzeuge verschwinden. Gegenüber dem
Hotel nimmt einem das voluminöse, vierstöckige Bezirkshaupt-
quartier der kommunistischen Partei fast gänzlich die Sicht auf eine
der früheren Traumstädte des Orients. Während ich den uniformierten Posten auf dem Parkplatz des KP-Geländes beim Patrouillieren zusehe, lese ich in einem Führer nach, wie Ibn Batuta, der
berühmte arabische Reiseschriftsteller des 14. Jahrhunderts, das
alte Buchara gesehen hat. In seinen Aufzeichnungen heißt es:
»Diese Stadt war einstmals die Hauptstadt der Länder jenseits des
Oxus. Sie wurde von dem verfluchten Dschingis zerstört, und alle
ihre Moscheen, Akademien und Basare liegen jetzt, mit wenigen
Ausnahmen, in Trümmern. Auf ihre Einwohner blickt man ver-
ächtlich herab, denn sie stehen im Ruf des Fanatismus, der Falsch-
heit und Lügnerei.«
Glückliches Buchara, denke ich, wäre Dschingis Khan der letzte
Zerstörer deiner Kultur gewesen. Ich finde aber auch ein Zitat aus
der Feder des englischen Kaufmanns Anthony Jenkinson. Er hat
Buchara 1558 besucht und berichtet folgendes: »Diese Stadt ist
sehr groß und die Häuser zumeist aus Erdreich; aber es gibt auch
viele Häuser, Tempel und Denkmäler aus Stein, welche sehr
prächtig gebaut und vergoldet sind und besonders aus Muschel-

92

kalkstein, die so kunstreich gebaut sind, daß es ihresgleichen in der Welt nicht gibt.«

Auch das ist lange her. Mein Blick trennt sich von dem im Abendlicht gelb leuchtenden Parteigebäude, dessen rote, mannshohe Buchstaben auf dem Dach und dessen KP-Emblem weithin zeigen, wer hier das Sagen hat. Die Neubauviertel Bucharas liegen in der Nähe, an breiten, wie mit dem Lineal gezogenen Verkehrsadern. Dorthin werden auch die Touristen gebracht, die dann in einigen teuren Souvenirläden schlimmen Kitsch erstehen. Die Altstadt ist noch immer ein geducktes, graubraunes Häusergewirr mit vielen kleinen Gassen. Nachts ziehen die roten Lichter hoher Funkantennen den Blick auf sich, tagsüber das Wahrzeichen Bucharas, das Minarett Kaljan. Von hier rief früher der Muezzin aus 45 Meter Höhe täglich fünfmal zum Gebet. Für die Karawanen auf der alten Seidenstraße versah das Minarett auch die Funktion eines Leuchtturms. Inzwischen ist der Muezzin verstummt, Kaljan nur noch ein Baudenkmal. Das gilt auch für fast alle anderen Zeugen der Vergangenheit Bucharas. Die hellblauen Kuppeln neben dem Minarett sind schön anzusehen, aber eigentlich nur noch Dekoration.

Im Zentrum dieser »Museumsstadt« gibt es viele gepflasterte Straßen und Plätze, peinlich saubere Gehwege und schweigende alte Männer, die an irgendwelchen Ecken sitzen und mit traurigen Augen den ausländischen Touristengruppen nachblicken. Sie tragen seit Menschengedenken Ledergaloschen, Steppmäntel, deren Grundfarbe blau ist, und die traditionelle Kopfbedeckung Tjubetejka. Um sie herum fahren Autos, zumeist Moskwitsch- oder Lada-Modelle. Und doch ist es sehr ruhig. Kein Vergleich mit dem Basartreiben jenseits der nahen Grenze zu Afghanistan und zur iranischen Provinz Khorasan, Bucharas politischer Heimat in der Frühzeit des Islam. Die Stadt ist pittoresk, orientalisch, traditionsbeladen, und doch leblos. 180000 Menschen soll sie beherbergen, die meisten von ihnen durch ihre Augen und Backenknochen als Nachfahren der Mongolen identifizierbar. In Bucharas Straßenbild sieht man aber auch europäische Typen in großer Zahl – die Vertreter der letzten echten Kolonialmacht unserer Zeit. Moskaus Kolonialherrschaft fällt nur deshalb kaum auf, weil nicht Tausende von Seemeilen zwischen dem Kreml und Buchara liegen.

Die Usbeken von Buchara haben die Dynamik des Steppenvolkes verloren – und dabei wohl auch ihre Identität. Sie wirken müde und sind eigentlich nur noch die Fleischbeilage zum großen Eintopf des Moskauer Staatsunternehmens Intourist. Eine ehemalige Metropole des Orients ist zu trauriger Erscheinung verkommen. Hier haben die Araber regiert. Auch das Samanidenreich wurde von Buchara aus gelenkt. Die Türken eroberten die berühmte Stadt, dann Dschingis Khan, die Perser und die Reiter Tamerlans. Hier stand auch die erste Koranschule Mittelasiens.

Geradezu phantastisch liest sich heute der Reisebericht des Professors Schubert von Soldern, der 1899 vor Ort war: »Buchara hat eine sehr fanatische Bevölkerung, die keinem Fremden gestattet, eine Moschee zu betreten, auch muß sich der Reisende im übrigen sehr in acht nehmen, die religiösen Gefühle des Volkes zu verletzen; dabei herrscht hier ein echt orientalisches Leben, das sich in engen Gassen und kleinen Plätzen abspielt.« Welch ein Kontrast, als ich die älteste noch erhaltene Moschee Mittelasiens, Magoki-Attari im Zentrum Bucharas, betrete. Einige Stufen führen in ein kühles Gewölbe – und in eine leibhaftige Bar mit langem Tresen und bunten Hockern. Das Glas Krimsekt ist für umgerechnet drei Mark wohlfeil. Eine überdimensionale Stereo-Anlage verbreitet italienische Schlager und das Lied von Dschingis-Khan – made in Germany. In den Rundbögen der vor 50 Jahren freigelegten und restaurierten Moschee hallt der stampfende, hier völlig absurd klingende Rhythmus schauerlich wider.

Ich frage die Aufpasserin von Intourist, ob sich die immer noch gläubigen Menschen Mittelasiens eine solche Vergewaltigung ihrer Kultur widerstandslos gefallen lassen. Sie antwortet, es wisse doch jedermann, daß kein Bedarf mehr bestehe an Moscheen und Koranschulen. Nur noch einige Greise seien bei den offiziellen Gebeten zu finden. Auch wohne niemand mehr im Umkreis der alten islamischen Stätten. In den Wohngebieten gebe es nur noch wenige »arbeitende Moscheen«. In der Sowjetunion seien Kirche und Staat getrennt. Deshalb nehme der Staat auch keinen Einfluß auf die Kirche. Ich wende ein, daß der angeblich aussterbende Glaube im Iran und in Afghanistan doch ungeahnten Aufschwung genommen habe. In diesen Ländern, so sagt der mir zugeteilte lange Arm des KGB, gebe es ja wohl ein anderes politisches System. Das stelle ich für das gegenwärtige Afghanistan in Abrede und behaupte, daß der sowjetische Staat doch Einfluß nehme. »Ja, sicher«, kommt es kleinlaut zurück. Der Staat wisse wohl am besten, was für seine Bürger gut sei. Mit Verzögerung merkt die Intourist-Dame, daß sie in eine Sackgasse geraten ist.

Der russische Machtapparat hat in seinem mittelasiatischen Kolonialbereich schon immer mit eiserner Faust dafür gesorgt, daß jeglicher Unabhängigkeitswille im Keim erstickt wurde. Nachdem er im Kaukasus immer wieder zurückgeschlagen worden war, befahl Zar Peter der Große 1722 einen neuen Feldzug, der zur Eroberung der Nordküste des Kaspischen Meeres führte und der russischen Expansion den Weg ebnete. Der wirkliche Durchbruch sollte aber erst im folgenden Jahrhundert stattfinden.

Zuerst mußten die Eindringlinge aus dem Norden noch die starke islamische Bewegung, an deren Spitze der legendäre Freiheitsheld Imam Schamil stand, überwinden. Noch heute wird Schamils Name von der einfachen Bevölkerung Mittelasiens mit Ehrfurcht ausgesprochen, mit dem Kampf des Islam gegen die Ungläubigen gleichgesetzt. Denn der Imam führte seine Anhänger zwischen 1834 und 1852 in einen Krieg, der unschwer mit den Auseinandersetzungen im heutigen Afghanistan zu vergleichen ist. Schamils Widerstand brach erst zusammen, als eine Materialschlacht ohnegleichen gegen ihn und seine Mitstreiter geführt wurde und es den von hohen Verlusten gezeichneten Russen gelang, seinen Sohn zu fangen und nach Moskau zu bringen.

Der deutsche Historiker Otto Hoetzsch beschrieb besonders anschaulich, wie die russische Militärmaschinerie »schrittweise in die ungeheure Bergfestung eindrang, konzentrisch einkreisend, blockierend, auch mit Härte vernichtend, niemals zurückging und systematisch durch Übermacht die Freiheitskämpfer der Berge erdrückte«. Schamils Heiliger Krieg war verloren. 1862 meldete Michail, der Bruder Zar Alexanders II., Kommandant einer Armee von 200 000 Mann, den Endsieg nach Petersburg: »Von jetzt ab gibt es im Kaukasus keinen nichtunterworfenen Stamm mehr.«

Bereits 1855 war eine russische Kommandoeinheit unter General Tschernjajew in Turkestan eingedrungen. Eine Stadt nach der anderen fiel. Im Mai 1865 war Taschkent an der Reihe, das damals dem Khan von Kokand gehörte. Zwei Jahre danach attackierten die Russen Buchara und 1868 schließlich Samarkand. Im Juni 1868 wurden die Truppen des Emirs von Buchara vernichtend geschlagen. Der Herrscher selbst mußte eine Art Freundschaftsvertrag unterschreiben, durch den er sein Gebiet unter russische Hoheit stellte. 1873 stürmten die Russen Chiva und 1875 Kokand. Zwischen 1873 und 1881 rundeten sie ihr Kolonialreich durch die Stammesgebiete der Turkmenen ab. Zu diesen zählte auch die Oase Merv (Mary) nördlich der afghanischen Grenze, die 1884 in die Hände Moskaus fiel. Die Russen gründeten Generalgouvernements, die sie dem Kriegsministerium unterstellten. Der Zar leitete nun jedoch eine interessante Politik ein. Er versuchte zu keiner Zeit, die Bewohner Mittelasiens zu russifizieren oder die dortigen Verhältnisse europäischen Maßstäben anzugleichen. Die Muslime durften zumeist ihre Kultur behalten und brauchten nicht im Heer des Zaren zu dienen.

Anders als in dieser südlichen Region hatte Moskau bei seiner früheren Landnahme im wilden Osten eine offensive Siedlungspolitik eingeleitet. Immer mehr Bauern waren gekommen, hatten sich niedergelassen und sehr geschickt die Einheimischen in ihre Ordnung eingebunden. Eine Assimilation der Massen sollte stattfinden und die bisher herrschende Klasse ausgeschaltet werden. Viele der feudalen Herrscher wurden getötet, enteignet oder einfach vertrieben. In der zweiten Hälfte des 19. Jahrhunderts konvertierten angeblich 100000 Muslime und zahlreiche Anhänger animistischer Religionen. Das brachte beispielsweise die tatarische Muslimgemeinde des Ostens an den Rand der Existenzfähigkeit.

In Mittelasien lief alles friedfertiger voran. Die russischen Beamten sonderten sich zusammen mit den Soldaten in Militärgarnisonen ab. Außer ihnen kamen nur noch Eisenbahnarbeiter und einige wenige Bauern in die eroberten Gebiete. Um die Jahrhundertwende sahen die Russen in der reichen Baumwollernte den Hauptnutzen ihrer Kolonien. Ihre politische Taktik lief darauf hinaus, Mittelasien von der Außenwelt zu isolieren, die feudalen Verhältnisse zu konservieren und jegliche nationalistische Bewegung schon im Keim zu zerschlagen. Die russischen Verwalter hatten nichts dagegen, wenn dabei die konservative, archaische Form des Islam erhalten blieb. Sie unterstützten sogar die etablierten Ulemas in ihrem Abwehrkampf gegen islamische Modernisten der Tataren und Türken. Petersburg bevorzugte Koranschulen der konservativsten Art und schirmte sie gegen alle äußeren Einflüsse ab. Während beispielsweise in Aserbaidschan und in Kasachstan der Widerstand gegen die russischen Besatzer schon vor dem Ersten Weltkrieg wuchs (türkische und persische Verbindungen trugen dazu bei), blieb es bei den Usbeken und Turkmenen noch lange ruhig. Generell muß dazu gesagt werden, daß die Muslime für die Russen und deren Weltsicht immer unbekannte Wesen blieben. Eine echte Annäherung fand nie statt.

Als 1917 mehr als 900 Delegierte zum ersten islamischen Kongreß des Landes nach Moskau reisten, erwachte jedoch bei der Elite des Zarenreichs ein gewisses Interesse. Fragen nach der kulturellen und politischen Existenz der Muslime wurden gestellt. Ein halbes Jahr später löste die Oktoberrevolution die Monarchie ab. Lenin, der gewiefte Taktiker, versicherte den »Muselmanen« unverzüglich seine Solidarität. In einer Botschaft »an alle muslimischen Arbeiter Rußlands und des Orients« vom 24. November 1917 heißt es: »Muslime von Rußland, Tataren der Wolga und der Krim, Kirgisen und Sarten von Sibirien und Turkestan, Turkmenen und Tataren von Transkaukasien, Tschetschenen und Bergbewohner des Kaukasus, Ihr, deren Moscheen und Gebetshäuser zerstört wurden, deren Glauben und Bräuche von den Zaren und den Unterdrückern Rußlands verspottet worden sind! Von jetzt an sind Eure Ansichten und Bräuche, Eure nationalen und kulturellen Einrichtungen legal und unverletzbar. Organisiert Euer nationales Leben frei und ohne Hindernis. Denn das ist Euer Recht. Ihr müßt wissen, daß Eure Rechte, wie jene aller Völker Rußlands, von der ganzen Macht der Revolution und ihren Organen geschützt werden, von den Sowjets der Arbeiter, der Soldaten und der Bauern. Unterstützt diese Revolution . . .!«

Neben der Unterschrift des Vorsitzenden des Rates der Volkskommissare, Lenin, fand sich auch der Namenszug des damaligen Kommissars für die Nationalitäten – Stalin. Zu jener Zeit konnte jedoch noch keiner der Betroffenen ahnen, wieviel von solchen Versprechen zu halten ist. Gleich nach der Revolution begann eine neue Entwicklung. Lenins Appell zielte darauf ab, das gerade erst übernommene Riesenreich zusammenzuhalten. Als nächster Schritt wurde Anfang 1918 ein Kommissariat für die Muslime gegründet. Ihm stand der tatarische Mullah Nur Wahitow vor. Rasch befand er sich auch an der Spitze einer »Islamischen Militärakademie« und begann damit, eine Art muslimische Sowjetarmee aufzubauen. Wahitow und sein Freund Sultan Galiew glaubten, daß die Zukunft der Südregion am ehesten mit einer starken Streitmacht zu sichern sei. Dadurch sollte das Fehlen des revolutionären Proletariats kompensiert werden.

Wahitows und Galiews Bemühungen kollidierten jedoch mit Leo Trotzkis Volkskommissariat für das Kriegswesen. Den neuen Herren im Kreml, allen voran Lenin, erschienen die Initiativen der ihnen geneigten Muslime bereits 1919 als undurchschaubar. Sie hatten Angst, daß von dieser Seite Gefahr drohen könnte. Deshalb durften lediglich muslimische Einheiten innerhalb der Roten Armee existieren. Sultan Galiew und die anderen Nationalisten wurden entmachtet und deportiert. Dennoch folgte eine harte Konfrontation. In Zentralasien kam es Anfang der zwanziger Jahre zu einer bewaffneten Revolte gegen die neuen Herren. Die Aufständischen, im sowjetischen Sprachgebrauch »Basmatschen« (Banditen) genannt, wollten die von Moskau vorenthaltene Selbstbestimmung der Muslimrepubliken mit der Waffe erkämpfen. Stalin erklärte unzweideutig, daß allein der Kreml das Sagen habe. Die Gründung islamischer kommunistischer Parteien wurde sofort verboten. Die Sowjets zeigten nun ihr wahres Gesicht. Sie nahmen die aus taktischen Gründen gewährte beschränkte Autonomie Baschkiriens, Choresms und Bucharas zurück. 1925 gliederten sie diese Gebiete zusammen mit Turkestan in die neuen Republiken Kirgisien, Turkmenien, Usbekistan und Tadschikistan ein.

Viele Jahre lang kämpften die »Basmatschen« gegen die rigoros vorgehende Rote Armee. Diese Nachfahren des Imam Schamil stellten eine voll funktionsfähige Guerillabewegung dar. Sie lebten im Untergrund und schlugen im gesamten Süden gegen die sowjetischen Einrichtungen los. 1982 zog die *Prawda* Vergleiche zwischen ihnen und den afghanischen Mudschaheddin, die von den Russen als »Duschmanen« oder »Terroristen« bezeichnet werden. »Bis vor kurzem«, so das Zentralorgan der Kommunisten, »schien das Basmatschentum eine besondere Erscheinung zu sein, entstanden unter den Bedingungen des Kampfes für die Herstellung und Festigung der Sowjetmacht in der mittelasiatischen Region, eine Form des Bürgerkrieges, der von den Kräften der Konterrevolution und der internationalen Reaktion entfacht worden war. Die weitere Entwicklung des revolutionären Weltprozesses hat jedoch nachgewiesen, daß analoge Erscheinungen jenes verzweifelten Widerstandes, den die Feudalen und die Stammeselemente, vom Imperialismus aktiv unterstützt, gegen progressive Veränderungen zu leisten versuchten, auch für eine Reihe von Entwicklungsländern in Afrika und Asien charakteristisch sind. Am anschaulichsten kommt die Gemeinsamkeit mit dem Basmatschentum in jenen reaktionären Aktionen unserer Tage zum Ausdruck, die die vereinten Kräfte des internationalen Imperialismus, des chinesischen Hegemonismus und der inneren Konterrevolution gegen die Volksmacht in Afghanistan unternehmen. Nicht zufällig werden heutzutage die für amerikanisches und chinesisches Geld bewaffneten afghanischen Duschmanen oft Basmatschen genannt.« Die Sprache der *Prawda* ist verräterisch.

Die erste Phase des bewaffneten Kampfes der »Basmatschen« dauerte von 1917 bis 1926. Sein Ziel war die Schaffung eines islamischen Staatswesens, das Zurückdrängen der Roten Armee und der mittlerweile zwei Millionen Siedler aus dem Norden. Auch damals behaupteten die Sowjets, die Aufständischen würden Hilfe von seiten der Engländer und Amerikaner, der Türken, Chinesen, Afghanen und sogar von versprengten Weißrussen erhalten. Das traf jedoch nicht zu; diese Guerilla war größtenteils auf sich alleine gestellt. Ab 1929 flammten die Kämpfe noch einmal für mehrere Jahre auf. Die Insurgenten hatten jedoch keine Chance gegenüber der kommunistischen Übermacht. Afghanistans Rebellen der Gegenwart sind nicht nur geistig, sondern auch über die zu beiden Seiten der Grenze lebenden Stämme mit den ehemaligen »Basmatschen« verwandt. Das führte zu einer Aussage, die ich in Moskauer Kreisen mehrmals gehört habe: »Wir haben sie damals geschlagen, wir werden sie heute wieder schlagen!« Der Kreml trägt Optimismus zur Schau.

Unter Stalin wurde die Diskriminierung der Minderheiten perfektioniert. Die Sowjets verstaatlichten den Besitz der Moscheen, wandelten zahlreiche Bethäuser in Lagerhallen um, schlossen die Koranschulen und die islamischen Gerichte. Es begann eine Jagd auf die Mullahs. Der damals allgemein übliche Schleier der Frauen fiel gleichfalls dem Moskauer Verbot zum Opfer. Heute wird das graue Roßhaartuch wie ein Ausgrabungsobjekt der Vorzeit im Museum gezeigt. In der offiziellen sowjetischen Geschichtsschreibung wird der »Frauentag« von Samarkand, der 8. März 1927, beschrieben. 13 000 Frauen sollen damals bei einer Versammlung kollektiv den Schleier abgelegt und ins Feuer geworfen haben. Es wird auch berichtet, daß mehrere hundert schleierlose Frauen von islamischen Aktivisten als »Prostituierte« vergewaltigt oder gleich erschlagen worden seien. Ein Kommunist soll so mutig – oder auch so töricht – gewesen sein, mitten in einem Bergdorf ein Lenin-Denkmal zu errichten. Die Bevölkerung habe ihn deshalb in Stücke gerissen.

Der Haß der Muslime aus dem Süden gegen die Kommunisten war so groß, daß sie im Zweiten Weltkrieg sogar mit den Deutschen kollaborierten. Deshalb ließ Stalin vier Völker umsiedeln. Zu ihnen zählten auch die Krim-Tataren. Am 18. Mai 1944 wurden sie ausnahmslos auf Viehtransporter geladen und nach Sibirien und Zentralasien verfrachtet. Während und nach der unfreiwilligen Reise starb die Hälfte der Verbannten – 60 500 Menschen. Heute lebt die Mehrheit der Krim-Tataren in Usbekistan. Immer wieder unternehmen Angehörige dieses Volkes den aussichtslosen Versuch, in die alte Heimat zurückzukehren. Sobald man sie dort aufgreift, werden sie erneut deportiert. Ähnlich erging es auch den Tschetschenen und Inguschen. Sie wurden nach Sibirien und Kasachstan transportiert. Der Kreml teilte ihre Republik unter den Russen und den Georgiern auf und ließ alle Moscheen schleifen. Erst vier Jahre nach Stalins Tod wurden die Tschetschenen und Inguschen rehabilitiert und durften zurückkehren. 1978 erhielten sie die Erlaubnis, zwei Moscheen zu bauen.

Auch die sowjetischen Muslime durften von der 1956 beginnenden Liberalisierung profitieren. Nun wollte Moskau ein Potemkinsches Dorf scheinbarer Religionsfreiheit aufbauen, um den arabischen Nationalismus und seinen Hauptexponenten Nasser sowie Indonesiens Staatschef Sukarno besser ködern zu können. Ein anti-islamischer Bündnispartner, der seine Kolonien knüppelte, hätte bei den aufstrebenden Ländern der Dritten Welt keinen guten Eindruck hinterlassen. Während der letzten 25 Jahre erreichte der Kreml bei diesem Täuschungsmanöver eine ungeahnte Meisterschaft. Das Programm ist inzwischen so gut einstudiert, daß sogar Delegationen aus den intensiv umworbenen arabischen Ländern empfangen werden können.

Wie ist die Situation der Sowjetmuslime – und damit auch die Lage in den südlichen Republiken des Landes – heute zu sehen? Eines vorweg: Bei einer Reise nach Taschkent, Buchara und Samarkand konnte ich zwar zahlreiche Eindrücke sammeln, doch diese dürfen nur als Momentaufnahmen gelten. Weiterreichende, freie Recherchen werden westlichen Journalisten nicht gestattet.

Die gesamte islamische Bevölkerung der UdSSR wurde zu Beginn der achtziger Jahre auf 50 bis 60 Millionen Menschen geschätzt. Damit ist die Sowjetunion das fünftgrößte Muslimland der Erde (nach Indonesien, Pakistan, Indien und Bangla Desch). Drei Viertel dieser Gläubigen leben in Zentralasien, der Rest zwischen der mittleren Wolga und dem Kaukasus. Fast alle zählen zum sunnitischen Zweig der Lehre des Propheten, nur die Muslime in der Republik Aserbaidschan sind mehrheitlich Schiiten. Da die Hälfte des historischen Aserbaidschan im Iran liegt und die andere Hälfte jenseits der Grenze, ist dies nicht weiter verwunderlich. Wie alle Religionen in der atheistischen Sowjetunion ist auch der Islam nur toleriert, weil Moskau die Hoffnung noch nicht aufgegeben hat, daß er eines Tages – mit kräftiger Nachhilfe – aussterben wird. Deshalb ist der entsprechende Passus in der sowjetischen Verfassung von 1977 – die sich von Stalins Grundgesetz des Jahres 1936 nur unmaßgeblich unterscheidet – eine einzige Heuchelei: »Den Bürgern der Sowjetunion wird Gewissensfreiheit garantiert, das heißt, das Recht, sich zu einer beliebigen oder keiner Religion zu bekennen, religiöse Kulthandlungen auszuüben oder atheistische Propaganda zu betreiben. Das Schüren von Feindschaft und Haß im Zusammenhang mit religiösen Bekenntnissen ist verboten.«

Der zitierte Artikel erinnert auch noch an die Tatsache, daß »in der UdSSR die Kirche vom Staat, die Schule von der Kirche getrennt« ist. Bereits hier liegt eine schwere Beeinträchtigung des islamischen Glaubens vor, da dieser keinerlei Trennung von Kirche und Staat kennt, sondern beide als absolute Einheit betrachtet.

Damit Moskaus Gesetze auch jedem verständlich werden, faßte der Vorsitzende des Rates für religiöse Angelegenheiten, Wladimir Kurojedow, Anfang 1978 in der Regierungszeitung *Iswestija* kräftig nach: »Die Verfassung unseres Landes betont, daß es die wichtigste Pflicht aller Sowjetbürger, einschließlich der Gläubigen, ist, die sowjetischen Gesetze einzuhalten ... Es ist verboten, Bestimmungen über religiöse Kulte zu verletzen, die Treffen von Gläubigen zu benutzen, um diese zu veranlassen, sich von ihren zivilen Pflichten zu drücken, und für sozio-politische Aktivitäten zu werben, zum Beispiel religiöse Rituale zu zelebrieren, die der Gesundheit der Bürger abträglich sind ...« Aus diesem Schachtelsatz geht hervor, daß die Muslime ihre Fastenzeit, den Ramadan, nicht einhalten dürfen, da die Enthaltsamkeit von Sonnenauf- bis Sonnenuntergang durchaus als gesundheitsgefährdend angesehen werden kann. Damit können aber auch religiöse Hochzeiten und Pilgerfahrten verboten werden. Wer sich nicht an die Auflagen hält, hat mit erheblichen Pressionen von seiten des Staates – also der Betriebe, der Schulen, des Geheimdienstes und aller Sicherheitsorgane bis zum kleinsten Blockwart – zu rechnen.

Gerade die Pilgerfahrten sind in den letzten Jahren stark unter Beschuß geraten. Da jedes Jahr nur eine verschwindend geringe Gruppe sowjetischer Muslime zur vom Glauben vorgeschriebenen Wallfahrt in das saudiarabische Mekka reisen darf (zumeist sind es linientreue Muslimfunktionäre), hat sich das einfache Volk ein Ventil gesucht: Die Gläubigen besuchen nun das Grab eines im Kampf gegen die russischen Eroberer gefallenen Stammesführers, eines vor Jahrzehnten populären Imams oder eines Mystikers alter Tage. Als aber beispielsweise immer mehr Menschen zum Grab Kurbanmurad-ishans, des Verteidigers der Turkmenen-Festung Geok-Tepe gegen die 1881 angreifenden zaristischen Truppen, strömten und ihn als eine Art von Heiligen zu verehren begannen, versuchten mehrere Zeitungen und Historiker seinen Ruf zu zerstören. So schrieb *Turkmenskaja Iskra* in einem Artikel: »Er [Kurbanmurad-ishan] war eine der reaktionärsten und bösartigsten Persönlichkeiten in der Geschichte des 19. Jahrhunderts.«

Sogar die islamische Obrigkeit stößt in dasselbe Horn und verbietet solche Wallfahrten durch Fetwas, genannte religiöse Anweisungen. Die vier »Geistigen Verwaltungen«, die Organe des offiziellen islamischen Establishments, sind ohnehin ein leidiges Thema. Drei von ihnen – diejenigen in Usbekistan, der Autonomen Baschkirischen Republik und in Dagestan – nehmen sich nur der Sunniten an, während sich der Sheikh al-Islam in Baku auch um die Schiiten kümmert. Seit Jahrzehnten ist Taschkent, die viertgrößte Stadt der UdSSR, das Zentrum der sowjetischen Muslime. Hier residierte von 1957 bis 1982 als wichtigste Persönlichkeit des staatlich gelenkten Islam der Großmufti Ziautdin Babakhan. Bis zu Khomeinis Revolution nannte er sich, russifiziert, Babakhanow, wurde aber dann schlagartig vorsichtiger. Er war einst der »Religiösen Verwaltung der Muslime für Zentralasien und Kasachstan« vorgestanden, einer von Stalin 1943 gegründeten Einrichtung, mit der der Diktator die Muslime gegen die Nazis mobilisieren wollte. Später wurde der Mufti in die offizielle Außenpolitik als Good-will-Botschafter eingebaut und vornehmlich in islamische Länder geschickt. Zu seinen Aufgaben gehörte auch ein Sitz im von Moskau gesteuerten Weltfriedensrat. Dort mußte er häufig gegen die Nachrüstung der NATO polemisieren und die Vereinigten Staaten beschuldigen, die »Konterrevolution in Afghanistan« anzuheizen. Babakhan kümmerte sich zeitlebens nie darum, den Islam zu verbreiten, sondern nur um das Problem, ihn zu kontrollieren. Er wirkte gegenüber den Moscheevorstehern und Freitagspredigern als Bremser und unterdrückte kritische Stimmen.

Ein typisches Beispiel seiner Gefälligkeitspolitik gegenüber dem Kreml lieferte Babakhan als Hauptfigur einer »Reportage« des westdeutschen DKP-Organs *Unsere Zeit*. Aufgabe dieses Artikels war es, einen Nachweis zu führen: »Die Moslems in der UdSSR verstehen sich als Sowjetbürger – mit allen Rechten und Errungenschaften, die die Revolution brachte.« Wer anderes als Babakhanow alias Babakhan sollte dies beweisen. Das folgende Zitat ist aufschlußreich: »Selbst ein oberflächliches Studium der sozialethischen Grundprinzipien des Islam und deren Vergleich mit den humanistischen Idealen des Friedens und der Brüderlichkeit, mit

102

Gewürzhändler im neuen Basar von Taschkent. Sie tragen die traditionelle Kopfbedeckung Tjubetejka, dazu Ledergaloschen und Steppmäntel. Tradition wird im muslimischen Teil der Sowjetunion groß geschrieben.

den Ideen des wissenschaftlichen Sozialismus, lassen uns zu der Überzeugung gelangen, daß es zwischen ihnen bestimmte Berührungspunkte gibt. Schon vor der Großen Sozialistischen Oktoberrevolution sahen weitblickende Moslems unseres Landes Elemente der Ähnlichkeit in den sozialen Prinzipien des Islam und des Sozialismus. Die islamische Zeitung *Wakyt* schrieb im Jahre 1906: ›Wir Moslems, die wir an unserem Glauben festhalten, wissen sehr wohl, daß Gleichheit, Brüderlichkeit, Ehrlichkeit und Barmherzigkeit – die Grundlage des Islam – auch im Sozialismus enthalten sind ...‹ Ähnliche Gedanken wurden auch von den Delegierten des III. Kongresses des ›Ittifak al-muslimi‹ [Bund der Muslime] im Jahre 1906 in Nischni Nowgorod geäußert.«
1975 war ein Kongreß der Ulemas des Kaukasus noch kühner vorgeprescht. Die tagenden Vorbeter erklärten nämlich, der Aufbau des Kommunismus sei ein grundlegendes Ideal des Propheten Mohammed, »Allah schütze ihn und seine Familie«, gewesen. Der Koran, so verstiegen sich die Prediger bei dieser und ähnlicher Gelegenheit, beinhalte alle Prinzipien des Sozialismus. Mit anderen Worten, der real existierende Sozialismus sei ein Ableger des

Islam, sozusagen die Endform der Lehre. Großmufti Babakhan trat im Oktober 1982 aus Gesundheitsgründen von seinem schweren Amt zurück. Als Nachfolger wurde sein Sohn Schamsuddin bestellt, ein Mann von 45 Jahren.

Ich habe versucht, den neuen Mufti zu sprechen. Doch dieses Unterfangen ist ohne förmliches Plazet aus Moskau nicht möglich. Sein Stellvertreter, der gerade das Freitagsgebet in der Altstadtmoschee Taschkents leitende Sheikh Abdulghani Abdulla, fragte sofort nach meiner Legitimation und verwies auf den Feiertag, der es ihm leider nicht erlaube, einen Gast zu empfangen. Außerdem müsse ich einen offiziellen Begleiter mitbringen. So blieb mir nur übrig, das Leben der Muslime auf eigene Faust zu erkunden.

Auf den ersten Blick ist das nahezu zwei Millionen Einwohner umfassende Taschkent fast bar jeglichen islamischen Charakters. Einige Denkmäler aus alter Zeit stehen am Rande der häßlichen, von Wladiwostok bis Berlin gleichen Wohnklötze aus Fertigbauteilen. Dem gelegentlichen Gast solcher Betonburgen kann es passieren, daß er beim Aufwachen erst erfragen muß, wo er sich befindet. Ein von der Polizei bewachter Basar, in dem die Landbevölkerung Früchte anbietet und mit unzähligen Goldzähnen bestückte, grinsende Vogelhändler ihrem Gewerbe nachgehen, konkurriert mit dem sterilen Markt der Agrarkollektive. Es deutet alles darauf hin, daß auch der traditionelle Basar bald verschwinden wird. Bulldozer schieben die letzten Altstadthäuser – viele noch aus Holz – weg, um den nachrückenden Baukolonnen Platz zu schaffen. Das letzte große Erdbeben, im Jahre 1966, hat dem Planwirtschaftsstaat ohnehin viel Arbeit abgenommen. Nicht weit von der Altstadt entfernt stehen monumentale Regierungsgebäude. Eine deutsche Touristengruppe läßt sich vor gewaltigen Blut-und-Boden-Statuen fotografieren. Das, so stellen sie glücklich und ohne Arg fest, sei eine echte Begegnung mit der zeitgenössischen sowjetischen Kunst.

In der Altstadtmoschee versuche ich diese Eindrücke wieder abzulegen. Um mich herum sitzen bäuerlich wirkende Usbeken mit Ledergaloschen, Steppmänteln und Tjubetejka, einer dem türkischen Fes vergleichbaren Kopfbedeckung. Es sind teilweise kühne Figuren mit stechendem Blick und weißem Spitzbart. So dürften die Steppenbewohner auch zur Zeit des schrecklichen Dschingis ausgesehen haben. In usbekischer Sprache interpretiert Sheikh Abdulla den Koran und leitet das Gebet. Die alten Männer legen ihre Daumen an die Ohrläppchen und bekunden, daß Allah größer

Vor der Altstadtmoschee in Taschkent spricht Sheikh Abdulghani Abdulla (halbrechts, mit weißem Turban) die Totengebete und leitet damit eine Begräbniszeremonie ein. Viele Gläubige nehmen daran teil.

als alles ist: »Allahu akbar!« Für diese Menschen, denke ich, ist Allah sicherlich auch größer als die derzeit die Region beherrschende Sowjetmacht. »Bismillah ar-Rahman ar-Rahim« – »Im Namen Allahs, des Erbarmers, des Barmherzigen«. Die Gläubigen verbeugen sich gen Mekka und sprechen weitere Lobpreisungen auf ihren Gott aus. Noch während das Gebet stattfindet, sammeln sich vor der Moschee etwa 50 junge Männer und Jugendliche. Sie verharren andächtig, bis die Alten aus dem Bethaus kommen. Dann stellen sie sich alle vor einem Sarg auf. Sheikh Abdulla spricht Totengebete. Der Leichenzug setzt sich in Bewegung.
Das war der real existierende Islam, und sogar in einer echten Moschee. Genau ein Dutzend noch »arbeitende« Moscheen soll es in Taschkent geben, zumeist in Hinterhöfen und windschiefen Gemäuern untergebracht.
Szenenwechsel: Abends feiert ein einheimisches Paar Goldene Hochzeit im Hotel »Usbekistan«. Mit ausladenden Schritten und erhobenen Armen tanzen die Gäste eine Art Sirtaki. Eine üppige Blondine schiebt sich im kleinen Plastik-Schwarzen, hinten und vorne tief dekolletiert, durch die Menge. Wodka und Rotwein flie-

ßen in Strömen. Auf dem Tisch stehen Gerichte aus Schweinefleisch. »Sehen Sie«, giftet mich Ljuba an, die bissigste aller Intourist-Begleitdamen, »das ist gesellschaftlicher Fortschritt, nicht Ihr Islam.« Mufti Ziautdin Babakhan hätte es sicherlich ähnlich gesehen.

Dabei hat er seinem Sohn ein Erbe hinterlassen, das diesem bestimmt noch viele Kopfschmerzen bereiten wird. Seit Khomeinis Revolution sind die Muslime des sowjetischen Orients aufmüpfig geworden. Schon des öfteren gab es nächtliche Malereien, die aussagten: »Breschnew ist unser Schah!« Die Schiiten, staatlicherseits von Kasi Hadschi Allaschukur Paschaew gelenkt, wittern Morgenluft, lauschen den Agitationssendungen von Radio Teheran und beobachten ungeduldig die religiöse Umwälzung der Region. Die mächtige und weltweit operierende Moslembruderschaft pflegt enge Kontakte zu ihren Brüdern und Schwestern in Zentralasien. Im Bereich aller vier sowjetischen Muslimverwaltungen existieren aktive Untergrundbewegungen der Sufis, der islamischen Mystiker. Sie gewinnen immer mehr Mitglieder.

In manchen Orten sollen sie die systemfreundlichen Ulemas längst an Popularität überholt haben. Die sowjetischen Medien bestätigen gelegentlich die Existenz inoffizieller Religionsführer, geben aber selten Details preis. Eine Ausnahme war im November 1978 in der kirgisischen Monatszeitschrift *Kommunist* abgedruckt. Dort hieß es: »Es gibt eine Reihe von Plätzen in unserer Republik, wo keine Moscheen oder registrierte Mullahs tätig sind. Dafür verbreiten Leute, die sich selbst Mullahs nennen – mit anderen Worten: Abweichler – Propaganda und zelebrieren religiöse Riten. Hier handelt es sich um mehr als nur ein paar Personen. Es ist notwendig, ihre Aktivitäten überall zu unterbinden. Die Geistige Verwaltung von Zentralasien und Kasachstan gibt diesen verirrten Mullahs selbstverständlich keine Erlaubnis, Muslimbräuche und -traditionen auszuüben.«

Im März 1980 kam es in Alma Ata zu Unruhen. Die Leichen zahlreicher aus der kasachischen Hauptstadt stammenden Soldaten waren aus dem besetzten Afghanistan zurückgebracht worden. Die Gefallenen sollten ein sozialistisches Heldenbegräbnis erhalten. Alma Atas Bevölkerung ging auf die Barrikaden, als sie merkte, daß diese Kriegsopfer nicht auf dem islamischen, sondern auf dem staatlichen Friedhof bestattet werden sollten. Das war noch viel schlimmer als die Tatsache, daß man die Söhne Mohammeds zur Armee eingezogen und in jenen Krieg geschickt hatte. Nach ge-

Das Gebäude der KPdSU (vorne links) dominiert im Stadtbild der alten islamischen Metropole Buchara. Vom eigentlichen Wahrzeichen Bucharas, dem Minarett Kaljan, ruft schon lange kein Muezzin mehr zum Gebet.

waltsamen Ausschreitungen durften die jungen Kasachen wie Muslime beigesetzt werden.

Am 4. Dezember 1980 wurde der Ministerpräsident der Republik Kirgisien, Sultan Ibrahimow, ermordet. Der Täter soll in der islamischen Untergrundbewegung, bei den »Hairy Ishans«, zu finden sein. Unmittelbar danach riefen der Polizeichef und der Parteivorsitzende von Aserbaidschan, Gejdar Alijew, öffentlich dazu auf, die Subversion aus benachbarten islamischen Staaten zu unterbinden. Im selben Jahr stand in der Zeitschrift *Zhurnalist* zu lesen, daß mehr als 40 Parteifunktionäre im Gebiet der Tschetschenen und Inguschen von »faschistischen Banden« getötet worden seien. Alijews Erklärung kann im übrigen kein Zufall gewesen sein. Er hatte bereits eine steile Karriere im Staatssicherheitsdienst hinter sich, als er zum Parteisekretär ernannt wurde. Kaum hatte Jurij Andropow die Nachfolge Breschnews angetreten, holte er sich seinen ehemaligen Mitarbeiter im KGB als Ersten stellvertretenden Ministerpräsidenten nach Moskau.

Ein letztes Indiz für die zunehmende Popularität des Islam in der Sowjetunion war ein sorgenvoller Artikel in der Jugendzeitung

107

Komsomolskaja Prawda, erschienen im Sommer 1983. Darin hieß es klagend, daß die illegalen Muslimvereinigungen ihren Nachwuchs immer geschickter anwerben würden. Dies erkläre, warum unter den Gläubigen nicht mehr nur »die kulturell Zurückgebliebenen«, sondern auch Menschen mit mittlerer und höherer Schulbildung zu finden seien. Der Verfasser des Artikels, Professor Abaja Schulembajew, forderte die Partei auf, die atheistische Erziehung zu verstärken, um diesem Trend entgegenzuwirken: »Es ist nötig, junge Leute mit viel mehr Nachdruck auf die reaktionären Ziele der Kirche im allgemeinen hinzuweisen und Jungen und Mädchen eine Antipathie gegen religiöse Dinge einzuflößen.«

Es zeigt sich heute deutlich, daß es der Sowjetmacht auch in beinahe sieben Jahrzehnten nicht gelungen ist, Allah und seinen Propheten aus den zentralasiatischen Republiken zu verdrängen. Die Erben des Imam Schamil und der »Basmatschen« sind immer noch vorhanden und werden um das Jahr 2000 so zahlreich sein, wie die Russen selbst. Die beste Kennerin des sowjetischen Nationalitätenproblems, die französische Wissenschaftlerin Hélène Carrère d'Encausse, hat 1979 in ihrem Buch *Risse im roten Imperium* festgestellt, »daß zumindest in dem von den Mohammedanern bevölkerten Raum [der UdSSR] die Anstrengungen zur Veränderung des Denkens sich mit einer sozial-kulturellen Wirklichkeit stoßen, die schwer zu überwinden ist. Die zähe Fortdauer einer besonderen Kultur, verbunden mit dem Islam, zeigt sich auf dem Gebiet der interethnischen Beziehungen, im Privatleben und auch in den Beziehungen des einzelnen zu seiner politischen Umwelt.«

Mit anderen Worten: Die Muslime des sowjetischen Orients leben in ihrer eigenen Welt. Sie heiraten nur innerhalb ihres eigenen Kulturkreises und halten sich streng an die Sitten und Bräuche der Vorväter. Sie lassen ihre Söhne beschneiden und geben den Kindern einen zweiten Vornamen, um, wie überall in der islamischen Welt, die Aufmerksamkeit der Dämonen abzulenken und diese durch doppelte Identität zu verwirren. Die Muslime in Taschkent und Samarkand, in Baku und Buchara, schlachten Tiere, wenn geheiratet wird und wenn der Ramadan vorbei ist. Sie verlassen nur selten ihren Lebensraum und gebrauchen ihre regionale Sprache. Sie wollen, wie das Beispiel Alma Ata zeigt, gemäß der angestammten Riten beerdigt werden. Gerade die Gedenkfeiern für Tote sind mit hohen Kosten verbunden. Das hält jedoch niemanden ab, sie durchzuführen. Als Pulitzer-Preisträger Hedrick Smith, Anfang der siebziger Jahre als Korrespondent der *New York Times*

Eine Gruppe von afghanischen Bauern posiert auf der Terrasse eines Hotels in Buchara für den Fotografen. Den Gästen werden während ihres Aufenthalts in der Sowjetunion Musterbetriebe vorgeführt.

in Moskau tätig, am Vorabend des Jubiläums der Oktoberrevolution Usbeken befragte, was das wichtigste Fest des Sowjet-Jahres sei, erhielt er die Antwort: »Das Ende des Ramadan.«
Zurück nach Buchara: Bei einer Führung durch die Zitadelle des früheren Emirs erklärt die Dolmetscherin im Brustton der Überzeugung, daß es im Nachbarland Iran keine islamische Revolution gegeben habe, weil in der gesamten Region kein Mensch mehr an Religion interessiert sei. Auch die letzten drei der einst 217 Moscheen von Buchara stünden jetzt fast leer. Durch den Kommunismus seien die Frauen befreit worden. Nun würden sie am liebsten russische Männer heiraten. Sie seien auch viel gesünder als in der Vergangenheit. Der Schleier vor dem Gesicht habe nämlich Augenleiden hervorgerufen und in manchen Fällen sogar zur Blindheit geführt. Außerdem habe der reaktionäre Islam den Frauen unterstellt, daß sie keine Seele besäßen, und ihnen den Zutritt zu den Moscheen verwehrt.
Der Versuch einer Diskussion mit der Intourist-Dame führt nur zur weiteren Offenbarung, ein typischer Repräsentant des Islam sei der alte Emir von Buchara gewesen. Und der habe sich Anfang der

zwanziger Jahre vor den anrückenden progressiven Kräften des Volkes mit 300 Kamelen, vollbeladen mit seinen Schätzen, aus dem Staub gemacht. Das zeige den feudalen und habgierigen Charakter dieser Religion.

Nach langem Insistieren erhalte ich endlich die Erlaubnis, mit einem Vertreter jener »aussterbenden Kultur« zu sprechen. Er wird mir allerdings von staatlichen Organen zugeteilt und in einem – so die offizielle Erklärung zur Wahl des Besprechungsortes – »besonders ruhigen und für Ihre Zwecke geeigneten« Büroraum des Hotels vorgeführt. Mein Gesprächspartner buchstabiert seinen Namen als Gamszat Schachrudinow und gibt vor, im dritten Ausbildungsjahr an einer der beiden noch existierenden Schulen für den Mullah-Nachwuchs, der Mir-i-Arab, zu sein. An dieser Medrese lernen die Studenten sieben Jahre lang die Grundlagen ihres Glaubens kennen; anschließend werden ihnen noch weitere vier Jahre an der Theologischen Hochschule von Taschkent die islamischen Wissenschaften vermittelt. Erst dann dürfen sie selbst unterrichten. Ich erkläre das so ausführlich, weil es eine besondere Bedeutung für die Aussagen Schachrudinows hat. Der »islamische Student« erzählt mir, daß er aus Dagestan, also aus dem nördlichen Kaukasus stamme. In seiner Art wirkt er jedoch wie ein Russe, setzt auch seine schwarze Pelzmütze während des einstündigen Gesprächs in dem überheizten Raum nicht ab. Die Unterhaltung hakt sich rasch an Afghanistan fest. Die »konterrevolutionären Kräfte«, stellt Schachrudinow fest, führten ihre Angriffe gegen die legale Regierung vom Ausland her durch. Deshalb müsse die Sowjetunion den revolutionären Brüdern jenseits der Grenze zur Seite stehen. Auch für den Golfkrieg findet er eine klare Ursache: Auf beiden Seiten der Front würden die USA die Muslime in den Krieg hetzen. Mit einem Seufzer stellt er schließlich fest, daß es ungemein schwierig sei, einem hochgebildeten Menschen den muslimischen Glauben zu vermitteln. Deshalb gebe es bei den Mullahs so gut wie keinen Nachwuchs mehr. So sei auch die geringe Zahl der noch zur Glaubensausübung zugelassenen Moscheen zu erklären. Mit insgesamt 20 Gebetshäusern verfüge man in Buchara, Taschkent und Samarkand über mehr als genug religiöse Einrichtungen. Nach und nach kristallisiert sich heraus, daß Schachrudinow grundlegende islamische Begriffe nicht kennt. Ich berichte ihm auch von meinen Eindrücken in der zur Diskothek umgewandelten alten Moschee Magoki-Attari. Er muß einen Moment überlegen, hat aber selbst dafür eine griffige Antwort parat: »Viele Moscheen sind lange Zeit

Imam Mustafa Kulmelikow und Wilhelm Dietl in Samarkand. Die Moschee im Hintergrund wird 1984 mit beachtlichen Zuschüssen modernisiert. Dafür erwartet der Staat von den Muslimen absolut angepaßtes Verhalten.

leergestanden. Warum sollte man sie nicht wieder nutzen – zugunsten des Volkes? So kann das Volk auch einen Eindruck von den architektonischen Meisterleistungen der Vergangenheit erhalten.« Ich bedanke mich herzlich für die wertvollen Informationen und schlage dem »islamischen Studenten« vor, mich zum Direktor seiner Schule zu begleiten, mit dem ich vorher schon einen Termin vereinbart hatte. Schlagartig wechselt er die Gesichtsfarbe und stottert eine Ausrede nach der anderen daher. Er habe dieses Gespräch als Privatmann geführt und möchte es als Gefälligkeit verstanden wissen. Deshalb solle sein Direktor nichts davon erfahren. Außerdem müsse er noch einkaufen gehen und habe dafür an diesem Nachmittag frei bekommen.

Trotzdem überrede ich Gamszat Schachrudinow mit sanftem Nachdruck, das Taxi zur Mir-i-Arab zu besteigen. Je näher wir dem Ziel kommen, desto nervöser wird er. Schließlich stoppt er den Fahrer und verabschiedet sich mit Leidensmiene. Ich habe ihn in der Schule nicht mehr gesehen. Dafür kenne ich einen mehr von denen, die in der Sowjetunion »an der ideologischen Front kämpfen«. Dem allzeit wachen Komitee für Staatssicherheit sei Dank.

111

Pakistan: Hinter den Bergen die Freiheit?

> »Nationen werden geboren in den Herzen
> der Dichter; sie gedeihen und sterben in den
> Händen der Politiker.«
>
> Mohammed Iqbal,
> Schriftsteller und geistiger Vater Pakistans

> »Mehrheiten tendieren dazu, Unterdrücker
> und Tyrannen zu werden, und Minderheiten
> fürchten stets, daß ihre Interessen und
> Rechte leiden und ins Hintertreffen geraten
> könnten.«
>
> Mohammed Ali Dschinnah,
> Gründer des Staates Pakistan

Von einer Sturmbö heftig geschüttelt, war die Fokker-Propeller-
maschine in spitzem Winkel hereingekommen. Sie hatte die von
einzelnen Glühlampen beleuchteten Lehmhäuser glücklicherweise
verfehlt und den Flughafen Peshawar letztlich doch erreicht. Allein
der Anflug auf die Metropole der North West Frontier Province
(NWFP) Pakistans hatte beinahe solange gedauert wie die gesamte
in Islamabad begonnene Reise. Etwas benommen standen wir
noch am Fließband, um das Gepäck in Empfang zu nehmen. Große, verschnürte Ballen mit Absendern vom Golf waren dabei,
Standventilatoren, Apparate zum Entkeimen von Wasser, zerfled-
derte Plastiktaschen und auch die feinen, sauberen Samsonite-Kof-
fer des amerikanischen Waffenhändlers, der mich in Islamabad mit
einem deutschen Kollegen verwechselt hatte. Ein Trip nach Peshawar ist stets reich an Überraschungen.
Die nächste sollte sofort folgen. Ich hatte gerade meine Koffer auf
den kleinen Gepäckwagen gehievt, da stand Hussein Khan neben
mir. Hussein ist Taxifahrer und war mir schon bei mehreren früheren Besuchen in Peshawar zu Diensten gewesen. Er nimmt zwar
mehr Geld als seine Kollegen, aber dafür hat er ein Gefühl für die
Wünsche von Journalisten. Er kennt Peshawar wie seine Westenta-
sche und weiß auswendig, wo die verschiedenen dort im Exil lebenden Rebellenführer residieren, wo die Parteien der Afghanen ihre
Büros unterhalten. Er kennt sämtliche Alltagstricks, die Zentren
der Bürokratie sowie die meist bestens informierten Basarhändler.
Wer häufiger als Reporter in orientalischen Ländern arbeitet, ist

dankbar, wenn er überall einen Hussein Khan zum Bekannten hat. Denn ein absolut ortskundiger und englisch sprechender Fahrer, der im Notfall auch dolmetschen kann, ist hier immer viel wert. Da stand Hussein also. Wortlos umarmte er mich und drückte mir seinen kratzenden Stoppelbart auf beide Wangen. Der stolze Paschtune freute sich wie ein Kind. Wir hatten den Flughafen noch kaum verlassen, da wußte ich schon sämtliche Neuigkeiten aus seinem Lebenskreis. Er hatte sich nach unserer letzten Zusammenarbeit bei einem reichen Araber am Golf als Fahrer verdingt und war hemmungslos übers Ohr gehauen worden. Um die an den Arbeitsvermittler zu zahlende Gebühr ärmer und ohne ausreichende Einnahmen, war er wieder an die pakistanisch-afghanische Grenze zurückgekehrt. Dort hatte er vom Tod seines fünfjährigen Sohnes Khalid erfahren. Ich war betroffen und versuchte ihn zu trösten, fragte nach der Todesursache. Hussein deutete nur auf die Brust. Da sei etwas gewesen. Genaueres wisse er auch nicht. Dann blickte er mich mit einem triumphierenden Lächeln an: »Er ist doch bei Allah!« Außerdem habe er ja noch fünf weitere Kinder. »Bismillah«, sagte er, es laufe alles im Namen Allahs und jeder Mensch müsse sich fügen.

Eine solche Auffassung ist in der nordwestlichen Provinz Pakistans keine Ausnahme, sondern die Regel. So denken und fühlen die meisten Bewohner dieses kargen, seit jeher wildbewegten Landstrichs. Sie fürchten nichts außer ihrem Gott, und das gibt ihnen im Leben Kraft. Mensch und Natur sind in dieser Gegend wehrhaft und kantig, gastfreundlich und traditionsbeladen. Hier leben die gläubigsten Muslime, und ihr Freiheitsbedürfnis ist so grenzenlos wie die Einsamkeit der umliegenden Berge.

Peshawar, heute eine Stadt von etwa 800 000 Einwohnern, hat sich im Laufe der Jahrhunderte kaum verändert. Hier ist das Mittelalter nicht beendet, hier existiert es noch. Wenn die alten Mauern berichten könnten, dann würden sie von Tamerlan und Babur erzählen, von Alexander dem Großen und vielen anderen Herrschern, Truppenführern oder Wegelagerern vergangener Zeiten. Babur, der Begründer des mächtigen Mogulreiches, hat den Ort Peshapur genannt, die »Stadt der Blumen«, und dieser Name blieb erhalten. 25 Jahrhunderte aufregender, farbiger Geschichte haben die Siedlung am Ausgang des Khyber-Passes geprägt. Peshawar ist seit Menschengedenken ein Eldorado für Schmuggler und Krieger, für Geheimagenten und Händler, für Schriftsteller und Glücksritter. Für die jeweilige Obrigkeit der Region jedoch, ob in Delhi oder

Kabul, in Karatschi oder Islamabad residierend, war die Stadt stets ein nie in den Griff zu bekommender Unruheherd.

In Peshawar gibt es keinen Platz, den man im eigentlichen Sinne als Zentrum bezeichnen könnte. Dafür herrscht an jeder Ecke aufgeregtes orientalisches Treiben. Die Tourismuswerbung spricht vollmundig von »einer Stadt, welche den Glanz der Vergangenheit mit der Hoffnung der Zukunft kombiniert«. Eines ist hier wohl zeitlos: der Basar. Dort haben einst die schwer beladenen Karawanen aus Samarkand, Buchara, Herat, Maschad, Kaschgar und sogar aus dem fernen Nepal ihre Waren abgeliefert. Es gab Teppiche aus Orten, die viele Europäer nur aus der Geschichte kannten, Porzellan aus China, Elfenbein aus dem Südosten, Tierfelle aus dem Himalaja, Stoffe aus Kaschmir und die grünen Melonen aus dem afghanischen Hochland.

Als die englischen Kolonialherren 1868 eine erste Bevölkerungszählung durchführten, registrierten sie in Peshawar 31 verschiedene Kasten, Stämme und Rassen. Außerdem wurden nicht weniger als 1425 Polizisten, 2151 Geistliche, ein Juwelier, fünf Drogisten, 2411 Hufschmiede, 1701 Goldschmiede, 4806 Bettler, 1201 weibliche Musiker, 147 Tänzerinnen und 307 Prostituierte gezählt. Dieses bunt gemischte Völkchen lebte mehrheitlich in der Umgebung einer beinahe zwei Kilometer langen Straße, die auch heute noch den Namen Kissa Khawani Basar trägt – die »Straße der Geschichtenerzähler«. Hier sitzen seit vielen Jahrhunderten die Händler und Abenteurer in den Tschaikhanas genannten Teehäusern. Sie trinken literweise den stark gesüßten und mit viel Milch gemischten Tee, tauschen Neuigkeiten aus, plaudern über das Woher und Wohin.

Trommeln und Flöten sorgten in der glorreichen Vergangenheit Peshawars für den angemessenen Hintergrund. Heute hängen und stehen überall Transistorradios, quäken die Stimmen und Musikfetzen kreuz und quer. Einst wurden stolze Wüstenschiffe mit leicht wiegendem Gang neben blökenden Schafen und störrischen Eseln durch die Straße der Märchenerzähler geführt. Heute verpesten Rostlauben aus der Zeit der Gründung Pakistans neben nagelneuen japanischen Karossen und unzähligen motorisierten Rikschas die ohnehin stickige Luft, schieben sich unter endlosem Gehupe Stoßstange an Stoßstange durch den Basar. Dazwischen versuchen kühne vollbärtige, adleräugige Paschtunen aus den Bergen, die Lee-Enfield-Flinte geschultert, neben zerzausten Hippies aus dem Wohlstandseuropa, reichen Pakistanern im Schalwar, tiefver-

Abdul Ghaffar Khan ist über 90 Jahre alt und ein Kampfgefährte Mahatma Gandhis. Noch heute streitet der pakistanische Oppositionelle um ein »freies Paschtunistan«, das ihm Zia ul-Haq verwehrt.

schleierten Frauen, lärmenden Kindern und Touristengruppen im Safarilook sich einen Weg zu bahnen. Überall sitzen oder stehen Geschäftemacher in der traditionellen Tracht der Paschtunen, mit Pluderhose und weitem, auf beiden Seiten geschlitztem Hemd, dem Pakol, einer landesüblichen Mütze, und von einer Decke aus Schafwolle umhüllt.

Viele von ihnen sind noch Kinder, häufig nicht älter als zehn oder zwölf Jahre. Sie haben von ihren Eltern die Waffen für den Überlebenskampf in einer gnadenlosen Umwelt mitbekommen. In dieser Dorf gebliebenen Großstadt haben sie gelernt, was Dschungel ist und wie man ihm begegnet. Die früh gealterten Kinder arbeiten mit absoluter Selbstverständlichkeit so schwer wie Erwachsene. Die meisten können weder lesen noch schreiben. Doch sie leben mit dem Kodex des Islam, der ihnen für jede Situation, für jeden Tag, sagt, was zu tun ist. Sie leben in einer intakten Stammesgesellschaft und nur wenige von ihnen brechen aus, um über die Grenzen Peshawars zu blicken. Aufgrund all dieser Eindrücke, verstärkt durch die orientalische Geräuschkulisse und die vielfältigen Gerüche von Hammelkebab und Tikka (Huhn), dem Duft von grünem

Tee und frischem, knusprigem Brot aus dem Erdofen, komme ich bei jedem Besuch der Stadt ins Sinnieren.

Doch das bunte Bild täuscht. Die Metropole der Grenzregion ist schon lange nicht mehr der friedfertige Ort mit den alten Bäumen an breiten, englischen Alleen, die Gartenstadt mit den üppigen Rosenbüschen. Peshawar ist heute Frontstadt, und wenn der Muezzin von einem der Minarette der Mahabat-Khan-Moschee, an denen die Herrscher der Sikhs im vergangenen Jahrhundert zeitweilig jeden Tag zwei Muslime aufknüpfen ließen, zum Gebet ruft, dann ist dies gleichzeitig eine Kriegserklärung. Allah ist größer und der Heilige Krieg ein ihm wohlgefälliger Akt, der jedem Muslim den Weg ins Paradies öffnet. In Sure 4,76 des Koran heißt es: »Und so soll kämpfen in Allahs Weg, wer das irdische Leben verkauft für das Jenseits. Und wer da kämpft in Allahs Weg, falle oder siege er, wahrlich dem geben wir gewaltigen Lohn.« Peshawar ist seit 1979 definitiv eine Stadt des Krieges, des bedingungslosen Widerstandes gegen eine skrupellose Weltmacht. Diese Rolle hat sie mittlerweile verinnerlicht und auch die vielen Menschen, die vorher noch nicht hier lebten, integriert.

Zum einen haben sich in Peshawar die afghanischen Mudschaheddin festgesetzt. Fast alle sunnitischen Parteien unterhalten hier ihre Büros, verbinden sich zu Allianzen und fallen dann wieder übereinander her. Gemeinsam ist ihnen jedoch, daß sie von Peshawar aus die Drähte nach Afghanistan ziehen und ihren ferngesteuerten Krieg in vielen Bereichen des weiten Landes kontrollieren. Denn die Führer bleiben, mit einer Ausnahme, stets in Peshawar. Mehr über das weite und kontroverse Spektrum des Widerstandes an anderer Stelle.

Die Bevölkerung Peshawars und seiner Umgebung ist aber vor allem durch die derzeit größte Flüchtlingsbewegung der Welt angewachsen. Seit dem kommunistischen Putsch des Jahres 1978 sind die Afghanen über die Berge gekommen, um hier Freiheit zu suchen. Die überwiegende Mehrheit wurde von der ehemaligen inoffiziellen Hauptstadt und den Stammesbrüdern jenseits der Durand-Linie aufgenommen. Zwischen Tarakis Machtergreifung und seinem Sturz, im September 1979, flohen rund 200000 Afghanen ins Nachbarland. Zur Zeit des sowjetischen Einmarsches war die Quote bereits auf das Doppelte angestiegen. Dann brachen alle Dämme. Nach den Statistiken des UN-Hochkommissars für Flüchtlinge befanden sich am 31. März 1981 genau 1851714 Afghanen in Pakistan. Zwei Monate später betrug die offizielle Zahl

Eine typische Straßenszene aus Peshawar, der Hauptstadt der pakistanischen North West Frontier Province. Die Menschen dieser traditionsreichen Stadt leben zum Teil noch wie im Mittelalter.

Im Grenzgebiet zu Afghanistan werden nicht nur in der dafür bekannten Stadt Darra Waffen verkauft. In sämtlichen Dörfern gibt es Läden, die jedermann mit Schußwaffen und Munition versorgen.

2083688. Im Februar 1982 waren es 2,7 Millionen, davon die Hälfte in und um Peshawar. Inzwischen ist der Andrang aus dem umkämpften Land wieder etwas abgeflaut. In Pakistan dürften nun etwa drei Millionen afghanische Flüchtlinge leben.

Ich hatte mehrmals Gelegenheit, die Lager entlang der Grenze zu besuchen. Dabei fiel mir immer wieder die zunehmende Abkehr der Afghanen von ihrer gewohnten Stammesordnung auf. Unter den Flüchtlingen haben inzwischen die Parteien das Sagen. Sie kümmern sich um Anmeldungsprozedur und Essensrationen, um Baumaterial und Waffen. Nachdem die Geflohenen zu Beginn des großen Exodus einige Zeit in Zeltstädten – von den Vereinten Nationen gestiftet – dahinvegetiert hatten, nahmen ihre Lager immer stärker Siedlungscharakter an. Inzwischen sind sie kaum mehr von Dörfern in Afghanistan zu unterscheiden. Ein Lehmhaus reiht sich an das andere, abgegrenzt durch hohe Mauern. Die Privatsphäre und vor allem der Schutz ihrer Frauen – zumeist vor den Blicken anderer Männer – ist den Afghanen erstes Gebot.

Das wirft aber zugleich Probleme auf, die bislang weder vom Flüchtlingskommissariat der Vereinten Nationen noch von den zahlreichen vor Ort tätigen Hilfsorganisationen gelöst werden konnten. Der Finne Heikki Keto, Vertreter des Hochkommissars in Peshawar, klagte mir sein Leid: »Unser Hauptproblem ist die Überwindung gesellschaftlicher Tabus. Wir müssen den Afghanen beispielsweise die Benutzung sanitärer Einrichtungen lehren, da sie es gewohnt sind, ihre Notdurft zu verrichten, wo immer sie sich gerade befinden. Das bedeutet, daß wir uns zuerst mit den Maliks, den Stammesführern, treffen, um diesen die Vorteile der Latrine zu erläutern. Gesundheitserziehung für Frauen ist nur durch weibliche Berater möglich, und auch dann noch kompliziert. Wir müssen mit jeder afghanischen Frau einzeln sprechen, zum Beispiel, um ihr zu erklären, wie man Seife benutzt. Wenn wir Seife verteilen, dann finden wir die ganze Lieferung Tage später wieder im Basar. Es gehört zu den afghanischen Bräuchen, daß sich eine Frau fast nur nach dem Geschlechtsverkehr wäscht. Tut sie es jedoch, während ihr Mann sich im Krieg befindet, dann sagen die Nachbarn, sie gehe fremd. Das kann zu den schlimmsten Verwicklungen führen. Im Prinzip entscheidet der Ehemann oder Mullah des Lagers auch, ob eine Frau zum Arzt gehen darf. Oft war es deshalb schon zu spät. Wenn eine Frau stirbt, weil sie keinen Doktor aufsuchen durfte, sollte man das nicht uns anlasten.«

Cheryl Benard und Edit Schlaffer, in Wien lebende Fachjournalistinnen für soziologische Themen, veröffentlichten ihre Eindrücke aus diesem Milieu: »Wir wohnten einer Sitzung aller Hilfsorganisationen in Peshawar bei, bei der es um das Thema Babynahrung ging. Afghanische Männer nämlich erlauben den Frauen und Kindern, vor allem den weniger wertvollen Töchtern, keinen Zugang zu Eiern und Fleisch. Daraus ergibt sich ein Proteinmangel, der vor allem für schwangere Frauen und für Kinder gesundheitsgefährdend ist. Die Hilfsorganisationen kauften deshalb australische Proteinkekse auf, die aussehen wie trockenes Brot und daher als wertlos den Frauen überlassen werden, während die Männer sich auf Fleisch, Eier und das gelegentliche Gemüse stürzen.«

Fast die Hälfte der afghanischen Flüchtlinge ist im schulpflichtigen Alter. Seit September 1980 läuft für sie ein ansehnliches Unterrichtsprogramm. Teilweise werden sie noch in Koranschulen der fundamentalistischen Parteien, mehrheitlich jedoch durch ein Programm des UN-Hochkommissars erzogen. Damit hofft man, die extrem hohe afghanische Analphabetenrate von 93 Prozent bei den Männern und 98 Prozent bei den Frauen in den Griff zu bekommen. Die Vereinten Nationen gaben 1983 die Zahl ihrer Schulen für afghanische Kinder mit 341 an. 1200 Lehrer waren eingesetzt. Diese Bildungsstätten befinden sich in großen Zelten, in die Lager integriert. Unterrichtet wird die Muttersprache, Religion, Mathematik und ein spezielles Fach Allgemeinbildung. Das gesamte Programm ist exakt auf die kulturellen Lebensumstände und Traditionen der jeweiligen Stämme zugeschnitten. Heikki Keto berichtete: »Wir haben es mittlerweile geschafft, 40 Prozent der Jungen zwischen sechs und zwölf Jahren in die Schulen zu bekommen, aber nur maximal 3000 bis 4000 Mädchen. Es tröstet uns jedoch, daß diese Quote immer noch drei- bis viermal höher liegt als in Afghanistan.«

Nochmals Cheryl Benard und Edit Schlaffer, die dem Kernproblem des Lagerunterrichts auf die Spur gekommen sind: »Als Begründung dafür, daß Mädchen nicht in die Schule gehen dürfen, nicht einmal in die Koranschule, geben Ortsführer uns gegenüber an, daß sie dann nicht mehr bereit sein würden, so zu leben, wie es sich für paschtunische Frauen gehört. Bildung ist Ausbruch, das begreifen die traditionellen Führer der afghanischen Gesellschaft genauso schnell, wie die traditionellen Autoritäten des europäischen Mittelalters die Schule als ihren Feind erkannten.«

Abgesehen von der geistigen, müssen die meisten afghanischen Flüchtlinge inzwischen keine Not mehr leiden. Sie sind mit Sack

Beinahe drei Millionen afghanische Flüchtlinge haben sich über die Berge nach Pakistan in Sicherheit gebracht. Die ersten beiden Jahre lebten und litten sie in provisorischen Zeltlagern.

Kachha Garhi, eines von 350 Flüchtlingslagern in Pakistan. Es befindet sich bei Peshawar und beherbergt rund 35000 Afghanen. Langsam verwandelt es sich in ein Dorf mit gemauerten Häusern und Höfen.

120

und Pack gekommen – viele trieben sogar ihr Vieh über die Grenzberge – und haben ihr soziales Leben wieder voll aufgenommen. Bei meinem letzten Besuch im Lager Kachcha Garhi, das nicht weit von Peshawar liegt und offiziell 25000 Flüchtlinge beherbergt (insgeheim sind es wahrscheinlich 35000), wurde mir eine komplette Infrastruktur vorgeführt. Da gab es Bäcker und Schneider, Gemüsehändler und Metzger, nahezu alle Einrichtungen eines orientalischen Basars. Auch eine Moschee und ein Krankenhaus aus festen Mauern waren gerade im Entstehen. Heikki Keto erklärte mir: »Zusammen mit dem Welternährungsprogramm der UNO stellen wir pro Tag und Person 2200 Kalorien zur Verfügung. Das sind 500 Gramm Weizen, 30 Gramm tierisches Öl, 20 Gramm Zucker und drei Gramm Tee. Weizen ist ein perfektes Eisenpräparat. Kaum etwas fehlt darin. Diese Menschen sind an Brot, Tee und Erbsen gewöhnt. Wenn sie dann noch Zucker im Tee haben, fühlen sie sich reich.«

In den Flüchtlingslagern ist niemand unterernährt, weil etwa Lebensmittel fehlen. Die unterernährten afghanischen Kinder, mit denen oft Propaganda gegen das gesamte Hilfssystem betrieben wird, sind ein Auswuchs der Traditionen: Bis zum Alter von einem Jahr bekommen die Babys nur Muttermilch, und diese häufig nicht in ausreichender Menge.

Für die rund 330 Lager werden jährlich etwa 560 Millionen Dollar ausgegeben. Davon übernehmen die Vereinten Nationen und die pakistanische Regierung je eine Hälfte. Nach den Sätzen der internationalen Flüchtlingshilfe steht jedem Afghanen pro Monat ein Betrag von 50 Rupien zu, umgerechnet rund zehn Mark. Das ist für die unvorstellbar armen Menschen ein Vermögen. Nur durch das in Pakistan bestehende Überangebot an Konsumgütern wird diese Summe wieder relativiert. Daß die afghanischen Flüchtlinge oft materiell besser gestellt sind, als sie es in der alten Heimat waren, zeigt die Tatsache, daß nicht nur die zutiefst korrupten pakistanischen Regierungsbeamten – zumeist unbemerkt – große Mengen der Hilfsgüter zur eigenen Bereicherung abzweigen können, sondern auch die eigentlichen Empfänger damit immer wieder Handel treiben. Auf den Schwarzmärkten von Peshawar oder Quetta, der Hauptstadt Belutschistans, und in den Stammesgebieten findet man gespendetes Sojabohnenöl aus den USA sowie Milch, Kerosinöl, Zucker, Salz, Kleidung, Seife, Decken und Schuhe, die eindeutig aus den Depots der Hilfsorganisationen stammen.

»Dschihad-Meeting« bei der gemäßigten Allianz islamischer Mudschaheddin in Peshawar. Ein Funktionär informiert Mitglieder und Kämpfer über die neueste Entwicklung. Wächter sorgen für die Sicherheit.

Nachdem sich die Frauen zurückgezogen hatten, bat mich der 35jährige Paschtune Kajeer Gul in den Innenhof seines neuen Hauses, das an einer der Straßen des Lagers Kachcha Garhi steht. Er war mit seinen neun Kindern und zwei Frauen 1980 aus einem kleinen Dorf nahe Jalalabad, unweit des Khyber-Passes, geflüchtet. In dem Dorf hatten sich Freiheitskämpfer befunden, und deshalb war es von der sowjetischen Luftwaffe bombardiert und vollständig zerstört worden. »Da wußten wir, daß auch unsere Zeit gekommen war«, sagt Kajeer Gul, »200 Familien gingen gleichzeitig weg.« Wie denkt er heute über eine mögliche Rückkehr auf sein Besitztum bei Jalalabad? Kajeer Gul verdreht die Augen und blickt zu Allah auf. Es wäre zu schön, meint er. Doch zuerst müßten die ungläubigen Teufel, die Schurawi, und die Russensöhnchen von Kabul – die Regierung Karmal – aus dem Land oder unter der Erde sein. Und das werde wohl noch dauern. Drei alte Männer, die sich inzwischen zu uns gesellt haben, nicken bedächtig und zwirbeln ihre langen weißen Bärte zwischen Daumen und Zeigefinger. »Jedes Volk hat seine Zeit«, zitiert einer von ihnen den Koran, »und auch unsere wird wieder kommen. Allah stehe uns bei.«

122

Ich frage Kajeer Gul, ob auch er einer politischen Partei angehöre oder sich mit der Zugehörigkeit zu seinem Stamm begnüge. Er bekennt sich zur »Jabhe-ye nejat-e Melli«, der »Front für die nationale Befreiung« des prowestlichen Religionsgelehrten Sibghatullah Mujaddidi. Strahlend zeigt er mir ein Foto des bärtigen Führers. Ist Kajeer Gul in seiner jetzigen Situation glücklich? Er antwortet rasch: »Bis zu einem gewissen Grad, ja. Wir müssen aber erst unsere Ziele erreichen, bevor wir wieder wirklich glücklich sein können.« Welche sind das? »Freiheit und Unabhängigkeit für unser Land sowie eine islamische Regierung.« Die allgegenwärtigen Parolen der Parteien haben auch in das Vokabular des Kajeer Gul Eingang gefunden. Schon im Gehen begriffen, erkundige ich mich noch nach seinem größten Wunsch. Die Antwort ist eindeutig: »Richtige Waffen, mit denen wir die Schurawi vernichten können.«

Dieses Gespräch ist auf alle Flüchtlinge und alle Lager übertragbar. Solche Auskünfte habe ich nicht nur in Kachcha Garhi, sondern auch in Warsak, Nasir Bagh und in Pishin (Belutschistan) erhalten. Lediglich die Parteizugehörigkeit war jeweils variabel. Der Haß gegen die Besatzer ist übermächtig, das Gefühl, in Pakistan sicheren Unterschlupf und brüderliche Hilfe gefunden zu haben, erweist sich als lebenswichtig.

Trotzdem lassen die Gastgeber keinen Zweifel daran, daß ihnen die Bürde langsam aber sicher zu anstrengend wird. Dem Militärdiktator Mohammed Zia ul-Haq, der das Land seit 1977 in festem Griff hat, ist der Zustrom und die weitgehende Verselbständigung so vieler schwerbewaffneter Afghanen inzwischen unheimlich. Er kennt die Bestrebungen der Paschtunen und Belutschen, sich aus der Abhängigkeit von Islamabad zu lösen. Zia gehört zu den Gegnern des alten Traumes vom freien Paschtunistan und sorgt dafür, daß sein Widersacher, der über 90 Jahre alte Paschtunenführer Abdul Ghaffar Khan, stets unter Aufsicht steht. Ein von afghanischen (und damit vorwiegend paschtunischen) Flüchtlingen quasi durch die Hintertür gebildetes Paschtunistan möchte der rabiate General verhindern. Deshalb lautet die Forderung der pakistanischen Staatsführung seit Jahren: »Die Schaffung der notwendigen Bedingungen für eine freiwillige und ehrenvolle Rückkehr der afghanischen Flüchtlinge in die Sicherheit ihrer Heimat.« Auch islamische Gastfreundschaft hat ihre Grenzen.

Ich fragte General Zia ul-Haq, wie lange das Flüchtlingsproblem noch andauern werde. Er ist einer der bestinformierten Staatsmänner der Region, seit ihn Sowjetchef Jurij Andropow im Anschluß an die Beerdigung seines Vorgängers Leonid Breschnew zu einem persönlichen Gespräch empfangen hat. Zia, in dessen Anwesenheit man sich trotz aller – vermutlich gut gespielten – Jovialität ständig unwohl fühlt, blickte mich einnehmend an und antwortete in etwas umständlicher Art: »Bei diesem Treffen mit Präsident Andropow ist nichts versprochen worden. Aber ich versichere Ihnen, ein neuer Wind lag in der Luft. Ich habe ihm gesagt: ›Ihr könnt noch einmal 100 000 Mann nach Afghanistan schicken und die Grenze zu Pakistan zu blockieren versuchen. Das wird euch aber auch nicht weiterbringen, falls es überhaupt gelingt.‹ Andropow erwiderte, daß sie das selbst wüßten.«

Ich traf Zia ul-Haq, den vielbeschäftigten »Hauptkriegsrechtsverwalter«, wie er sich gerne bezeichnen läßt, während der Konferenz der blockfreien Staaten in Neu-Delhi. Zu Hause, in Islamabad, ist er nur unter schwierigen Umständen zu erreichen, da er – wie die Zeitungen jeden Tag beweisen – seit langem von Termin zu Termin hastet. Er eröffnet eine Zahnärztetagung und besucht eine Buchausstellung, trifft eine untergeordnete Delegation von durchreisenden Parlamentariern und läßt sich vielerorts demonstrativ beim Beten filmen. Zias Streß ist leicht zu erklären: Seine Popularität war noch nie sehr groß und nimmt heute eher weiter ab. Außerdem muß er sich sowohl vor Konkurrenz in den eigenen Reihen als auch vor seinem Volk, das unter der Willkür der Ordnungskräfte leidet, in acht nehmen.

Unbelastet von seinen üblichen meist banalen Verpflichtungen, stand Zia ul-Haq in Neu-Delhi vor mir, vorschriftsmäßig in die von Staatsgründer Mohammed Ali Dschinnah eingeführte »Kleidung der nationalen Identität«, in Sherwani und Shalwar, gehüllt. Er bemühte sich, bei seinen Antworten originell zu sein, griff nach den Händen der Gesprächspartner und drückte sie minutenlang. Ich versuchte zu ergründen, warum ihn der Pakistankenner Olaf Ihlau, Korrespondent der *Süddeutschen Zeitung,* eine »lächelnde Kobra« nannte (was inzwischen zum geflügelten Wort geworden ist), und erinnerte mich an das gleichfalls wenig schmeichelnde Urteil Peter Scholl-Latours: »Mir war von Anfang an der faszinierende, runde Katzenkopf des Generals aufgefallen, das erfrorene Lächeln seiner makellosen Zähne, der starre Blick.«

Ich versuchte weiter in den Herrscher über 84 Millionen Pakistaner zu dringen. Was sei denn nun wirklich hinter den Moskauer Kulissen gesprochen worden? Habe sich Pakistan zu gegen die

Interessen der Mudschaheddin gerichteten Konzessionen hinreißen lassen, wie in der Londoner *Times* zu lesen war? Der 60jährige
windet sich. »Ich habe Präsident Andropow nur versprechen müssen, nicht herumzuschreien und konziliant zu sein, eben konstruk-
tiv. Dann, so hat er mir gesagt, wären auch Fortschritte zu erwarten.« Wieder lächelt Zia, spricht mit seiner überaus sanften Stimme diplomatische Nichtigkeiten aus. Ein letzter Anlauf. Was ist der
tiefere Grund für die Anwesenheit der Sowjets in Afghanistan?
»Das ist eine lange Geschichte. Im Prinzip gibt es viele Gründe.
Um den wichtigsten zu nennen: Die Russen haben ihren Einfluß
auf Afghanistan und auch auf ihre südöstlichen Republiken von
der immer stärker werdenden islamischen Bewegung bedroht gesehen. Deshalb mußten sie handeln. Wie, das wissen wir nur zu gut.«
»Diese Bedrohung geht aber nun zum großen Teil auch von Pakistan aus. Sie wird nicht verschwinden, es sei denn, Pakistan ändert
seine weltanschauliche Haltung. Fühlen Sie sich nicht bedroht, angesichts der zunehmenden Aggressivität der Sowjetarmee und
starker Truppenbewegungen an Ihrer empfindlichen und wenig geschützten Westgrenze?« Zia wird einen Moment sehr ernst. »Diese
Truppenaufmärsche sind nicht neu. Wir kennen sie seit Jahren. Es
stimmt, daß unsere islamischen Kräfte einen starken Einfluß auf
die Region ausüben. Trotzdem vertraue ich auf Präsident Andropow und seinen Realitätssinn.« Andropows selbsternannter Kollege wirkt nicht überzeugend.
»Sein Antlitz verflüchtigt sich, aber sein Lächeln bleibt doch im
Raum«, lautete das Urteil einer seiner Landsleute. Ich wurde un-
willkürlich daran erinnert, als ich »Pakistans Pinochet« am
23. März 1983 die Truppenparade zum alljährlichen »Pakistan-
Tag« in heller Galauniform mit Schärpe und vielen Orden deko-
riert, abnehmen sah. Es war ein höchst pathetischer Augenblick.
Der grüne Rasen Rawalpindis, eine im Wind flatternde Fahne mit
weißem Halbmond und weißem Stern auf dunkelgrünem Hintergrund und dazu die Nationalhymne, deren Text aus der Feder des
Blut-und-Boden-Dichters Abul Asar Hafis Jullundri stammt. Darin heißt es: »Ordnung des Landes so rein / Kraft ist's der Brüderlichkeit, / Volk, Reich und Herrschermacht, / Strahle beständig
doch! / Heil sei der Wunscherfüllung Ort! / Flagge mit Halbmond
und Stern: / Führer zu Fortschritt und Ruhm, / Dolmetsch der
Vergangenheit, / Ruhm du des Jetzt und Herz uns'rer Zukunft! /
Schatten Gottes stark!«
Der »Pakistan-Tag« ist ein Schlüssel zu diesem unglücklichen

Land. Er führt zurück zum März 1940. Seinerzeit beschloß die Indische Muslim-Liga die sogenannte Pakistan-Resolution. Es war die Absichtserklärung für einen souveränen Staat der Muslime. Der Traum des großen Führers Mohammed Ali Dschinnah (der keine Mullahkratie vorsah) sollte sieben Jahre später Wirklichkeit werden – und in einen Alptraum münden. Damals, und auch nachher immer wieder, wurde festgestellt, daß es im Leben eines Pakistani kein Element geben dürfe, das über der Religion stehe. Sie müsse Arbeit und Privatleben bestimmen, die Regierung und die gesamte Kultur. Diese ideologische Triebfeder sollte ausschlaggebend sein bei der Partnerwahl und beim Schulunterricht, in der Wirtschaft und beim Militär. Vor dem Nationalfeiertag waren in den Zeitungen Pakistans viele Glückwunschanzeigen erschienen. Eine fiel mir besonders auf: »Es ist alles eine Sache des Glaubens: Glaube an Allah, daß er uns Hilfe bringt. Glaube an unser Volk, daß es geschlossen zusammensteht. Glaube an unser Land, daß es stark und durch sich selbst bestehen kann. Glaube an unsere Streitkräfte, daß sie die Friedensgrenzen sichern können. Muslime leben durch ihren Glauben.« Bestellt war die Anzeige von der »Muslim-Versicherungsgesellschaft«.

Worin liegt das Besondere dieses mit anderen kaum vergleichbaren Landes? Als die koloniale Herrschaft über den Subkontinent endete, entstanden unter furchtbaren Opfern zwei unabhängige Staaten: Indien und Pakistan. Durch seine unverrückbare Festlegung auf die Religion als Inhalt jeglichen Daseins war Pakistan von Anfang an ein ideologisch geprägtes Land. Ein Versuch, den Staat ohne religiöse Legitimation zu säkularisieren, würde unweigerlich seine Existenz aufs Spiel setzen. Dschinnah starb ein Jahr nach der Gründung Pakistans, für sein Volk viel zu früh. Denn noch immer war nicht im Detail festgelegt, wie stark der Islam politisch institutionalisiert werden sollte. So begann ein Machtkampf, der bis heute nicht beendet ist. Jeder bisherige starke Mann Pakistans führte den Islam im Mund, um eine machtpolitische Rechtfertigung zu besitzen. Aber jedem, einschließlich Zia ul-Haq, ging es schlicht und einfach um die eigenen Pfründe, um die Beherrschung des Staates.

Der Kampf zwischen den Vertretern eines gemäßigten Muslimstaates und den Befürwortern eines rein fundamentalistischen islamischen Staates ließ Pakistan nie zur Ruhe kommen. Der Unterschied zwischen den beiden Modellen liegt darin, daß beim islamischen Staat das göttliche Gesetz, überbracht durch den Propheten

Mohammed, sämtliche weltlichen Bestimmungen und Normen übersteigt, während der Muslimstaat auch eine säkulare gesetzgeberische Autorität kennt. Bloß im letzteren System können die weltlichen Kräfte eine nennenswerte Rolle spielen. Nach dem Tod des alles überragenden Dschinnah folgten in Pakistan nur mittelmäßige Politiker. 1956 wurde zwar eine Islamische Republik ausgerufen. Trotzdem kamen die Bemühungen um dieses System aber nicht voran.

1958 putschten die Militärs ein erstes Mal. Der neue Staatschef, General Ayub Khan, scheiterte aber Mitte der sechziger Jahre an seinen Modernisierungsvorstellungen und am Widerstand der muslimischen Opposition. 1970 löste ihn General Jahja Khan ab. Dieser mußte aber bereits im Dezember 1971 wieder abdanken, eine Folge des Debakels beim Sezessionskrieg zwischen Pakistan und seiner Provinz Ostbengalen, heute Bangla Desch. Auch der neue Präsident, Zulfikar Ali Bhutto, zugleich Chef der linksorientierten Pakistan People's Party (PPP), befand sich rasch wieder im Clinch mit den islamischen Kräften, die endlich einen an ihren Normen orientierten Staat nach dem Muster des Propheten gründen wollten. Trotz aller Schwächen war Bhutto der ernsthafteste und populärste Politiker Pakistans seit Dschinnah. Sein schwerwiegendster Fehler war jedoch, daß er 1977 die Parlamentswahlen manipulieren ließ, um eine 70-Prozent-Mehrheit zu erreichen. Daraus resultierten monatelange Unruhen. General Zia ul-Haq, bis dahin ein Günstling Bhuttos, sah seine Chance gekommen. »Im Namen Allahs« übernahm er im Juli 1977 die Macht.

Er wurde unterstützt von der fundamentalistisch-islamischen Partei Jamiat-i Islami, dem pakistanischen Zweig der mächtigen, weltumspannend und streng konspirativ wirkenden Moslembruderschaft. Ihr Vorsitzender war der bedeutendste islamische Denker Asiens und Erfinder des militanten Islamismus, Maulana Abul Ala Maududi. Er wollte sich nie an pakistanischen Regierungen beteiligen, sondern zielte ausschließlich auf die Theokratie in ihrer Reinform ab. Maududi schrieb 80 Bücher und Broschüren und baute einen mächtigen Propagandaapparat auf. Heute ist die Jamiat-i-Islami die bestorganisierte politische Gruppierung Pakistans.

Vorsichtshalber sprach Maududi stets von einer »islamischen Demokratie«, die ihre Souveränität von Gott ableiten würde. Der Gelehrte wörtlich: »Im Westen macht das Volk sein Gesetz selbst, im Islam muß es den Gesetzen folgen und gehorchen, die Gott durch seinen Propheten mitteilte. Im einen System führt die Regie-

Auf der Hauptstraße von Quetta, dem Zentrum der pakistanischen Provinz Belutschistan. Von hier aus ziehen viele afghanische Mudschaheddin in den »Heiligen Krieg gegen die gottlosen Russen«.

rung den Willen des Volkes aus, im anderen müssen Regierung und Volk zusammen die Absichten Gottes in die Tat umsetzen!« In diesem Fall würde eine »Diktatur der Rechtsgelehrten« das Ruder in die Hand nehmen und aus ihrer Mitte einen Repräsentanten auswählen, den Kalifen. Dieses Amt soll allein nach dem Kriterium »Frömmigkeit« vergeben werden. Seit Kemal Atatürk 1923 die islamische Türkei offiziell in eine säkulare Republik umwandelte, gab es in der Muslimwelt keinen Kalifen mehr. Pakistans islamische Speerspitze Jamiat-i-Islami möchte durch die Wiederbelebung dieser traditionellen Institution den Anschluß an die glorreiche Vergangenheit des Islam herstellen.

Um die heutige Position der Fundamentalisten zu verstehen, muß man in die Zeit der Unabhängigkeitsbewegung des Subkontinents zurückgehen. Vor der Gründung des zutiefst idealistischen Gebildes Pakistan (des »Landes der Reinen«) hatte die religiöse Elite eine tragende Rolle bei der Mobilisierung der Massen gespielt. Diese Kraft sollte, nach ihren Vorstellungen, im Laufe der Jahre eher noch zunehmen und schließlich das skizzierte Staatswesen schaffen. Ein Trauma erfaßte sie, als die bürgerlichen Politiker und

Militärs immer wieder dominierten. Schließlich wäre den Kräften der radikalen islamischen Bewegung, gemäß ihrer Bewußtseinslage, allein das Recht zugestanden, Pakistan zum religiösen Musterstaat zu entwickeln. Unglücklicherweise waren aber auch sie untereinander gespalten, gehörten mehreren islamischen Rechtsschulen an. Nur der unaufhörliche Ruf nach der Islamisierung Pakistans einte sie von Zeit zu Zeit. Am intensivsten ging dieser Ruf natürlich von Maududis Jamiat-i Islami aus.

Am meisten hatte das Weltbild der Fundamentalisten unter Bhuttos Präsidentschaft zu leiden. Der bei den breiten Massen beliebte Staatsmann ging nämlich sogar so weit, zu behaupten, »daß sich der Islam und die Prinzipien des Sozialismus nicht gegenseitig ausschließen«. Bhutto in einer seiner Reden: »Der Islam predigt Gleichheit, und Sozialismus ist die moderne Technik, diese zu erreichen ... Pakistan kann ohne die Oberhoheit des Islam nicht existieren. Eine sozialistische Regierung schafft dazu jedoch keine Rivalität. Im Gegenteil, der Sozialismus wird die gesamte Bevölkerung zum Hüter der islamischen Werte machen.« Eine geistige Verwandtschaft zwischen Bhutto und dem sowjetischen Großmufti Babakhan zeigt sich hier sehr deutlich.

Als die politisch-religiöse Identität Pakistans durch Bhuttos Politik starken Schaden erlitten hatte, riß Zia ul-Haq die Macht an sich und ließ seinen Vorgänger hinrichten. Auch heftige Proteste von seiten der gesamten Weltöffentlichkeit halfen hier nichts. Zias Regierung trug den ersten deutlich sichtbaren schwarzen Fleck auf der ohnehin nie sehr weißen Weste. Die islamischen Fundamentalisten jedoch frohlockten zunächst. Sie unterstützten Zias Regierung erst mit Begeisterung, dann aber immer halbherziger. Heute haben sie erkannt, daß sie von dem General an der Nase herumgeführt worden sind und ihr wahrer islamischer Staat aus dem embryonalen Zustand noch nicht herausgekommen ist. Der wichtigste Ansatzpunkt für Kritik an der »lächelnden Kobra« ist die mangelnde Effizienz einer Islamisierungspolitik.

Zu den halbherzigen und bislang eher konzeptionslosen Islamisierungsbestrebungen Zias zählen die Einführung der Scharia (der islamischen Gesetzgebung), die Armensteuer Zakat sowie Reformen des Ideologie- und Bildungssektors, was eng mit dem von ihm propagierten »islamischen Stil im öffentlichen Leben« verknüpft ist. Von Anfang an wurden die Bemühungen des Generals auch dadurch behindert, daß unter den verschiedenen religiösen und intellektuellen Gruppierungen eine mörderische Diskussion über

die Praxis des neuen Systems begann. Besonders heftig entzünde-
ten sich die Meinungen der Experten über die richtige Auslegung
islamischer Gesetze. Daraufhin wich die Regierung, um noch größeren Ärger zu vermeiden, auf periphere Fragen der Islamisierung
aus. Die angepeilten Ideale des politischen Systems und der Wirtschaft blieben deshalb in der Schublade. Pakistans Fernsehen beispielsweise zeigt einen Naturfilm nach dem anderen, läßt aber bärtige Maulanas auch stundenlang den Koran auslegen. Spielfilme
stammen zumeist aus den Vereinigten Staaten des Franklin Delano
Roosevelt und sind selbst bei angedeuteten Kußszenen noch energisch geschnitten. Auf diese Weise wird nach außen hin Islamisierung betrieben – für die breiten, ohnehin gläubigen Massen. Daß
die bürgerliche Elite ihre Pornokassetten im Video-Recorder stek-
ken und aus Indien eingeschmuggelten Whisky im Schrank stehen
hat, zeigt, wie wenig ernst die Auflagen genommen werden. Das
verwestlichte Pakistan ist weit entfernt von iranischen Maßstäben.
Einige besonders couragierte Bürger schreiben nun sogar an die
Zeitungen und verkünden mit voller Namens- und Adressenanga-
be, daß ihnen das islamische Fernsehprogramm zum Hals heraus-
hänge. Wer Allahs Worte hören wolle, der solle in die Moschee
gehen.
Solange die Versorgung der Pakistaner mit Konsumgütern einigermaßen funktioniert, opponieren sie mehrheitlich nicht gegen die
islamischen Experimente ihrer Regierung. Das weiß Zia und läßt
den Einzelhandel deshalb gewähren. Pakistans Wirtschaft steht im
internationalen Vergleich recht gut da. Das Bruttosozialprodukt
steigt jedes Jahr. Auch 1983 sorgten günstige Monsunregen für
Rekordernten, die den Eigenbedarf sogar übertrafen. Ein besonders wichtiger Faktor zur Dämpfung innenpolitischer Unzufriedenheit sind die erstaunlich hohen Investitionen von Auslandspa-
kistanern im Heimatland und der Devisenrückfluß durch die Gastarbeiter in der arabischen Welt. Mehr als eine Million Pakistaner
arbeiten außerhalb des Landes, und jedes Jahr gehen weitere
120000 in den Nahen Osten. Offiziell erwirtschaften sie jährlich
2,2 Milliarden Dollar. Die geschätzte Summe von vier Milliarden
Dollar kommt der Wahrheit jedoch näher, da nicht alles über legale Wege in die Heimat zurückfließt. Häufig ist nahezu die Hälfte
der Einwohner der nördlichen Punjabdörfer am Golf beschäftigt.
Für 15000 Rupien Vermittlungsgebühr (etwa 3300 Mark) darf
beinahe jeder auf einen Job bei den reichen Brüdern in den Ölstaa-
ten hoffen. Mittlerweile gilt es schon als sozialer Abstieg, wenn

kein Familienmitglied im Ausland arbeitet. Heimkehrer haben längst die Preise der Dorfläden verdorben und erschweren damit das Leben der Ärmsten – ein neuer sozialer Konfliktherd.

Gerade mit innenpolitischen Querelen ist Pakistan voll versorgt. Die islamischen Experimente haben zu Militärputschen, blutigem Bürgerkrieg, drei Verfassungen, endlosen Diskussionen über die nationale Identität und unterm Strich stets zu chaotischen Zuständen geführt. Präsident Zia ul-Haq hat sein Versprechen, freie Wahlen zu gestatten, mehrfach gebrochen und damit sogar wohlmeinende westliche Freunde vor den Kopf gestoßen. Auch der neueste Wahltermin, 23. März 1985, ist nicht sehr ernst zu nehmen. Das Land stellt sich heute als absoluter Polizeistaat dar, in dem jegliche Opposition unterdrückt wird. Immer noch dient die militante Guerillagruppe der Bhutto-Söhne Murtaza und Shanawaz, »Al Zulfikar« (die ihre Basen in Afghanistan inzwischen aufgegeben hat) als Begründung für Verhaftungswellen. Der Vorwurf, dieser Gruppe anzugehören, wird rasch erhoben, das entsprechende »antisoziale Element« auf unabsehbare Zeit hinter Schloß und Riegel gebracht. Dabei handelt es sich zumeist um Journalisten und Rechtsanwälte, Ärzte und Studenten. In den Gefängnissen werden sie geprügelt und gefoltert.

Die Parteien sind nach wie vor verboten. Bhuttos Witwe Begum Nusrat und ihre Tochter Benazir stehen der illegalen Volkspartei vor. Ihre Handlungsfreiheit ist jedoch gleich Null. Das Schicksal der Oppositionspolitiker pendelt zwischen Einzelhaft und Hausarrest. Ein prominentes Zia-Opfer ist auch der ehemalige Luftwaffenmarschall Asghar Khan.

Ein besonders klägliches Bild bietet die »Bewegung zur Wiederherstellung der Demokratie« (MRD), eine Vereinigung von acht verbotenen Parteien. In traditionell pakistanischer Weise beschränken sich ihre Aktivitäten auf endlose ideologische Haarspalterei und gegenseitige Beleidigungen. Von hier droht Zia keine Gefahr. Wenn die Opposition doch einmal aufbegehrt, zeigt die »lächelnde Kobra«, daß sie jederzeit bereit ist, den Freiheitswillen des Volkes zusammenzuschießen und niederschlagen zu lassen.

Wirklich ernstzunehmende Gegner sitzen aber in der islamischen Bewegung. Bei ihr ist Zias Schonfrist abgelaufen. Er hat dort beinahe alle Sympathien verloren. Die islamischen Kräfte warten auf den Tag, an dem sie sich seiner entledigen können. In immer aggressiveren Stellungnahmen beklagen sie, daß das »Land der Reinen« zum korruptesten Staat der ganzen Region geworden sei und daß es mit dem Islam immer mehr bergab gehe. Der seit Maududis Tod im Jahre 1979 wohl wichtigste Vertreter des Islamismus in Pakistan, Professor Khurshid Ahmad, einst Minister für Planung und Entwicklung unter Zia ul-Haq und stets eine der Säulen der Jamiat-i Islami, sieht Veränderungen nahen. In einem Gespräch, das wir in Islamabad führten, kam er unter anderem zu folgendem Schluß: »Die Islamisierung Pakistans hatte einen guten Start. Nun hat sie einen Rückschlag erlitten und muß von uns wieder neu angestoßen werden. Ich bin der Überzeugung, daß revolutionäre Änderungen durch friedliche, evolutionäre Bemühungen stattfinden können. Dafür müssen wir auf lange Sicht speziell ausgebildete Leute bereitstellen. Sie dürfen nichts mit der zivil-militärischen Bürokratie zu tun haben. Denn diese Strukturen sind inzwischen zu einem Frankenstein-Gebilde ausgewachsen.« Dieser Kritik kann Zia vermutlich nicht mehr lange gegensteuern. Einer seiner letzten Versuche war im Frühjahr 1983 die Kampagne gegen die Rechte der Frauen. Ein Gesetzentwurf sieht vor, daß künftig vor Gericht die Zeugenaussagen zweier Frauen der eines Mannes entsprechen sollen. Das stimmt zwar mit dem Koran überein, jedoch nur bei finanziellen Angelegenheiten. Weitere Konsequenzen wurden angekündigt: Halbierung des Frauenwahlrechts, Führerscheinentzug nach saudischem Muster und die Einführung von getrennten Universitäten. Frauen, die in Lahore gegen diese Repressionen demonstrierten, wurden von der Polizei zusammengeknüppelt.

Doch auch solche Schachzüge dürften Zia nur vorübergehend helfen. Der international renommierte Wirtschaftstheoretiker Khurshid Ahmad sprach in Islamabad deutliche Worte: »Die Menschen Pakistans wollen Veränderungen, auch bei den Gesichtern. Sechs Jahre sind genug. Wir fordern eine Koalitionsregierung der islamischen Gruppierungen, die es vorher noch zu einen gilt. Es muß eine Übertragung der Macht von Personen zu Parteien stattfinden. Ich glaube nicht an Individuen, sondern nur an Institutionen. Wir sollten uns nicht vor einer breiten Koalitionsregierung fürchten. Bei Ihnen in Europa sehen wir doch, daß es funktioniert.«

Wie lange der Wechsel noch aussteht, kann auch Zias bisherige Stütze Khurshid Ahmad nicht sagen. Zuviel muß kalkuliert werden. Die islamischen Kräfte müssen auch die immer noch starke Volkspartei als wichtigen Faktor berücksichtigen, die internen Reibereien (die 1983 sogar zu Straßenschlachten führten) beenden und ihre Position bei den Armen, in den Basaren und bei der dünnen Mittelklasse noch weiter ausbauen. Wer immer Zia stürzen will, hat in Erwägung zu ziehen, daß der Präsident im bisherigen Feindstaat Nummer eins, Indien, als immer verläßlicherer Friedensgarant gilt und sowohl mit den USA als auch mit der Sowjetunion am Pokertisch sitzt. Der Kampf um Afghanistan hat das Kriegsrechtsregime Pakistans überleben lassen. Einheimische Spötter behaupten, der gläubige Muslim Zia danke Allah täglich fünfmal dafür, daß er den Sowjets erlaubt hat, in das Herzland Asiens einzumarschieren.

Die Amerikaner klammern sich an den schnauzbärtigen Kommandeur, da sie so nahe an Afghanistan keinen weiteren Alliierten besitzen. Deshalb hat sogar der ansonsten in Sachen Menschenrechten sehr sensible Präsident Carter über die Leichen in Zias Keller generös hinweggesehen. Ein erneuter Beweis dafür, daß die Amerikaner aus ihrer Pleite im Iran – hervorgerufen durch die einseitige Unterstützung eines Unrechtsregimes – nichts gelernt haben. In Washington sagt man sich allem Anschein nach seit Jahren, aus Pakistans internem Chaos könne wohl keine demokratische Alternative kommen. Also wird Zia weiter hofiert. Den am weitesten vorgeschobenen Posten hält Amerikas Botschafter in Islamabad, Ronald Spiers. Der legere Diplomat aus Neuengland spielt alle Register seiner Kunst aus, wenn es um Zias Scheindemokratie geht. Das reicht bis zur Mißachtung von Einladungen, bei denen seine Anwesenheit als Legitimation dienen sollte (zum Beispiel bei der Eröffnung eines Pseudo-Parlaments). »Sie kennen unsere globalen politischen Interessen«, vertraute er mir bei einem Gespräch in Islamabad an, »ansonsten sind wir froh, daß wir hier ein Dach über dem Kopf haben.« Bekanntlich war die US-Botschaft 1979 von islamischen Eiferern gestürmt und bis auf die Grundmauern niedergebrannt worden. Heute leben die Amerikaner in einem festungsähnlichen Gebäude, das vermutlich sogar Raketenangriffen standhalten könnte. Doch gerade in dieser Region ist noch jede Festung gefallen – schneller, als man jeweils gedacht hat.

Pakistan ist ein Land der Traurigkeit, beherrscht von einer tiefgreifenden Frustration über all die Versäumnisse und Fehler der Jahre seit 1947. Das folgende Zitat des Autors Shgufta Alizai, erschienen in der Sonderbeilage der Zeitung *The Muslim* zum »Pakistan-Tag« 1983, sagt mehr als viele von Zias Statements, die ohnehin zumeist nur verschleiern und vertuschen: »Ich frage mich, wann unser Volk beginnen wird, den Realitäten ins Gesicht zu blicken, wann es wie Muslime und Pakistaner agieren und dabei erkennen wird, warum wir darauf versessen sind, den sektiererischen und provinziellen Haß in unseren Reihen so stark zu betonen. Wenn wir unsere Freiheit als Wert sehen würden, dann müßten wir eine wirkliche Nation werden. Ist es für uns so wichtig, unsere Engherzigkeit herauszustellen und dabei eine bequeme Straße zur Selbstzerstörung zu bauen? Was wir jetzt, so notwendig wie nie zuvor, benötigen, ist Zusammengehörigkeitssinn um als Pakistaner zu leben und zu sterben. Kein Vorgang ist wichtiger, als jener, der uns alle zu einer Nation zusammenfügt. Sogar nach 36 Jahren haben wir noch kein Recht, eine Nation genannt zu werden. Denn eine Nation kann ohne nationales Bewußtsein nicht existieren.«

Pakistans Vater, der schmale, skeptisch blickende, weißhaarige Mohammed Ali Dschinnah – sein Bildnis ist zwischen Gilgit und Karatschi allgegenwärtig – würde hemmungslos weinen, wenn er dieses Trauerspiel erleben müßte. Ein Leitartikel des islamischen Nachrichtenmagazins *Crescent* – Erscheinungsort Toronto – ging in der Ausgabe vom 1. August 1983 sogar so weit, zu behaupten, ein noch lebender Dschinnah »würde Zia vermutlich vor Sonnenaufgang am nächsten Baum aufknüpfen«. Das Editorial endete mit folgendem Rezept: »Die pakistanische Armee muß von der islamischen Bewegung auf den Straßen Pakistans geschlagen werden, genauso wie die Armee des Schahs im Iran besiegt wurde.« Es gebe keinen anderen Weg, Pakistan zu retten. Die Geschichte wiederholt sich.

Indien: Regionalmacht mit gestörtem Gleichgewicht

> »Wo die Seele ohne Angst ist und der Kopf
> hochgehalten wird; wo die Welt nicht in Tei-
> le zertrennt ist durch die engen inneren
> Mauern; wo die Worte aus der Tiefe der
> Wahrheit kommen; wo der klare Strom der
> Vernunft seinen Weg nicht in den öden Wü-
> stensand toter Gewohnheit verloren hat; in
> diesem Hafen der Freiheit, mein Vater, laß
> mein Land erwachen.«
>
> Rabindranath Tagore,
> indischer Dichter und Philosoph

Der Vigyan Bhavan, Delhis Konferenzzentrum, mitten im Herzen der Viermillionenstadt an der Prunkstraße Rajpath gelegen, glich einem Ameisenhaufen. Zwei Drittel aller Staaten der Welt hatten sich getroffen, um unter dem Signum der – faktisch nicht immer glaubwürdigen – Blockfreiheit über die Zukunft ihrer »Armenhäuser« zu beraten. Nicht weniger als 60 Staatsoberhäupter und Regierungschefs waren angereist und stellten die Gastgeber vor gigantische Sicherheitsprobleme. Streng abgeschirmt von ihren Arbeitsobjekten, bevölkerten bis zu 1500 Journalisten das Pressezentrum des Vigyan Bhavan, versuchten auch nach »Dienstschluß« auf allerlei verschlungenen Wegen herauszubekommen, was die ohnehin schon sehr offene Informationspolitik der indischen Regierung noch zurückhielt. Es war von höchstem Interesse, ob Jassir Arafat sich mit Amin Gemayel traf, ob die Iraner eventuell mit ihrem Golfkriegsgegner Irak konferierten und was Fidel Castro anstellte, um das Engagement der Amerikaner in Mittelamerika bloßzustellen.
Delhi bot im März 1983 eine Mixtur aus Weltpolitik und exotischem Showbusineß, eine Bestandsaufnahme der geistigen wie materiellen Spaltung zwischen Nord und Süd, eine kräftige Schelte für die Industrienationen und vielleicht nicht zuletzt eine große – und kaum genutzte – Chance, Frieden ohne Waffen zu schaffen. Interessant, aber unterm Strich enttäuschend, war die Behandlung des in der Region ungemein wichtigen Themas Afghanistan: Es wurde pflichtgemäß angesprochen, dann aber wegen der Linkslastigkeit des Forums wieder unter den Tisch gekehrt. Am 7. März hatte die Tagung der Staatsoberhäupter begonnen, und gleich an diesem

Tag standen zahlreiche der in Indien im Exil lebenden 8000 Afghanen vor der Sicherheitszone des Vigyan Bhavan. Sie schwenkten Transparente, stimmten Sprechchöre an und verteilten Flugblätter. Die meisten nahmen illegal an der Demonstration teil, da ihnen die Inder Hausarrest für den Zeitraum des Blockfreien-Gipfels auferlegt hatten.

Auf einem Flugblatt der Dachorganisation aller religiösen Widerstandsorganisationen, der »Islamischen Einheit afghanischer Mudschaheddin«, stand zu lesen: »Wenn für diese ernste und tragische Affäre keine Lösung gefunden wird, dann bedeutet die Präsenz der Sowjets eine langfristige Gefahr für die Sicherheit am Persischen Golf wie auch auf dem indischen Subkontinent. Der sowjetische Vorstoß nach Afghanistan ist ein rein strategischer, um Zugang zum Persischen Golf und Kontrolle über die Öl-Lebenslinien Westeuropas zu erhalten. Wenn die sowjetische Aggression erfolgreich ist, stellt dies eine ernsthafte Gefahr für die Einheit, Integrität und für die Gründungsprinzipien der Blockfreien-Bewegung dar. Es ist seltsam, daß das von den Sowjets eingesetzte Marionettenregime des Babrak Karmal zur Konferenz der Blockfreien eingeladen wurde, da Afghanistan schließlich in keinster Weise als blockfrei bezeichnet werden kann.«

Eine besonders von den indischen Journalisten mit höchstem Interesse erwartete Rede hielt am Spätnachmittag des 9. März der Pakistaner Zia ul-Haq. Auf der Zuschauertribüne der fein herausgeputzten Kongreßhalle war ich von indischen Kollegen umgeben, die den Auftritt des bisherigen Erbfeindes übereinstimmend als historisches Ereignis ansahen. Dabei war Zia schon vorher mit Indira Gandhi zusammengekommen, liefen erfolgversprechende bilaterale Verhandlungen, die nach Möglichkeit alle Ungereimtheiten und jeglichen Konfliktstoff zwischen den ethnisch verwandten Nachbarn ausräumen sollten. Auf der halbrunden Bühne, die mit einem rotbraunen Teppichboden ausgelegt war und von einem hohen hellbraunen Vorhang nach hinten begrenzt wurde, präsidierten an diesem Nachmittag PLO-Chef Jassir Arafat und der Generalsekretär der Konferenz, K. Natwar Singh, im indischen Außenministerium Spezialist für die Krisen des Mittleren Ostens und einer der einflußreichsten Ratgeber Indira Gandhis.

Starke Neonscheinwerfer leuchteten das Emblem der Blockfreien aus: ein grünes, fünfblättriges Kleeblatt, in dessen Mitte sich eine Sieben (es war die siebte Konferenz nach der inoffiziellen Gründungsversammlung von Bandung im Jahre 1955) und eine Friedenstaube befanden. Als Zia kam, ging ein Raunen durch die Reihen der überall präsenten Inder. Spannung lag im Raum. Ich konnte beobachten, wie Afghanistans Premierminister Sultan Ali Keschtmand, dessen Platz sich in der ersten Reihe links von der Bühne befand, aufstand und den Saal verließ.

»Im Namen Allahs, des Barmherzigsten, des Gnadenvollsten«, begann Zia seine Ausführungen, deren englischen Text er mit arabisch geschriebenen Koranzitaten versehen hatte. Der pakistanische »Kriegsrechtsverwalter« forderte Frieden für Afghanistan. »Die bedeutendsten Elemente für eine friedvolle Beilegung der afghanischen Krise sind der Rückzug der fremden Truppen, die Wiederherstellung des blockfreien und unabhängigen Status von Afghanistan, die Gewährung der Rechte für das afghanische Volk, sein eigenes soziales, wirtschaftliches und politisches System zu wählen und die sichere, ehrenvolle Rückkehr der afghanischen Flüchtlinge in ihre Heimat. Dieser Rahmen hat die überwältigende Unterstützung der Vereinten Nationen, der Islamischen Konferenz, und natürlich auch der Bewegung der Blockfreien erfahren. Innerhalb dieser Maßgaben versucht Pakistan wirkliche Fortschritte für eine politische Lösung des afghanischen Problems zu erreichen, und es ist nun in den Prozeß der indirekten Verhandlungen des persönlichen Vertreters des UN-Generalsekretärs einbezogen.«

Zia sprach noch weiter über Afghanistan, brachte aber im Prinzip nur die alten Floskeln und viel Eigenlob (beispielsweise die »selbstlose« Flüchtlingshilfe) an. Auch er versäumte es erstmals, die Aggressoren beim Namen zu nennen. Das war ein allgemeines Charakteristikum dieser Konferenz. Die USA wurden fortwährend gescholten, während die Sünden des Kreml – wenn überhaupt – nur in sehr höflicher Verkleidung aufs Tablett kamen. Der ohnehin schleppende Konferenzverlauf sorgte dafür, daß der sowjetische Einmarsch in Afghanistan nicht den nötigen Stellenwert erhielt und so behandelt wurde, wie es in Indien bereits seit jenen Dezembertagen des Jahres 1979 üblich war: zurückhaltend und ohne wirkliche Absicht, die mißliche Situation ändern zu wollen.

Zuerst nahm unter großem Publicity-Getöse eine Arbeitsgruppe, die sich für die Abschlußdeklaration um eine Afghanistan-Resolution bemühen sollte, ihre Tätigkeit auf. Dem trat Premierminister Keschtmand mit dem Hinweis entgegen, daß es sich bei den Vorgängen in seinem Land um eine absolut interne Angelegenheit handle. Afghanistan verbitte sich jegliche Einmischung. Er verstehe auch nicht, warum im Entwurf der Deklaration etwas vom Recht auf Selbstbestimmung des afghanischen Volkes zu lesen sei. Keschtmand forderte von den Delegierten, daß sie Babrak Karmals Regime anerkennen und den von diesem erzielten sozialökonomischen Fortschritt in ihre Überlegungen einschließen sollten. Pakistan dagegen schlug Ergänzungen zu diesem Entwurf vor, die sich auf den Truppenrückzug, die Flüchtlingsnot und freie Wahlen in Afghanistan bezogen. Folglich tagte die Arbeitsgruppe – bestehend aus Jugoslawien, Guayana, Indien, Pakistan, Algerien, Afghanistan, Senegal, Iran und Grenada –, um sich allgemein akzeptierte Formulierungen zu überlegen.

Keschtmand, der immer schon ein entschlossener Grabenkrieger war, ging zur Attacke über und ließ eine Pressekonferenz ansagen. Am 10. März stellte er sich, was afghanische Politiker gemeinhin vermeiden, den internationalen Medienvertretern. In einer zeitweise tumultartigen Atmosphäre vertrat der Premier jedoch nur altbekannte Standpunkte und wies jegliche Kritik an seiner Regierung zurück. Die Situation in seinem Land zu diskutieren, sei gleichbedeutend mit einer Einmischung in interne Angelegenheiten. Er verwahre sich auch dagegen, daß irgendwelche Erklärungen über Afghanistan in der Abschlußdeklaration enthalten seien. Der ganze Konflikt sei durch Interventionen von pakistanischem Gebiet aus entstanden. Die Sowjettruppen würden auf Ersuchen der afghanischen Regierung so lange bleiben, bis die ausländischen Übergriffe beendet seien. In seiner Pressekonferenz wie auch bei der offiziellen Ansprache vor den Delegierten beschuldigte Keschtmand Pakistan, die heimkehrwilligen Flüchtlinge zurückzuhalten. Die Hauptverantwortung treffe jedoch die USA, auf deren Einfluß die Verschwörung gegen Afghanistan zurückzuführen sei. Indiens Haltung dagegen bezeichnete Keschtmand als »vernünftig, realistisch und korrekt«.

Das Zusammenspiel zwischen den beiden ideologischen und wirtschaftlichen Partnern funktionierte auch diesmal bestens. Indira Gandhi widmete dem Afghanistan-Konflikt lediglich eine kurze Bemerkung und wünschte »Rückkehr zur Normalität«, was immer das sein mag. In einem Exklusivgespräch, das Wochen später im indischen Außenministerium stattfand, verdeutlichte mir Staatssekretär Natwar Singh (der auch dem Ressort Iran-Afghanistan-Pakistan vorsteht) seinen – und damit den offiziellen – Standpunkt zu Afghanistan. Der Generalsekretär der Blockfreien-Tagung und Fidel-Castro-Freund, dessen politischer Einfluß überall in der

Staatssekretär K. Natwar Singh vom indischen Außenministerium sprach mit Wilhelm Dietl über den Afghanistan-Konflikt: »Die afghanische Regierung mußte um sowjetische Hilfe ersuchen.«

Pressekonferenz der afghanischen Delegation beim Treffen der blockfreien Staaten in Neu-Delhi: links Außenminister Schah Mohammed Dost, neben ihm Premierminister Sultan Ali Keschtmand.

Dritten Welt zu spüren ist, ließ keinen Zweifel an Indiens prosowjetischer Haltung. Nachfolgend Auszüge aus dem Gespräch:
Herr Staatssekretär, was ist Ihre persönliche Ansicht zur gegenwärtigen Lage in Afghanistan?
»Ich habe in dieser Angelegenheit keine persönliche Ansicht. Die Verhältnisse in Afghanistan sind unbewältigt, und es wäre falsch von mir, die internen Fragen eines souveränen, unabhängigen Landes zu kommentieren.«
Wie könnte man die Afghanistan-Krise bewältigen?
»Es gibt die generelle Ansicht, daß es eine politische Lösung sein sollte, die den blockfreien Status Afghanistans einkalkuliert.«
Warum sind, Ihrer Meinung nach, die Russen in Afghanistan einmarschiert?
»Man hat auf die Reihenfolge der Ereignisse zu achten und objektiv zu analysieren, warum die afghanische Regierung um sowjetische Hilfe ersuchen mußte. Die Einzelheiten sind bestens bekannt.«
Sind Sie zufrieden mit dem Ergebnis der Blockfreien-Konferenz? Die Schlußdokumente behandeln Afghanistan leider nur in zwei Absätzen, die im Hinblick auf die Sowjets sehr zurückhaltend formuliert wurden.
»Wir sind absolut zufrieden mit dem Ausgang der Konferenz der blockfreien Staaten und auch mit den Paragraphen über Afghanistan.«
Obwohl international begrüßt wurde, daß mit der Wahl Indira Gandhis zur neuen Vorsitzenden der Bewegung – sie löste Kubas Fidel Castro in dieser Funktion ab – ein Erfolg der Gemäßigten zu verbuchen sei, war das letztlich nur in der Wirtschaftsdeklaration der Konferenz zu spüren. Dagegen hat »Madam Chairman« durch ihre laue Haltung bei der Abfassung der politischen Deklaration der Sache der Blockfreien keinen Gefallen getan. Gerade die Afghanistan-Passage mindert die Glaubwürdigkeit der gesamten Organisation. Denn letztlich fordert sie nur den Abzug fremder Truppen – welcher, das wird nicht verraten – und eine politische Lösung, aber kein Selbstbestimmungsrecht für die Afghanen. Damit paßt sie voll und ganz in die Reihe der zahlreichen nutzlosen Anträge zum Afghanistan-Konflikt, UNO-Debatten mit einbezogen.
Diese spezifische Haltung der mächtigen Regionalmacht Indien hat einen historischen Hintergrund. Bei Gesprächen mit indischen Politikern aller Couleur und einflußreichen Intellektuellen habe

ich mich bemüht, darüber Aufschluß zu erhalten. Die vermutlich schlüssigste Antwort kam von einem hohen Regierungsbeamten in Delhi, der wegen seines sensiblen Aufgabenbereiches darum bat, nicht namentlich genannt zu werden. Meine Frage lautete: »Warum ist Indien so höflich zu den Sowjets?« Darauf der Beamte: »Ich glaube, das ist Teil unseres Nationalethos. Es ist nicht wie ›Guten Morgen‹ oder ›Dankeschön‹. Das ist nicht diese Art von Höflichkeit. Unsere Auffassung zur friedlichen Koexistenz ist immer von Staaten mit verschiedenartigen System ausgegangen. Wir müssen diese Systeme respektieren. Wir müssen versuchen, mit ihnen zu leben. Das bedeutet, ihnen Platz einzuräumen. Und es bedeutet auch, beide Seiten ihre Meinung vertreten zu lassen. Bezeichnenderweise hat diese Form der Koexistenz zwischen der Sowjetunion und uns immer besser funktioniert als mit den Vereinigten Staaten. Unsere Auffassung von Dialog wurde in Moskau immer besser verstanden als in Washington. Die höfliche Sprache unseres Umgangs mit Moskau hat mit einer geschichtlichen Beziehung, die sich schon über 25 Jahre hinzieht, zu tun. Das kann man nicht auf ein einzelnes Thema reduzieren. Wir ziehen es in diesem Fall vor, unsere unterschiedlichen Meinungen so auszudrücken, daß es nicht zu einer Konfrontation kommt. Trotzdem haben wir nie versäumt, zu erklären, daß wir die Anwesenheit der sowjetischen Truppen in Afghanistan nicht billigen und ihren Rückzug als Voraussetzung für die Wiederherstellung friedlicher Zustände und des blockfreien Status sehen.«

Auch Inder Malhotra, Chefredakteur der auflagenstarken *Times of India* (von Spöttern »Times of Indira« genannt), versuchte mir gegenüber ansatzweise, Licht in das Dunkel der Beziehungen seines Landes zur Sowjetunion zu bringen. Bekanntlich war Indira Gandhi zur Überraschung der gesamten politischen Szene 1977 als Regierungschefin abgewählt worden. Die Ursache: das zwei Jahre vorher ausgerufene Notstandsrecht und ein von ihr gelenkter Staatsterror mit 120000 Verhaftungen, massenhaften Zwangssterilisationen – angeordnet von Indiras Sohn Sandschaj – und zahlreichen anderen Machtmißbräuchen. Die Diktatorin wurde gestürzt, sogar ins Gefängnis gesteckt. Ende 1978 war sie wieder da und zog einen gigantischen Wahlkampf mit 589 Versammlungen in nicht einmal drei Monaten auf. Das Volk liebte sie wieder. Dazu Inder Malhotra: »Als sie in den ersten Januartagen 1980 erneut ins Amt kam, hatten die Russen Afghanistan bereits besetzt. Zu ihrem politischen Gepäck zählten auch Leute, die einen prosowjetischen

Hintergrund aufzuweisen hatten. Deshalb fiel damals das erste Statement Indiens vor den Vereinten Nationen so weich aus.«

Ich wende ein: »Die Eiserne Lady Indiens hat wohl auch an den 1971 mit der Sowjetunion geschlossenen Freundschaftsvertrag gedacht, der gegenseitige Hilfe vorsieht im Falle eines Angriffs dritter Mächte oder, wie es darin heißt, ›einer daraus resultierenden Bedrohung‹.« Inder Malhotra widerspricht: »Ein Land von der Größe Indiens braucht vor niemandem Angst zu haben. Wir sind ein Brocken, an dem sich jeder mögliche Gegner verschluckt. Das haben wir in der Geschichte wiederholt bewiesen. Außerdem hat Frau Gandhi damals ihren Fehler vom Januar 1980 schnell erkannt und ihn 48 Stunden später, als Englands Außenminister Carrington kam, wieder korrigiert. Dem Briten folgte Gromyko. Als er Neu-Delhi wieder verließ, war er über unsere Ansichten zu Afghanistan voll im Bilde.« Die Ministerpräsidentin in derselben Woche zu Peter-Hannes Lehmann, einem Reporter des *Stern:* »Wir sind gegen jede Anwesenheit von fremden Mächten in einem anderen Land. Es ermutigt nur andere fremde Mächte, ebenfalls einzugreifen, und dadurch kommt es zu wachsenden Spannungen. Spannungen an sich sind schon keine gute Sache, aber so dicht an unseren Grenzen gibt es uns Anlaß zur Beunruhigung. Obwohl ich ja sagen muß, daß der afghanische Revolutionsrat tatsächlich um Hilfe gebeten hat.« Auf eine Zusatzfrage hin räumte sie ein, »daß einige Leute in der obersten afghanischen Führungsschicht von diesem Hilfe-Ersuchen keine Ahnung hatten«.

Doch zurück in das Indien des Jahres 1983, zur aktuellen Lage eines von Emotionen geschüttelten und unter fehlendem inneren Gleichgewicht leidenden kleinen Kontinents. Kurz nachdem der kitschig-schöne, überlange Gandhi-Streifen des Engländers Sir Richard Attenborough angelaufen war, begann dort eine Gandhi-Renaissance ohnegleichen. Mohandas Karamchad Gandhi, »Mahatma« (Große Seele) genannt, war plötzlich in aller Munde. Seine gelebte Nächstenliebe wurde den Kindern seines Landes wie der ganzen Welt als Vorbild hingestellt. In diesem Wiedererweckungsrausch wollte sich keiner daran erinnern, daß Gandhis Idee der Gewaltlosigkeit in Indien mit ihm gestorben ist, als er am 30. Januar 1948 ermordet wurde.

Sein friedfertiges Anliegen wurde schon damals, bei der schmerzhaften Teilung des Landes, und bis heute immer wieder in blutigen Religionsunruhen ertränkt. Es trat ein, was der englische Philosoph Bertrand Russell rückblickend so beschrieb: »Das unabhängige

Indira Gandhi bei der Parade zum Unabhängigkeitstag 1983. Sie gibt sich zuversicht-
lich, obwohl ihre politische Basis immer schmaler wird. Die Regierungspartei verliert
bei vielen Wahlen.

Indien hat Gandhi zu einem Heiligen gemacht und alle seine Lehren ignoriert.« In der Tat ist Nationalheld Gandhi für seine Nachkommen so schwer begreiflich wie ein Hindu-Gott. Und niemand
im heutigen Indien ist fähig, seinen Ansprüchen gerecht zu werden.
»Bapu«, das Väterchen, erscheint den Indern des Jahres 1983 wie
eine Märchenfigur, die nicht zu dieser gnadenlosen Welt gehört.
Der Weg seines Landes ist inzwischen steiniger, als »Gandhiji« je
befürchtet hat.
Denn die zehntgrößte Industrienation der Erde, ein Koloß von
3200 Kilometer Länge und 2700 Kilometer Breite, die Heimat von
mehr als 720 Millionen Menschen (davon 70 Prozent Analphabeten), wurde nicht nach den Ideen des Mahatma Gandhi weiterentwickelt. Es kamen westlich erzogene, zur städtischen Oberschicht
zählende Politiker an die Macht, die das Land seither beinahe
ununterbrochen regieren. Nehru heißt die Familie, zu deren Erb-
hof der führende Staat Südasiens mittlerweile geworden ist. Motilal
Nehru begründete die Dynastie, ein Rechtsanwalt und Politiker,
Chef der frühen Kongreßpartei. Sein Sohn Jawaharlal Nehru, der
erste Premierminister nach der Unabhängigkeit, baute Indien aus

143

Trümmern auf und bestimmte dessen Geschicke von 1947 bis 1964. Jawaharlals Tochter Indira, eine kleine und höchst resolute Person, übernahm später das Amt bereits als traditionelle Pfründe der alten Kaschmir-Brahmanenfamilie.

Indira trug einen Namen, der die einfache Bevölkerung berauschte: Gandhi. Ihr namensgebender Ehemann Gandhi war mit dem Mahatma aber weder verwandt noch verschwägert, die Duplizität also reiner Zufall. Das hält jedoch viele Anhänger der mächtigen Dame nicht davon ab, zu glauben, sie sei die Tochter des verehrten Führers – ein Umstand, der ihr noch immer geholfen hat. Ihre erste Regierungszeit dauerte von 1966 bis 1977. Als sie sich vorübergehend (nicht zuletzt durch Wahlbetrug) die Gunst des Volkes verscherzt hatte, kamen noch korruptere Politiker an die Macht. Da die Inder auch mit ihrem Nachfolger Morardschi Desai nicht leben wollten und weit und breit keine Alternative zu der »Kaiserin«, wie sie sich nicht ungern tituliert hört, entdecken konnten, wurde Indira Gandhi 1980 mit einer triumphalen Zweidrittelmehrheit zurückgeholt. Indien gehörte ein weiteres Mal der Nehru-Familie, aus der nach ihrer Ansicht schon immer die Besten kamen. Und das Beste, so glaubt Indira, ist für ihr Land gerade gut genug. Ihre Parole zu Wahlkampfzeiten: »Indira ist Indien, Indien ist Indira.« Auf ihre familieneigene Partei gemünzt, klang das so: »Der Kongreß ist das Land, und das Land ist der Kongreß.«

Indiras Erfolgswelle wurde jedoch im Januar 1983 abrupt gestoppt. Ausgerechnet in den beiden Hochburgen ihrer Kongreßpartei, in Andhra Pradesch und Karnataka, im Süden des Landes, versagten die Wähler der Premierministerin die Gefolgschaft. 1980 waren es diese Unionsstaaten gewesen, in denen die Entscheidung über das Comeback der Nehrus gefallen war. Kaum ein Vertreter der Regierungspartei kam nun jedoch bei den Wahlen zum Landesparlament durch. Ein schwerer Schlag zwei Jahre vor dem Ablauf der Amtszeit Indiras und damit zwei Jahre vor den nächsten Bundeswahlen. Indiens Geist des Regionalismus und Separatismus feierte plötzlich auf Monate hinaus Erfolge.

In Andhra Pradesch errang eine erst kurz vorher gegründete Regionalistenpartei namens Telugum Desam unter dem alternden Schauspieler Nandamuri Taraka Rama Rao (kurz NTR genannt) zwei Drittel der Stimmen. NTR hatte in über 300 Zelluloidstreifen Hindu-Götter verkörpert – so intensiv, daß ihn die gläubigen Massen letztlich selbst für Vischnu, Shiwa oder Brahma hielten. Dieser mystische Hokuspokus brachte ihm viele Stimmen und letztlich den Wahlsieg gegen die charismatische »Mutter Indiens«. NTR tönte: »Da Gott mich gesandt hat, die Würde meines Volkes wiederherzustellen, war mir der Erfolg sicher.«

Die Opposition forderte Indira Gandhi zum sofortigen Rücktritt und zu Neuwahlen auf, da sie offensichtlich das Vertrauen ihres Volkes verloren habe. Das empfand die große alte Dame jedoch höchstens als schlechten Witz. Eilig rüstete sie zu weiteren Provinzwahlen in einer bislang ebenso sicheren Kongreß-I-Region – in Assam, zwischen dem Himalaya und Bangla Desch gelegen. Obwohl Polizei und Geheimdienst wegen zu erwartender Unruhen von dem Urnengang abrieten, wollte Indira Gandhi noch rasch einen innenpolitischen Erfolg auf ihr Konto bringen, um bei der anstehenden Blockfreien-Tagung von ihrem Debakel in den Südstaaten ablenken zu können. Dadurch kam es zum schlimmsten Massaker, das der krisengewohnte Subkontinent seit seiner Teilung im Jahre 1947 erlebt hat. In der Nacht zum 18. Februar stürmten Tausende von hinduistischen Assamesen die kleine Stadt Nellie, östlich der Provinzmetropole Gauhati. Sie trugen Äxte, lange Messer, Spieße, Pfeil und Bogen. Damit metzelten sie etwa 1000 Menschen nieder, hauptsächlich Frauen und Kinder, da die Männer rascher davonlaufen konnten. Vorher hatten die Assamesen, die mit dieser blutrünstigen Aktion gegen Indira Gandhis Politik protestieren wollten, alle Verbindungswege zur Außenwelt zerstört. Hilfe konnte erst Tage später eintreffen – Elitetruppen aus allen Teilen Indiens. Da war es aber bereits zu spät. 4000 bis 5000 Menschen lebten zu dieser Zeit nicht mehr. Hunderte von Dörfern waren niedergebrannt worden. 315000 Menschen hatten die Flucht in die angrenzenden Dschungelgebiete und in 215 Auffanglager ergriffen.

Ich erlebte den Flüchtlingsstrom zwei Wochen später im benachbarten Bundesstaat Westbengalen, da Assam gegenüber Ausländern hermetisch abgeriegelt worden war. Die Inder versuchten das Ausmaß der Tragödie vor der Weltöffentlichkeit zu verbergen. Im militärischen Sperrgebiet von Alipurduar sah ich 2500 hilflose, halbverhungerte Menschen auf den Bahnsteigen campieren. Nackte Kinder mußten sich zu dritt und viert eine Decke teilen. Frauen und alte Leute kauerten total verängstigt auf dem Steinboden. Das Entsetzen und die Todesangst war ihnen noch ins Gesicht geschrieben. Alipurduar bedeutete für sie nur eine Durchgangsstation in die Camps Westbengalens, wo sich damals bereits 12000 andere Assamesen befanden. 18000 sollten noch folgen – in die ungewisse

Zukunft einer Gruppe von jeweils 25 Menschen in zwölf Quadrat-meter großen Bambushütten, befallen von Hungerödemen, Darm-erkrankungen und Cholera. Es war eine Situation wie zur Zeit des Völkermordes in Bangla Desch. Damals, 1971, hatten die Überle-benden das Heil in der Flucht nach Indien gesucht. Viele von ihnen vegetieren heute in den Elendsvierteln des total überfüllten Mo-lochs Kalkutta vor sich hin. Übrigens wurde ich während meiner Assam-Recherchen von der indischen Polizei festgenommen und aus dem Bezirk um Alipurduar ausgewiesen. Eine Polizeieskorte begleitete mich zum Flughafen Bagdogra und wachte darüber, daß ich die nächste abgehende Maschine nahm.

Was steckte hinter dem Wahl-Bürgerkrieg von Assam? Der Kon-flikt war nicht neu. Seit 1978 halten die blutigen Unruhen in dem nordöstlichen Bundesstaat an. Eine der Ursachen ist das Autono-miestreben alteingesessener Stämme, die ihre Waffen unter ande-rem aus dem nahegelegenen Burma erhalten sollen. In Delhi wird hinter vorgehaltener Hand auch von subversiven Aktionen der be-nachbarten Chinesen gesprochen. Ein viel wichtigerer Grund für die Unruhen sind jedoch die illegalen Einwanderer aus dem armen Westbengalen und dem überbevölkerten Bangla Desch. Die Assa-mesen sind überwiegend Hindus, die Neuankömmlinge fast aus-schließlich Muslime. Damit hat dieser Krieg auch eine religiöse Komponente. Die Einheimischen weigern sich, die Andersgläubi-gen aufzunehmen und als ihresgleichen zu behandeln, und sie ha-ben zugleich Angst, daß ihnen die Arbeit auf den Teeplantagen und in den tropischen Edelholzwäldern von Einwanderern wegge-nommen werden könnte.

Die vor allem in militanten Studentenvereinigungen organisierten Assamesen fordern die Ausweisung aller nach 1951 zugezogenen Mitbürger. Der letzte Funke zur Explosion im Februar 1983 waren die Landtagswahlen, bei denen auch die Einwanderer abstimmen durften. Die ungeliebten Fremdlinge standen traditionell auf der Seite der Regierungspartei, da deren Gesetze sie favorisieren. Auf-grund früherer Erfahrungen war davon auszugehen, daß Indira Gandhis Partei die Mehrheit erringen würde (was dann bei gerin-ger Wahlbeteiligung auch geschah). Außerdem durfte die Premier-ministerin den Unruhestaat, der bereits seit elf Monaten ohne Mehrheitsregierung war, nach der Verfassung nicht mehr von Del-hi aus lenken. Die Tragödie nahm ihren Lauf. Erst durch den massiven Truppeneinsatz kehrte im April 1983 langsam wieder Ruhe ein – eine Ruhe jedoch, die nicht von Dauer sein wird.

Im April und Mai begehrten die permanent unruhigen Sikhs auf. Diese religiöse Erweckungsbewegung, im nordwestindischen Punjab angesiedelt, war im 15. Jahrhundert von dem Guru Nanak gegründet worden. Von den Muslimen verfolgt, entwickelten sich die Sikhs unter dem Guru Govind Singh zu einer Kampfgemeinschaft todesmutiger Glaubenskrieger. Ihre Lehre richtet sich gegen Dogmen und Rituale sowie gegen das traditionelle indische Kastenwesen, da sie alle Menschen als gleichwertig betrachtet. Deshalb wird dieser Kult auch als Universalreligion bezeichnet. Die Sikhs geben sich martialisch und würden beim Feldzug für das Gute ohne Bedenken töten. In der Vergangenheit besaßen sie im Punjab bereits einen eigenen Staat und haben wiederholt für die Befreiung Indiens von Eindringlingen gefochten.

Die Sikhs rasieren sich nicht und lassen auch das Haupthaar sprießen. Unter einem Turban binden sie ihre langen Haare fest. Das ist ein untrügliches Erkennungsmerkmal dieser Religionsgruppe. Ihre Mitglieder sind außerordentlich bescheiden, rauchen und trinken nicht, meiden Luxus und pflegen ihre moralischen Grundsätze. Unter ihrem derzeitigen Oberhaupt Sant Jarnail Singh Bhindranwale, der in der beeindruckenden Heiligen Stadt Amritsar residiert, träumen die Sikhs erneut von einem theokratischen Staatsgebilde, in dem nur sie das Sagen haben.

Eine offizielle politische Partei namens Akali Dal hat sich gebildet, um die fundamentalistischen Ziele auf dem Verhandlungsweg und in demokratischen Formen durchzusetzen. Bei den Provinzwahlen im April 1980 lag die Akali Dal nur ganz knapp hinter der siegreichen Kongreßpartei. Seither gab es immer wieder politische Morde, eine spektakuläre Flugzeugentführung und zahlreiche Drohungen gegen die Zentralregierung in Delhi. Longowal, der Chef der Akali Dal, kündigte den Heiligen Krieg gegen das restliche Indien an und veröffentlichte eine Liste mit 46 Forderungen. Einige davon waren leicht zu erfüllen, um den Rest wird noch heftig gestritten. Das kann in der jetzigen Lage bis zu Generalstreiks in den Städten des Punjabs, der Kornkammer Indiens, führen. Ich habe am 4. April 1983, dem Tag vor einer dieser großangelegten Aktionen bürgerlichen Ungehorsams, in Amritsar erlebt, wie die Spannung wuchs und die Radikalität der stets bewaffneten Sikhs zunahm. Eine der Ursachen war – wie häufig in solchen Situationen – die Ankunft von immer mehr Bereitschaftspolizisten in der Heiligen Stadt. Die Auseinandersetzungen hielten sich nachher jedoch wider Erwarten in Grenzen. Beide Seiten lenkten ein.

Das muß nicht immer so bleiben, da Sikh-»Khomeini« Bhindran-wale – übrigens ein ziemlich beeindruckender, asketischer Mann mit dunkler Stimme und messianischer Ausstrahlung – derzeit viele Glaubenskrieger ausbilden läßt, sogenannte Selbstmordkommandos, die sich bei einem weiteren revolutionären Aufbruch der Sikhs bedenkenlos für die Idee Khalistan opfern würden. Alle Sikhs heißen mit Nachnamen Singh, aus Verehrung für den letzten Guru Gobind Singh, der selbst keinen Nachfolger bestimmt hat. Das Wort »Singh« kommt aus dem Sanskrit und bedeutet Löwe. Die verwegenen Sikhs fühlen sich ausnahmslos als Löwen und werden das der Zentralregierung immer wieder zu beweisen versuchen.

Ein ganz anderer »Löwe« starb im Herbst 1982: Sheikh Abdullah aus Kaschmir, der ein halbes Jahrhundert lang das Symbol des Unabhängigkeitskampfes der nördlichen Grenzprovinz gewesen war. Faruk, der 46jährige Sohn Abdullahs, übernahm nach dem Tod des Vaters die separatistische Kaschmiri-Partei. Seither hat sich der Konflikt zwischen Delhi und dem »glücklichen Tal« (so die Tourismuswerbung) noch weiter zugespitzt. In der Bergprovinz leben 97 Prozent Muslime, die spätestens seit Khomeinis Machtergreifung in Teheran wieder Morgenluft für das fundamentalistische Gedankengut wittern.

Bei den letzten Landtagswahlen, 1977, hatte die National Conference Party des Sheikh Abdullah in 39 der 42 Bezirke gesiegt und damit auch die absolute Mehrheit erobert. Als 1983 wieder ein Urnengang bevorstand, kam eine ebenso aggressive Stimmung wie in Assam auf. Militante Gruppen zerstörten die Zentrale der Kongreßpartei. Zwölf Todesopfer und rund 1000 Verletzte lieferten die Begründung, 20000 Mann der Bereitschaftspolizei nach Kaschmir in Marsch zu setzen. Auch dadurch flauten die antiindischen Demonstrationen jedoch nicht ab. Wochenlang tönte es in den Straßen der Hauptstadt Srinagar: »Kaschmir gehört uns« und »Inder, haut ab«. Die Kaschmiris würden als Muslime gerne zu Pakistan gehören, wurden aber nach der Teilung des Subkontinents durch ihren Hindu-Maharadscha in die indische Union eingebracht. Gleich darauf führten beide Staaten einen Krieg um Kaschmir, der jedoch unentschieden endete. Ein kleiner Teil der Provinz, Asad Kaschmir (Freies Kaschmir) genannt, gehört seitdem zu Pakistan. Auf beiden Seiten der Grenze stehen sich starke Truppenverbände gegenüber. Seit langem herrscht jedoch Ruhe. Es war deshalb eine politische Sensation, als Zia ul-Haq während seiner Rede vor den Blockfreien »eine gerechte Lösung« für Kaschmir forderte.

Einige Monate später fanden die Wahlen statt. Als Sieger gingen daraus die Muslime hervor. Die National Conference Party wird Kaschmir auch in den Jahren bis 1988 wieder regieren. Indira Gandhis Kongreßpartei errang lediglich einen einzigen Sitz zu den bisherigen 22 hinzu. Die Unruhen hielten anschließend noch mehrere Wochen an. Die Zentralregierung sah sich gezwungen ein nächtliches Ausgehverbot zu verhängen. Bundespolizisten patrouillierten rund um die Uhr, um der radikalen Muslimstreiter habhaft zu werden. Diese haben sich inzwischen in einer fanatischen Untergrundorganisation namens »Jamiat-i-Tulba« zusammengeschlossen. Ihr Führer, Sheikh Tadschammul Islam, verlangt den »Rückzug der indischen Armee aus Kaschmir, die sich aufführt wie die Sowjetarmee in Afghanistan«. Darüber hinaus forderte er eine Volksabstimmung, die über die weitere Zukunft Kaschmirs entscheiden soll.

Das kann nur der Anfang einer neuen Welle religiöser Spannungen zwischen indischen Muslimen und Hindus sein. Seit 1947 soll es, nach der offiziellen Statistik, bereits zu 12000 Zwischenfällen mit 10000 getöteten und 150000 verletzten Muslimen gekommen sein. Die Führer der 100 Millionen zählenden Religionsgemeinschaft sprechen von einem »Holocaust« und kündigen Widerstand auf breiter Ebene an. Der Muslim Faruk Abdullah besuchte demonstrativ den »Goldenen Tempel«, das wichtigste Heiligtum der Sikhs, in Amritsar. Vertreter beider Religionen bekundeten gegenseitige Solidarität und legten Mitte Mai 1983 sogar den heiligen Eid ab, notfalls für ihre Selbstbestimmung zur Waffe zu greifen.

»Die haben alle doch nur einen einzigen Programmpunkt«, grollte Indira Gandhi auf einer Wahlreise durch Kaschmir, »nämlich mich zu beseitigen.« Das mag wahr sein, wird aber sicher noch bis zum nächsten Wahltermin im Jahre 1985 dauern und dann vermutlich völlig legal vonstatten gehen. Ob damit auch Indiens gewaltige Probleme beseitigt würden, ist höchst fraglich. Sämtliche Wahlen des Jahres 1983 haben das totale Chaos innerhalb der korrupten Kongreßpartei offengelegt. Es wurde deutlich, daß die selbstherrliche Partei der Nehrus an totalem Moralzerfall leidet und bei den Bürgern an Glaubwürdigkeit eingebüßt hat. Damit ist gleichzeitig die Absage an die Zentralgewalt in Delhi verbunden, eine Fortsetzung der Familienherrschaft mehr als fraglich. Die Regierung hat verspielt und wird sich nur mit Mühe bis zum Wahljahr 1985 über

Wasser halten. In dieser Situation verkörpert Ex-Filmstar Rama Rao Volkes Stimme: »Frau Gandhi interessiert es nicht, ob ihr zu essen, Kleider oder eine Wohnung habt. Sie interessiert nur die Erbfolge ihrer Dynastie.«

Indiens Gesellschaft hat Mahatma Gandhis gutem Beispiel nie etwas abgewinnen können. Sie ist seit 1947 unverändert rassistisch geblieben. Kastenlose Unberührbare werden schlechter als die heiligen, aber halb verhungerten Kühe behandelt. Fanatismus und Aberglaube, Kriminaliät und beispiellose Armut belasten das Land. Drei Viertel der Inder leben in den Dörfern, die Hälfte von ihnen vegetiert schlichtweg dahin. Eine zaghaft gewachsene Mittelschicht befindet sich noch immer auf der Suche nach der eigenen Identität, und die Reichen tun so, als ob sie mit allem nichts zu tun hätten.

V. S. Naipaul, der kritisch-scharfsinnige Autor, in meinen Augen heute die wichtigste literarische Stimme der Dritten Welt, gab in seinem Buch über Indien typische Beobachtungen weiter: »Gehorsam! Das ist alles, was Indien von seinen Menschen verlangt, und die Menschen sind bereit, es zu geben. Die Familie hat ihre Vorschriften, die Kaste hat ihre Vorschriften. Für den Schüler nimmt der Guru – ob nun ein heiliger Mann oder ein Musiklehrer – die Stelle Gottes ein, und ihm muß widerspruchslos gehorcht werden, selbst dann, wenn er nicht immer genau versteht, warum. Heilige Texte müssen auswendig gelernt werden, Schultexte, Universitäts-Lehrbücher und Vorlesungsnotizen müssen auswendig gelernt werden. Indien saugt immer wieder das Neue in sein altes Selbst auf, benutzt neue Werkzeuge auf alte Art, reinigt sich von unnötigem Geist . . .«

Nachdem im Inneren schon vieles in Auflösung begriffen ist, hält Indira Gandhi wenigstens eine außenpolitische Balance. 1981 fragte Zia ul-Haq, der wohl Pakistans zwangsläufige Unterlegenheit eingesehen hatte, um einen Nichtangriffspakt nach. Im November 1982 besuchte der General erstmals Indien, zur Konferenz der Blockfreien dann erneut. 1982 setzten die Außenminister beider Staaten eine Verhandlungskommission ein. Mit ihrer Hilfe soll langfristige Koexistenz auf allen Ebenen zustande kommen. Indira Gandhi wandte sich bei dieser Gelegenheit mit einem Satz in Hindi an Zia ul-Haq: »Die Türen waren geschlossen. Laßt sie uns eine nach der anderen öffnen.«

Die Türen zum mächtigen Nachbarn im Norden dagegen, der Volksrepublik China, sind seit dem bewaffneten Grenzkonflikt des

Jahres 1962 verriegelt. Hinter den Kulissen ist jedoch ebenfalls eine langsame Öffnung zu beobachten. In Delhi sprach ich darüber mit dem Parlamentsabgeordneten Subramaniam Swami, dem Vertrauensmann der Chinesen: »Die Beziehungen zwischen unseren beiden Staaten werden noch durch Turbulenzen beeinträchtigt. Das resultiert aus dem mangelnden Vertrauen beider Führungen zueinander. Außerdem gibt es genügend interessierte Kreise, die eine Annäherung stören wollen und manchmal auch Erfolg haben.« Zu einem ähnlichen Urteil kam der weltweit bekannte Professor für Internationale Beziehungen und Rektor der Schule für Internationale Studien an der Jawaharlal-Nehru-Universität von Delhi, Kashi Prasad Misra, als ich ihn im Januar 1983 besuchte: »Die atmosphärische Lage ist besser geworden. Die Kosmetik ist nun auch besser. Bisher gibt es aber noch keine Zeichen einer echten Grenzregelung. Wir pflegen Kulturaustausch und wirtschaftliche Zusammenarbeit. Die Presse unserer Länder reitet keine Attacken mehr, sondern ist viel freundlicher und verständigungsbereiter geworden. Das läßt uns hoffen.«

Für eine endgültige Aussöhnung mit China hat Indira Gandhi in den nächsten Jahren aber sicherlich keine Zeit. Bei ihren außenpolitischen Bemühungen muß sie auch den Pflichten einer Vorsitzenden der Blockfreien-Bewegung nachkommen. Diese Amtszeit der First Lady Indiens dauert bis 1986. Bis dahin werden sich die globalen Nord-Süd-Wirtschaftsprobleme noch intensivieren, werden mehr Konfliktherde in der Dritten Welt auf Krisenmanagement warten. Für die »Kaiserin« von Indien ist viel zu tun. Und solange sie sich in Delhi an der Macht halten kann, darf auch die Sowjetunion, von der sie erst im Sommer 1983 wieder für fünf Milliarden Dollar Waffen gekauft hat, zufrieden sein.

Nach der Ära Indira Gandhi könnten Politiker wie Subramaniam Swami von der Janata-Partei folgen. Bei unserem Gespräch stellte er unter anderem diese These auf: »Da die Amerikaner keinen Tropfen Blut für die Asiaten vergießen, müssen wir unsere regionalen Probleme selbst lösen. Das sind die betroffenen Staaten, was Afghanistan anbelangt: Pakistan, China und Indien. Wenn wir auch untereinander differieren, so sollten wir doch in einem zusammenstehen: Wir sollten unsere Streitkräfte vereinen und die Russen aus Afghanistan verjagen. Nur durch eine militärische Lösung kann der Afghanistan-Konflikt bereinigt werden. Ich gehe sogar so weit, zu sagen, daß die Sowjets bereits bei unserer Mobilmachung den Rückzug einleiten würden. Wenn der Premierminister Indiens meine Ansicht teilen würde, könnten wir damit sofort beginnen. Also gilt es jetzt, auf den richtigen Premierminister zu warten.« Über diese Äußerung unterhielt ich mich später mit dem indischen Regierungssprecher Mani Shankar Aiyar. »Sehen Sie«, meinte er, tief Luft holend, »deshalb ist jener Mann in der Opposition und nicht in unseren Reihen.«

Auf zum letzten Gefecht?

>»Die Kommunisten verschmähen es, ihre
>Ansichten und Absichten zu verheimlichen.
>Sie erklären es offen, daß ihre Zwecke nur
>erreicht werden können durch den gewaltsa-
>men Umsturz aller bisherigen Gesellschafts-
>ordnung. Mögen die herrschenden Klassen
>vor einer kommunistischen Revolution zit-
>tern. Die Proletarier haben nichts in ihr zu
>verlieren als ihre Ketten. Sie haben eine
>Welt zu gewinnen. Proletarier aller Länder,
>vereinigt Euch!«
>
>Marx/Engels, *Kommunistisches Manifest*

Die Weltrevolution ist aktuell geblieben

Für Jimmy Carter brach eine Welt zusammen, als ihn das State
Department in seinem Weihnachtsfrieden störte. Wenige Stunden
nachdem die schier endlosen sowjetischen Panzerkolonnen den
Amu Darja passiert und entlang der afghanischen Ringstraße ihren
Weg nach Kabul genommen hatten, wo die Luftlandetruppen mit-
tels einer ununterbrochenen Kette von Transportmaschinen bereits angekommen waren, wußte er, daß ihn der Kreml betrogen
hatte. Mit dem undiplomatischen Wort »Lügner« strafte der US-
Präsident seinen Gegenspieler Breschnew für dessen Bruch des
»Mutual Restraint«. So wurde eine von Moskau und Washington
1972 getroffene Vereinbarung bezeichnet, die festlegte, daß die
beiden Supermächte in ihrer jeweiligen Einflußzone keine militärischen Offensiven lokaler Natur starten und bei möglicherweise
unvermeidlichen Interventionen den anderen Vertragspartner
rechtzeitig vorher informieren würden.
Das war im Fall Afghanistan eindeutig nicht geschehen. Schlagartig kehrte in der gesamten westlichen Welt Ernüchterung ein.

153

Schon einen Tag später klagte Carter öffentlich über eine »schwere Bedrohung des Friedens« und bezeichnete den sowjetischen Vorstoß als »flagrante Verletzung allgemein üblicher Regeln internationalen Verhaltens«. Der »heiße Draht« des Krisentelefons glühte. Carter sandte auf diesem Weg einen scharf gehaltenen Protest an Leonid Breschnew. Der US-Präsident konferierte telefonisch mit den westlichen Regierungschefs und schickte seinen »Trouble-Shooter« Warren Christopher zu einer NATO-Tagung nach London. Botschafter Thomas J. Watson wurde eilig aus Moskau zurückgerufen. Dann trat Carter vor die Fernsehkameras und kündigte einen umfangreichen Vergeltungskatalog an, dessen Kernsatz lautete: »Aggression, die ohne Widerstand bleibt, wird zur ansteckenden Krankheit.« Am 5. Januar 1980 fuhr Washington als schwerstes Geschütz die Verschiebung der Salt-II-Ratifizierung im Senat auf. Aber nicht nur die Begrenzung strategischer Waffen wurde schlagartig gestoppt, sondern die gesamte Ost-West-Entspannungspolitik war nun in Frage gestellt. Selten gab es einen solch jähen politischen Klimawechsel wie im Gefolge der Afghanistan-Invasion. Eine neue Phase des Kalten Krieges wurde mit allen Konsequenzen und bis heute immer gefährlicheren Auswirkungen eingeleitet.

In einer Rede, die als »Carter-Doktrin« in die Geschichte einging, übermittelte der Präsident dem Repräsentantenhaus seine Vorstellungen von der künftigen US-Außenpolitik. Er forderte, Washington müsse die sowjetische Macht in ihre Grenzen weisen, die Entwicklungen in der Dritten Welt stärker in den Griff bekommen und trotzdem die Früchte jahrelanger Abrüstungsgespräche bewahren. Dazu bedürfe es eines Ausbaus der militärischen Stärke des Westens. Das neue Ziel sei »Eindämmung [der Sowjets] statt Entspannung« beziehungsweise Frieden durch eigene Stärke. Am 24. Januar 1980 trat der erboste und von Breschnew auch menschlich enttäuschte Carter erneut vor die Kameras: »Wir Supermächte haben eine Verantwortung dafür, beim Einsatz militärischer Macht Zurückhaltung zu üben. Die Unabhängigkeit schwächerer Staaten darf nicht bedroht werden. Aber jetzt hat die Sowjetunion einen grundlegenden und gewaltsamen Schritt unternommen. Sie setzt ihre große militärische Macht gegen ein verhältnismäßig schutzloses Land ein. Die Folgen des sowjetischen Einmarsches in Afghanistan könnten die ernsthafteste Bedrohung des Weltfriedens seit dem Zweiten Weltkrieg darstellen. Wir wollen unsere Haltung hier ganz klar verdeutlichen: Jeder Versuch einer Macht von außerhalb, sich Kontrolle über das Gebiet des Persischen Golfes zu verschaffen, wird als Angriff auf die Lebensinteressen der USA gewertet. Er wird unter Anwendung aller notwendigen Mittel zurückgeschlagen werden, einschließlich des der militärischen Gewalt.«

Mit einem Paukenschlag war plötzlich offenkundig geworden, daß sich die scheinbare Idylle einer friedlichen Koexistenz in Luft aufgelöst hatte und die Welt am Abgrund einer neuen großen Konfrontation stand. Über Nacht wurde auch die alte sowjetische Lehre von der Eroberung der Welt durch eine globale kommunistische Revolution wieder ernstgenommen. Es bestand jetzt bei vielen Beobachtern kein Zweifel mehr daran, daß sich an den Intentionen der Kremlherren seit den Tagen Lenins nichts geändert hat. Lenins Statement aus dem Jahre 1920 hatte auch sechs Jahrzehnte danach seinen beklemmenden Charakter nicht verloren: »Solange Kapitalismus und Sozialismus nebeneinander bestehen, können wir nicht in Frieden leben. Letzten Endes wird dieser oder jener siegen.«

Hier ist es nun notwendig, näher auf die kommunistische Doktrin von der Weltrevolution einzugehen und einige grundlegende Aussagen zu vergleichen. Ich befragte dazu Professor Michael S. Voslensky, ein ehemaliges Mitglied der Sowjet-Nomenklatura, also der herrschenden Klasse im Lande des »real existierenden Sozialismus«. Er leitet heute das Münchner »Forschungsinstitut für sowjetische Gegenwart«. Volensky gehört auch dem »Internationalen Komitee für Solidarität mit Afghanistan« an, das von den sozialistischen Parteien Frankreichs und Italiens gegründet wurde. In der Bundesrepublik gilt er als der beste Kenner der sowjetischen Führung.

Frage an Professor Voslensky: »Wie denken Jurij Andropow und die anderen Führer über den immer noch bestehenden Auftrag zur Weltrevolution?« Voslensky: »Für sie ist die Weltrevolution ein Muß. Sie stehen zu ihr im strikt leninistisch-stalinistischen Sinne des Wortes. Sozialistische Revolution bedeutet nach Lenin die Machtübernahme durch das Proletariat. Aber das Proletariat ist bei ihm nicht die reale Arbeiterklasse, sondern etwas Theoretisches: eine Klasse oder Schicht, als deren Avantgarde sich die kommunistische Partei ausgibt. Folglich ist die Revolution eine Machtübernahme durch die kommunistische Partei. Aus dieser Mentalität heraus strebt der Kreml die Machtübernahme durch die moskautreuen kommunistischen Parteien in der ganzen Welt an, den sogenannten Sieg des Sozialismus im Weltmaßstab. Deshalb konnte er auch der Versuchung in Afghanistan nicht widerstehen.«

Moskaus Haltung läßt sich von Karl Marx' Ideen ableiten. Er hatte die Vision einer glücklichen Gesellschaft, die, klassenlos, ewigen Frieden und nachgerade ein Paradies auf Erden schaffen sollte. Vor dieses Ziel haben aber auch die atheistischen Götter den Schweiß gesetzt. Also gilt es erst, siehe Lenin, alle Gegner zu beseitigen, damit nur noch der rechtgläubige sozialistische Mensch übrigbleibt. Die ideologische Ausrichtung kommunistischer Regime zielt stets – und absolut kompromißlos – auf die Vernichtung des Klassenfeindes.

Dimitri Zacharowitsch Manuilski, Vorsitzender der Komintern (Kommunistische Internationale) und enger Mitarbeiter Lenins, erklärte dies 1931 in der Moskauer »Schule für Politische Kriegführung« auf besonders drastische Weise: »Der Kampf bis aufs Messer zwischen Kommunismus und Kapitalismus ist unvermeidlich. Heute sind wir nur noch nicht stark genug, um anzugreifen. Unsere Stunde wird in 20 oder 30 Jahren kommen. Um zu siegen, brauchen wir ein Element der Überraschung. Die Bourgeoisie muß eingeschläfert werden. Wir werden deshalb damit beginnen, die theatralischste Friedensbewegung zu entfachen, die jemals existiert hat. Es wird elektrisierende Vorschläge und außerordentliche Zugeständnisse geben. Die kapitalistischen Länder, stupide und dekadent, werden mit Vergnügen an ihrer eigenen Zerstörung arbeiten. Sie werden auf den Leim der Gelegenheit zu einer Freundschaft kriechen. Und sobald sich ihr Schutzgürtel entblößt, werden wir sie mit unserer Gewaltfaust zerschmettern.«

Im November 1960 versammelten sich in Moskau die Abgesandten von 81 kommunistischen Parteien aus aller Welt. Unter den Konferenzteilnehmern befanden sich auch die Führer der roten Supermächte, Nikita Chruschtschow und Mao-Vertreter Liu Schao-tschi. Auf dem Programm der Tagung stand wieder einmal Lenins Doktrin vom unvermeidbaren Krieg zwischen den Weltsystemen. Die Hüter der wahren Lehre hatten Schwierigkeiten mit der Auslegung bekommen, als ihnen bewußt wurde, daß die neuen Nuklearwaffen nicht nur den Gegner, sondern die gesamte Menschheit beseitigen könnten. Was hätte also der Sozialismus von einem solchen Schlagabtausch mit dem Kapitalismus? Drei Wochen lang tagte das Moskauer Konzil hinter verschlossenen Türen, um die bislang unterschiedlichen Standpunkte zu diesem lebenswichtigen Thema anzunähern.

Vorausgegangen war ein jahrelanger heftiger Ideologiestreit zwischen den kommunistischen Parteien Chinas und der Sowjetunion. Die Chinesen wollten weiter die unverfälschte leninistische Lehre auf ihrem Banner tragen, während in der UdSSR ideologische Kosmetik im Gange war. 1953 hatte der damalige Ministerpräsident Georgij Malenkow als erster vor den Folgen eines dritten Weltkrieges und der dabei unvermeidlichen Verwendung von Massenvernichtungswaffen gewarnt. Damals war ihm jedoch die *Prawda* ins Wort gefallen und hatte klargestellt, daß der Ministerpräsident mit seiner Verlautbarung nicht gemeint habe, bei einem atomaren Schlagabtausch würden die sozialistischen Völker vernichtet. Vielmehr habe es sich ausschließlich um die kapitalistischen Nationen gehandelt. Man nimmt an, daß bei dieser Korrektur Chruschtschow die Feder geführt hat.

Als derselbe Chruschtschow dann aber 1956 das Denkmal Josef Stalin vom Sockel stieß, verkündete er höchstpersönlich eine neue »schöpferische These« von der Vermeidbarkeit des Krieges und widersprach damit Lenins Maximen. Weil Peking diese abweichlerischen Tendenzen nicht hinnehmen wollte, mußte 1957 in Moskau auf einer Konferenz der regierenden kommunistischen Parteien eine Kompromißformel gefunden werden: Es hänge, so die damalige Auslegung, vom Verhalten der »herrschenden Klassen des Westens« ab, ob es einen dritten Weltkrieg gebe oder nicht.

Anfang 1959 trat Chruschtschow noch tiefer in das Pekinger Fettnäpfchen. Er erklärte bei einem Staatsbesuch in China: »Nein, wir brauchen keine Kriege. Die sozialistischen Länder entflammen die Herzen der Menschen durch die Kraft des Beispiels im Aufbau des Sozialismus und gewinnen sie.« Dem traten die Chinesen im Februar 1959 in Gestalt ihres Politbüromitglieds Kang Scheng entgegen. Dieser stellte bei einer Visite in Moskau fest, daß Imperialisten immer Imperialisten bleiben würden. Lenins Lehre von der Unvermeidbarkeit des Krieges sei nach wie vor gültig. Der Atomkrieg sei gleichfalls unvermeidbar, die Vernichtung der Kapitalisten eine Notwendigkeit. Die ideologische Kontroverse zwischen den beiden Führungsmächten des Kommunismus wurde immer dramatischer. Pekings Parteizeitung *Rote Fahne* stieß im April 1960 in dasselbe Horn: »Wir glauben an die absolute Richtigkeit von Lenins Denken: Der Krieg ist die unvermeidliche Folge von Systemen der Ausbeutung, und die Ursache moderner Kriege ist das imperialistische System.«

Auf den Trümmern, die der imperialistische Krieg hinterlassen werde, tönte es kurz danach aus Maos Staat, würden »die siegreichen Völker eine Zivilisation errichten, die tausendmal höher steht als die des kapitalistischen Systems«. Eine wahrhaft herrliche Zukunft stünde dann in Aussicht. Der ideologische Streit mündete darin, daß Moskau seine Experten aus China zurückrief und Peking seine Auslandsstudenten aus der Sowjetunion heimholte. Deshalb war die Ideologiekonferenz des Weltkommunismus vom November 1960 eine unbedingte Notwendigkeit geworden. Sie endete mit einem faulen Kompromiß. Die Schlußdeklaration vereinte beide Auffassungen und verweigerte an der entscheidenden Stelle die programmatische Aussage: Einerseits habe die Welt in der Gegenwart nur noch die Wahl zwischen friedlicher Koexistenz und totaler Vernichtung, andererseits bereite der Imperialismus unzweifelhaft einen Weltkrieg vor. Seine »aggressive Natur« habe sich nicht geändert.

Das Reich der Mitte rückte aber auch in der Folgezeit immer weiter von der Sowjetunion ab. Guerillastratege Mao Tse-tung legte die Weltrevolution in die Hände der nationalen Befreiungsbewegungen. Er trug ihnen auf, die imperialistischen Staaten mit Kriegen zu überziehen. »Krieg ist Politik mit Blutvergießen«, lautete einer von Maos wichtigsten Lehrsätzen. Ab 1962 driftete das kommunistische Lager vollends auseinander. Moskau und Peking kochten fortan eigene ideologische Süppchen, ließen 1969 sogar ihre Truppen an der gemeinsamen ostasiatischen Grenze aufeinander feuern. Diesmal ging es jedoch nicht um Lenins Erbe, sondern um ganz banale Gebietsansprüche.

Eines der letzten konstruktiven Schreiben aus der Zentrale der KPdSU an die Kommunisten Chinas behandelt in verschleierter Form die Weltrevolution: »Die friedliche Koexistenz der Staaten mit unterschiedlicher Gesellschaftsordnung setzt einen nicht nachlassenden ideologischen, politischen und ökonomischen Kampf zwischen den beiden sozialen Systemen, dem Klassenkampf der Werktätigen innerhalb des kapitalistischen Systems – darunter der bewaffnete Kampf, wenn es die Völker für notwendig halten – und die ununterbrochene Entwicklung der nationalen Befreiungsbewegung der Völker in den kolonialen und abhängigen Ländern voraus.«

Langsam entwickelte sich sogar im Kreml eine feinere, differenziertere Sprache. Die Brachialmentalität, wie sie beispielsweise der junge sowjetische Dichter Pawel Kogan am Vorabend des »Großen Vaterländischen Krieges«, also des Zweiten Weltkrieges, vertreten hatte (Zitat: »Wir werden noch am Ganges schlendern, / Wir fallen noch in blut'ger Schlacht, / Damit von Japan bis nach England / Glänzt meines Vaterlandes Macht«) war überholt. Trotzdem änderte sich nichts an Moskaus Grundhaltung. Die deutlichen Worte Lenins und Stalins werden von den Sowjetmachthabern seit Chruschtschow jedoch nicht mehr geschätzt. Nun muß das Weltmachtstreben mit vielen harmlosen Phrasen verziert und verniedlicht werden. Die Sowjets erfinden immer neue Verschleierungstaktiken für ihre Vorstöße jenseits der Grenzen. Nicht selten greifen sie dabei auf die berüchtigten »Hilferufe« der von ihnen angeblich Beschützten zurück. So versicherte Leonid Breschnew am 18. Januar 1980 mit der ihm eigenen Treuherzigkeit: »Es kam der Augenblick, da wir nicht mehr umhin konnten, der Bitte der uns befreundeten Regierung Afghanistans nachzukommen. Hätten wir anders gehandelt, so hieße das, Afghanistan vom Imperialismus in Stücke reißen zu lassen und den aggressiven Kräften zu gestatten, dort das zu wiederholen, was ihnen zum Beispiel in Chile gelang ... Hätten wir anders gehandelt, dann hieße das, untätig zuzuschauen, wie an unserer südlichen Grenze der Herd einer ernsten Bedrohung der Sicherheit des sowjetischen Staates entsteht. Es gelüstet uns nicht nach Hab und Gut anderer. Es sind die Kolonialisten, die vom Geruch des Öls angezogen werden.«

Professor Voslensky kommentiert solche Aussagen mit dem Hinweis, daß sie verwirren und ablenken sollten, während in den offiziellen Dokumenten der KPdSU und anderer kommunistischer Parteien immer wieder betont wird, der Sozialismus werde um kein einziges Land der Erde einen Bogen schlagen und sei die »lichte Zukunft der gesamten Menschheit«. Voslensky wörtlich: »Wie ist es nur möglich, daß man hier [im Westen] immer noch nicht begreift, was in der Sowjetunion jedes Schulkind weiß, nämlich daß die Sowjetunion selbstverständlich in jeder Hinsicht danach strebt, stärker als der Westen zu werden. Wie ist es nur möglich, daß man im Westen in mehr als 60 Jahren nicht begriffen hat, daß die sowjetische Politik von jeher darauf ausgerichtet ist?«

In seinem zum Standardwerk gewordenen Buch *Nomenklatura* weist der Gelehrte darauf hin, daß die Sowjetelite stets nur über den Schwachen herfällt und den Starken seit jeher fürchtet. Das habe sie von Lenin gelernt. Dessen Motto sei in diesem Zusammenhang gewesen: »Gibt man, greif zu! schlägt man, hau ab!« Auf diesem alten russischen Sprichwort basiere die politische Weisheit einer aggressiven Klasse, die zur Eroberung und Beherrschung der

Welt angetreten sei; einer Klasse, die immer wieder versuche, beim Gegner das schwächste Kettenglied zu finden und dort den Durchbruch zu erzielen. Dies geschehe systematisch in allen Teilen der Welt.

Voslensky nimmt in seinem Werk auch konkret zum Machtkampf im Mittleren Osten Stellung: »Südlich von Europa und von den asiatischen Gebieten der Sowjetunion erstrecken sich Riesengebiete der Dritten Welt. Auf diesem Raum der Länder Asiens und Afrikas entfaltet sich die Offensive der sowjetischen Nomenklatura. Ihr Ziel ist es, überall Staaten vom Typ der Volksdemokratien zu schaffen (im Bereich der Dritten Welt bezeichnet man sie in Moskau als »nationaldemokratische Staaten«). Und wenn es noch nicht möglich ist, versucht die Nomenklatura, eine den afro-asiatischen Bedingungen angepaßte Finnlandisierung voranzutreiben. Ein interessantes Beispiel für eine solche Finnlandisierung besonderer Art war Indien unter der ersten Regierung Indira Gandhis. Finnland ist ein kleines Land und Indien ein immens großes mit einer Bevölkerung, die an Zahl die der Sowjetunion bei weitem übertrifft. Aber trotz dieser Unterschiede erinnerte das Verhältnis Indiens zur Sowjetunion unter Indira Gandhi an die Beziehungen zwischen der Sowjetunion und Finnland. Die sowjetische Nomenklatura nützte die Angst der indischen Staatsführung vor China mit Erfolg aus, Indien in jenen Jahren den aus Moskau kommenden Ratschlägen gefügig zu machen.«

Die Sowjetführung, so Voslensky weiter, operiere in all diesen Ländern sehr geschickt mit der Feindseligkeit der Völker gegen ihre ehemaligen Kolonialherren. Die Westmächte würden generell als potentielle Kolonialisten hingestellt, ob diese Beschuldigung haltbar sei oder nicht. Die letzte wirkliche Kolonialmacht unserer Zeit, die Sowjetunion selbst, werde dagegen von vielen Politikern der Dritten Welt als Bollwerk des Antikolonialismus gepriesen. Das sei ein großer Erfolg der Sowjetdiplomatie und -propaganda.

An dieser Stelle drängt sich die Frage nach dem Aussagewert der im Westen häufig vertretenen These auf, die Sowjetunion wolle über Afghanistan lediglich einen Zugang zum »warmen Meer« mit eisfreien Häfen gewinnen. Nach der Intervention am Hindukusch hat sich diese simplifizierende und nur vermeintlich schlüssige Aussage hartnäckig gehalten. Zitat aus einem dafür typischen Artikel der deutschen Orientalistin Erdmute Heller: »Afghanistan bietet sich heute als Einfallstor sowjetischer Geopolitik in Richtung auf den Indischen Ozean an. Damit setzt die Sowjetunion die geostrategischen Ambitionen des zaristischen Rußlands auf der Suche nach einem südlichen Zugang zu ›warmen Wassern‹ fort.«

Frage an Professor Voslensky: »Wie nötig hat die Sowjetmacht heute einen direkten Zugang zu warmen Gewässern? War das ein wichtiger Grund für die Besetzung Afghanistans?« Die Antwort des Experten lautet: »Ich bezweifle, daß die Sowjetunion heute noch von einer solchen Politik geleitet wird. Wir können doch die Gegenwart nicht mit den Tagen Peters des Großen vergleichen. Damals wurde das Zarenreich unter anderem aus diesem Grund sehr weit nach Süden ausgedehnt. Heute steht das Schwarze Meer zur Verfügung, auch Murmansk und Archangelsk sind eisfrei. Schauen Sie sich außerdem die zahlreichen Marinestützpunkte in aller Welt an. Die Sowjets sind doch heute auf allen Meeren präsent. Dieses furchtbare Problem, die Isolation im 18. und 19. Jahrhundert, ist in der Gegenwart einfach nicht mehr aktuell. Außerdem sollten Sie nicht übersehen, daß das warme Wasser mit der Besetzung des Binnenlandes Afghanistan noch lange nicht erreicht ist.« Eine klare Aussage und zugleich ein Hinweis auf die Tatsache, daß sich die Weltmachtpolitik der Sowjets – aber auch der Amerikaner – zunehmend auf den Meeren abspielt.

Zur Zeit des Zaren Peter hatte die Neuorientierung der Landmacht Rußland begonnen. Es ergab sich eine Situation, die der Spiegel mit einem Satz treffend beschrieb: »Der russische Bär lernte vergleichsweise schwer schwimmen und ging oft genug unter.« Peter der Große war schiffsbesessen. Als er 1725 starb, hinterließ er 48 große Linienschiffe, 787 Galeeren und zahlreiche kleinere Boote mit zusammen 28000 Mann Besatzung. Das beeindruckte die Nachfolger jedoch nicht im geringsten. Seine Tochter Elisabeth beispielsweise soll stets den Standpunkt vertreten haben, man könne England auch per Kutsche erreichen und müsse dafür keine Flotte unterhalten.

Die Russen blieben mit ihrer Marine, hinter der ohnehin nicht der nötige Nachdruck stand, stets glücklos. Achtmal traten sie gegen die Türkei an, um sich der strategisch wichtigen Dardanellen zu bemächtigen. Es blieb ein vergebliches Unterfangen. Nur im Krimkrieg wären die Russen vermutlich ans Ziel gekommen, hätten sich nicht die Franzosen und Engländer mit den Türken verbündet. Die Seemacht Japan zerstörte in den Jahren 1904/05 sowohl die Fernost- als auch die Ostseeflotte des Zarenreiches. Die Einheiten aus der Ostsee waren vorher 18000 Seemeilen weit zum Entsatz der bedrängten Fernostmarine bis in die Gewässer von Tsuschima gedampft. Von der stolzen Flotte blieb nicht viel übrig. Ihre schlechte Position änderte sich auch in den folgenden Jahrzehnten nicht. Im Zweiten Weltkrieg versagten die russischen Seestreitkräfte ebenfalls schmählich. Erst 1950 richtete Stalin ein eigenes Marineministerium ein.

1955 und 1956 gab Moskau jedoch die beiden einzigen Stützpunkte außerhalb der riesigen Sowjetunion auf – im finnischen Porkkala und in Port Arthur auf der chinesischen Halbinsel Liautung. Erst durch das Engagement des Admirals Sergej G. Gorschkow, der 1956 als Oberbefehlshaber der Marine antrat und diese Position bis heute nicht abgegeben hat, begann eine Wende. Er schaffte es, den Flottengegner Chruschtschow umzustimmen, indem er unter anderem die vom Kremlchef geliebten Raketen auch auf Überwasserschiffe montieren ließ. Der Schock der Kuba-Krise von 1962 – amerikanische Verbände stoppten sowjetische Raketenfrachter auf hoher See und zwangen sie zur Umkehr – ließ den Kreml dann endgültig auf Abhilfe sinnen. Gorschkows These, daß die Sowjetunion ohne eine starke Marine nie zur Weltmacht werden könne, wurde immer stärker anerkannt. Mit seinem Standardwerk *Seemacht Sowjetunion* formulierte er »zum erstenmal in der sowjetischen Literatur das Konzept der Seemacht als wissenschaftliche Kategorie« (Marschall Bagramjan in einer Würdigung des Buches).

Während des Nahostkrieges von 1967 kreuzten über 70 sowjetische Kriegsschiffe im Mittelmeer, beim nächsten israelisch-arabischen Schlagabtausch, 1973, schon 96. Die ebenfalls im Mittelmeer operierende amerikanische 6. Flotte konnte nur 66 Schiffe aufbieten. Sowjetfrachter lieferten gigantische Mengen an Rüstungsmaterial für den bislang letzten großen Nahostkrieg, aber auch 1975 für den kubanischen Einsatz im südlichen Afrika. Die Transporter wurden nun von der Kriegsmarine eskortiert, und keine amerikanische Einheit wagte es, sie zu stoppen. Seit 1969 sind sowjetische Kriegsschiffe in der Karibik präsent, seit 1970 vor Afrikas Westküste. Im Kreml ist Lenins Satz von 1917, daß die Marine »eine Vergeudung und Verschwendung öffentlicher Gelder« sei, gänzlich ad acta gelegt worden. Nun gilt nur noch Gorschkows Plan, »der Seemacht der imperialistischen Mächte ein Ende zu setzen«.

Nach den letzten Zahlen des Londoner Internationalen Instituts für strategische Studien hat die in wenigen Jahren hochgerüstete Sowjetmarine die US-Konkurrenz zumindest zahlenmäßig überflügelt. Die Russen können zwar nur 450000 Mann Besatzung, davon drei Viertel Wehrpflichtige, aufbieten (die Amerikaner 553000), dafür aber eine Überzahl an Gerät. Das Londoner Institut listet in seinem jährlich erscheinenden Zahlenwerk *The Military Balance* 1983 für die US-Marine 90 U-Boote und 204 Kriegsschiffe auf. 27 weitere Schiffe werden in Reserve gehalten. Dagegen stehen 273 Sowjet-U-Boote und 290 Kriegsschiffe. Moskau hält noch weitere 107 Unterseeboote und 28 Kriegsschiffe in der Hinterhand.

Dieser ungemein rasche Aufbau der sowjetischen Marine ist darauf zurückzuführen, daß kein anderes Land der Erde über so große und leistungsfähige Werften verfügt. Die Hälfte von ihnen befindet sich an der Ostseeküste. Sie werden mit absoluter Priorität für die Kriegsmarine genutzt, wie sämtliche Industriezweige der Sowjetunion im Bedarfsfall zuerst einmal für militärische Zwecke und dann erst für die zivile Versorgung produzieren. Schon vor etwa einem Jahrzehnt haben westliche Geheimdienste die größte U-Boot-Werft der Welt auf einem 20 Quadratkilometer großen Areal, in Swerodwinsk, 35 Kilometer nordwestlich von Archangelsk an der nördlichen Dwina, ausgemacht. Die beiden gewaltigen Baudocks von je 337 Meter Länge und 137 Meter Breite sind direkt an das Eisenbahnnetz angeschlossen und zum Schutz vor amerikanischen Himmelsspionen vollständig überdacht. Das Blatt *U. S. Naval Institute Proceedings* klagte damals: »Wo einstmals die US-Marine führend war in Technologie, Schiffen und Personal, haben die Sowjets aufgeholt und uns auf vielen Gebieten sogar überflügelt.«

Nur bei den Flugzeugträgern ist noch ein sowjetischer Rückstand zu beobachten. 14 amerikanische Träger stehen zwei russischen gegenüber. Es gilt jedoch als sicher, daß die Sowjets alles tun werden, um dieses strategische Ungleichgewicht in möglichst kurzer Zeit zu ihren Gunsten zu verändern. Denn das vor einem Jahrzehnt zur See begonnene Wettrüsten nimmt immer beängstigendere Geschwindigkeit und Ausmaße an. Modernste Kreuzer, Zerstörer, Lenkwaffenkorvetten, Raketenschnellboote und Landungsschiffe laufen permanent vom Stapel und sorgen für eine weitere, stets gefährlicher werdende Konfrontation der Supermächte.

Mit der Logik des Flottenmarschalls Sergej G. Gorschkow wird das so begründet: »Die Seestreitkräfte sind von allen Teilstreitkräften am besten dafür geeignet, die Interessen des Staates wirksam zu vertreten ... Der Begriff Seemacht läßt sich in dieser Hinsicht bis zu einem gewissen Grade mit der wirtschaftlichen Macht des Staates gleichsetzen ... Die wachsende Seemacht der Sowjetunion gewährleistet eine erfolgreiche Durchführung der Außenpolitik ... Der Vorzug der Seestreitkräfte besteht darin, daß Angriffsverbände der Flotte schnell und frühzeitig, bevor die politischen Entscheidungen getroffen werden, in sogenannte Unruhegebiete verlegt werden und sich dort längere Zeit in hoher Gefechtsbereitschaft zur Lösung von Aufgaben jeder Größenordnung aufhalten können ... Flottendemonstrationen haben es in vielen Fällen möglich gemacht, politische Ziele zu erreichen, ohne zum Mittel des bewaffneten Kampfes greifen zu müssen.« Die Zitatensammlung ließe sich noch lange fortsetzen.

Weltweit handelt die Sowjetmarine nach diesen Vorgaben und führt die veraltete These, Moskau sei nur um den Zugang zum »warmen Meer« bemüht, jeden Tag stärker ad absurdum. Russische Kriegsschiffe liegen in kubanischen Häfen (zum Beispiel in Cienfuegos), im guineischen Conakry (mit eigenem Flughafen und etwa 3000 Militärberatern im Einsatz), in Syrien und Algerien, im Südjemen, in Äthiopien, Mozambique, Indien und Vietnam. Die Basis Cam Ranh Bay (nördlich von Ho-Tschi-minh-Stadt), wo während des Vietnam-Krieges große Teile der US-Flotte konzentriert waren, ist seit 1979 ein gewichtiger sowjetischer Brückenkopf, der die Zangenbewegung um den Indischen Ozean abrundet. Seit kurzem werden Gorschkows Einheiten auch im kambodschanischen Hafen Ream gesichtet. Gerade dieser massive Aufbau eines weltumspannenden Netzes von Sowjetstützpunkten und Häfen mit Landerechten läßt Afghanistan als Station auf dem Weg zum Meer absolut entbehrlich werden.

Sowjetaufmarsch am Indischen Ozean

Es lohnt sich, die Situation im Indischen Ozean genau zu betrachten. Denn dort spielt sich ein Aufmarsch der Weltmächte ab, der dieser Region nicht umsonst den von Jimmy Carters Sicherheitsberater Zbigniew Brzezinski kreierten Beinamen »Arc of Crisis« (Krisenbogen) verschafft hat. Der seit der Besetzung Afghanistans wieder öffentlich ausgetragene Ost-West-Konflikt schaukelt sich durch das Ringen um den Mittleren Osten und Südasien zu einer gegenseitigen militärischen Bedrohung empor, die der in Europa – ausgelöst durch Raketenstationierung – mindestens gleichkommt. Es gibt nur den einen Unterschied, daß zwischen dem Persischen Golf und den Philippinen – wenn überhaupt – fast ausschließlich gegen die Amerikaner protestiert wird, ansonsten der Machtkampf aber ziemlich lautlos abläuft.

Eine einzige Ausnahme war der sowjetische Einmarsch in den geostrategischen Brückenkopf Afghanistan. In jenen Tagen war es nicht damit getan, daß Panzer über den Hindukusch rasselten und Truppentransporter auf afghanischen Flugplätzen niedergingen. Auch im Indischen Ozean spielte sich ein gefährliches Szenario ab. Britische Leihpiloten des US-freundlichen Sultanats Oman, am südlichen Ende der arabischen Halbinsel und zugleich an der Nahtstelle zwischen dem Persischen Golf und dem Indischen Ozean gelegen, entdeckten Ende 1979, noch vor den Ereignissen in Afghanistan, ein sowjetisches Spionageboot auf der internationalen Tankerroute, die zwischen der felsigen Halbinsel Musandam und dem iranischen Festland verläuft, also in der stellenweise nur 15 Kilometer breiten Straße von Hormus. Die gesichtete »Taman« war ein Patrouillenboot des Typs T-58, ein ehemaliger Hochseeminensucher. Vom 25. November 1979 an wurde der rostige Pott am Eingang des sogenannten Flaschenhalses beobachtet. Einer der englischen Piloten gab weiter, daß das Schiff »wie ein Stachelschwein« aussehe, »mit Antennen förmlich gespickt«.

Französische Journalisten bemerkten zwei weitere sowjetische Kriegsschiffe: eine Fregatte der Petya-Klasse und einen Lenkwaffen-Kreuzer des Typs Kresta II. Die Schiffe sondierten die Verkehrsverhältnisse auf der Wasserstraße. Alle zwölf Minuten passierte damals – vor dem unsinnigen Golfkrieg – ein Tanker die Meerenge von Hormus. Dabei wurde über die Hälfte des Welt-Ölbedarfs transportiert, 880 Millionen Tonnen im Jahr. Die Schiffe werden jedoch nicht nur vom mittelalterlich strukturierten Staatswesen des Sultans Qabus von Oman aus beobachtet, sondern auch von dessen gefährlichem Nachbarn, der Demokratischen Volksrepublik Südjemen. Rund 12000 Sowjets, Kubaner und Ostdeutsche sind dort seit Jahren am Werk, um den einzigen östlichen Brückenkopf auf der arabischen Halbinsel nach ihren Vorstellungen umzubauen.

Als die drei sowjetischen Horchschiffe an der Straße von Hormus spionierten, sichteten amerikanische Aufklärer 200 Kilometer weiter südlich eine ganze Flotte unter der roten Hammer-und-Sichel-

Flagge. Der Flugzeugträger »Minsk«, damals das technisch perfekteste und bestbewaffnete Überwasserschiff der Sowjetmarine, stand an der Spitze der Einheit. Er verfügt über 18 Senkrechtstarter mit dem NATO-Namen Forger, über 25 Hubschrauber des Typs Hormone, Jagdraketenwerfer mit 24 Rohren zur U-Boot-Jagd, zwei Doppelstarter für Schiff-Luft-Raketen und acht Schiff-Schiff-Raketen des Typs SS-N-12, die Ziele in 400 Kilometer Entfernung attackieren können. Sämtliche Flugkörper an Bord der »Minsk« sind rasch mit atomaren Gefechtsköpfen aufrüstbar. Die Feuerkraft der »Minsk« wird noch durch Kanonen aller Art ergänzt.

Zu dem Verband zählten auch zwei Raketen-Kreuzer der Kresta-II-Klasse, vier Flugkörper-Zerstörer der Krivak-Klasse, zwei Mirka-Geleitzerstörer, zwei Minensuchboote, das auch für westliche Verhältnisse höchst moderne Versorgungsschiff »Beresina« und außerdem die »Iwan Rogow«. Sie ist ein Kommandoschiff für Landeunternehmen an entfernten Küsten. 400 sowjetische Marineinfanteristen, Admiral Gorschkows Elite, zählen zu ihrer Besatzung. Fünf U-Boote und weitere Versorgungsschiffe standen ebenfalls bereit, um vom Indischen Ozean her einzugreifen, wenn sich der Westen den Handstreich in Afghanistan nicht gefallen lassen würde.

Unweit der sowjetischen Einheit befand sich damals eine ähnlich starke amerikanische Seestreitmacht: drei Flugzeugträger, zwei Kreuzer, fünf Zerstörer, acht Fregatten, Versorgungsschiffe und zahlreiche U-Boote. In einer Titelgeschichte über »Das Geheimnis der Roten Flotte« (die es im sowjetischen Sprachgebrauch seit 1943 aber ebensowenig gibt wie die Rote Armee) kam der *Spiegel* zu folgendem Schluß: »Die Vernichtungskraft eines jeden der beiden Flottenverbände ist größer als die sämtlicher Bomben, die während des Zweiten Weltkrieges abgeworfen wurden. 27 sowjetische gegen 27 US-Kriegsschiffe – zum ersten Mal in einer Weltkrise sind die Flotten der Supermächte gegeneinander aufmarschiert, und erstmals sind die Sowjets, wenn vielleicht auch noch nicht Schiff für Schiff ebenbürtig, so doch immerhin stark genug, jedes US-Manöver zu durchkreuzen. Wie nie zuvor tritt die einstige Landmacht Sowjetunion dem lange Zeit unbestrittenen Herrn der Meere, den USA, mit Vergleichbarem entgegen.«

Gorschkow selbst hat erklärt, warum er eine derart gewaltige Kriegsmarine und soviel Stützpunkte wie möglich haben will: »Die Beweglichkeit der Flotte erlaubt ihr, in einem begrenzten Konflikt

Sowjetische Panzerkolonnen in Afghanistan. Für sie ist der Konflikt auch eine Übung, um für weitere Aktionen in der unsicheren Region vorbereitet zu sein. Eine Weltmacht zeigt die Zähne.

Küstenländer in verschiedenen Stufen zu beeinflussen, beginnend mit der Demonstration militärischer Macht bis hin zum Ende durch eine militärische Landung.« Die Weltrevolution läßt grüßen. Alle Anrainer des Indischen Ozeans, des Persischen Golfes wie auch des Suezkanals sind Länder mit teilweise langen Küsten. In dieser Region zu operieren ist heute für die Sowjetunion, von einigen besonders wichtigen Ausnahmen abgesehen, zu Lande nicht möglich.

In Nordafrika dürfen sich die Russen auf dem Territorium Algeriens bewegen und ihre Schiffe in Tunesien überholen lassen. Auch in Libyen verfügen sie über Gastrecht, was aber bei der unberechenbaren Pendelpolitik des Hausherrn Oberst Muammar al-Kadhafi kein Privileg für alle Zeiten sein muß. In Ägypten sind sie 1974 von Anwar el-Sadat aus dem Land geworfen worden und sickern unter seinem Nachfolger Hosni Mubarak nur spärlich wieder zurück. Der Sudan schließt sich Kairos Politik an und ist im übrigen betont antikommunistisch ausgerichtet. Die Schutzmächte der Sudanesen – Saudi-Arabien, Ägypten und die USA – wachen aufmerksam darüber, daß dies auch so bleibt. Von den Ländern des »fruchtbaren Halbmonds« ist den Sowjets im Grunde nur noch Syrien geblieben, zweifelsohne aber als wichtigster Brückenkopf für den Nahen Osten. Zwischen 5000 und 10000 sowjetische Militärberater und ein gewichtiger Freundschafts- und Beistandsvertrag sorgen dort dafür, daß Präsident Hafis el-Assads durch innere Opposition geschwächtes Terrorregime nicht so leicht umfallen kann. Und wenn PLO-Chef Jassir Arafat sich von Moskau und Damaskus abwendet und mit dem Westen liebäugelt, dann wird er via Syrien gezüchtigt. So einfach geht das. Rein geographisch gesehen, kann die Sowjetunion auf dem Weg nach Südasien jedoch nur noch mit ihrer eigenen Eroberung Afghanistan fest rechnen. Indien ist zwar freundlich und allzeit solidarisch (wie auch Mauritius), aber sehr empfindlich, was seine Souveränität und Blockfreiheit betrifft. Sowjetische Truppen dürfen dort zwar anlegen und an Land gehen, sich aber keineswegs niederlassen.

Erst in Indochina können sie sich wieder heimisch fühlen. In Cam Ranh Bay werden sogar Atom-U-Boote gewartet. CIA-Berichten ist zu entnehmen, daß die Fluglotsen im Kontrollturm von Da Nang ein makelloses Russisch sprechen – ohne jeglichen Akzent. US-Experten gebrauchen im Hinblick auf die Präsenz der Sowjets in Vietnam Begriffe aus dem Vokabular der Wellenreiter: Eine Woge könne sie von dort in den Indischen Ozean tragen. In ein oder zwei Tagen erreichen sie nun ihre Ziele. Von den Heimathäfen ihrer Pazifikflotte, Wladiwostok und Petropawlowsk, hatten sie dafür bislang sieben Tage und länger gebraucht. Das südliche Hauptquartier der sowjetischen Pazifikverbände in Cam Ranh Bay besitzt also höchste strategische Priorität. Dasselbe gilt inzwischen auch für die stellenweise nur 48 Kilometer breite Straße von Malakka, zwischen der malayischen Halbinsel und Indonesien gelegen. Seit Jahren werden hier immer mehr UdSSR-Schiffe und Unterseeboote beobachtet, die den Seeweg vom Indischen Ozean nach Ostasien kontrollieren.

Doch zurück in den »Krisenbogen« selbst. Die Sowjetunion hat stets etwa 30 Kriegsschiffe, auch Atom-U-Boote, in den Indischen Ozean abkommandiert. Ihre Aufgabe ist es, durch die Straße von Hormus und durch die Bab el-Mandeb-Straße am anderen Ende der arabischen Halbinsel zu patrouillieren. Russische Il-38-Maschinen, die in Aden (Südjemen) und in Asmara (Äthiopien) stationiert sind, beäugen die umliegenden Seegebiete. Die Sowjets traten in dieser Ecke erstmals 1963 auf. Damals schalteten sie die Konkurrenten USA, Italien und Westdeutschland aus, als es um

Der Flugzeugträger »Minsk« ist der Stolz der sowjetischen Marine. Er verfügt über 18 Senkrechtstarter und 25 Hubschrauber. Raketensysteme aller Art dienen der »Minsk« für Angriff und Verteidigung.

Waffenhilfe für Somalia ging. Mit sowjetischer Unterstützung im Wert von 30 Millionen Dollar konnte die somalische Armee von 2000 auf 10000 Mann aufgestockt werden. Das ermöglichte es Somalia, sein Territorium um manche Randgebiete der Nachbarländer – beispielsweise im Ogaden (den es schon lange begehrte), dem späteren Dschibuti und der Nordostprovinz von Kenia – zu erweitern. In einen Krieg zwischen Somalia und Äthiopien griff Moskau jedoch nicht ein, sondern bewahrte strikte Neutralität. Als der somalische General Siad Barre 1969 die Macht per Staatsstreich übernahm und sofort sozialistische Maßstäbe setzte, war der Kreml noch glücklicher über dieses Freundesland und schickte jede Menge an Hilfsgütern. Die Beziehungen wurden immer enger. Rund ein Zehntel der somalischen Truppen durfte zur Ausbildung in die UdSSR fliegen. Durch ihre hochmoderne Ausrüstung und ihr Anwachsen auf 20000 Mann gediehen Barres Streitkräfte zu einer der stärksten Armeen Afrikas. Die Sowjets erhielten als Gegenleistung die Marinebasis Berbera und Teile der Häfen von Kismayo und Birikao zur Nutzung.

Das benachbarte Äthiopien »gehörte« nach Moskaus Weltbild den

Amerikanern. Seit 1953 hatten diese das feudale Regime des »Königs der Könige, des Auserwählten Gottes, des siegreichen Löwen von Juda und Kaisers von Äthiopien«, Haile Selassie, in ähnlicher Weise unterstützt, wie die Russen den somalischen Machthabern halfen. In Asmara unterhielten die USA eine große Luftwaffenbasis und außerdem die Kagnew-Radarstation, ein wichtiges Glied der Fernmeldekette, die von den Philippinen über Äthiopien und Marokko bis zum Pentagon reichte. Äthiopien wurde von Washington auch stets als wichtiger Pufferstaat gegen die Ausbreitung des Kommunismus in Afrika gesehen. Unter diesen Umständen ignorierten die Amerikaner gerne die schlimmen Zustände in Haile Selassies archaischem Staat, die 93prozentige Analphabetenrate und die durch soziale Umstände bedingte Lebenserwartung der Äthiopier von höchstens 38 Jahren. Die koptische Kirche war, ähnlich dem Europa des Mittelalters, die zweitstärkste Macht im Staate. Ihr gehörten 45 Prozent des fruchtbaren Bodens, dem Adel – und damit auch Hailé Selassies Familie – der Rest. Zwischen 1953 und 1970 kassierte das Regime des Negus ein Fünftel der gesamten US-Wirtschaftshilfe und die Hälfte der amerikanischen Militärhilfe für Schwarzafrika. Ein Großteil der Gelder versickerte in den Taschen der zutiefst korrupten Oberschicht.

1971 stiegen die Chinesen in Ostafrika ein und beteiligten sich an einer Reihe von großen Entwicklungsprojekten beziehungsweise führten sie in eigener Regie durch. Dabei übertrafen sie in Somalia die sowjetischen Unterstützungsleistungen. Siad Barre und seine Regierung rückten nun mehr und mehr von Moskau ab. 1974 trat Somalia der Arabischen Liga bei und erhielt umgehend Wirtschaftshilfe aus Saudi-Arabien, Kuwait und Abu Dhabi in Höhe von 36 Millionen Dollar. Siad Barre bekräftigte seinen Willen, das Land auf neutraler Basis zu führen und pendelte in seinem selbstgestrickten Sozialismus zwischen Marx und Mohammed. Alles andere wußte er zu unterbinden: »Die Einführung fremder Lehren wird in unserem Land nicht toleriert.«

Im Sommer 1974 band die Sowjetunion Somalia durch einen ihrer Freundschafts- und Beistandsverträge jedoch wieder stärker an sich. Gleich darauf wurden erneut die modernsten Waffen geliefert. Im selben Jahr kam es in Äthiopien, wie so oft in der 3000 Jahre alten Geschichte dieses Landes zu einer entsetzlichen Hungersnot mit 200000 Toten, hervorgerufen durch eine lang anhaltende Dürreperiode. Das Volk äußerte lautstark seinen Unmut über den tatenlos zusehenden Haile Selassie. Eine Gruppe linksgerichteter Militärs nutzte die Chance und stürzte den Herrscher. Die neue revolutionäre Militärregierung näherte sich im Laufe der beiden folgenden Jahre der Sowjetunion an. Die USA revanchierten sich, indem sie ihre Hilfsgelder langsam einfroren. Der Kreml erkannte mit untrüglichem Instinkt seine Chance und sandte Waffen im Wert von 100 Millionen Dollar. Am 3. Februar 1977 kam der heutige Revolutionsführer, Generalleutnant Mengistu Haile-Mariam, an die Macht. Moskaus Einfluß in Äthiopien nahm immer mehr zu.

Das bewirkte aber auch eine Konfliktsituation mit Somalia. Die beiden Nachbarstaaten am Horn von Afrika kamen sich selbst unter gemeinsamer sowjetischer Patenschaft nicht näher. Der Kremlplan einer marxistisch-leninistischen Konföderation Äthiopiens, Somalias, Dschibutis und des Südjemen war von vornherein zum Scheitern verurteilt. Somalia unterstützte statt dessen Unabhängigkeitsbewegungen, die sich gegen die Zentralregierung in Addis Abeda erhoben hatten.

Im April 1977 setzte die äthiopische Linksregierung die US-Streitkräfte gänzlich vor die Tür. Mengistu flog nach Moskau, unterschrieb einen Freundschaftsvertrag und ließ sich erneut mit Unmengen an Waffen versorgen. Das empfand Siad Barre als Gefahr und rückte näher an die arabischen Brüder östlich des Roten Meeres heran. Im Mai 1977 verwies Sudans Staatschef Numeiri sämtliche Sowjetberater und die meisten Botschaftsangehörigen des Landes. Im Juli griffen somalische Truppen äthiopische Einheiten im Ogaden an. Die Sowjets saßen zwischen den Stühlen. Im Herbst verschärfte sich der Krieg um den Ogaden. Daraufhin reduzierte die UdSSR ihre Waffenlieferungen an Somalia und stellte sie schließlich im Oktober ganz ein. Der Westen und die Araber halfen aus. Präsident Siad Barre kündigte den Freundschaftsvertrag mit Moskau, schickte die Sowjetberater heim und untersagte den Russen die weitere Nutzung des Stützpunktes Berbera.

Am 26. November 1977 begann eine massive Luftlandeaktion der Sowjets, die in ihrer Art an die spätere Invasion in Afghanistan erinnert. Gesteuert durch den militärischen Satelliten Cosmos 964, liftete die UdSSR mit Hilfe von 225 gigantischen Antonow-Transportern (ein Achtel der gesamten sowjetischen Transportkapazität) Waffen und Munition im Wert von einer Milliarde Dollar nach Addis Abeba. An Bord der Maschinen befanden sich auch – was den Konflikt ungemein ausweitete – 17000 kubanische Soldaten. General Wasili Iwanowitsch Petrow, stellvertretender Kommandeur der sowjetischen Streitkräfte, kam persönlich ins Land, um den Abwehrkampf der Äthiopier gegen Somalia zu befehligen.

Die Drohung des Sowjetbotschafters in Addis Abeda, Georgi Samsonow, »den Somalis eine Lektion zu erteilen, die sie nie vergessen werden«, wurde rasch wahr gemacht. Das Expeditionskorps trieb die Angreifer aus dem Ogaden. Seither gibt es dort nur noch Guerillavorstöße mit denen Äthiopien zur Zeit gut fertig wird. Gelegentlich rasselt Mengistu mit den Waffen. 11000 Kubaner befinden sich allerdings immer noch in diesem Land, das Moskaus größten Erfolg in Afrika darstellt. Sie sind in Dire Dawa, nicht weit vom Ogaden, stationiert. Etwa 4000 sowjetische Militärberater und 2500 Polizeiexperten aus der DDR sorgen für die innere Stabilität Äthiopiens.

Inzwischen vermögen bereits 37 Prozent der Äthiopier zu lesen und zu schreiben. Die Terrorzeit des Regimes ist zu Ende, und das Sozialgefüge des de facto aus Stammesgebieten und nicht aus politischen Einheiten bestehenden Landes beginnt gerechter zu werden. Ansonsten sind jedoch überwiegend Mißerfolge zu vermelden. Die spektakulär eingeleitete Landreform hat die Produktion nicht steigen lassen. Äthiopien muß nach wie vor Grundnahrungsmittel einführen. Unabhängigkeitsbewegungen kämpfen neben dem Ogaden (wo die Mehrzahl der Bevölkerung auch jetzt noch somalischen Ursprungs ist) in Eritrea, Tigre und in den südlichen Landesteilen. Äthiopien franst von allen Seiten her auf und seine Schulden im Ostblock werden immer höher (allein zwei Milliarden Dollar für Waffen).

Der Alltag der äthiopischen Bevölkerung läuft unter trister sozialistischer Fassade und mit den obligatorischen Masseneinrichtungen – bis zum kollektiven System in Wohnblöcken – ab. Immer wieder zeigt sich jedoch, daß die Partnerschaft mit dem Ostblock ein Zweckbündnis ist, da Mengistu und seine Getreuen in der regierenden Dergue-Einheitspartei im Grunde genommen eher den Westen favorisieren. Bekanntlich wurde ein Großteil der äthiopischen Führungsschicht in den USA ausgebildet. Das läßt sich nicht spurlos ablegen. Wie Samora Machel von Mozambique, am südlichen Ende des »Krisenbogens«, so hat auch Mengistu schon vor einiger Zeit damit begonnen, Signale zu möglichen neuen Partnern auszuschicken. Es ist also nicht ausgeschlossen, daß die Sowjets auch hier ihre Stützpunkte räumen müssen, sobald die Äthiopier – wie seinerzeit die Somalis – in der Lage sind, ihre zahlreichen Probleme mit Hilfe finanzkräftigerer Freunde zu lösen.

Bis dahin brauchen sich die Kremlherren jedoch nicht um den Bestand ihrer weiträumigen Anlagen auf den Dahlak-Inseln und auf Perim im Roten Meer zu sorgen. Dort besitzen sie Hubschrauber-Landeplätze, ein Trockendock zur Schiffsreparatur, Versorgungseinrichtungen für die Marine und einen vor den Unbilden der Witterung geschützten Hafen. Sowjetschiffe werden auch in den Häfen Assab und Massawa gesichtet. In Asmara haben die Russen den ehemaligen Flughafen sowie die Kommunikationsanlagen der Amerikaner übernommen und starten von hier Aufklärungsflüge.

Diese Stützpunkte sind eng mit den Brückenköpfen in der Demokratischen Volksrepublik Jemen, nur wenige Flugminuten jenseits der Straße von Bab el-Mandeb, verknüpft. In Aden, der Hauptstadt des Südjemen, unterhalten die Sowjets große Hafenanlagen und ein militärisches sowie geheimdienstliches Kommunikationszentrum. Sie benutzen den internationalen Flughafen von Khormaksar. Vor der Küste der arabischen Halbinsel, und noch zum Südjemen gehörend, liegt die Insel Sokotra. Dort besitzen die Russen einen Hafen, der von den meisten Schiffen im Indischen Ozean als Zwischenstation angelaufen wird. Im Südjemen erfüllt sich die Voraussage des namhaftesten Publizisten der arabischen Welt, Mohammed Hassanein Heikal – einst Nassers engster Vertrauter –, wonach die Sowjets in der arabischen Welt nicht lockerlassen werden, auch wenn sie zwischendurch Mißerfolge hinnehmen müssen. Heikal wörtlich: »Erfolge in Afrika ändern nichts an der Tatsache, daß die große sowjetische Offensive in der arabischen Welt gescheitert ist. Die Offensive wurde nicht nur zum Stillstand gebracht – sie wurde zum Rückzug genötigt. Doch stellt dieses Scheitern nur ein Kapitel in der Geschichte der Beziehungen zwischen den Arabern und der Sowjetunion dar. Es bedeutet nicht ihr Ende, denn es ist ausgeschlossen, daß die Sowjetunion sich jemals von den Vorgängen in der arabischen Welt isoliert. Aus klar zutage liegenden historischen und strategischen Gründen wäre es ganz falsch, wenn sie das versuchte.«

Aden war, wegen seiner idealen strategischen Lage an der Südspitze der arabischen Halbinsel, bei den Kolonialmächten immer schon sehr begehrt. Zu Beginn des 19. Jahrhunderts übernahmen die Engländer die unwirtliche, feuchtheiße Küstenregion mit den dahinter schroff aufsteigenden Bergen. 1839 wurde Aden Kronkolonie mit einem Gouverneur an der Spitze. Ab 1959, als der Rückzug der Briten östlich von Suez schon im Gange war, versuchte

London, eine Südarabische Föderation zu schaffen, an der auch Aden beteiligt sein sollte. Dagegen wandten sich die beiden Unabhängigkeitsbewegungen der Kolonie. Schließlich dominierte die linksgerichtete Nationale Befreiungsfront (NLF). Sie proklamierte nach dem endgültigen Abzug der Engländer am 30. November 1967 die Volksrepublik Südjemen. Die Linken konnten auch den anschließenden Bürgerkrieg gegen die Front für die Befreiung des besetzten Südjemen (eine von Ägypten unterstützte Bewegung aus dem Nordjemen) gewinnen.

Seit Dezember 1970 heißt der Südjemen Demokratische Volksrepublik Jemen. Das marxistische-leninistische System bekriegte von Zeit zu Zeit den stärker an islamischen Werten orientierten Norden und unterstützt die gegen Sultan Qabus von Oman gerichtete Rebellenbewegung sowie die Feinde des saudischen Königshauses. Der Südjemen wird von einem Obersten Volksrat mit 101 Mitgliedern regiert. Durch die neue Verfassung von 1978 wurde das Amt des Präsidenten abgeschafft. Das Land steht seither unter der Führung des Generalsekretärs der Sozialistischen Partei Jemens und des Vorsitzenden des Obersten Volksrates. Beide Ämter verkörpert Moskaus Freund Ali Nasser Mohammed in Personalunion.

Im Oktober 1979 schloß der Südjemen einen bis zum Jahr 2000 gültigen Freundschaftsvertrag mit der Sowjetunion und einen ähnlichen auch mit der DDR. Daraufhin strömten noch mehr russische und ostdeutsche Militärexperten ins Land. Zusammen mit den ebenfalls präsenten Kubanern sollen hier etwa 10 000 Mann aus dem Ostblock stationiert sein. Seit Jahren bauen sie ihre Horchposten aus und lassen das »arabische Kuba« zur gewichtigsten sowjetischen Flotten- und Luftwaffenbasis an den Ufern des Indischen Ozeans werden. Die Luftbrücke von Moskau über Kabul nach Aden und Addis Abeba führt weiter bis Mozambique, wo die UdSSR-Kriegsschiffe in Maputo, Beira und Nacala liegen.

Die 15 000 Mann umfassende Armee des südlichen Jemen ist modernst ausgerüstet. Sie besitzt Panzer des Typs T-62, Raketenartillerie und eine raketengelenkte Flugabwehr. In den Leitständen sitzen Russen und Kubaner, da die einheimischen Soldaten häufig mit der komplizierten Technik nichts anfangen können. Kurz vor dem Einmarsch in Afghanistan verlegten die Sowjets zusätzlich noch mehrere Staffeln Düsenjäger und Kampfhubschrauber auf ihren »stationären Flugzeugträger« am Rande der Wüste. Der Südjemen ist ein permanenter Risikofaktor für die ganze Region. Gelegentlich unterstreicht dies sein Staatschef durch Drohungen:

»Es ist unmöglich, das Feuer einer Revolution zu löschen, sobald die Zeit dafür reif ist.« Nach Auffassung des Kremls läßt es sich auch jederzeit entfachen.

US-Aufmarsch am Indischen Ozean

Der sowjetische Überfall auf Afghanistan hat in der gesamten Region und auch weltweit einen Mechanismus ausgelöst, der inzwischen immenses Eigenleben entfaltet. Es begann am 5. Januar 1980, als der US-Senat die Ratifizierung des SALT-II-Abkommens verschob. Präsident Jimmy Carter bekundete am Fernsehschirm, eine Woche Afghanistan habe seine Meinung über die Glaubwürdigkeit der Russen nachhaltiger verändert als zweieinhalb Jahre Regierungszeit. Er gab bekannt, daß er den Verkauf von fortgeschrittener Technologie sowie von Getreide an die UdSSR stoppen werde. Die sowjetischen Fischereirechte vor den Küsten Nordamerikas würden größtenteils widerrufen, Kulturprogramme abgesagt und die geplanten Konsulate in Kiew und New York als gegenstandslos betrachtet. Der erbitterte Carter deutete bereits in diesem frühen Stadium an, daß sein Land wahrscheinlich zum Boykott der Olympischen Spiele von Moskau aufrufen werde.
Am 6. Januar 1980 fand eine Dringlichkeitssitzung des Weltsicherheitsrates der Vereinten Nationen statt. 51 Staaten hatten den Antrag unterstützt. Erstmals zeigte sich deutlich, wieviel Prestige die Sowjetunion durch ihre Afghanistan-Aktion in der Dritten Welt verloren hatte. In der ersten von insgesamt drei Debatten der UN-Vollversammlung über die Besetzung des südasiatischen Pufferstaates brachten vor allem Entwicklungsländer Verurteilungsanträge und Protestresolutionen ein. Bei der Abstimmung am 14. Januar verlangten die Kritiker Moskaus mit 104 gegen 18 Stimmen bei 18 Enthaltungen und zwölf abwesenden Mitgliedern (von insgesamt 152) den »sofortigen, bedingungslosen und vollständigen Rückzug aller ausländischen Truppen aus Afghanistan«. Die Bewegung der blockfreien Staaten bezeichnete die Sowjetunion als »Aggressor«, was es bisher noch nie gegeben hatte. Nur neun Mitglieder der Organisation stimmten gegen die UNO-Resolution. Auch Kubas Prestige nahm Schaden, da Fidel Castros Inselstaat den Einmarsch in Afghanistan verteidigte. Der bärtige Exrevolutionär war zu dieser Zeit gerade Vorsitzender der Blockfreien-Bewegung. Wegen seiner Haltung wurde ihm nun die erforderliche

Zweidrittelmehrheit versagt, mit der Kuba als Vertreter Latein-amerikas in den UN-Sicherheitsrat hätte einziehen können.

Sowjetbotschafter Oleg Trojanowski betonte vor der UNO, bei der Entscheidung Moskaus, in Afghanistan einzugreifen, handle es sich um eine Bitte der Regierung in Kabul und um einen ausschließlich internen Vorgang. »Wir protestieren entschieden gegen die Einberufung des Sicherheitsrates zur Erörterung der sogenannten Frage über die Lage in Afghanistan«, stieß Kabuls Außenminister Schah Mohammed Dost nach. Diese Einberufung sei eine direkte Einmischung in Afghanistans innere Angelegenheiten und widerspreche der Charta der Vereinten Nationen. Der Außenminister scheute nicht davor zurück, der Sowjetunion im Angesicht der Vertreter aller Staaten für ihren Einmarsch zu danken. Niemand werde sein Land an der Ausübung des Selbstbestimmungsrechtes hindern können, fügte er ergänzend hinzu.

Am 13. Januar 1980, dem Tag vor der Abstimmung in der Vollversammlung, konnte sich auch Leonid Breschnew nicht mehr zurückhalten. Auf Fragen eines *Prawda*-Korrespondenten antwortete er unter anderem so: »Als sich Afghanistan an uns wandte, stützte es sich auf die eindeutigen Grundsätze des Vertrages über Freundschaft, gute Nachbarschaft und Zusammenarbeit, der zwischen Afghanistan und der UdSSR im Dezember 1978 abgeschlossen worden war. Es stützte sich auf das in Übereinstimmung mit der UNO-Charta stehende Recht eines jeden Staates auf individuelle und kollektive Selbstverteidigung, ein Recht, das andere Staaten schon wiederholt für sich in Anspruch genommen haben. Uns fiel der Beschluß zur Entsendung sowjetischer Militärkontingente nach Afghanistan nicht leicht. Aber das ZK der Partei und die sowjetische Regierung handelten im vollen Bewußtsein ihrer Verantwortung. Sie berücksichtigten dabei alle Umstände. Die einzige Aufgabe, die vor den sowjetischen Kontingenten steht, ist die Unterstützung der Afghanen bei der Abwehr der von außen kommenden Aggression. Diese Kontingente werden aus Afghanistan vollständig abgezogen, sobald die Gründe entfallen, die die afghanische Führung bewogen haben, um ihr Eingreifen zu bitten.«

Von den islamischen Ländern sprach sich in diesen Tagen ausschließlich der Südjemen zugunsten Moskaus aus. Sogar Syrien, Libyen und Algerien schwiegen schamhaft. Der Irak, dessen Hafen Umm Qasr am nördlichen Ende des Persischen Golfes ebenfalls zum strategischen Gefüge der Sowjets gehörte, ignorierte die zehnjährige Freundschaft mit dem Kreml. Präsident Saddam Hussein

Amerikanische und ägyptische Truppen bei ihrem alljährlichen gemeinsamen Manöver in der Wüste. Die Kooperation der Militärpartner wird mit großem Aufwand geprobt, da im Nahen Osten die Kriegsgefahr wächst.

bezeichnete die Intervention als einen »schweren Fehler«, der »unentschuldbar« sei. Sowjetnachbar Persien setzte ebenfalls Zeichen. Der damalige Präsident Abolhassan Bani Sadr erklärte freimütig: »Die iranische Revolution setzt den Kampf sowohl gegen den sowjetischen als auch gegen den amerikanischen Imperialismus fort. Ich betone jedoch, daß die unmittelbarste Bedrohung für den Iran von den Sowjets ausgeht. Sie stehen vor unserer Tür. Wenn es ihnen gelänge, die warmen Gewässer zu erreichen, dann würden sie nicht nur den Iran, sondern den ganzen Nahen Osten und den indischen Subkontinent beherrschen. Deshalb betrachte ich es als Pflicht des Irans, dem afghanischen Volk so schnell wie möglich Hilfe in vielfacher Form – finanziell, militärisch, diplomatisch und auf dem Gebiet der Lebensmittelversorgung – zu gewähren.«

Vom 27. bis 29. Januar 1980 tagten die Außenminister der Islamischen Konferenz in Islamabad. An der Sondersitzung nahmen 36 der 42 Mitglieder teil. In zahlreichen Reden und mit der Schlußresolution verurteilten die Delegationen die »sowjetische militärische Aggression gegen das afghanische Volk«. Sie forderten ebenfalls den »unverzüglichen und bedingungslosen Abzug« der fremden Truppen. Interessanterweise erklärten sie sich auch mit Präsident Carters Forderung, die Olympischen Spiele des Sommers 1980 zu boykottieren, solidarisch. Nur Algerien, Senegal, der Irak und der Iran wollten sich dazu nicht eindeutig äußern. Syrien und der Südjemen hatten die Tagung von vornherein gemieden. Ein Antrag Somalias führte darüber hinaus zu einer Verurteilung der »Präsenz militärischer Streitkräfte der Sowjetunion und einiger ihrer Verbündeten am Horn von Afrika«. Auch diese sollten »vollständig und bedingungslos« abziehen. Schließlich wurde die Mitgliedschaft Afghanistans in der Islamischen Konferenz suspendiert.

Nun folgten die militärpolitischen Maßnahmen des Westens. Menschenrechtsverteidiger Jimmy Carter vergaß alle Vorbehalte gegen Zia ul-Haq und sicherte Pakistan Waffen- und Wirtschaftshilfe in Höhe von 400 Millionen Dollar zu. Der Türkei offerierte er 450 Millionen Dollar. Auch Israel und Ägypten kamen in den Genuß amerikanischer Zuwendungen. Der britische Außenminister Lord Carrington hinterließ bei seinem Besuch in Islamabad weitere Gelder. Die Chinesen kündigten gleichfalls an, sich an der Hilfe für den armen Frontstaat an der Ostgrenze Afghanistans beteiligen zu wollen.

Mit seiner »Carter-Doktrin« gab der Präsident aus Georgia fünf Maßnahmen bekannt, die damals noch kaum jemand richtig werten konnte. Als erstes kündigte er eine Verstärkung der amerikanischen See- und Luftstreitkräfte im Indischen Ozean und im Persischen Golf an. Außerdem würden die USA ihre Verteidigungsausgaben um fünf Prozent steigern und sich um neue Militärbasen in der gesamten Region bemühen. Pakistan dürfe in jeder Lage auf US-Unterstützung vertrauen. Es bekäme auch in Zukunft wirtschaftliche und militärische Hilfe. Im übrigen strebe Washington mit allen Ländern, die im Mittleren Osten relevant seien, eine Zusammenarbeit in Sicherheitsfragen an. Hinter den Kulissen wurde der lange Zeit an die Kette gelegte Geheimdienst CIA reaktiviert. Carter stellte auch ein Ultimatum: Wenn die Sowjetarmee nicht bis zum 20. Februar 1980 aus Afghanistan abziehe, werde der Olympiaboykott nicht mehr zu verhindern sein. Bekanntlich lief dieser Termin ohne Moskauer Reaktion ab. Die Sowjets und ihre Freunde erhielten ihr privates Sportfest.

1800 US-Marines setzten sich zum Persischen Golf in Bewegung, um die dortigen Einheiten zu verstärken. Gleichzeitig begannen die USA, leichte Waffen an die afghanischen Mudschaheddin zu liefern. Die Unterstützung blieb aber stets nur halbherzig, gerade ausreichend, um die UdSSR-Truppen hinzuhalten. Statt dessen lief jedoch eine Aufrüstung und Neustrukturierung der eigenen Streitkräfte an, die bis heute noch nicht endgültig abgeschlossen ist.

Plötzlich erkannten die Amerikaner, wie wenig wahrscheinlich ein großer Krieg in Europa ist, wie sehr sich die Gefahr in den Mittleren Osten verlagert hat. Sie merkten auch, daß der Marine wieder mehr Bedeutung zukam als beispielsweise den Panzertruppen. Die schon 15 Jahre andauernden Bemühungen des russischen Bären, besser schwimmen zu lernen, wurden schlagartig als gefährliche Taktik, als neue Spielart des Ost-West-Konflikts erkannt. Auch der heutige US-Verteidigungsminister Caspar Weinberger hängt dieser Vorliebe für die Flotte an und forderte die Stärkung der Kriegsmarine. Er verglich den amerikanischen Bestand mit dem der Sowjets und kam zu dem Schluß, daß die USA auf den sieben Meeren zuwenig intensiv vertreten seien. Deshalb fiel bei der größten Steigerung der US-Militärausgaben seit dem Zweiten Weltkrieg – bis 1986 ist eine Verdoppelung auf 343 Milliarden Dollar vorgesehen – der Marine das größte Stück des Kuchens zu.

Caspar Weinberger bei einem Besuch der Marinebasis Norfolk in Virginia: »Selbst im Zeitalter der Raumfähre sind die Ozeane, die uns in Ost und West umgeben, weit und tief. Viele unserer wichtigsten Verbündeten und Freunde sind, wie wir, abhängig vom Öl und anderen unentbehrlichen Ressourcen, strategischen Mineralien, die es Tausende Meilen entfernt von unseren Häfen, unseren Heimen, unseren Fabriken gibt. Die Lebenslinie unserer modernen industriellen Gesellschaft läuft durch diese großen und offenen Ozeane. Die amerikanische Flotte ist in den letzten Jahrzehnten des 20. Jahrhunderts für die freie Bewegung des Handels auf offener See sogar noch wichtiger als im 19. Jahrhundert. Wir müssen – und wir werden – Flottenüberlegenheit haben.«

Ab 1968 hatte die US-Rüstung überwiegend auf Raketen aller Art vertraut. Die Marine war immer bedeutungsloser geworden, die Flottenstärke von rund 1000 auf 460 Schiffe gesunken. Auch die Giganten der Meere, die Flugzeugträger, wurden einer nach dem anderen eingemottet. Zum Schluß blieben, bevor die militärische Neuorientierung begann, nur noch 13 übrig. Inzwischen sind die Bauprogramme für neue Kriegsschiffe angelaufen. Präsident Ronald Reagan will den Bestand der Navy auf 600 Schiffe erhöhen. Vor allem im Indischen Ozean soll das neue Modell der Vorwärtsverteidigung zur See ausgebaut werden. Da die Flugzeugträ-

ger heutzutage leicht verwundbar sind, werden sie mit neuentwik-
kelten Waffensystemen geschützt, darunter auch die Tomahawk-
Cruise-Missile. Mit seinem Konzept will Reagan totale militärische
Überlegenheit erzielen. Beginnen soll alles mit einem bereits jetzt
von Florida aus organisierten Einsatzsystem. Die Vereinigten Staaten bauten, durch die iranische Revolution und den Sowjetein-
marsch in Afghanistan beschleunigt, eine »Schnelle Eingreiftruppe« (»Rapid Deployment Force«) auf. Der Oberkommandierende
der Pazifikflotte, Admiral Robert Long, hat dem Wehrausschuß in
Washington erklärt, worum es geht: »Wir können nicht die Vertei-
digungspolitik der Nation auf einer Strategie aufbauen, die den
Indischen Ozean und den westlichen Pazifik den Sowjets konze-
diert. Mit ihrer großen militärischen Stärke in Afghanistan und
dem Gebrauch von Einrichtungen für Luftwaffe und Flotte in
Äthiopien und im Südjemen entwickeln die Sowjets eine substan-
tielle Präsenz rund um den Indischen Ozean.«
Die Geschichte der Eingreiftruppe reicht in das Jahr 1960 zurück.
Damals hatte das Pentagon bereits Planspiele mit einer fiktiven
Kampfeinheit, die in kürzester Zeit jeden Krisenherd der Erde
erreichen könnte, durchgeführt (Überlegungen aus den ersten
Nachkriegsjahren lagen zugrunde). Doch während des Vietnam-
Krieges und auch in den Jahren danach war kaum Zeit, solche
Pläne weiterzuverfolgen. Im Bereich des Persischen Golfes, der
heute gefährlichsten Krisenzone, wachte bis 1979 der Schah. Er
war vom Weltpolizisten Washington als Distrikt-Sheriff eingesetzt
worden. Ungeachtet dessen dachten die Militäranalytiker in den
USA über die ab 1973 immer schneller steigenden Ölpreise nach.
Man kam zu dem Schluß, daß es eines Tages vielleicht notwendig
sei, die Ölfelder im Handstreich zu besetzen, um die eigene Versorgung sicherstellen zu können. 1977 diskutierten sie wieder einmal über die militärischen Fähigkeiten der Vereinigten Staaten.
Dabei fand die Idee der RDF, wie ihr Kurzname ab sofort lautete,
Eingang in die generelle Planung. Jimmy Carter segnete den Vorgang mit der Präsidentendirektive Nummer 18 ab.
Zunächst wurde eine mobile Truppe mit nur zwei Armee- und
einer Marinedivision genehmigt. Nach den Ereignissen des Jahres
1979 mußte dann alles sehr schnell gehen. Robert Komer, einer
der Hauptverantwortlichen im Pentagon und Planer der »Rapid
Deployment Force« unter Carter: »Zwischen der sowjetischen Invasion in Afghanistan und dem Ende der Carter-Regierung haben
wir unsere Eingreifkapazität rascher ausgebaut als ich es je in Frie-

Einheiten des amerikanischen Central Command üben in Ägypten und überfliegen die Pyramiden. Pentagon-Zitat: »Die Golfregion ist das Cockpit der globalen Krise in den achtziger Jahren.«

denszeiten erlebt habe – und ich bin seit dem Zweiten Weltkrieg immer dabei gewesen.« Im März 1980 eröffnete Präsident Carter das Hauptquartier für die Eingreiftruppe. US-Diplomaten im gesamten Raum zwischen Marokko und Pakistan begannen Verhandlungen über Stationierungsrechte.

Drei Monate nach dem Beginn der Afghanistan-Krise gehörten der RDF bereits 220000 Mann (plus Reserven) aus bestehenden Einheiten an. Es zeigte sich, daß die »Schnelle Eingreiftruppe« keine eigens rekrutierte Formation war, sondern eine Mischung aus besonders gut trainierten Einheiten von Armee, Luftwaffe, Navy und Marineabteilungen, die normalerweise anderen Teilstreitkräften zugeordnet sind. Zur letzteren Kategorie zählen beispielsweise das in die Sinai-Friedenssicherung integrierte Bataillon der 82. Luftlandetruppe und die vorübergehend im Libanon stationierten Marineinfanteristen. Alle Einheiten kennen ihre Aufgaben und müssen sich im Krisenfall für das Kommando des Generalleutnants Robert C. Kingston, der die Eingreiftruppe von seiner Schaltstelle auf der Mac-Dill-Luftwaffenbasis in Florida aus befehligt, zur Verfügung halten.

Am 25. September 1982 zitierte die *New York Times* die Aussage des Korea- und Vietnam-Veteranen Kingston, daß seine Organisation »klare Autorität und Verantwortung für die militärischen Aktivitäten der Vereinigten Staaten im Persischen Golf und in Südwestasien« habe. Seine Eingreiftruppe expandiere außerordentlich rasch. Die Armeedivisionen seien auf fünf aufgestockt worden, außerdem gebe es nun zehn taktische Kampfgeschwader der Luftwaffe. 1984 soll auch eine zweite Marinedivision zur Verfügung stehen.

Bis Januar 1983 erweiterte das Hauptquartier des Kommandos sein Personal von 260 auf 1100 Mitarbeiter. Dazu gehört auch ein Kaplan, der die 200 Geistlichen der angeschlossenen Einheiten beraten soll. Er hat unter anderem die Aufgabe, Operationsbefehle nach ihrem moralischen Stellenwert zu untersuchen. »Wir wollen keine weiteren My Lais entstehen sehen«, lautete die Begründung eines darauf angesprochenen Offiziers. Keine Diskussionen gibt es dagegen über die moralische Bewertung der taktischen Atomwaffen, über die Einheiten der Eingreiftruppe in großer Zahl verfügen. Zusammen mit ihnen wurden General Kingston 28 Bomber des Typs B-52H, Tankflugzeuge und Aufklärungsmaschinen des Strategischen Luftkommandos unterstellt. Der Aufrüstungskritiker Daniel Ellsberg bezeichnete die Truppe als »transportables Dien Bien Phu«. Damit spielte er auf das 1954 von den Vietminh umzingelte und später zerstörte Fort in Nordvietnam an. Nach Ansicht von Pentagon-Strategen hätte der von französischen Truppen verteidigte legendäre Stützpunkt durch die Androhung nuklearer Gegenwehr gerettet werden können. Noch heute bedauern es die Amerikaner, daß das Angebot des damaligen Außenministers John Foster Dulles, drei taktische Atomwaffen zu verleihen, von Frankreichs Premier Georges Bidault nicht angenommen wurde. Die »Schnelle Eingreiftruppe« ist also, um es klar zu sagen, keine Alternative zur Strategie der »Flexible Response«, sondern ein Schlüsselfaktor der neuen US-Doktrin, die allem Anschein nach auf dem nuklearen Erstschlag basiert.

Sowohl Verteidigungsminister Weinberger als auch sein Dienstherr Reagan wollen den Erstschlag nicht ausschließen, bauen aber zunächst auf die abschreckende Wirkung ihrer gewaltigen Aufrüstung am Indischen Ozean. Im Jahresbericht des Pentagon für 1983 vermerkte Weinberger: »Besonders für die Region am Persischen Golf basiert unsere Taktik auf dem Konzept, daß die Aussicht, mit den USA und ihren befreundeten Staaten in Kriegszustand zu geraten, und daß wir einen solchen Krieg vielleicht noch in andere Arenen tragen könnten, die wirksamste Abschreckung gegenüber sowjetischer Aggression ist.« Ähnliches hat auch General Kingston erklärt: »Meine Planung bezieht eine sowjetische Intervention in diesem Raum ein – wir denken an mindestens 20 sowjetische Divisionen. Meine Aufgabe ist es dann nicht, die UdSSR zu besiegen, sondern rasch Streitkräfte an den Ort zu bringen und die Sowjets wissen zu lassen, daß sie bei einem weiteren Vormarsch gegen die Vereinigten Staaten kämpfen müßten. Und das ist etwas, was sie sich zweimal überlegen werden.«

Pentagon-Offizielle kalkulieren, daß sie diese dünne rote Linie, deren Überschreiten auch die Gefahr des Atomkrieges einschließt, in 48 Stunden legen könnten. Das heißt, so lange würde es dauern, bis ein Luftlandebataillon aus den USA am Golf einträfe. Die Kampfeinheiten einer leichten Division wären in zwei Wochen an der Front. 45 Tage würde man benötigen, um fünf bis sieben Divisionen in die Region zu fliegen. Das sind die Zahlen des Jahres 1982. Bis 1987 sollen allerdings etwa 22 Milliarden Dollar ausgegeben werden, um die Transportmöglichkeiten in der Luft und zur See auszubauen. Die USA wären dann – gemäß den Planspielen des Pentagon – ab diesem Zeitpunkt in der Lage, zwei Divisionen mit sämtlichem Gerät in 19 Tagen an den Golf zu hieven, fünf bis sieben Divisionen in nicht mehr als 30 Tagen (die dazu notwendigen Schiffe und Flugzeuge entstehen gerade). Wenn eine entsprechende Frühwarnung vorläge – anders als im Fall Afghanistan –, wäre diese Frist ausreichend. Im Krisengebiet würde die US-Truppen ein engmaschiges Netz von Militäreinrichtungen erwarten. Denn immer mehr Staaten des Nahen und Mittleren Ostens sowie Nordafrikas kooperieren mit Washington. Sie vergeben Stationierungs- und Landerechte.

Der nächstgelegene Brückenkopf für die Eingreiftruppe aus den USA ist Marokko. Als Gegenleistung für mehr Hilfe im Krieg gegen die Guerillas der Polisario, der in der Sahara immer noch andauert, und für US-Waffen (Gesamtwert 1983: 100 Millionen Dollar) hat König Hassan den Zugang zu marokkanischen Militärbasen geöffnet. Die Amerikaner geben derzeit 20 Millionen Dollar aus, um die Luftwaffenstützpunkte Sidi Sliman und Mohammed V. für ihre Zwecke auszubauen. Schiffe der 6. Flotte benutzen bereits den Hafen Tanger. Schon 1978 haben Maschinen der US-Luftwaffe marokkanische Truppen in die aufständische Shaba-Provinz von Zaire geflogen. Eine Militärkommission beider Staaten tagt regelmäßig. Der 1982 geschlossene erste Vertrag besitzt eine Laufzeit von sechs Jahren.

Die USA sind auch dabei, Tunesien aufzurüsten. Ministerpräsident Mohammed Mzali begleitete seinen Verteidigungsminister im April 1982 nach Washington. Dort erhielten sie ein Darlehen zum Kauf von Waffen in Höhe von 85 Millionen Dollar. Seit dem Ausbruch innerer Unruhen und einer von Libyens Kadhafi gesteuerten militärischen Intervention im Süden des Landes sind Washington und Tunis enger zusammengerückt. Staatschef Habib Burgiba soll zugestimmt haben, daß die Amerikaner im Ernstfall tunesische Militäranlagen benutzen dürfen.

Ihr bedeutendster Gastgeber im Nahen Osten ist jedoch Ägypten. Etwa 300 US-Militärberater bilden bereits ägyptische Truppen aus. 200 Zivilberater koordinieren gemeinsame Interessen. Die Amerikaner haben eigene Einrichtungen in den Luftwaffenbasen Kairo-West wie in Qena (Oberägypten). 200 Millionen Dollar sind für die Erneuerung des Hafens Ras Banas bereitgestellt. Die Kooperation begann noch unter Anwar el-Sadat. Er leitete sie mit einem Brief an den US-Präsidenten ein, und sein Nachfolger Hosni Mubarak hält sich an die getroffenen Vereinbarungen. Ein formeller Vertrag existiert nicht. Washington honoriert seine Freunde am Nil mit hohen Beträgen. 1982 erhielt Ägypten wirtschaftliche und militärische Hilfe (inklusive Lebensmittel) im Wert von 1,9 Milliarden Dollar. 1983 soll der US-Aufwand zwei Milliarden Dollar überschreiten. Davon entfallen allein 400 Millionen auf nichtrückzahlbare Militärkredite.

Wegen der inneren Situation des Sudan wurden schon mehrmals Truppen des Kingston-Kommandos in Alarmbereitschaft versetzt. Meistens hatte Präsident Numeiri gegen eine vermeintliche libysche Intervention um Hilfe gerufen. In Wahrheit handelte es sich jedoch um Unruhen, die auf seine eigenen innenpolitischen Fehler – zum Beispiel Mangel an Nahrungsmitteln – zurückzuführen waren. In den Jahren 1982 und 1983 sah das Washingtoner Ausgabenbuch jeweils 100 Millionen Dollar an Militärhilfe für den desolaten Staat vor. Bisher dementierte Präsident Numeiri regelmäßig, daß er den Amerikanern freien Zugang in den Sudan verschaffen werde. Still und leise wurde jedoch der US-Marine erlaubt, die Hafenanlagen von Port Sudan zu benutzen. Im Januar 1983 kündigte Numeiri schließlich an, er wolle den US-Streitkräften Basen genehmigen, wenn sie der sudanesischen Armee Kasernen und Flughäfen bauen würden. Dieses Angebot, so schränkte er ein, bedeute jedoch nicht, daß er amerikanische Truppen auf Dauer im Sudan akzeptiere.

In Israel kann die 6. US-Flotte Haifa als Stützpunkt benutzen. Jordanien ist traditionell im US-Verteidigungssystem enthalten. Im November 1982 unterschrieben die Amerikaner ein Abkommen, mit dem das Füllhorn auch über der Türkei ausgeschüttet wird: 700 Millionen Dollar Militärhilfe im Haushaltsjahr 1982 und 815 Millionen im Jahr darauf. Die Gegenleistung der Türken schließt die Modernisierung ihrer östlichen Luftwaffenbasen (wie Incirlik) und den Bau von neuen Militärflugplätzen in Konya, Van und Kars ein. Auf mehreren Luftwaffenstützpunkten werden die Landebahnen verlängert sowie Depots mit Treibstoff und Ausrüstungsgegenständen der Eingreiftruppe angelegt.

Die Saudis, deren Ausrichtung zum Westen so groß ist wie ihre panische Angst vor den Russen, haben sich dennoch bislang geweigert, den Amerikanern Lande- und Depotrechte zuzugestehen. Washington darf auch seinen früheren Stützpunkt Dahran nicht mehr benutzen. Dafür gibt es aber 1000 US-Berater in den ohne fremde Hilfe nicht einsatzfähigen saudischen Streitkräften. Sie bedienen vor allem die für 8,8 Milliarden Dollar gekauften fünf AWACS-Überwachungsflugzeuge und anderes kompliziertes Gerät. Damit besitzen die Amerikaner ein hochsensibles Kontrollsystem vor Ort, das gemäß einer Vereinbarung auch Daten für das Pentagon liefert. Eine enge Verbindung zur Luftverteidigung des gegen den aggressiven Iran gebildeten Golf-Kooperationsrates dient ebenfalls als verlängerter Arm der Amerikaner. Im Krisenfall würden die Saudis sicherlich die Benutzung der riesigen, von US-Experten gebauten Militärkomplexe in Tabuk, Al Baten, Kehmis Misheyt und der neuen King Khaled Military City erlauben.

Washington unterhält seit vielen Jahren auch eine kleine Marinebasis im Scheichtum Bahrain. Zwischen 1949 und 1973 war diese sogar das Hauptquartier der US-Marine für den Nahen Osten. Nach dem Yom-Kippur-Krieg von 1973 sah sich Landesherr Sheikh Isa Bin Sulman al-Khalifa der wachsenden Kritik seiner arabischen Brüder ausgesetzt. Die amerikanische Präsenz im Hafen Jufair wurde deshalb etwas verringert. Heute hat die US-Flotte dort nur noch eine Versorgungseinheit mit fünf Schiffen und 65 Mann Personal stationiert, die sich zudem ausgesprochen ruhig verhält.

Da Sultan Qabus von Oman um sein Leben fürchtet und ihm zeitweise die vom Südjemen stark unterstützten Guerillas dieses sehr schwer machen, hat er den Amerikanern heimlich und geräuschlos viele Freundlichkeiten gewährt. Sie besitzen einen Stützpunkt auf der Insel Masirah, wo früher britische Einheiten lagen. Masirah wurde im April 1980 von der Eingreiftruppe als Sprungbrett für ihr schmählich gescheitertes Unternehmen zur Befreiung der Teheraner Geiseln benutzt. Bekanntlich landete die Truppe an der Salzwüste von Tabas und schaltete sich durch die Verwendung mangelhaften Geräts und ungenügende Vorbereitung selbst aus. US-Streitkräfte benutzen auch die Luftwaffenbasis Thamrit in Omans Provinz Dhofar, mit einer der längsten Landebahnen der Welt, sowie den Militärhafen von Salalah, nahe der Grenze zum Südjemen. Zusätzlich haben sie Gastrechte in den Militäranlagen von Muscat. Durch Investitionen in Höhe von 3,6 Millionen Dollar sind die Amerikaner in Khusab beteiligt, einer Basis, zu der die Marinestation auf der Musandam-Halbinsel am Eingang zur Straße von Hormus gehört.

Vertraglich liegt auch die Nutzung des kenianischen Hafens Mombasa und von zwei nahe gelegenen Flugplätzen fest. Die US-Truppen können Kenia als Glied in der großen strategischen Kette betrachten. Dafür erhalten die Ostafrikaner rund 50 Millionen Dollar Militärhilfe pro Jahr und zahlreiche F-5E-Kampfflugzeuge. Mehr als 45 Millionen Dollar flossen 1982/83 auch nach Somalia. Nun dürfen die Amerikaner die ehemalige sowjetische Marinebasis Berbera und den Stützpunkt Mogadischu in Anspruch nehmen.

Pakistan wird bis Ende 1987 Militärgüter im Wert von 3,2 Milliarden Dollar erhalten. Dabei handelt es sich unter anderem um F-16-Kampfflugzeuge. Die Benutzung pakistanischer Militäranlagen durch US-Truppen wurde bislang stets dementiert. Mehr und mehr zeigt sich jedoch, daß die Amerikaner im Ernstfall auch mit jenen Teilen der pakistanischen Streitkräfte, die in die Truppen von Saudi-Arabien und Oman integriert sind, kooperieren würden. Außerdem ist es mittlerweile ein offenes Geheimnis, daß der Ausbau eines neuen, großen Militärhafens in Gwadar (Belutschistan) – und eventuell auch in Kamran – kurz vor dem Abschluß steht. Sie sollen den Amerikanern im militärischen Gegengeschäft zukommen.

Das Kernstück des amerikanischen Aufmarsches am Indischen Ozean ist jedoch Diego Garcia, ein schmales Atoll, 1600 Kilometer südlich von Indien im Chagos-Archipel gelegen. Washington hat diesen Hauptstützpunkt von den Engländern gepachtet, die ihn auch mitbenutzen. Von hier aus lassen sich sämtliche Küsten und

1987 werden die USA in der Lage sein, zwei Divisionen in 19 Tagen an den Golf zu transportieren, fünf bis sieben Divisionen in nicht mehr als 30 Tagen. Ihre Eingreiftruppe wird immer schneller.

Schiffahrtsrouten zwischen Südafrika, Australien und dem Golf überwachen. Eine Staffel Seeaufklärer des Typs P-3 »Orion« steht dafür bereit. 600 Mann der »Seabees«, der Marinebautruppen, haben auf der winzigen Koralleninsel eine 3600 Meter lange Landebahn betoniert, die sogar die Landung von B-52-Atombombern verträgt. In der Lagune befinden sich Ankerplätze für eine ganze Marine-Einsatzgruppe mit Flugzeugträgern und Zerstörern. Bis zu 12500 Mann können rasch untergebracht und verpflegt werden. 70000 Tonnen Treibstoff sind in riesigen Tanks gebunkert.

Das ständig mit 1900 Marines besetzte Diego Garcia gilt den Amerikanern als Trumpfkarte bei der Beherrschung des Indischen Ozeans, der »Central Region«, wie sie ihn militärisch nennen. 1963 wurde das strategisch außerordentlich wichtige Atoll von General Maxwell Taylor ausgekundschaftet. Im Jahr darauf traf Taylor mit Jawaharlal Nehru zusammen und zerstreute dessen Bedenken gegen ein massives US-Engagement auf der Insel mit dem Hinweis, damit könne man einer Bedrohung Indiens durch die Volksrepublik China entgegenwirken. Danach waren auch die skeptischen Inder von der guten Sache überzeugt. 1965 wurden die 1200 Bewohner Diego Garcias vertrieben und auf entferntere Inseln umgesiedelt. So konnte 1968 der eine Milliarde kostende Ausbau des Eilands zum waffenstarrenden »stationären Flugzeugträger« beginnen.

Um Diego Garcia ist seit Jahren eine von den Sowjets geschürte Kontroverse im Gange. Die Tatsache, daß es dort eine hochmoderne Satellitenbodenstation gibt, sieben vollausgerüstete Kriegsschiffe in Bereitschaft liegen, Atombomber und Polaris-U-Boote versorgt werden, liegt ihnen schwer im Magen. Also wurden Desinformationskampagnen aller Art gestartet. Mal war die Rede von großen Giftgaslagern und zahlreichen Silos für weitreichende Raketen mit Nuklearsprengköpfen, mal von einer pakistanischen Militärdelegation, die Diego Garcia besucht haben soll. Letzteres wäre wohl im Wust der täglichen Meldungen untergegangen, hätte es nicht die Inder empört. Deshalb mußte die US-Botschaft in Neu-Delhi sofort gegensteuern. In einer Presseerklärung hieß es dazu: »Wir können unzweideutig feststellen, daß kein pakistanisches Militärpersonal Diego Garcia besucht hat ... Außerdem können wir uns keine Umstände vorstellen, unter denen das in der Zukunft passieren sollte.«

Diego Garcia war auch ein Thema der Blockfreien-Konferenz in

Neu-Delhi. Die meisten Delegierten schlossen sich der 1982 von Mauritius erhobenen Forderung nach Rückgabe der Insel an. Bekanntlich kam in diesem Staat im Frühjahr 1982 eine Allianz aus Sozialisten und der Maurizischen Militanten Bewegung (MMM) des marxistischen Gewerkschafters Paul Bérenger per Wählervotum an die Macht. Eine der ersten Forderungen des Revolutionsromantikers Bérenger war die sofortige Räumung Diego Garcias, das von Mauritius viermal soweit entfernt ist wie die Falklands von Argentinien. Im Westen vermutet man, daß Bérenger die Amerikaner nur los sein möchte, um nachher die Sowjets einquartieren zu können. Dies wäre ein gefundenes Fressen für die Moskauer Strategen. Aus diesem Grund wurde der Vorstoß von Mauritius bislang schlichtweg ignoriert.

Der Kreml bemühte sich bisher auch vergeblich, von Madagaskar den früheren französischen Stützpunkt Diego Suarez und von den Malediven die alte englische Flottenbasis Gan zu erwerben. Die Amerikaner dagegen verzeichnen auf der Habenseite zusätzlich noch ein Stützpunktabkommen mit Australien. Etwa 2000 Mann sind im Raum Perth stationiert und starten von hier aus Aufklärungsflüge über die angrenzenden Seegebiete. Die Aufklärer-Bomber kommen auch aus Guam im Pazifischen Ozean, was während der Krisenzeit Anfang 1980 besonders häufig zu Demonstrationszwecken geschah. Alle US-Aktionen werden von einem eigens in den Weltraum geschossenen Militärsatelliten gesteuert.

1983 kam ein Disput um den Inselstaat Sri Lanka auf. Präsident Junius Richard Jayewardene (»JR« genannt), kündigte nämlich an, daß er den besten Naturhafen zwischen Sidney und Suez, das an der Ostküste Sri Lankas gelegene Trincomalee, ausbauen lassen wolle. Trincomalee solle wieder »einer der wichtigsten Schiffsladeplätze der Welt« werden, wie er es schon »zu Zeiten der Römer« gewesen sei. Dieser ideale Stützpunkt kann Schiffe bis zu 30000 Tonnen aufnehmen. Im Zweiten Weltkrieg ankerten hier zeitweilig 200 Schiffe der Alliierten. Rund 100 Öltanks in den umliegenden Bergen fassen mehr als 100 Millionen Tonnen Treibstoff, eine günstige Ausgangsposition für die Lagerung von Reserven. Seit die britische Marine Ende der fünfziger Jahre auch hier abgezogen ist, wurde Trincomalee kaum mehr als Militärhafen genutzt. Erst die Amerikaner gingen 1981 mit dem Zerstörer »Cushing« vor Anker und stellten fest, daß sämtliche Einrichtungen noch intakt waren. Man müsse sie nur etwas überholen.

JR's Liebäugeln mit Washington war jedoch in Neu-Delhi längst bemerkt worden. In einer Parlamentserklärung stellte Indiens Außenminister Rao klar, daß seine Regierung »fremde Militärbasen« auf Sri Lanka als »Bedrohung des Friedens in der Region« empfinden würde. Trotzdem scheint sich die Transaktion, deren Resultat vor allem die Sowjets treffen würde und weniger die von ihnen vorgeschobenen Inder, inzwischen abzuzeichnen. Damit hätte das Pentagon seine strategische Lücke in Südasien gefüllt. Von einem Sprecher der US-Botschaft in Neu-Delhi wurde mir bei einem Hintergrunddialog über die militärischen Gegebenheiten der Region auf einer Karte verdeutlicht, wo heute noch die Schwachstellen des US-Aufmarsches im Indischen Ozean liegen. Die Stützpunkte in Pakistan sind nicht völlig ausgebaut, Zia ul-Haq ein unzuverlässiger Partner, der sich durchaus auch anders orientieren könnte. Die nächstgelegenen US-Basen befinden sich auf den Philippinen: der Clarks-Luftwaffenstützpunkt und der Marinehafen in der Subic Bay. Im Einsatzfall würden die Amerikaner kostbare Zeit verlieren, um von dort Truppen heranzuholen. Deshalb käme die Lösung mit Sri Lanka äußerst gelegen, und die Vereinigten Staaten seien bereit, dafür viel Geld auszugeben.

Um politische Rücksichtnahme geht es am Indischen Ozean schon lange nicht mehr. Seit den Ereignissen in Afghanistan rasseln Washington und Moskau mit dem Säbel und versuchen sich durch riskantes Pokern um Einflußzonen und strategische Brückenköpfe in eine günstigere Ausgangslage für die große Konfrontation – möglicherweise um den Iran – zu bringen; einen Schlagabtausch, der nach amerikanischem Verständnis bis zum Griff nach den Nuklearwaffen gehen könnte.

Der »Big Lift« wird mit allen seinen Konsequenzen schon lange geprobt. Zum Jahreswechsel 1980/81 erfolgte die Premiere. 1400 amerikanische GI's aus Kentucky nahmen am Manöver »Bright Star« in der ägyptischen Wüste teil. Während der zwölf Tage dauernden und 25 Millionen Dollar kostenden Operation funktionierte alles Nebensächliche bestens. Es gab täglich Früchte, Duschen, frische Wäsche und sogar warme Mahlzeiten nach Art der fernen Heimat. Dafür versagten in der heißen Einöde aber die Hubschrauberpiloten, ganz abgesehen von den zahlreichen technischen Pannen durch eindringenden Sand. Das amerikanische Standard-Schnellfeuergewehr M-16 erwies sich als ungeeignet für den Wüstenkrieg. Als es Sand geschluckt hatte, streikte es. Außerdem war seine Reichweite in dieser übersichtlichen Landschaft ungenügend. Die Kommandeure sehnten sich nach der sowjetischen Kalaschnikow.

Trotz dieser bedenklichen Ergebnisse scheute die Eingreiftruppe exakt drei Monate später nicht vor dem abenteuerlichen Flug in den Iran zurück. 173 Tage nach der Besetzung der Teheraner US-Botschaft versuchten Elitesoldaten, mit der Operation »Blaues Licht«, die 50 Geiseln gewaltsam zu befreien. Die Katastrophe in der Salzwüste von Tabas wies viel Ähnlichkeit mit den kurz zuvor in Ägypten gemachten Erfahrungen auf. Deshalb mußte erneut trainiert werden. Im November 1981, kurz nach Sadats Tod, übten 3000 US-Soldaten zusammen mit ihren marokkanischen Waffenbrüdern Küstenlandungen. Im Dezember nahmen 2500 GI's unter dem blumigen Namen »Jade Tiger« an Übungen in den Staaten Oman, Somalia und Sudan teil. Weitere Manöver folgten im Sommer 1982 und inzwischen auch mehrmals in der kalifornischen Mojave-Wüste, die der Sahara ähnelt.

Im August 1983 wurde der Kampfeinsatz bei Temperaturen von 40 Grad im Schatten geprobt. Mit 100 Transportflugzeugen, darunter die neuen Maschinen des Typs C-5A, wurden 5500 Soldaten von amerikanischen Stützpunkten aus an den Nil geliftet. Ein großer Teil der schweren Ausrüstung kam auf dem Seeweg an. Gleichzeitig landeten 1000 Marines in Somalia. Eine kleine Gruppe der »Special Forces« nahm an der Guerillabekämpfung in Oman teil. Bei dem bisher größten Manöver dieser Art – Code-Name »Eastern Wind« setzten die Amerikaner in Zusammenarbeit mit den lokalen Streitkräften jegliches militärische Gerät ein, das sie bieten können: F-16-Kampfflugzeuge, Kampfbomber des Typs F-111, AWACS-Frühwarn- und Kontrollflugzeuge und anderes mehr. Auch Flugzeuge der Marine beteiligten sich an dem simulierten Ernstfall. Sie starteten von den atomgetriebenen Flugzeugträgern »Eisenhower« im Mittelmeer und »Vinson« im Indischen Ozean.

Mit dieser gewaltigen Aktion war der Aufbau der amerikanischen Militärmaschinerie im Mittleren Osten in ein neues Stadium getreten. Begonnen hatte die vorläufige letzte Planungsphase am 1. Januar 1983. An diesem Tag wurde die »Rapid Deployment Force« offiziell in eine feste, übergreifende Organisationsstruktur umgewandelt – die »US Central Command« (CentCom). Das Pentagon benannte den »Krisenbogen« als ihr Einsatzgebiet. Ein Sprecher des Ministeriums stellte fest: »Die Region des Persischen Golfes ist das Cockpit der globalen Krise in den achtziger Jahren.« In einem vertraulichen Pentagon-Dokument, das amerikanischen Journalisten zugespielt wurde, steht alles noch genauer zu lesen: »Wie

immer die Umstände sein mögen, wir sollten vorbereitet sein, amerikanische Truppen gezielt in die Region zu entsenden, sobald die
Sicherheit oder der Zugang zum Persischen Golf bedroht sind.«
Das 300 000 Mann umfassende Central Command ist gleichbe-
rechtigt mit den bereits seit langem existierenden fünf anderen
Kommandobereichen, in die das Pentagon die Welt aufteilt. Bislang gehörte der Indische Ozean je zur Hälfte in die Einflußsphäre
der »Commander-in-Chief« für den Atlantik (CINCLANT) und
den Pazifik (CINCPAC). Central Command – nach wie vor von
General Robert C. Kingston befehligt – kümmert sich um folgende
Länder: Pakistan, Afghanistan, Iran, Irak, Jordanien, Saudi-Arabien, die Vereinigten Arabischen Emirate, Bahrain, Kuwait, Ka-
tar, Oman, Nord- und Südjemen, Kenia, Somalia, Dschibuti,
Äthiopien, Sudan und Ägypten. Israel, Libanon und Syrien sollen
nach wie vor in der Einflußzone des »European Command« (EU-
COM) bleiben. Die mit dem EUCOM assoziierte 6. Flotte hat ihre
Aktivitäten bereits eindeutig in das östliche Mittelmeer verlegt, um
im Einsatzfall die Durchfahrt der sowjetischen Schwarzmeerflotte
durch die Dardanellen und den Suezkanal zu verhindern.
Reagan fühlt sich mit seinem neuen »Feuerlöscher« Central Command sehr wohl. Auf die Wahrscheinlichkeit einer sowjetischen
Intervention in der Golfregion angesprochen, antwortete er: »Es
sieht so aus, als ob dies zu einer Konfrontation führen könnte ...
Aber sie [die Sowjets] werden sich nicht zu weit vorwagen, da sie
die Welt nicht in die Luft jagen wollen. Sie wollen die Welt heil
bekommen. Und sie wollen es friedlich angehen, Stück für Stück,
bis sie schließlich die Macht haben, uns vor die Wahl zu stellen,
aufzugeben oder zu sterben. Für uns gilt jedoch nach wie vor die
Tatsache, daß sie diesen Schritt nur dann wagen werden, wenn ihre
Vorherrschaft so sehr außer Frage steht, daß er kein Risiko für ihr
Heimatland bedeutet.«
Zur Zeit der Gründung des Central Command sickerte aus undich-
ten Pentagon-Stellen durch, daß man mit dem Gedanken spiele,
das Hauptquartier von der Mac-Dill-Luftwaffenbasis bei Tampa
im sonnigen Südstaat Florida in das heiße Scheichtum Bahrain zu
verlegen. Es seien nur noch detaillierte Stationierungsverhandlun-
gen notwendig. Der steinreiche Ölstaat des Emirs Isa Bin Sulman
al-Khalifa, 25 Kilometer vor der saudiarabischen Küste gelegen
und eine Art arabisches Hongkong, schien aber letztlich von der
Idee doch nicht sonderlich begeistert zu sein. Schließlich gehören
60 Prozent der 300 000 Bahrainis zum schiitischen Zweig des Islam

und hegen starke Sympathien für den Iran, wo die Amerikaner immer noch als »großer Satan« und als Staatsfeind Nummer eins gelten. Eine derart provokative Stationierung amerikanischer Einrichtungen auf der anderen Seite des schmalen Golfes würde viel politischen Ärger heraufbeschwören. Major Tom R. Shumaker, Sprecher des Central Command, teilte mir bei einem Gespräch im Sommer 1983 mit: »Die Information, daß wir unser Hauptquartier nach Bahrain verlegen wollen ist unrichtig. Ich weiß nichts davon. Es gab viele Spekulationen darüber, aber nichts Offizielles.«

Auch ohne die Eskalation eines Umzugs an den Golf sind die Sowjets bereits außerordentlich gereizt, wenn die Sprache auf Central Command kommt. In vielen Rundfunksendungen und Zeitungskommentaren haben sie sich auf die neue US-Politik im Nahen und Mittleren Osten eingeschossen. So stellte TASS-Mitarbeiter Wladimir Waschetschenko in einem Artikel mit dem Titel »Bewaffnete Einmischung« die Behauptung in den Raum, die Amerikaner würden auf ein Überspringen des iranisch-irakischen Krieges auf Saudi-Arabien hoffen, um einen Grund zum Eingreifen zu haben. Wörtlich hieß es: »Jeder spricht von den US-Intentionen, den Iran-Irak-Konflikt für eine breit angelegte Militärintervention am Persischen Golf zu nutzen, mit dem Ziel, eine imperialistische militärstrategische Vorherrschaft einzurichten.« Der TASS-Mann beschuldigte die Amerikaner sogar, die gesamte Region »aufzuweichen«, und hinterließ den Eindruck, daß eine Invasion aus dem Westen bevorstehe.

Moskaus Freunde stoßen in dasselbe Horn. Afghanistans Außenminister Schah Mohammed Dost auf der Konferenz der nichtpaktgebundenen Staaten in Neu-Delhi: »Die amerikanischen Militärvorbereitungen bedrohen nicht nur die Sicherheit der Staaten dieser Region, sondern sind auch ein Versuch, jene Staaten für expansionistische Absichten zu mißbrauchen. Aus diesem Grund müssen alle progressiven und friedensliebenden Kräfte wachsam sein und sich nicht in provokative Intrigen, die der Einheit der blockfreien Staaten schaden, verwickeln lassen.« Ähnliche Stellungnahmen sind auch von Indern leicht zu erhalten. Ich sprach den Generalsekretär der Konferenz der blockfreien Staaten auf Amerikas Central Command an. Natwar Singhs Antwort war eindeutig: »Jede Entwicklung dieser Art führt zu wachsender Unruhe in der Region und bringt einen Rüstungswettlauf, der vermeidbar wäre.« Der einflußreiche indische Publizist D. R. Goyal, den ich gleichfalls befragte, drückte die herrschende Meinung in seinem Land so aus:

»Die ›Schnelle Eingreiftruppe‹ ist eine große Bedrohung. Sie kann jeden bedrohen, und vor allem die kleinen Staaten. Sie ist eine größere Gefahr für die Menschen in Kuwait und Bahrain oder für die PLO, als für die Sowjets selber. Welches Land auch immer sein jetziges System ändern will und dabei eventuell mit der amerikanischen Auffassung in Konflikt gerät, der muß mit einem Einsatz von Central Command rechnen.«

Daß Moskau eine Konkurrenz zum Central Command aufbaut beziehungsweise bereits unter Waffen hält, wird häufig nicht gesehen oder ganz einfach unter den Tisch gekehrt. Es ist zum Beispiel weithin unbekannt, daß die Russen kurz vor dem Einmarsch in Afghanistan ein Testunternehmen durchgeführt haben. Am 12. Oktober 1979 starteten morgens um 5.30 Uhr vier Großraumtransporter des Typs Antonow 22 in der Nähe der südrussischen Stadt Kirowabad. Sie überflogen den Kaukasus und nahmen Kurs auf Syrien. Dort wurden sie aufgetankt und setzten ihren Weg entlang der arabischen Halbinsel nach Aden fort. Darauf ging es weiter nach Addis Abeba. An Bord befanden sich 800 Mann der sieben Divisionen zählenden Einsatzgruppe Nahost, dazu Panzer, leichte Waffen und Elektronik. 36 Stunden später kehrten die Maschinen wieder heim. Das Sowjetmanöver war während dieser Zeit von US-Radarstationen in der Türkei und in Saudi-Arabien sowie von einem französischen Horchposten in Dschibuti registriert worden. US-Einheiten standen in Bereitschaft. Präsident Jimmy Carter soll seinerzeit aufgeregt den Kreml kontaktiert und um Aufklärung über den Zweck der Aktion gebeten haben. Dabei ist ihm angeblich erklärt worden, der 6000-Kilometer-Trip diene lediglich Übungszwecken. Auf alle Fälle war es eine Warnung an Washington, die zeigte, daß auch die Sowjets im Orient ein ernstzunehmender Faktor sind und im Krisenfalle sofort zuschlagen könnten. Das Pentagon war beunruhigt und betrieb seine Aufrüstung noch intensiver.

Denn die 1600 Kilometer lange Zone mit den wichtigsten Ölreserven der Welt – die Amerikaner beziehen dort 34, die Europäer 61 und die Japaner 72 Prozent ihrer Ölimporte – wird von 24 Sowjetdivisionen bedroht, die im Nordkaukasus, Transkaukasus und in der Militärregion Turkestan (jenseits der iranischen Nordgrenze) stationiert sind. Es handelt sich dabei um eine Luftlande-, eine Panzer- und 22 motorisierte Schützendivisionen. Einen Großteil dieser Truppen könnte Moskau innerhalb weniger Tage in Marsch setzen, die gesamten 24 Divisionen in spätestens drei bis vier Wochen. Die Luftlandedivision wäre, nach Auffassung westlicher Militärexperten, in einigen Stunden mobilisierbar. Die Bodentruppen werden von zwei Armeen der Luftwaffe, die links und rechts des Kaspischen Meeres stationiert sind, unterstützt. Sie verfügen über rund 450 Kampfmaschinen. Davon hat die SU-24 die größte Reichweite – 1600 Kilometer. Diese Maschinen könnten ohne weiteres die Ölfelder von Abadan anfliegen.

Die Ausgabe 1982/83 des *Strategic Survey,* herausgegeben vom Internationalen Institut für strategische Studien, stellt weitergehende Überlegungen an: »Die sowjetischen Truppen in Afghanistan – etwa 100000 Mann und Luftwaffenunterstützung – bringen eine zusätzliche Dimension sowjetischer Möglichkeiten in der Golfregion. Theoretisch verschaffen sie der UdSSR das Potential, durch Irans relativ flaches östliches Plateau zur Straße von Hormus vorzudringen. Praktisch sind diese Einheiten jedoch derzeit in Afghanistan voll ausgelastet. Sie könnten die langen logistischen Verbindungswege für Operationen im Iran nicht genügend verteidigen. Solange die afghanische Opposition nicht beseitigt werden kann, liegt Afghanistans Nutzen für die Ausübung sowjetischer Macht in der Verwendung von Luftwaffenbasen, wie der von Schindand, die Backfire-Bombern erlauben würde, ihre Einsatzreichweite gegen amerikanische Marineschiffe 800 Kilometer in den Indischen Ozean auszudehnen. Außerdem könnten sowjetische Luftlandeeinheiten am Golf genutzt werden. Die Luftlandedivisionen nördlich des Iran und in Afghanistan sind Teile einer Formation von acht Luftlandedivisionen, die von Moskau aus zentral gesteuert werden. Das ist der Schwerpunkt der sowjetischen Eingreifkräfte ... Militärische Transporter könnten gleichzeitig zwei Luftlandedivisionen befördern, und Teile einer dritten würden durch die Mobilisierung von Aeroflot bewegt.« Es wird generell angenommen, daß die Sowjets in der Lage wären, eine einzelne Division 1600 Kilometer und zwei Divisionen 960 Kilometer weit zu transportieren. Bei kleineren Eingreiftruppen wäre der Radius sogar noch größer, vorausgesetzt, die Maschinen könnten zwischenlanden.

Wie bei der Nachrüstung in Mitteleuropa, gibt es auch im Einzugsbereich des Indischen Ozeans ein teilweise vom Kreml inspiriertes Propagandagetöse, dessen Zielgruppe Idealisten und Moskaus Freunde in der Region sind. Hier heißt das Zauberwort »Meer des Friedens«. Während der Konferenz der blockfreien Staaten war dies ein Begriff, der immer wieder auftauchte und den sich vor allem Indira Gandhi zu eigen machte. Was bedeutet das in der Praxis? Die UN-Resolution 2832 von 1971 – basierend auf einer Initiative der Blockfreien – hat festgestellt, daß die Entmilitarisierung des Indischen Ozeans für größere Sicherheit in der gesamten Region sorgen könnte. Nach Ansicht der USA geht dagegen die wahre Bedrohung der 36 Meeresanrainer von Landtruppen aus. 1980 beteiligten sich die Amerikaner an einem Komitee zur Schaffung der »Zone des Friedens«. Sie stiegen aber wieder aus, als sie merkten, daß es letztlich nicht gegen die in Asien – und vor allem in Afghanistan – präsenten Sowjetstreitkräfte, sondern allein gegen den Stützpunkt Diego Garcia ging.

Dann stellte Washington die akribische Rechnung auf, daß sich um die geplante Friedenszone ein Gürtel von 40 Sowjetdivisionen mit 350000 Mann, 8000 Panzern, 14000 Panzerfahrzeugen, 4000 Kanonen mit einem größeren Kaliber als 100 Millimeter, 100 Langstreckenbombern, mehr als 700 Jagdflugzeugen, 600 Bombern und über 200 Transportflugzeugen befinde. Die UdSSR besitze in dieser Region auch die alleinige Macht, sämtliche Staaten mit Nuklearraketen zu erreichen. Nur wegen des immer stärkeren sowjetischen Engagements am Indischen Ozean seien die USA dazu übergegangen, militärische Vorsorge zu treffen.

Die bereits 1971 von den Vereinten Nationen beschlossene Konferenz zum Thema »Meer des Friedens« wurde aus diesen Gründen von den USA boykottiert. Nun soll sie, nach dem Willen der Blockfreien, 1984 in Sri Lanka stattfinden. Ob die Amerikaner mit am Verhandlungstisch sitzen werden, steht noch dahin. Solange die Reagan-Regierung nämlich keine Gegenleistungen – zum Beispiel einen Truppenabzug der Sowjets aus Afghanistan – erkennt, ist sie zu keinen Zugeständnissen zu bewegen.

Daß die Blockfreien durch ihre antiamerikanische Politik das Zustandekommen der Konferenz nicht gerade erleichtern, beweist ein Zitat aus den beinahe zwei Seiten langen Ausführungen zur Frage des Indischen Ozeans in den Schlußdokumenten von Neu-Delhi: »Die Schaffung und der Ausbau der Militärbasis Diego Garcia hat die Souveränität und territoriale Integrität sowie die friedliche Entwicklung von Mauritius und anderen Staaten gefährdet. Diese Länder fordern die baldige Rückgabe Diego Garcias an Mauritius.« Die Russen, so stellte Inder Malhotra, Chefredakteur der Times of India, in einem Leitartikel während der Tagung von Delhi fest, hätten zu Diego Garcia nichts Vergleichbares zu bieten. Sie besäßen lediglich einige Ankerplätze, wo sie Frischwasser und Lebensmittel deponieren und Reparaturen ausführen würden. Es gebe nur ein Diego Garcia. Und das müsse vom amerikanischen Fremdkörper befreit werden.

In der Region des Indischen Ozeans, wie auch am Persischen Golf, stehen die Zeichen auf Sturm. Die Vorbereitungen für den großen militärischen Konflikt sind nahezu abgeschlossen, die Supermächte in ihren strategischen Ausgangspositionen. Jeder Staat zwischen dem Suezkanal und dem Ganges, sei er noch so arm und unterentwickelt, gleicht einem riesigen Waffenlager. Lange ist die von Mahatma Gandhi formulierte »Botschaft Asiens« verhallt. Er trug sie bei der Schlußsitzung einer Tagung der asiatischen Staaten, am 2. April 1947, vor. Die Botschaft Asiens, führte Indiens Vaterfigur aus, könne nicht aus der Imitation westlicher Verhältnisse und dem Streben nach der Atombombe bestehen. »Wenn Ihr dem Westen eine Botschaft zukommen lassen wollt, dann muß es die Botschaft der Liebe und der Wahrheit sein.« Gandhi verdeutlichte seine Vorstellungen, indem er sich auf die Propheten des Ostens bezog, auf Zarathustra und Buddha, auf Krishna und Rama, aber auch auf Mohammed, Moses und Jesus.

Heute gibt es im »Krisenbogen« keinen Staatsmann mehr, der geeignet wäre, den hochgerüsteten Mächten eine Botschaft zu senden, die Aussicht hätte, gehört und befolgt zu werden. Die Völker lauschen längst anderen Signalen.

Ein Krieg, den keiner gewinnen kann

Bei den Gefangenen von Alla Jirgah

> »Drum haltet in Bereitschaft gegen sie alles,
> was in euren Kräften steht an Macht und
> Reiterei, womit ihr die Feinde Gottes er-
> schrecken könnt, und andere außer ihnen, –
> ihr kennt sie nicht, aber Gott kennt sie. Und
> was ihr auch in der Sache Gottes spendet, es
> wird euch völlig ersetzt, und ihr werdet nicht
> ungerecht behandelt.«
>
> (Koran 8,60)

Nach einer Woche in der europäisch-eleganten und doch asiatisch-
umständlichen Atmosphäre von Islamabad, überfüttert mit endlosen Gesprächen, die sich immer wieder um die Irrwege der regionalen Politik gedreht haben, kehre ich ins Grenzgebiet, in die
»Frontier«, zurück. Ich wage erst daran zu glauben, daß ich Quetta
an diesem Tag wirklich erreichen werde, als der Airbus der Pakistan International Airlines (PIA) mit nur 45 Minuten Verspätung
das Potohar-Hochplateau hinter sich läßt. Langsam verschwinden
die Margalla-Hügel im Dunst eines warmen Frühlingstages, geht
die Landschaft in ein schachbrettartiges Muster über und dann in
wild zerklüftete Berge: Wasiristan. Da ich bei der PIA (Insider
übersetzen das Kürzel mit »Please inform Allah« oder gar »Panic
International Airlines«) gemeinhin fünf bis sieben Stunden Verspätung einkalkuliere und dabei fast immer richtig liege, lasse ich
zuerst einmal alles staunend über mich ergehen.
Der Airbus transportiert auch etwa 50 deutsche Touristen, die bei
der Zwischenlandung in Quetta nicht aussteigen, sondern gleich
nach Karatschi weiterfliegen und von dort in ihren Alltag zurückkehren wollen. Für sie ist alles exotisch und aufregend, eben orien-

talisch. Sie sprechen über Teppiche und Kupferteller, grünen Tee und historische Moscheen. In der rechten Sitzreihe fällt mein Blick auf vier schweigsame Herren mit langen, schwarzen Bärten und buschigen Augenbrauen. Sie tragen einheitlich Turbane und das weite Gewand der Paschtunen, darüber jeweils ein Jackett. Als sich unsere Blicke treffen, huscht ein Lächeln über ihre Gesichter. Sie nicken mir zu und einer ruft ein freundliches »Salam aleikum« herüber. Wir kennen uns. Am Abend zuvor waren wir bei dem Religionsgelehrten Sibghatullah Mujaddidi zusammengesessen, dem Führer der Front für die nationale Befreiung Afghanistan. Bei Tee mit heißer Milch und süßen Plätzchen hatten wir über das traurige Schicksal ihres Heimatlandes gesprochen, und diese Männer waren mir als Unterführer der Guerillaorganisation vorgestellt worden. Einer von ihnen sollte das Büro in Quetta übernehmen und den bisherigen Repräsentanten mit Namen Schahid ablösen. »Herr Schahid«, hatte Mujaddidi gescherzt, »ist ein lebender Schahid.« Als Schahids, muß man wissen, werden Märtyrer bezeichnet, die für die Sache Allahs gefallen sind und somit allen Mitstreitern zum Vorbild dienen. In diesem Fall sorgte die Namensgleichheit für Belustigung. Man habe, so Mujaddidi entschuldigend, ansonsten wenig Grund zur Fröhlichkeit.

Schon mehrmals hatte ich versucht, nach Quetta zu gelangen. Einmal war ich auf dem Landweg nach zwölf Stunden ununterbrochener Autofahrt von einem Polizeiposten, der mich im letzten Moment entdeckte, zurückgewiesen worden. Die Strecke nach Quetta führt nämlich durch Stammesgebiete, und diese zu betreten, ist Ausländern untersagt. Man würde die Ordnung der selbstbewußten Stämme stören, lautet die offizielle Begründung der Regierung in Islamabad. In Wirklichkeit ist es so, daß sich sogar die pakistanische Armee lediglich auf den Hauptverkehrsstrecken in dieses Gebiet wagt, da die nur ihre eigenen Maliks, also Oberhäupter, anerkennenden Paschtunen von der Zentralregierung nichts wissen wollen und im Zweifelsfall auf Eindringlinge zu schießen beginnen. Zu gut hat man in Islamabad noch den blutigen Aufruhr der sechziger Jahre in Erinnerung, der letztlich nur durch 80000 Mann Regierungstruppen und modernste amerikanische Kampfhubschrauber – Leihgaben des persischen Schahs Reza Pahlevi – niedergeschlagen werden konnte. Mehrere tausend Tote sollen die Bilanz der bürgerkriegsähnlichen Auseinandersetzungen gewesen sein. Dabei handelte es sich nur um einen von vier Aufständen seit der Unabhängigkeit Pakistans im Jahre 1947. Die Stämme der

Paschtunen und der ebenfalls im Grenzgebiet siedelnden Belutschen begehrten schon immer besonders intensiv nach Selbständig-
keit. Eine weitere Ursache für die Sperrung der »Tribal Areas«
sind die dortigen Ausbildungslager der afghanischen Freiheitskämpfer. Ihre Existenz wird von General Zia ul-Haq seit jeher
dementiert – und deshalb darf es sie natürlich nicht geben.
Der dritte Grund, warum ich erst im Frühjahr 1983 nach Quetta
gelangen konnte, ist der naheliegendste. Viele Flüge der PIA fallen
aus, und zweimal waren es eben auch Verbindungen nach Quetta,
für die ich bereits ein Ticket besaß. Zur Ehrenrettung der pakistanischen Zivilflieger muß ich hinzufügen, daß die Stadt in einer
extremen Wetterzone liegt und der Talkessel sehr häufig mit dik-
ken Wolken bedeckt ist oder tückische Winde das Landen zum
Risiko werden lassen. Im Winter wird Quetta deshalb nur gelegentlich angeflogen.
Ich habe folglich allen Grund, aufzuatmen, als wir die dichte Wol-
kendecke, die schon seit 15 Minuten nur hin und wieder einen
Blick auf schneebedeckte Gipfel erlaubt, durchstoßen. Vor uns
liegt ein braunes Tal, eingerahmt von zerklüfteten, unbewachsenen
Höhenzügen. Ein Gewirr schmutzigbrauner Häuser beginnt am
Fuße des Hausberges von Quetta. Alle sind klein und flach, regelrecht in die Mulde hineingeduckt. Unsere Maschine wirkt riesig,
als sie neben schmächtigen MiG-Düsenjägern chinesischer Bauart
auf der Rollbahn aufsetzt.
Beim Verlassen des Flugzeugs fröstle ich. Die Temperatur beträgt
nur zehn Grad, und das Ende März, an einem sonnigen Nachmittag. Quetta, so tröste ich mich, liegt 1680 Meter hoch. Während ich
zum Flughafengebäude spaziere, beobachte ich angestrengt die
wartende Menschenmenge. Viele Paschtunen befinden sich darunter, in braune Decken gehüllt, mit Turbanen oder dem Pakol, der
landesüblichen braunen Mütze. Eine Gruppe von Offizieren steht
neben teuren Importautos. Sie tragen erdbraune Uniformen und
Mützen mit roten Streifen, haben ihre schwarzen Stöckchen ge-
wohnheitsmäßig unter die Achseln geklemmt. Britische Tradition
läßt sich in solchen Ländern auch heute nicht verleugnen.
Am Gepäckband verabschieden sich meine Bekannten aus der
Mujaddidi-Partei besonders herzlich von mir. Die lokalen Polizisten blicken erstaunt. Ich begegne vielen mißtrauischen, forschen-
den Augenpaaren. In einer solchen Umgebung fallen Ausländer
besonders auf. Gerade das hatte ich vermeiden wollen, da es, wie
man mir vorher mitteilte, am Flughafen Quettas vor Geheimpolizi-

sten nur so wimmelt. Sie nehmen jeden Neuankömmling unter die Lupe, taxieren das mögliche Risiko seiner Anwesenheit. Außerdem ist ihnen längst bekannt, daß ausländische Journalisten von Quetta aus auf illegale Weise über die Grenze nach Afghanistan wechseln. Zu alledem sind in den »Tribal Areas« immer mehr Spitzel des Kabuler Regimes mit dem Auftrag unterwegs, den russischen »Schutzherren« die Anwesenheit westlicher Reporter zu melden. Ohne deren teilweise verwegene Touren würde nämlich auch dieser Krieg langsam in Vergessenheit geraten. Da Zia politisch wieder einmal laviert, hat auch er ein Interesse daran, gar zu intensive Berichterstattung einzuschränken, um Moskau nicht unnötig zu verärgern. Aus all diesen Gründen fühle ich mich im Airport von Quetta sehr unwohl.

Ich trachte danach, schnell wegzukommen und engagiere dafür den Taxifahrer Ghulam. Er fällt durch sein buntes Hütchen auf, fügt sich aber mit der obligatorischen Decke wieder in die traditionelle Kleiderordnung ein. In gutem Englisch erzählt er mir, daß er auch afghanisch spreche, aber eigentlich Pakistaner sei. Das darf in der »Frontier« nicht weiter verwundern. Ich zeige ihm einen Brief, den mir der eifrige Haji Mangal Hussian – bei den Fundamentalisten der streng religiösen Untergrundorganisation Hisb-i Islami (Islamische Partei) zuständig für internationale Beziehungen – aus Peshawar mitgegeben hat. Als Empfänger ist Ingenieur Nur Muhammad genannt, den ich im lokalen Parteibüro in der New Bus Station finden sollte. Ghulam hat verstanden und steuert den genannten Vorort von Quetta an.

Schon als wir die umfangreichen Militärkasernen passiert haben, finde ich die mittlerweile 300 000 Menschen beherbergende Hauptstadt Belutschistans langweilig. Es gibt nichts, woran man sich hier verläßlich orientieren könnte. Im Zentrum hüllen den Besucher endloses Hupen und Wolken aus feinem Flugsand und hochgewirbeltem Dreck ein. Auch die New Bus Station hebt sich mit ihren erst unlängst errichteten Wohnblöcken kaum von dem tristen Einerlei ab.

In dieser ärmsten und größten Provinz des Landes haben wichtige Ereignisse der asiatischen Geschichte stattgefunden, sind die Eroberer ebenso häufig aufgetreten wie am Khyber-Paß. Mal kamen die Heere aus Herat und Kandahar über den Khojak-Paß und drangen in das Innere des Subkontinents ein, mal nahten sie über den engen Bolan-Paß und zogen gegen die unbezähmbaren Afghanen. Quetta aber war immer nur Durchgangsstation. 1935 wurde es durch eines der schlimmsten Erdbeben aller Zeiten zerstört. 23000 Menschen verloren dabei ihr Leben. Die flachen Stein- und Lehmbauten waren jedoch hinterher rasch wieder hochgezogen.

Die New Bus Station wird von einem Obst- und Gemüsebasar beherrscht. Diesen überragt eine Moschee mit blauer Kuppel und gleichfarbiger Minarettspitze. Überall stehen aufgetakelte Lastwagen, die den wichtigen Güterverkehr nach Karatschi und in Quettas Umland erledigen. Wir biegen nach links, in einen holprigen, ungeteerten Weg, und stoppen vor einem gerade erst fertiggestellten Gebäude. Im Parterre sind Läden, im ersten Stock Büros untergebracht. Ein Posten klammert sich mit wichtiger Miene an seine Kalaschnikow und versucht die vollständige Adresse auf meinem Brief zu entziffern, begnügt sich dann aber, über das ganze Gesicht strahlend, mit dem als »Sesam öffne dich« dienenden Namen Nur Muhammad. Ich bin nicht der erste zu Besuch kommende Journalist, und deshalb wissen auch die Türsteher, worum es bei den konspirativen Mauscheleien mit Ausländern geht.

Ich darf im Zimmer des Politischen Komitees der lokalen Hisb-i Islami so lange warten, bis man Nur Muhammad geholt hat. Vor mir steht ein kleiner, koboldähnlicher Afghane, der sich dann aber rasch als geistig höchst beweglicher Gesprächspartner erweisen sollte. Über der Paschtunentracht trägt der Ingenieur, wie ihn alle ehrfürchtig nennen, eine karierte Jacke. Er zwirbelt ausdauernd seinen Vollbart, während er meinen Vorstellungsworten lauscht und schweigsam den Brief aus dem Hauptquartier in Peshawar liest. Muhammad taut zunehmend auf und erzählt mir in Englisch, daß er an der Polytechnischen Fakultät der Universität Kabul studiert hat. Das war vor zehn Jahren, gleich nach Mohammed Dauds Putsch gegen König Zahir. Damals habe er auch Russisch lernen müssen, da die Dozenten aus der Sowjetunion gekommen seien und nur in ihrer Heimatsprache unterrichteten. Auf einer kleinen Kochplatte wird umständlich Wasser erhitzt, schwarzer Tee in eine Kanne geschüttet. Der Ingenieur reicht mir ein Glas mit heißem, stark gezuckertem Tee. Ich muß auch von den Bonbons kosten, die auf einem Teller liegen. Wir haben uns beschnuppert und beginnen, uns gegenseitig sympathisch zu finden.

Muhammad ist ein ernster und, wie sich bald zeigte, sehr in sich gekehrter Mann. Er ist tief gläubig und versäumt keines der täglichen fünf Gebete. Und doch hat er nicht jenen glasigen, weit in die Ferne oder tief ins Imaginäre gerichteten Blick vieler islamischer Fanatiker, die ihr weltliches Dasein nur noch als Hülle betrachten und sich gedanklich bereits im Jenseits wähnen. Diese Haltung, so mußte ich immer wieder erfahren, verschafft ihnen auch den nötigen Gleichmut und die Motivation für den Heiligen Krieg. Viele dieser Tiefgläubigen befinden sich seit langem im Dschihad. Sie kämpfen für eine Sache, die mit irdischen Maßstäben nicht zu messen ist. Und das macht sie, zum Beispiel in Afghanistan, gemeinhin unbesiegbar. »Und so soll kämpfen in Allahs Weg, wer das irdische Leben verkauft für das Jenseits. Und wer da kämpft in Allahs Weg, falle oder siege er, wahrlich dem geben wir gewaltigen Lohn« (Koran 4,76).

Der Ingenieur verspricht, bis zum nächsten Morgen alle Vorbereitungen für einen Trip ins Kriegsgebiet zu treffen. Er werde für mich Paschtunenkleidung besorgen lassen und sich um einen Geländewagen kümmern. Die Kosten müsse ich natürlich selbst übernehmen. Ghulam bringt mich ins »Lourdes-Hotel«, angeblich das erste Haus am Platze. Es handelt sich um einen Flachbau mit viel Holz – ein Stil, der auch nach Alaska passen würde. In jedem Zimmer bullert ein Ölofen, der extra berechnet wird. Für 60 Mark die Nacht, so klärt mich der Besitzer auf, könne ich hier bleiben. Ich zahle und fühle mich übervorteilt, tröste mich aber mit dem Gedanken, daß ich ja die nächsten Nächte zum Nulltarif verbringen würde. Zusammen mit Ghulam studiere ich noch das hektische Basartreiben und setze mich dabei wiederum neugierigen Blicken aus. Überall patrouilliert Militärpolizei.

Langsam sinkt die Sonne hinter den westlichen Gebirgskamm, hinterläßt für einige Augenblicke noch einen rostbraunen Schimmer auf den kahlen Hängen des Ostens. Ein ferner Muezzin ruft uns zu, daß Gott größer sei, größer als alles, was der Mensch fassen und begreifen könne. Während ich die Straße vor dem »Lourdes-Hotel« – keiner konnte mir den Namen erklären – beobachte, spazieren einige Belutschen, in warme Decken gehüllt, vorbei. Ihre Haut ist eine Spur dunkler, als ich es in den nördlichen Provinzen Pakistans zu sehen gewohnt bin. Tiefvermummte Frauen huschen irgendwohin. Nur gelegentlich rollt ein Jeep mit Militärs die Straße entlang. Nicht weit entfernt befindet sich das Stabs-College, das dem britischen Sandhurst haargenau nachempfunden wurde. Brigadier Nur Hussain, der Leiter des Instituts für strategische Studien in Islamabad, hatte mir einen Besuch dieser Stätte militärischer Traditionspflege ans Herz gelegt, und dazu seinen Freund Generalleutnant Rahimuddin Khan, den Militärgouverneur Belutschistans, einen Verwandten von Zia ul-Haq. Das ist mir aber alles zu riskant, da es mein Vorhaben erheblich gefährden würde: Ich könnte hinterher in der Frontstadt Quetta keinen Schritt mehr unbeobachtet tun. Während ich darüber noch nachdenke, beginne ich zu frieren. Ich merke, daß ich nervös bin und ziehe mich in mein Zimmer zurück, wo mich schon der tägliche Stromausfall erwartet. Um 19 Uhr ist es stockdunkle Nacht. Ich vermag die Mona-Lisa-Reproduktion und das danebenhängende Poster mit der langmähnigen Blonden, die gitarrespielend auf einer Blumenwiese sitzt, kaum mehr auseinanderzuhalten.

Am nächsten Morgen passieren erst einmal Hunderte von Rekruten im Laufschritt die Straße vor dem Hotel. Ihnen folgen Bauern mit gummibereiften hölzernen Karren, die von Kamelen gezogen werden. Im Rhythmus der Schritte schleudern die wulstigen Lippen der Tiere hin und her. Sie senken ihr stolzes Haupt kein einziges Mal, blicken überlegen in die Ferne. Es ist eine seltsame Abfolge und doch wieder typisch für die archaische Gesellschaft des bitterarmen Muskelprotzes Pakistan. Alle größeren Orte beherbergen massenhaft Militär – und noch mehr arme Einwohner. Jeder zweite lebt am Rande des Existenzminimums, viele nur mit 500 Rupien im Monat, also 100 Mark. Doch sie freuen sich alle wie kleine Kinder, daß endlich die überschallschnellen F-16-Jagdflugzeuge aus dem fernen Amerika eingetroffen sind und das »Land der Reinen« vermeintlich aufwerten. Pakistans Weg vom Mittelalter in die Moderne ist ein einziger Widerspruch.

Vor dem Büro der Hisb-i Islami steht bereits ein vollbeladener Toyota Land Cruiser. Der Ingenieur begrüßt mich und stellt mir unseren Begleiter vor. Jamaluddin aus Kandahar, ein hochgewachsener Draufgänger, der stets gut aufgelegt ist, sitzt am Steuer. Neben Nur Muhammad sind zusätzlich Sadar aus der Provinz Helmand und Tasagul aus Ghazni für meine Sicherheit verantwortlich. Mit ernsten Gesichtern, vielfach gewundene Turbane auf den beinahe kahl rasierten Köpfen, sowjetische Pistolen unter den Jacken, nehmen sie im Laderaum neben mir Platz. Ich trage inzwischen einen Schalwar, das lange, geschlitzte Hemd der Pakistaner, die dazugehörige Pluderhose und einen Pakol. Sofort verstecke ich mich in meiner Schafwolldecke. In diesen Breiten ist es nicht ungewöhnlich, daß auch Männer sich verhüllen. Dann dämmern sie entweder vor sich hin oder wollen dem allgegenwärtigen Wüstensand trotzen. Sie ziehen sich vorübergehend von der Umwelt zurück.

Meine Verkleidung ist unerläßlich, weil ich nur in diesem Aufzug die weitläufige Militärzone Quettas und den Samungli-Flughafen hinter mir lassen kann. Andernfalls würde ich unweigerlich aufgehalten und an der Weiterfahrt gehindert. Da wir am hellichten Tag unterwegs sind, werden wir – wie zu erwarten war – am Beleli-Kontrollpunkt am Rande der Sperrzone durchgewunken. Nachts hätten wir an der Sperrkette stoppen und einige Fragen nach dem Wohin über uns ergehen lassen müssen. Jetzt aber sind wir für die pakistanischen Posten ganz einfach fünf afghanische Mudschaheddin auf dem Weg in den Heiligen Krieg, in einen Krieg gegen die Ungläubigen, deren Nähe letztlich auch Pakistan bedroht. Das genügt als ideeller Passierschein.

Die Fahrt führt zwölf lange Stunden über Stock und Stein, durch weite, völlig kahle Ebenen, die an schroffen Felsen mit verschneiten Gipfeln enden. Wir haben die 2700 Meter hohe Tobokakar-Kette erreicht, stelle ich auf meiner Landkarte fest. Mühsam quält sich der Geländewagen bergan, durchquert rauschende Gebirgsbäche und Flüsse, wo das letzte Hochwasser – oder war es ein viel früheres? – die Brücken weggerissen hat. Manchmal dringt Wasser ein, trotz des hohen Radstandes. Jamaluddin lacht nur und beschleunigt noch stärker. Die Stunden verrinnen schleppend und erscheinen mir doppelt so lang, da sich immer wieder weglose Schluchten und öde Steppen ablösen. Nur gelegentlich durchfahren wir ein Tal, in dem festungsähnliche Bauernhöfe der Paschtunen stehen, wahre Trutzburgen mit hohen, fensterlosen Mauern und Wachtürmen an jeder Seite. Die »Frontier« ist wild und für Fremde lebensgefährlich. Ihre Bewohner leben nach den Regeln des Mittelalters; sie ehren zwar das Gastrecht als heilige Pflicht, rächen aber gnadenlos jeden Verstoß gegen ihren überlieferten Kodex. Rache und Krieg sind gleichbedeutend mit dem Existenzrecht. Ihnen wird alles untergeordnet. Ein altes afghanisches Sprichwort besagt, daß die Paschtunen ihre Stammes- und Familiengegensätze nur dann aufgeben und miteinander in Frieden leben, wenn es gegen einen gemeinsamen Feind in den Kampf geht. Dieser Gegner kann aus Moskau stammen oder aus Kabul, auch in Islamabad zu Hause sein. Das tut nichts weiter zur Sache. Im Gebiet der Paschtunen gilt nur ihr eigenes Gesetz. So hat der Autor Charles Miller in seinem Buch *Khyber* die Paschtunenkrieger beschrieben: Sie besitzen »die Augen des Falken, die Nase des Geiers, den Mund des Hais«.

Nach Stunden stoppen wir in einem der letzten Dörfer vor der afghanischen Grenze. Der Ingenieur bittet mich, die Schafwolldekke über meinem dicken amerikanischen »Field Jacket« zu tragen und kein Wort zu sprechen. Dem neugierigen Besitzer der Tschaikhana, des Teehauses, wo wir uns eine halbe Stunde lang ausruhen, erzählt er, daß ich iranischer Abstammung sei und mich im Auftrag der dortigen Brüder über den Heiligen Krieg informieren möchte. Ich könne leider nur Farsi sprechen. Der Paschtune schüttelt bedauernd den Kopf, behandelt mich dann aber sehr freundlich und serviert mir ofenfrisches Fladenbrot und Zwiebeln, dazu etwas Hammelfleisch in fetter Soße und heißen Tee. An der Wand hängen Hammelkeulen. Ich bin rasch integriert und falle nicht weiter auf. Das Gespräch, so entnehme ich den wenigen Brocken, die ich verstehen kann, dreht sich um die »Schurawi« aus dem Norden und um den Widerstand gegen jene gottlosen Teufel. Alle Anwesenden sind sich einig: Allah wird die »Ruski« grausam bestrafen.

Noch bei Tageslicht nähern wir uns dem letzten riskanten Punkt auf pakistanischem Boden. Wir haben die Berge wieder verlassen, und Jamaluddin jagt seinen Land Cruiser mit hohem Tempo über eine Schlaglochstrecke, die jeden Autotester begeistern würde. Bei mir jedoch stellen sich nach Stunden dieser Tortur Kopfschmerzen ein. Nun beobachten wir gespannt das Grenzfort der Pakistaner. Unsere Straße schlängelt sich daran vorbei und um den Hang herum. Deutlich können wir einen Posten erkennen, der auf einem der vier Türme steht und nach Afghanistan blickt. Er hat uns anscheinend noch nicht bemerkt oder widmet seine Aufmerksamkeit wichtigeren Dingen. Vor den dicken Mauern der Festung sind Jeeps geparkt. Eine große Antennenanlage unterstreicht den Fernmeldecharakter der ganzen Anlage.

Wir erreichen eine Kette, die quer über die Straße gespannt ist. Zwei Eisenpfosten sind links und rechts verankert. Unser Führer Nur Muhammad erklärt mir, daß dies die offizielle Grenzstelle sei. Dahinter beginne nach wenigen hundert Metern Afghanistan. Wir befinden uns jetzt am Rande einer breiten Steppe, die auf der anderen Seite wieder in Berge übergeht. Unter den letzten Strahlen des Tageslichts haben sie sich dunkelblau, beinahe schwarz gefärbt. Ich weiß, daß links von uns, vielleicht 30 oder 40 Kilometer entfernt, der internationale Grenzübergang Chaman und hinter der Bergkette Kandahar liegt. Sicher kann man bei gutem Wetter vom Bergkamm bis zur zweitgrößten Stadt des Landes schauen.

Der Ingenieur steigt kurz aus und öffnet die Sperrkette. Jamaluddin hält nochmals an und beschleunigt dann erneut. Plötzlich bremst er wieder. Ich kann links, etwa 200 Meter unterhalb der Straße, einen uniformierten Pakistaner erkennen, der heftig gestikulierend auf uns zugelaufen kommt. »Askari, Askari«, entfährt es Sadar. Der Soldat nähert sich und schwenkt sein Gewehr in der Luft. Ich rufe Nur Muhammad zu: »Gas geben, nicht halten, wir haben ihn nicht gesehen.« Schlagartig hat mich wieder die Angst gepackt, daß unser Unternehmen auf den letzten Metern scheitern könnte, daß ich wieder umkehren müßte. Jamaluddin hat verstanden und drückt das Gaspedal mit diabolischer Freude durch. Wir rasen, besser: wir holpern in riskantem Tempo über den zerfurchten Weg. Der Soldat ist stehengeblieben, wie ich mit einem Blick über meine rechte Schulter feststellen kann, und schaut uns nach. Sein Gewehr hält er unschlüssig in der rechten Hand.

Mit einem Mal fällt jegliche Spannung und Nervosität von mir ab. Ich bin in Afghanistan und schon beinahe am Ziel. Obwohl wir nur noch etwa 20 Kilometer zu fahren haben, wechsle ich auf den Beifahrersitz, um meinen malträtierten Rücken zu schonen. Ich fühle mich beinahe beschwingt und genieße den ersten Teilerfolg. Wir bewegen uns aber sehr vorsichtig und beobachten ständig den Himmel. Im Zweifelsfall, so schärft mir der väterliche Nur Muhammad ein, müßten wir unser erdbraunes Gefährt blitzschnell verlassen und sofort im Gelände Deckung suchen. Jamaluddin runzelt die Stirn und starrt mehr nach oben als auf den lehmigen Weg. Doch nirgendwo sind anfliegende sowjetische Hubschrauber zu entdecken. Im Grenzgebiet zwischen der Provinz Zabol und Pakistan, erklärt mir der Ingenieur, würden sie in der Regel nicht mehr so häufig auftauchen. Die Sowjets bräuchten ihre »Gunships« entlang der strategisch wichtigen Ringstraße und am Rande der großen Städte. Das seien die eigentlichen Kampfzonen.

Es ist bereits dunkel, als Jamaluddin mit zufriedenem Gesichtsausdruck in eine tiefe Schlucht lenkt. Die letzten Kilometer unserer schier endlosen Strecke ziehen sich noch einmal hin. Es geht bergauf. Je weiter wir in dieser vom Vollmond gespenstisch erhellten Landschaft vorankommen, desto schroffer und zerklüfteter werden die kahlen Felsen. Ich überlege, wo die ersten Wächter und Scharfschützen der Mudschaheddin in Deckung liegen könnten, vermag aber beim besten Willen keinen menschlichen Umriß zu erkennen. Der Ingenieur, seit dem Grenzfort wieder sehr schweigsam, scheint meine Gedanken zu erraten. »Sie dürfen sicher sein, daß man uns gesehen hat und den Wagen nicht mehr aus den Augen läßt. Die da oben wissen längst, daß wir kommen.«

Die da oben, das sind Nur Muhammads Glaubensbrüder von der radikalen Guerillaorganisation Hisb-i Islami des 35jährigen Golbuddin Hekmatjar. Der im fernen Peshawar residierende Partisanenchef ist der kompromißloseste unter den afghanischen Exilführern. Er will die russischen Invasoren bis zum letzten Mann vernichten und lehnt den Gang zum Verhandlungstisch als einziger strikt ab. Seine Leute verehren ihn abgöttisch. Sie nennen ihn beim Vornamen, schmücken jede freie Wand mit seinem Porträt. Um den Führer wird ein Personenkult getrieben, der schon beinahe gegen den wahren Glauben verstößt.

Genau dieser Glaubensgrundsatz taucht unvermittelt – weiße Schrift auf braunem Tuch – im Scheinwerferlicht des Geländewagens auf. Neben dem Transparent stehen vier bärtige Männer, die entsicherten Kalaschnikows auf uns gerichtet. Während der landesüblichen Zeremonie des dreifachen Bruderkusses – jeder mit jedem – mustere ich die Umgebung. »Willkommen bei der Mubarek-Brigade« wurde in Englisch an die Felsen gepinselt. Dazu gehört ein Emblem, das alle Arten von Waffen, inklusive eines deutlich erkennbaren Maschinengewehrs, vereinigt. »Nasru nillalahi wa fathon karib«, heißt es an einem anderen Stein, »Mit Gottes Hilfe ist der Sieg nahe«. Wir sind an der richtigen Adresse – bei der »Kämpfer-Brigade« in Alla Jirgah, einem der sorgfältig bewachten, streng geheimen Lager der afghanischen Mudschaheddin. Nach einer Kontrolle unseres Gepäcks, Leibesvisitation und einer Überprüfung des Wageninneren dürfen wir die über den Weg gespannte Kette passieren und werden neben dem in die Erde gebauten Warte- und Empfangshäuschen eingewiesen.

Hinter den dicken, durch kleine, schießschartenähnliche Fenster unterbrochenen Mauern liegen grüne Decken am Boden. Wir ziehen nach Landessitte im Vorraum die Schuhe aus, um den Schmutz nicht in das Haus zu tragen. Es gibt hier keine Türen, dafür aber Vorhänge, mit denen die Kälte erstaunlich gut abgehalten wird. Inzwischen hat die Temperatur nämlich den Gefrierpunkt erreicht. Ich zittere trotz eines dicken Pullovers und der gefütterten Jacke. Vermutlich liegt das an den extremen Wärmeunterschieden, die ich in wenigen Tagen auf meiner Reisestrecke von der Grenze des ostindischen Assam (45 Grad und hohe Luftfeuchtigkeit) über Nepal (mitteleuropäische Werte) nach Peshawar (28 Grad und trocken) erlebt habe. Die jungen Mudschaheddin stellen ihre Kalaschnikows neben dem Eingang ab und servieren unter lebhaftem Palaver mit meinen Weggefährten grünen Tee. Der Zucker wird aus einer blauen Keksdose gereicht. Dann greift der Wachposten sofort wieder nach dem Schnellfeuergewehr. Nur ein einziges Mal erlebe ich während meines mehrtägigen Aufenthaltes in Alla Jirgah, daß er sich kurz davon trennt, nämlich als er mir die Waffe mit einer langen Erklärung in seiner Muttersprache Paschtu vorführt. Als ich sie in die Hand nehme, entfernt er jedoch das Magazin. Die Sicherheitsbestimmungen sind streng.

Während wir unseren Tee schlürfen, beginnt ein kollektives Schnupfen. Die Afghanen ziehen sich grünen Tabak in die Nase und spucken unmittelbar darauf mit entsprechender Geräuschentwicklung in eine alte Kaffeebüchse. Nach dieser Gemeinschaftsaktion wird der Napf mit einem Deckel geschlossen und weggestellt. Das sollte sich noch oft wiederholen. Einer der Wächter hantiert mit einem alten Feldtelefon herum und versucht, den Lagerkommandanten Safaruddin an den Apparat zu bekommen. Der sei aber, so heißt es immer wieder, in einer wichtigen Besprechung und dürfe nicht gestört werden. Bald haben die Posten ihre anfängliche Scheu überwunden und beginnen mich über Gott und die Welt auszufragen: woher ich stamme, warum ich gekommen sei, was ich über den Heiligen Krieg dächte, weshalb ich noch nicht zum Islam konvertiert sei und warum der Westen keine schlagkräftigen Waffen schicke.

Ich werde gefragt, wie die Menschen in Deutschland zum Kampf der Afghanen gegen die Russen stünden und ob ich mich nicht den Mudschaheddin anschließen wolle. Ein besonders Wohlmeinender klopft mir auf die Schulter und läßt mich wissen: »Du wirst hier einen Monat lang am Heiligen Krieg teilnehmen. Wir brauchen dich.« Ich wende ein, daß ich dem Dschihad doch viel besser von Nutzen sei, wenn ich im fernen Europa über die schlimmen Verhältnisse im besetzten Afghanistan berichten würde. Ich könne nun mal nicht wie die Einheimischen durch die Berge des Hindukusch streifen und die Eindringlinge bekämpfen. Das leuchtet ein. Die Mudschaheddin geben mir recht und beginnen Geschichten zu erzählen, die wie Guerillalatein anmuten. Sie berichten von tollkühnen Einsätzen und beschreiben immer phantasievoller die vielen toten Russen. Für emotionslose Dokumentationen sind Afghanen denkbar ungeeignet.

Es stellt sich schließlich heraus, daß ich Kommandeur Jafaruddin – ein Kriegsname, wie bei den meisten anderen – an diesem Abend nicht mehr treffen werde. Meine Begleiter reichen mir eine Decke, die mich bei Tageslicht erschreckt hätte. Eine andere balle ich zum

Kopfkissen zusammen. Es ist bereits spät, als wir das Programman-
gebot des Transistorradios prüfen. Radio Kabul strahlt fröhliche
Lieder sowie Nachrichten über landwirtschaftliche Kooperativen
aus. Sofort protestiert ein Mudschahid und fordert, daß wir weiter-
suchen sollten: »Ich will es nicht hören.« Islamabads religiöser
Gesang entzückt die Anwesenden, während die flotte Schlagermu-
sik eines indischen Senders einhellig zurückgewiesen wird. Endlich
finden sie ihre Lieblingsstation. Bezeichnenderweise ist es Radio
Zahedan im nahen iranischen Belutschistan. In der Sprache der
Paschtunen wird gerade eine nicht endenwollende Polemik gegen
Ägypten ausgestrahlt. Alle lauschen freudig erregt und stimmen in
die Verurteilung des »unislamischen Regimes« von Hosni Mubarak ein. Sadats Hinrichtung, klärt mich einer auf, sei die gerechte
Strafe Allahs gewesen. Der Präsident habe kein anderes Schicksal
verdient, da er ein Feind des Volkes gewesen sei. Die Worte kommen mir sehr bekannt vor.

In dieser Nacht kann ich trotz Übermüdung nur sehr wenig schla-
fen. Die ungewohnte Umgebung beschäftigt mich, viel mehr aber
noch die eiskalte Steinplatte unter meinem Rücken. Eine dünne
Schicht Decken hält die Kälte letztlich doch nicht ab. Die vielen
Flohbisse bemerke ich erst später. Die Tatsache, daß wir in dem
kleinen Häuschen zu acht schlafen, macht alles nicht angenehmer.
Um 6.15 Uhr ruft einer der Posten durch den Eingangsvorhang
zum Fajr-Gebet. Lärm und lautes Reden wecken auch mich auf.
Mein Rücken schmerzt – wahrscheinlich eine Nachwirkung der
Fahrt. Nach der Katzenwäsche in einem vorbeifließenden Rinnsal
gewöhne ich mich rasch wieder an das spartanisch eingerichtete
Alla Jirgah, was im übrigen soviel wie »Große Versammlung« bedeutet. Nach Guerilla-Maßstäben trifft das zu, da meistens zwischen 500 und 1200 Mann im Camp sein sollen – so erzählt es
jedenfalls Vizekommandant Ghaussuddin, der mich endlich um
neun Uhr empfängt. Um zu ihm zu kommen, mußten wir dem
Verlauf der Schlucht weiter nach oben folgen und schließlich in ein
karges Tal einbiegen, wo weit verstreute, in den felsigen Untergrund gebaute Häuser das eigentliche Lager ausmachen. Ich hege
bald Zweifel an Ghaussuddins Liebe für detaillierte Zahlen. Auch
am dritten Tag meines Aufenthaltes kann ich nämlich nur etwa 100
Personen entdecken, die Kinder eingerechnet. Frauen sind nirgendwo zu sehen, bestimmt auch nicht vorhanden. Sie befinden
sich in den Flüchtlingslagern Pakistans und in Häusern der Hisb-i
Islami. Viele Mudschaheddin, sagt der schlitzohrige Ghaussuddin,

kämen nur zum Training und würden dann sofort wieder in den Krieg ziehen. Jafaruddins Vertreter erzählt von sechs gefangenen Sowjetsoldaten – vier stammten aus Tadschikistan – und von vier Überläufern. Einer der Deserteure kämpfe derzeit im Dschihad, die restlichen neun Mann befänden sich im Lager. Ich würde sie alle kennenlernen, müsse mich nur etwas in Geduld üben. Die Hisb-i Islami bringe ihre Gefangenen immer von einem Camp ins andere, damit sie nicht so leicht befreit werden könnten. Und schließlich gebe es in jeder Provinz Afghanistans ein Lager dieser Art. An jener Auskunft zweifle ich aus guten Gründen. Denn, so haben mir jahrelange Erfahrungen mit afghanischen Mudschaheddin gezeigt, das Klappern gehört auch hier zum Kriegshandwerk.

Bei einem ersten Rundgang sehe ich, daß sich Alla Jirgah kilometerweit durch die öde Felslandschaft zieht. Der Ort ist Nachschub- und Vorratskammer, aber auch Trainingsstätte in geistiger und militärischer Hinsicht. Alle hundert Meter duckt sich ein Häuschen in den Hang. Überall stehen getarnte Zelte, unter denen sich Kanonen des Kalibers 76 Millimeter oder auch 122 Millimeter verbergen. Lachend drängen sich immer wieder Halbwüchsige vor, damit ich sie mit martialisch präsentierten Kalaschnikows fotografiere. Granatwerfer werden mir gezeigt und unter Planen versteckte, halb vergrabene Panzerfahrzeuge der Sowjetarmee. Stundenlang dauert die Vorführung der Beutestücke. Wir marschieren weit durch das Tal, besuchen auch vorgeschobene Posten, die von kleinen Felsvorsprüngen aus in die Steppe spähen. Luftabwehrgeschütze des Kalibers 14,5 Millimeter sind an mehreren Stellen aufgebaut. Ich frage meinen Dolmetscher Nur Muhammad, warum sich die Leute von Hisb-i Islami hier so sicher fühlen. Die Russen könnten doch jederzeit mit voller Wucht ihrer Truppen angreifen. Beinahe konspirativ weiht er mich in das Geheimnis der drei Verteidigungsringe um Alla Jirgah ein. Es sei, meint er zusammenfassend, nicht so leicht, zum Kern des Camps vorzudringen, und die Sowjets würden lieber einfachere Ziele angreifen. Die Existenz Alla Jirgahs sei ihnen aber längst bekannt.

Zwischendurch sitzen wir in einem der Häuser. Fettige Decken werden am Boden ausgebreitet, und dann gibt es Essen. Schon der penetrante Geruch läßt mich zusammenzucken. Zuerst wird Wasser und Brot gereicht. Dann folgen drei Schüsseln mit einer übel riechenden Flüssigkeit, die sich als Kamelsuppe entpuppt. Die etwa 30 anwesenden Mudschaheddin tunken ihr Brot hinein und schlürfen das Ganze mit großem Appetit. Eine weitere Schüssel

Stolz führen die Mudschaheddin der Hisb-i Islami in ihrem Lager Alla Jirgah eine erbeutete Kanone vor. In diesem gut gesicherten Zentrum des Widerstands wird viel sowjetisches Kriegsgerät aufbewahrt.

enthält das restliche Kamel – viel Knochen und wenig Fleisch. Ich passe und warte auf den abschließenden grünen Tee. »Armes Kamel«, kommentiere ich den Vorgang und bekomme prompt zur Antwort, ich bräuchte kein Mitleid haben, da das Tier sowieso schon alt und krank gewesen sei. Nun weiß ich genau, daß meine Entscheidung, den Genuß abzulehnen, richtig war. Ich versuche das Kamel zu verdrängen und konzentriere mich auf zwei große Schautafeln mit allen möglichen sowjetischen Waffen, die an der Wand hängen. Daneben sind 35 Farbfotos des Lagers Alla Jirgah und von Golbuddin Hekmatjars Besuch auf ein Holzbrett gepinnt.

Die folgenden Auskünfte Ghaussuddins kann ich nur mit Vorbehalt wiedergeben. Ich frage den Vizekommandanten nach der aktuellen Kriegslage. Triumphierend verkündet er, daß die Sowjets Kandahar kaum noch verlassen könnten. Sie würden sich ausschließlich im Bereich der Stadt und in den Vororten bewegen. Viele der gottlosen Eindringlinge seien in den letzten Wochen von Mudschaheddin getötet worden. Die Russen würden im Grunde genommen den Krieg nur noch aus der Luft führen. Dagegen, so stelle ich fest, sei aber auf seiten der Guerilla noch kein Kraut gewachsen. Die dick gepanzerten Hubschrauber des Typs MI-24 könnten ja kaum verwundet und die schnellen Düsenjäger nur ganz selten getroffen werden. »Allah wird uns SAM-7-Boden-Luft-Raketen geben, und dann ist der Sieg gewiß«, erwidert Ghaussuddin im Brustton der Überzeugung.

Während der Tage in Alla Jirgah darf ich auch an einer Lesung aus dem Koran mit nachfolgender Deutung teilnehmen. Der Mullah Darya Khan spricht vor einer Gruppe von Mudschaheddin – die anderen üben Dauerlauf in den Bergen – über das Leben nach dem Tode und warnt seine Brüder vor Ungerechtigkeit. Die bärtigen Männer, von denen einige sowjetische Uniformmäntel tragen, lauschen gebannt den Worten des Predigers, der sie mit intensiven Gesten und geschickter Betonung fesselt. »Wenn die Gläubigen die Brücke über die Hölle passiert haben, dann werden sie auf einer anderen Brücke zwischen der Hölle und dem Paradies angehalten. Dort müssen sie sich für die Ungerechtigkeiten, die sie anderen in der Welt angetan haben, rechtfertigen. Erst wenn sie alle Sinne gereinigt haben, werden sie in das Paradies eingelassen. Durch Allah, in dessen Hand das Leben Mohammeds ist, wird jeder im Paradies sein Leben klarer erkennen, als er je seine Existenz auf Erden erlebt hat.« »Was lernen wir daraus?« will der Mullah wissen. Jeder Muslim sei ein Bruder der anderen Muslime und kein Bruder dürfe den anderen unterdrücken oder ihn Unterdrückern ausliefern. Wer immer die Bedürfnisse seines Bruders erfülle, dem werde Allah seine eigenen Bedürfnisse erfüllen. Wer immer einen Bruder in Verzweiflung stürze, den stürze Allah am Tage des Jüngsten Gerichts gleichfalls in Verzweiflung.

Was ist aber nun, wenn der Bruder selbst ein Unterdrücker ist? Mullah Darya Khan: »Auch dann ist es recht getan, wenn wir ihm helfen. Unser Prophet – Allah schütze ihn und seine Familie – hat gesagt, wir sollten den unglücklichen Bruder davor bewahren, daß er weiterhin andere unterdrückt. Auch das ist eine Art von Hilfe.« Allah ist mit den Unterdrückten und Schwachen, Allah ist mit den Standhaften, Allah steht auf der Seite der im Heiligen Krieg Kämpfenden. Nirgendwo fehlt ein Hinweis auf den einen Gott und auf sein heiliges Buch, den Koran, wo immer ich mich in diesen Tagen bewege. Ich bin Gast einer verschworenen ordensähnlichen Gemeinschaft tief gläubiger Afghanen, von glühenden Patrioten, die nicht nur ihr Land von den Invasoren befreien, sondern danach auch einen islamischen Staat errichten wollen. Über diese ange-

Mullah Darya Khan erzählt den Kämpfern der Hisb-i Islami vom Leben im Paradies und weist sie in das gottgefällige Dasein auf Erden ein. Allah, so sagt er, stehe in jeder Hinsicht auf ihrer Seite.

strebte Theokratie existieren verschiedene Vorstellungen, letztlich bezieht man sich aber immer wieder auf das allererste Modell eines islamischen Staatswesens, entworfen von keinem geringeren als dem Propheten Mohammed, in die Tat umgesetzt zu seinen Lebzeiten in Medina. Bei der radikalsten Mudschaheddin-Gruppierung, der von Golbuddin Hekmatjar, schwingt natürlich auch eine nicht gerade geringe Bewunderung für den Gottesstaat der Ayatollahs im westlichen Nachbarland mit. Iranische Praktiken würden im Falle eines Sieges in Hekmatjars Aktionen bestimmt einfließen. Doch davon später.

Als ich endlich den Kommandanten Safaruddin kennenlernen darf – er entschuldigt den Zeitverzug mit einer Grippe –, bekomme ich auch von ihm viele Erfolgsmeldungen und fromme Hoffnungen en gros zu hören. Fazit: Der Endsieg ist nahe! Ich frage mich, woher die Mudschaheddin ihren grenzenlosen Optimismus nehmen. Sie befinden sich seit 1978 in einem Krieg, den weder sie noch die Sowjets oder gar die Handvoll Anhänger des Kabuler Karmal-Regimes gewinnen können – es sei denn, dieser Krieg würde Vietnam-Dimensionen annehmen. Dann wäre sicherlich irgendwann einmal der letzte Widerstandskämpfer ausgerottet, falls die westliche Hilfe nach wie vor bescheiden bliebe.

Zusammen mit einem Stoßtrupp von zehn Mudschaheddin, angeführt vom Kommandanten Safaruddin, der uns mit seinem immer wieder defekten Motorrad vorausfährt, wage ich mich in ein rund 30 Kilometer weiter im Landesinneren gelegenes Dorf. Es heißt ebenfalls Alla Jirgah, wie der gesamte Verwaltungsbezirk, und wurde bei einem Hubschrauberangriff der sowjetisch-afghanischen Truppen zerstört. Um in den Ort zu gelangen, müssen wir bei glühender Hitze eine absolut flache, sandige Steppe überqueren. Außer Vogelgezwitscher ist nichts zu hören. Ein leichter Wind weht. Alles wirkt friedlich. Mein Begleiter Nur Muhammad bricht sein Schweigen und erzählt mit wenigen, pointierten Sätzen, wie alles passiert ist. Die Bauern von Alla Jirgah waren dafür bekannt, daß sie stets Mudschaheddin beherbergten und ihnen auch die Bewegungen der Regierungstruppen verrieten. Eines Tages kamen diese mit Hubschraubern und radierten das Dorf völlig aus. Ein genaues Datum für den Angriff kann Nur Muhammad aber nicht nennen. Er meint, daß es irgendwann im Jahre 1979 gewesen sein müßte. Das ist nach afghanischen Zeitbegriffen alles nicht so einfach. Man zeigt mir Höhlen, die, in einigem Abstand von den Häusern des Dorfes, in die Erde führen. Dort haben sich die Frauen und Kinder versteckt, sagt der Ingenieur, und die meisten überlebten. Als Rache haben die Mudschaheddin angeblich 35 Regierungssoldaten und drei Offiziere aus dem Hinterhalt erschossen.

Während meine Begleiter die Bauern der nächstgelegenen intakten Höfe aufsuchen, gehe ich durch die zerstörten Gebäude. Die Einschläge der Raketen sind noch deutlich in den Lehmmauern zu sehen. Über dem Tor eines der Gehöfte steht »Lang lebe Afghanistan« geschrieben. Hinter den Ruinen von Alla Jirgah sind mit rohen Steinen die Gräber eines kleinen Friedhofs markiert. Die haben es besser, kommt mir in den Sinn, und eine solche Überlegung ist im heutigen Afghanistan keinesfalls abwegig. Ich stelle mir vor, wie das Hubschrauberrudel tief über der Distelsteppe hereingeschwebt sein muß, wie die ersten Raketen eingeschlagen und die Menschen in Todesangst um Hilfe gerufen haben, wie sie im Vertrauen auf Zugang in Allahs Ewigkeit gestorben sind. Es muß genauso gewesen sein wie in Francis Ford Coppolas Vietnam-Film *Apocalypse Now,* nur ohne Wagner-Musik. Ein Ort wie Alla Jirgah stimmt traurig und macht zugleich wütend.

Wir folgen dem Kommando Jafaruddins und marschieren weiter zu

In erbeuteten Uniformen, auf deren Schulterklappen zu lesen ist, daß Allah größer als alles andere sei, trainieren Sondereinheiten der Widerstandskämpfer im Umkreis des Lagers Alla Jirgah.

den Nachbarhöfen. An einem kleinen, idyllischen Bach steht ein alter Mann und hütet seine Herde aus Kamelen, Ziegen, Hühnern und Schafen. Sein Name ist Rachmatullah Khan, aber alle nennen ihn nur Baba. Baba verzieht sein wetterzerfurchtes Gesicht zu einem vorwurfsvollen Ausdruck. »Ihr seid ganz schön unvorsichtig«, tadelt er Nur Muhammad und mich, »hier so offen durch die Ebene zu marschieren. Wenn euch die Schurawi entdecken ...« Er bricht seinen Satz ab und ergänzt die fehlenden Worte durch die Handbewegung des Halsabschneidens. Meine Begleiter unterhalten sich angeregt mit ihm, und ich fixiere die Kamera, um Baba abzulichten. Mit einer unwirschen Bewegung wehrt er jedoch ab und läßt mir übersetzen, daß er sich erst fotografieren lassen könne, wenn er sein Gewehr geholt habe. Ohne Gewehr sei ein Paschtune nackt. Also begibt sich der Alte ins Haus und kommt sogleich mit einer reich verzierten Lee-Enfield, Baujahr 1960, zurück – deutlich erkennbar das Gewehr eines wohlhabenden Afghanen. Es ist stellenweise mit Leder eingefaßt, der Kolben mit silbernen Nägeln bedeckt. Baba hat sich einen doppelten Gurt langer Jagdpatronen umgeschnallt. Jetzt posiert er stolz in der untergehenden

217

Sonne, neben ihm seine beiden Söhne mit Pistolen in der Hand. Was dem Mitteleuropäer sein samstäglich gewaschenes und immer piekfein gepflegtes Automobil, das ist dem selbstbewußten Afghanen sein Schießprügel. Je mehr er davon besitzt, desto stärker wächst sein Ansehen. Verfügt er über keine Waffe, so kann dies auch durch eine noch so große Anzahl von Frauen und Söhnen oder durch Vieh nicht ausgeglichen werden.

Rachmatullah Khan erzählt mir von der langen Tradition des Widerstandes in seiner Familie, von der engen Verbundenheit zu den Parteien der Mudschaheddin. Dabei machen er und seine Söhne keinen Hehl daraus, daß sie nicht nur die Hisb-i Islami, sondern auch die anderen Gruppen unterstützen. Schließlich kämpfe man, trotz aller ideologischen Zerwürfnisse, für dieselbe, gerechte Sache. Unvermittelt überreicht mir Baba drei frische Eier, ein besonderes Geschenk, das den Fremden ehrt. Sein Haus sei mein Haus, wann immer ich wieder einmal des Weges käme. Ich erwidere, daß ich ihn gerne nochmals besuchen wolle, am liebsten jedoch in Friedenszeiten. Allah sei mit dir, Baba Rachmatullah Khan!

Ich muß an einen Satz des afghanischen Ministerpräsidenten Sultan Ali Keschtmand denken, den er uns Journalisten – ohne schamrot zu werden – bei seiner Pressekonferenz anläßlich der Tagung der Blockfreien in Neu-Delhi aufgetischt hat: »Die Sowjetunion ist unser größter Nachbar, und heute ist sie der Verteidiger des Friedens in der Welt.« Das fällt mir gerade in dem Moment ein, als sich Safaruddin zu einem abgelegenen Haus auf dem Gelände seines Lagers bringen läßt. Von bewaffneten Posten umgeben, befinden sich dort zwei gefangene russische Soldaten, die angeblich während der Nacht von einem weiter entfernten Gefängnis der Mudschaheddin antransportiert worden sind. Die beiden jungen Russen sitzen auf einer Decke. An den Wänden des mit einem primitiven Ofen erwärmten Raumes hängen Bilder von Golbuddin Hekmatjar, einige Koransprüche und sogar ein Foto, das Pakistans Zia ul-Haq in Prachtuniform zeigt – der Gönner des afghanischen Befreiungskampfes ist mit von der Partie.

Alexander Andrejewitsch Schurakowski, 21, und Waleri Yuriewitsch Kiselow, 20 Jahre alt, sind sehr ruhig und gesprächsbereit. Sie versichern – auch dann, als ich einen Augenblick mit ihnen allein sein darf –, daß man sie korrekt behandle. Nur hätten sie keinerlei Abwechslung, müßten den ganzen Tag völlig tatenlos in einem Raum verbringen, bekämen nicht einmal etwas zu lesen. Nur gelegentlich würden sie ins Freie geführt. Das hat, wie mir

Anhänger des berühmten Mudschaheddin-Führers Golbuddin Hekmatjar bewachen zwei gefangene Sowjetsoldaten. Die beiden werden allen Besuchern des Lagers vorgeführt.

später Nur Muhammad erläutert, mit den Sicherheitsvorkehrungen in Alla Jirgah zu tun. Es seien nicht einmal alle Mudschaheddin über die beiden Russen informiert.

Schurakowski erzählt mir zuerst seine Geschichte. Der typische Russe mit blonden Haaren und blauen Augen stammt aus einem kleinen Ort in der Ukraine, etwa 750 Kilometer von Kiew entfernt. Nach dem Schulabschluß hatte er ein halbes Jahr als Straßenbauer gearbeitet, bevor ihn die Armee rief. Er kam zur 1049. Ausbildungsdivision, die in der Nähe von Riga stationiert ist. Im Anschluß an eine Versetzung in das frühere Königsberg, jetzt Kaliningrad, beschwerte er sich über die schlechte Behandlung durch seine Vorgesetzten. Prompt wurde er nach Afghanistan strafversetzt, zur Wacheinheit der großen Luftwaffenbasis Bagram.

Wie leben die russischen Soldaten in dem fremden Land? Feldwebel Schurakowski: »Wir werden von unseren Offizieren sehr schlecht behandelt, während sich diese selbst alle Freiheiten herausnehmen. Das hat gelegentlich schon dazu geführt, daß Offiziere von ihren eigenen Leuten hinterrücks erschossen wurden. Das Essen ist miserabel und besteht nur aus Konserven und Suppen. Frische Lebensmittel sind sehr selten zu bekommen, da die Versorgungslage in diesem Krieg zu wünschen übrig läßt.« In der Sowjetunion sei ihnen vor dem Abflug erzählt worden, daß Söldner aus dem Iran und aus China gegen das afghanische Volk kämpften. »Statt dessen stießen wir auf Bauern, die sich gegen uns verteidigten.« Zur sogenannten Bruderarmee der Afghanen, so erzählt Schurakowski, dürften die Russen keine persönlichen Beziehungen unterhalten. Die noch nicht desertierten afghanischen Einheiten würden von den Sowjets bei Kämpfen vorgeschickt und dienten häufig nur als Kanonenfutter.

Schurakowski gibt gegenüber dem Dolmetscher Nur Muhammad und in Anwesenheit mehrerer Mudschaheddin unumwunden zu, daß seine Kameraden in Afghanistan wüten, wie es einst die Amerikaner in Vietnam taten: »Ich habe gesehen, wie Leute meiner eigenen Einheit wahllos Kinder, Frauen und alte Männer getötet haben – nur weil sie in den von uns besetzten Dörfern keine Mudschaheddin mehr fanden.« Viele Afghanen, so erzählt er weiter, würden sich inzwischen das Wohlwollen der Russen mit Drogen erkaufen. Die Moral der kämpfenden Truppe sei nämlich soweit gesunken, daß viele Soldaten nur dann zu Einsätzen bewegt werden könnten, wenn sie vorher Haschisch geraucht hätten. Das würden sie sich zur Not auch mit Waffengewalt verschaffen, denn ihre Besoldung reiche nicht einmal für das überall im Land sehr preiswerte, völlig offen gehandelte Rauschmittel aus.

Waleri Yuriewitsch Kiselow, der zweite Gefangene, stammt aus der Stadt Pensa, 600 Kilometer von Moskau entfernt. Er war im Zivilberuf Uhrmacher. Die Sowjetarmee hatte den schmächtigen jungen Mann im usbekischen Fergana zum Fallschirmjäger ausgebildet. Am zweiten Jahrestag der Afghanistan-Invasion wurde er mit seiner gesamten Einheit nach Bagram geflogen. Vorher wurden sie entsprechend motiviert: »Ein Oberleutnant rief uns zusammen und erklärte uns, ausländische Imperialisten seien aus Pakistan in Afghanistan eingedrungen, um die afghanische Volksrevolution zu bekämpfen. Babrak Karmal sei ein Freund der Sowjetunion, und es sei unsere internationale Pflicht, die afghanischen Bauern gegen die reaktionären Söldner zu verteidigen.«

Hat er auch beobachten können, wie die sogenannte brüderliche Hilfe in der Praxis aussieht? Kiselow antwortet: »Ja, und das werde ich nie mehr vergessen. Wir rückten in ein Dorf ein. Da war ein vielleicht achtjähriger Junge, der uns zurief, wir sollten seine Mutter und seine Schwester verschonen. Weil er nicht zu brüllen aufhörte, feuerte einer unserer Leute mit der Kalaschnikow auf alle drei. Sie waren sofort tot. Meine Kameraden plünderten das Haus. Einer kam mit einem Kassettenrecorder heraus und rief: ›Der ist bestimmt seine 200 Rubel wert.‹« Ich fragte Kiselow, wie viele seiner Landsleute in Afghanistan schon gefallen seien. »Das kann ich nicht genau sagen. Aber jeden Tag fliegt eine AN-12 die Leichen von Bagram aus in die Sowjetunion zurück. Ich weiß nicht, wie oft solche Maschinen von anderen Flugplätzen starten. Als einmal 200 Tote nach Fergana transportiert wurden, hat man uns gesagt, es seien die Opfer eines Flugzeugabsturzes. Aber als wir sie genauer betrachteten, sahen wir an den Körpern viele Einschüsse.«

Was erwarten die beiden gefangenen Russen von ihrer Zukunft? Kiselow antwortet beinahe trotzig:»Wir wollen nur noch heim und nichts mehr von diesem Krieg wissen. Das ist nicht unser Krieg.« Vielleicht dürfen sie aber eher in die Schweiz reisen als nach Hause. Dort sitzen während unseres Gesprächs in Alla Jirgah bereits acht ehemalige Gefangene der Mudschaheddin in eidgenössischem Gewahrsam. Als erste kamen am 28. Mai 1982 zwei Sowjets mit Namen Jurij Powarzyn und Waleri Didenko über Karatschi in das Alpenland. Ermöglicht wurde dies durch ein Abkommen zwischen dem Internationalen Komitee vom Roten Kreuz (IKRK), der Sowjetunion und der Karmal-Regierung: 24 Monate lang werden die Kriegsgefangenen der Rebellen auf neutralem Territorium untergebracht und können erst danach in die Sowjetunion zurückkehren – falls sie es noch wollen. Als Gegenleistung durften Delegierte des Roten Kreuzes nach Afghanistan fliegen und das Gefängnis von Pule Charkhi sowie andere Anstalten besuchen. Es blieb jedoch bei dieser einmaligen humanitären Aktion, weil die Übergabe weiterer Gefangener nach Auffassung Kabuls zu langsam ablief und die ausländischen Beobachter in dem relativ abgeschlossenen Land ohnehin nicht wohlgelitten sind. Nach der Ausweisung von IKRK-Mitarbeitern aus Afghanistan änderten auch die Mudschaheddin ihre Haltung. Ein Sprecher der Widerstandskämpfer erklärte mir in Peshawar:»Warum sollen wir einseitige Leistungen erbringen, wenn die Gegenseite nichts dafür gibt?« Eine Fortsetzung der Aktion ist noch nicht abzusehen.

Die bereits in die Schweiz gebrachten jungen Sowjetsoldaten befanden sich anfangs in der offenen Arbeitserziehungsanstalt St. Johannsen, zwischen dem Neuenburger und dem Bieler See. Als sie jedoch Fluchtversuche unternahmen und randalierten, wurden sie auf den Zuger Berg verlegt. Dort bringt die schweizerische

Armee im 950 Meter hoch gelegenen Landwirtschaftsbetrieb Frühbühl ihre Disziplinarfälle unter. Zusammen mit den eidgenössischen »Kameraden« müssen die Sowjets nun bis zum Ende ihrer Internierungszeit Almwirtschaft betreiben. Betreuung erhalten sie aber nicht nur von den verständnisvollen Offizieren im Militärstrafdetachement, sondern auch durch regelmäßigen Besuch aus der Berner Sowjetbotschaft und durch das Rote Kreuz in Genf. Im Mai 1984 dürfen die ersten beiden Häftlinge über ihre Zukunft entscheiden. Allem Anschein nach steht ihnen aber bereits jetzt der Sinn nicht nach Repatriierung. Der kecke Powarzyn hat den Krieg in Afghanistan noch während seiner Gefangenschaft in Alla Jirgah bei einem Interview als »absurd« bezeichnet und die Regierung seines Landes kritisiert. Er weiß, daß er dafür ohne weiteres zu Lagerhaft im fernen Sibirien verurteilt werden kann; ganz zu schweigen von dem Sicherheitsrisiko, das seine Rückkehr in die Heimat für das übervorsichtige KGB bedeuten würde. Es scheint klar zu sein, daß die sowjetischen Kriegsgefangenen (nach Moskauer Lesart sind sie jedoch keine, weil es in Afghanistan auch keinen Krieg nach den Regeln der Genfer Konvention gibt) ein Leben im Westen vorziehen werden. Einer von ihnen hat sich im August 1983 schon dafür entschieden, indem er vom Zuger Berg ausriß und in der Bundesrepublik Deutschland politisches Asyl beantragte.

Nicht viel anders denken drei desertierte Russen, mit denen ich in Alla Jirgah einen ganzen Abend lang sprechen darf. Chairat Hassanow, 20 Jahre alt, stammt aus Fergana in Usbekistan und war in Taschkent stationiert, bevor er nach Kabul versetzt wurde. Er erinnert sich: »Schon zu Hause haben uns alte Männer darüber aufgeklärt, daß die Geschichte vom gefährlichen US-Imperialismus in Afghanistan nicht stimmt. Wir wußten vorher, daß hier nur Muslime sind, die um ihre Freiheit kämpfen.« Hassanow bekam seinen Einsatzort erst mitgeteilt, als er schon im Flugzeug saß. Er nutzte die erstbeste Gelegenheit, um vor seinen Landsleuten zu fliehen. Jetzt bekämpft er sie zusammen mit den Mudschaheddin und liest deren Islamliteratur in russischer Übersetzung.

Ähnlich ist es mit Akram Faisulajew, einem aufgeweckten 20jährigen Lastwagenfahrer aus der Gegend von Taschkent. »Wer nach Afghanistan kommt«, sagt Akram, »der tut das nicht freiwillig. Viele meiner Kameraden stehen unter einem solchen Schock, daß sie sich ohne Haschisch und Opium vielleicht umbringen würden. Manche haben das aber auch schon getan. Viele verkaufen ihre

Afghanische Freiheitskämpfer lassen sich gerne auf erbeuteten Panzern und mit den Waffen des Gegners fotografieren. Dazu präsentieren sie auch Plakate ihrer Führer und Suren aus dem Koran.

Das Lager Alla Jirgah wird durch eine Reihe von Luftabwehrstellungen geschützt. Nach Bekunden der Mudschaheddin versuchen sowjetische Hubschrauber oder Düsenjäger selten, bis hierher vorzudringen.

Waffen und alle möglichen Ausrüstungsgegenstände, um sich den Drogenrausch leisten zu können.« Gaji Murad Suleimanow, 21, aus Dagestan im Kaukasus, ist ein sehr lebhafter Mensch. Warum lief er zu den Rebellen über? »Ich wollte nicht getötet werden, denn ich hätte gar nicht gewußt, wofür. Ich wollte aber auch nicht dem Beispiel vieler meiner Kameraden folgen und mich selbst verstümmeln, um heimgeschickt zu werden.« Fünf Monate lang hat Suleimanow schon gegen die Sowjetarmee gekämpft, als ich ihn treffe. Stolz beschreibt er mir, wie er mit einem 12,9-Millimeter-Geschütz eine MiG-21 abgeschossen hat. Not macht bekanntlich erfinderisch, und so erzielen die afghanischen Rebellen inzwischen auch mit einfachen Mitteln immer wieder beträchtliche Erfolge. Die sowjetischen Überläufer können sich dabei durchaus auch als Militärberater nützlich machen. Ich frage Nur Muhammad nach dem Gespräch, ob er die genaue Zahl der Deserteure kenne. 25, sagt er, und davon seien 15 bei der Hisb-i Islami.

Als wir das Lager Alla Jirgah – unbemerkt von nicht weit entfernten Hubschraubern – wieder verlassen, besteht meine einzige Sorge darin, alles Fotomaterial heil nach Quetta zu bringen. Deshalb übergebe ich die Filme meinen Begleitern. Sicher ist sicher. Der Ingenieur und ich sind uns inzwischen noch nähergekommen, und so vergeht die Zeit der Rückreise schnell. Wir sprechen über die Verhältnisse im revolutionären Iran und über die von dem Fundamentalisten vielfach abgelehnten Sufis, die islamischen Mystiker. Im Iran, sagt Nur Muhammad, da seien sie alle verrückt geworden. Er könne das nicht mehr verstehen. Vielleicht wisse er aber auch zuwenig von der wirklichen Situation. Gegen die Sufis habe er nichts. Der einzige Unterschied zu den strenggläubigen Fundamentalisten sei eben, daß sie ihr Heil nicht in der Politik sehen würden, sondern ausschließlich im Glauben. Das müsse man akzeptieren. »Wir beten doch alle zum selben Allah.« Der Ingenieur ist ein Liberaler, und das macht ihn mir sympathisch.

Zusammengekauert und mit der Decke bis auf einen Sehschlitz verhüllt, sitze ich im Fond des Land Cruisers, als wir den Kontrollpunkt Beleli erreichen. Die Pakistaner winken uns durch und senken die Kette. Einen Moment überlege ich noch, ob der am nächsten stehende Polizist etwas gemerkt haben könnte, ob sein Blick nun Mißtrauen oder Langeweile ausgedrückt hat. Blödsinn, denke ich, es ist doch geschafft.

Parteien und Führer des Heiligen Krieges

»Und gedenket (voll Dankbarkeit) der Huld
Allahs gegen euch, als ihr Feinde waret.
Alsdann fügte Er eure Herzen so in Liebe
zusammen, daß ihr durch Seine Gnade Brüder wurdet; ihr waret am Rande einer Feu-
ergrube, und Er bewahrte euch davor.«

(Koran 3, 103)

Es ist gut, sagen die einen, daß der afghanische Widerstand so
heillos zerstritten ist, denn so können ihm seine Feinde wenigstens
nicht mit einem Hieb die Spitze abschlagen. Wenn ein Führer getötet würde, dann sei das nur ein Verlust für dessen eigene Gruppe,
und es gäbe noch genügend andere, die an seine Stelle treten könnten. Es ist schlecht, sagen die anderen, daß der afghanische Widerstand nicht mit einer Stimme spricht, keinen Arafat, keinen Khomeini, keinen Fidel Castro hat. Sie beklagen, daß die Mudschaded-
din nicht vereinigt und von einem Oberkommando gelenkt zum
Angriff übergehen, daß die Rebellen nicht mit einer gemeinsamen
Delegation bei internationalen Konferenzen und in den Macht-
zentren des Westens auftreten können.
Meines Erachtens ist es schier eine Katastrophe für den Abwehrkampf der Afghanen, daß sie sich gegenseitig neutralisieren und
durch kleinliche Eifersüchteleien in den Rücken fallen. Zu weit
klaffen ihre ideologischen Positionen auseinander, zu stark sind sie
noch in Stammestraditionen, in Proporzdenken und Machtkämpfe
verstrickt. Keine der enthusiastisch begrüßten Allianzen hat bisher
eine Lösung gebracht, kein neutraler Vermittler die internen Fronten auflockern können. Wenn der Krieg nicht vielerorts von den
Inlandsrebellen selbständig geführt würde, dann wäre er bestimmt
durch die Rivalitäten der von Peshawar aus geleiteten Parteien in
so manchen afghanischen Provinzen bereits zum Erliegen gekommen.
Peshawar befindet sich auf dem besten Wege, das »Beirut des
Ostens« zu werden. Dieser Eindruck hat sich bei jedem meiner
Besuche in den letzten Jahren verstärkt, besonders natürlich 1983.
Immer wieder fällt in jenem Zusammenhang der Name Golbuddin
Hekmatjar. Der Führer der Hisb-i Islami, so heißt es, habe in
Peshawar allein im Jahre 1982 30 Oppositionelle aus den eigenen

Reihen und aus anderen Parteien umbringen lassen. Zu seinen rücksichtslosen Methoden zählt auch, daß er unbequeme Kritiker entführen und in seinem Hauptquartier in der Fakir-Abad-Straße einkerkern läßt. Vor einiger Zeit stürmte ein bewaffnetes Kommando das festungsähnliche Gebäude der Islamischen Partei. Es sollte ein Entführungsopfer befreit werden. In den Gefängniszellen saßen, wie sich zeigte, insgesamt 47 Personen.

In den Monaten Dezember 1982 bis März 1983 wurden in Peshawar die Leichen von neun grausam verstümmelten Unterführern der Mudschaheddin gefunden. Sie lagen in Wassergräben und in einem geparkten Lastwagen. Welchen Gruppierungen sie angehört hatten, konnte nicht mehr festgestellt werden oder wurde verschwiegen. Cheryl Benard und Edit Schlaffer schrieben bereits ein Jahr zuvor in einer Reportage für die *Zeit:* »Im letzten Monat [März 1982] wurden sieben Personen in ihren Hotelzimmern tot aufgefunden. Angehörige von Hekmatjars fundamentalistischer Partei hatten ihnen den Kopf abgeschnitten und dem Torso einen Zettel angeheftet, darauf stand dann: Kommunist. Auf manchen stand: Maoist. Keiner soll behaupten, Hekmatjar arbeite undifferenziert.«

Ich sprach Golbuddin Hekmatjar im Januar 1983 auf das tägliche Verschwinden von Mudschaheddin der verschiedensten Fraktionen aus Peshawar an, auf Vorwürfe gegen die Hisb-i Islami, Mafia-Methoden zu gebrauchen, und auf die Tatsache, daß seine Partei in Afghanistan selbst immer weniger Unterstützung durch das leidgeprüfte Volk erfährt. Seine Antwort: »Es gibt so viele Beschuldigungen gegen Hisb-i Islami, und zumeist kommen sie von der BBC und von der ›Stimme Amerikas‹. Wir glauben, daß die CIA dahintersteckt. Die Aufgabe, uns anzugreifen, haben sie mit Radio Kabul und Radio Taschkent gemeinsam. Beide Seiten wollen nämlich kein wahres islamisches System in dieser Region akzeptieren. Wir sind die mächtigste Gruppe und wir haben die Revolution und den bewaffneten Kampf in diesem Land begonnen. Wir haben die ersten Kugeln abgefeuert, als die anderen noch auf Waffenlieferungen aus dem Westen warteten. Deshalb versucht uns das Bündnis aus Kommunisten und zionistisch gesteuerten westlichen Medien zu schaden.«

Ungeachtet dessen nehmen die internen Auseinandersetzungen in Peshawar laufend zu. Die Afghanen haben von der Stadt Besitz ergriffen. Sie wickeln dort ihre Schwarzmarktgeschäfte ab, vertreiben Teppiche und Rauschgift, verschieben Waffen aller Art. Der früher von den Pakistanern kontrollierte Transportsektor ist fest in afghanischer Hand. Wer politisch wirken will, muß in Peshawar zwischen zwei Besprechungen mehrmals das Auto wechseln und immer darauf achten, daß ihm keiner in die Karten blicken kann. Es ist nie klar, welche Fraktion gerade mit am Tisch sitzt. Viele Pakistaner haben Peshawar inzwischen verlassen, da sie sich inmitten der afghanischen Mafia nicht mehr sicher fühlen. Auf dem Universitätsgelände der Stadt kam es bereits Ende April 1983 zu Schießereien zwischen den pakistanischen Freunden der Mudschaheddin, der fundamentalistischen Jamiat-i Islami, und der linksgerichteten Pakistanischen Volkspartei des von Zia ul-Haq hingerichteten Expräsidenten Bhutto. Ein amerikanischer Fernsehjournalist war Zeuge. Er berichtete von mindestens einem Toten, sechs Verwundeten und 70 Verhaftungen. Danach wurde die Universität für mehrere Tage geschlossen. In Pakistan geht die berechtigte Angst vor libanesischen Verhältnissen um. Zia könnte deshalb viele Sympathien erringen, wenn es ihm gelänge, eine Lösung des Afghanistan-Konflikts zu beschleunigen und die Rückkehr der häufig sehr undankbaren Gäste einzufädeln. Ob sie aber tatsächlich wieder gehen würden, ist noch nicht klar. Daß die Exilparteien nämlich in der alten Heimat nicht überall mit Begeisterung aufgenommen werden, dürfte jetzt schon feststehen.

Der Widerstand gegen die Sowjets und ihre Kabuler Statthalter ist höchst kompliziert aufgebaut. Es existieren Kampfgruppen, die auf eigene Faust und ohne übergeordnete Organisation zuschlagen. Es gibt die Kommandoeinheiten der Parteien von Peshawar und khomeinifreundlicher Vereinigungen der Schiiten, die fast ausschließlich im Iran sitzen. In einigen Teilen Afghanistans operieren aber auch Mudschaheddin, deren Führer über keinerlei Kontakte zum Ausland verfügen. Logischerweise entstehen auch zwischen den in der Heimat Verbliebenen und den Exilanten Spannungen. Der Vorwurf, daß sich die Parteiführer nur in den Nachbarländern sicher fühlten und selbst am aktiven Kampf keinen Anteil hätten, ist immer wieder zu hören.

Am schwierigsten sind die lokalen Bewegungen im Landesinneren zu überblicken. Sie verändern sich immer wieder, verfügen – im Gegensatz zu den Parteien in Peshawar – über keinen Publicity-Apparat und halten es auch nicht für notwendig, Schlagzeilen zu liefern. In Zentralafghanistan liegt das Hasaradschat, eine gebirgige Landschaft, in der die mongolischstämmigen Hasara leben. Sie haben sich bisher nur selten mit den Paschtunen oder mit Völkern aus dem Norden zusammengetan, da sie als Schiiten religiöse Barrieren zu überwinden hätten, kaum ihre Wohngebiete verlassen und zudem immer als niedrige Kaste eingestuft wurden. Seit jeher durften die Hasara nur in Dienstleistungsberufen aktiv werden, zum Beispiel in Kabul als Gepäckträger arbeiten. Die etwa 900 000 Hasara Afghanistans haben schon in einer früheren Phase des Widerstandes ihr »Freies Hasaradschat« gegründet und es gegen alle sowjetisch-afghanischen Angriffe gehalten. Der Objektivität halber muß aber auch gesagt werden, daß sich die Machthaber in Kabul nie besonders bemühten, das Zentralmassiv in ihre Hand zu bekommen. Sie beschränkten sich bis heute im wesentlichen auf Luftangriffe. Dabei dürfte es keine Rolle gespielt haben, daß es einem Hasara sogar gelang, vor der UNO die Kabuler Regierung des Völkermordes an seinem Stamm anzuklagen.

Ausnahmslos jeder afghanische Guerillaführer, mit dem ich sprach, hat mir versichert, daß seine Gruppe den Abwehrkrieg begonnen habe. Jeder rechnet sich selbst in der Genealogie des Widerstandes weiter zurück als die anderen. Tatsache ist, daß beispielsweise die Nuristanis schon zur Zeit Tarakis und Hafisullah Amins in schwere Kämpfe mit den Regierungstruppen verwickelt waren und die Sowjets bereits vor ihrem offiziellen Einmarsch nuristanische Dörfer ausradiert haben. Heute ist Nuristan eines der wirklich befreiten Gebiete. Es liegt nordöstlich von Kabul und ist seit jeher von der Außenwelt weitgehend abgeschlossen. Nach Kiplings Novelle begab sich »der Mann, der König werden wollte«, auf die Suche nach Kafiristan, dem Land der Heiden. Kafiristan und Nuristan sind identisch, und die Heiden wurden erst 1895/96 zur Lehre des Propheten bekehrt.

Der deutsche Orientexperte Dr. Detlev Khalid untersuchte die Situation in Nuristan: »Solange sich die Auseinandersetzungen mit Kabul noch im wesentlichen gegen den Taraki-Amin unterstellten Paschtunen-Chauvinismus richtete, gab es in Nuristan durchaus autonomistische Tendenzen im Sinne einer Loslösung von Afghanistan. Das manifestierte sich unter anderem im Hissen einer eigenen Fahne (rot-weiß). Die sowjetische Invasion führte jedoch schnell zu einer stärkeren Solidarisierung und Zusammenarbeit mit dem Widerstand in anderen Landesteilen. Die überwiegende Tendenz zielt heute auf Autonomie innerhalb eines zukünftigen freien Bundesstaates Afghanistan hin.« Die auf etwa 90 000 Menschen geschätzten nuristanischen Bergbauern stehen geschlossen hinter ihrem romantisch verklärten Nationalhelden Anwar Amin, dem

Ahmad Schah Masud führt die Mudschaheddin im schwer zugänglichen Pandschirtal. Über Jahre hinweg gelang es ihm und seinen Anhängern, eine sowjetische Offensive nach der anderen abzuwehren.

Chef der »Front des islamischen Dschihads von Nuristan«. Amin ist ein ehemaliger afghanischer Provinzbeamter, der sich gegen die Kabuler Führung stellte, als sich deren Linksrutsch abzuzeichnen begann. Er wird von Kennern der Situation als konservativ bezeichnet, jedoch nicht zum militanten Islamismus neigend. In Nuristan gibt es durchaus Spannungen zwischen linken und rechten politischen Strömungen. Anwar Amin soll das ausgleichende Element sein und sich vor allem gegen den Einfluß Golbuddin Hekmatjars in der Region wehren.

Seit 1981 sind die Gebirgsfestungen Nuristan und Hasaradschat in den Schlagzeilen gegenüber dem berühmten Pandschir-Tal in den Hintergrund getreten. Auch das Pandschir liegt nordöstlich der Hauptstadt, nicht weit vom strategisch wichtigen Salang-Paß, und grenzt an Nuristan. Es wird hauptsächlich von Tadschiken bewohnt. Etwa 3,2 Millionen Stammesangehörige soll es in Afghanistan geben, weitere 2,7 Millionen jenseits der sowjetischen Grenze. Sie leben von Landwirtschaft und, in den Städten, als Kleinhandwerker. Ihr Führer Ahmad Schah Masud ist mittlerweile weltberühmt und verkörpert im afghanischen Widerstand die Rolle des jungen Heroen. Viele Legenden ranken sich um ihn, seit es ihm über Jahre hinweg gelungen ist, eine sowjetische Offensive nach der anderen abzuwehren.

Lange Zeit war das zerklüftete und mit einem unübersichtlichen Geflecht von Seitenschluchten durchsetzte 110 Kilometer lange »Tal der fünf Löwen«, in dem auch die bedeutenden afghanischen Lapislazuli-Minen liegen, heftigst umkämpft. Mit der geballten Kraft ihrer Militärmaschinerie drangen die Sowjets sechsmal in das Pandschir ein, hielten die wichtige Ortschaft Rokha am Ausgang des engen Tales ständig besetzt. Der 29jährige Masud und seine Krieger bescherten ihnen aber bei jedem Angriff hohe Verluste. Siegen konnten die Invasoren trotz aller Anstrengungen nie, es gelang ihnen lediglich, die berühmten Obstanbauflächen des Tales zu zerstören. Nicht einmal die gut getarnten Sozialeinrichtungen und die Einsatzzentren der Rebellen wurden dabei lahmgelegt.

Das verschaffte Masud, der zwar zur fundamentalistischen afghanischen Jamiat-i Islami in Peshawar gerechnet wird, aber größtenteils autark operiert und an die Probleme nicht als engstirniger Verteidiger der wahren Lehre, sondern als Pragmatiker herangeht, großen Zulauf. Aus dem ganzen Land strömten Mudschaheddin – auch anderer Parteien, die Fluktuation ist groß – ins Pandschir und ordneten sich dem prominenten Führer unter. Der ehemalige Ingenieurstudent kam dadurch in die Lage, seine Aktionen auszudehnen. Allein 1982 zerstörten Masuds Kommandos bei zwei Angriffen auf das riesige Aerodrom von Bagram 35 Kampfflugzeuge und Hubschrauber. Bernd de Bruin, ein bekannter holländischer Fernsehjournalist und Fotograf, der bei seinen zahlreichen Reisen in Afghanistan auch das Pandschir-Tal und Ahmad Schah Masud besucht hat, berichtete mir den Ablauf einer Aktion: »Charikaa ist das zum Luftwaffenstützpunkt Bagram gehörende Truppenlager. Anfang 1982 gab es dort unter freiem Himmel eine Filmvorführung für die sowjetischen Truppen. Masud plazierte zwölf Granatwerfer auf die umliegenden Hügel. Zuerst wurde weißer Phosphor abgefeuert, dann folgten Splittergranaten, dann wieder weißer Phosphor. Die Wirkung war gewaltig. Daraufhin befahl das militärische Oberkommando der Russen den fünften Angriff auf das Pandschir.«

Die für den Überfall auf Charikaa angegebene Zahl von 400 sowjetischen Toten dürfte ein Produkt der afghanischen Vorliebe für Übertreibungen sein. Trotzdem kann man sich auch mit geringerer Phantasie vorstellen, wie es nach der Attacke auf dem Gelände der

230

Garnison ausgesehen haben muß. Ähnlich spektakuläre Einsätze führte Masud in Kabul durch. Dort gelang es ihm auch, Hekmatjars Anhänger zu verdrängen und die Mehrheit der lose operierenden Stadtguerillas – mit Ausnahme der Maoisten – seinem Befehl zu unterstellen. Im Januar 1983 nahmen die Kabuler Machthaber mit Masud Verbindung auf und versuchten ihn für Waffenstillstandsverhandlungen zu gewinnen. Er lehnte jedoch Gespräche mit einer hochrangigen, von Karmals Bruder Mahmud Baryalai angeführten Regierungsdelegation ab und verlangte die wahren Herren des Landes, die Sowjets, zu sprechen. Wochen darauf kam es im zerstörten Dorf Bazarak tatsächlich zu einer Unterredung zwischen sowjetischen Offizieren und dem jungen Rebellenchef. Gemeinsam legten sie eine Art Sonderfrieden fest. Dieser trat auch in Kraft und löste weithin Spekulationen über ein vermeintliches Umfallen Masuds aus. Die afghanische Regierung bemühte sich, den Schachzug propagandistisch auszuschlachten und stellte Masud als Überläufer dar. Das gelang ihr vorübergehend sogar, da Nachrichten aus dem abgelegenen Pandschir lange unterwegs sind.

Inzwischen hat es wieder einzelne Gefechte zwischen Masuds Leuten und den sowjetisch-afghanischen Truppen gegeben. Es gilt als absolut sicher, daß der sogenannte Waffenstillstand aus taktischen Erwägungen geboren wurde, da beide Seiten erst einmal eine Atempause benötigten. Der Freiheitskämpfer konnte dadurch die Infrastruktur seiner Organisation ausbauen. Im Pandschir lieferte er ein Beispiel, das eigentlich in ganz Afghanistan Anwendung finden könnte, gäbe es nicht die altbekannte Zerrissenheit unter den Mudschaheddin. Masuds Krieger gehören drei verschiedenen Einheiten an: den Mantakas, die regional eingesetzt werden, den mobilen Motahrak-Gruppen und den Zarbati-Sonderkommandos. Das Pandschir-Tal wurde in eine ganze Reihe Karagahs, das heißt militärische Distrikte, unterteilt. Wenn beispielsweise in einem Distrikt 40 Kommandos stationiert sind, dann haben zehn von ihnen die Aufgabe, für die Verteidigung zu sorgen, während sich die restlichen 30 um Feldarbeit und den Wiederaufbau zerstörter Dörfer kümmern. Jeder Mann muß in dem Karagah eine Woche pro Monat als Mudschahid bereitstehen und kämpfen. In allen Distrikten befinden sich Angehörige der drei verschiedenen Einsatzgattungen. Die Zarbatis greifen jedoch nur außerhalb des Tales an. Auf lokaler Ebene hat Masud überall militärische, politische und wirtschaftliche Komitees aufgebaut, die für eine Art demokratische Verwaltung sorgen: Es gibt unter anderem ein Komitee für die Mullahs, eines für die Richter und eines für die aktuellen Probleme der Bevölkerung. Manche Gruppen kümmern sich nur um die Wartung und Beschaffung von Waffen und Munition (darunter selbst SAM-7-Luftabwehrraketen), andere sind auf den Anbauflächen eingesetzt.

Masud unterhält Kontakte mit 20 afghanischen Provinzen und versucht seine Auffassung von Basisdemokratie auch dort zu verbreiten. Das führt häufig dazu, daß Einsatzleiter und Kommandeure der militanten Gruppen, vorwiegend von Hekmatjars Hisb-i Islami, die eigene Organisation verlassen und zu Masud übertreten. Ratschläge und Ideen des 29jährigen sind jedenfalls im ganzen Land willkommen. Gerade das macht ihn für die Sowjets so gefährlich, gefährlicher, als es Hekmatjar je sein kann.

Die eher linksorientierte NEFA (Nationale Einheitsfront Afghanistans) verfügt im Dreiländereck Pakistan–Afghanistan–Iran über einen ähnlich engagierten, aber weniger berühmten »Landesvater« namens Gul Muhammad. Er bemüht sich von dem Dorf Charbordjak aus, ein fortschrittliches System, das sich von den mittelalterlichen Vorstellungen der Konservativen stark unterscheidet, zu etablieren. In Ghazni befehligt Dagarwal Ahmadzai die regionalen Aufständischen, in Paktia Jalaluddin Haggani. In Khost, an der Grenze zu Pakistan, residiert der bekannte Hassan Gul. Er steht einer Truppe von 200 Mudschaheddin vor, den »Moslemischen Freiheitskämpfern Afghanistans«. Sie rekrutieren sich aus allen Bevölkerungsschichten und kämpfen in Gruppen von 20 bis 46 Mann. Dabei werden sie von etwa 5000 Sympathisanten unterstützt, zumeist Bauern. Der österreichische Journalist Erwin Melchart traf Gul und schildert ihn so: »Schlank. Hager. Ein Raubvogelgesicht mit klugen, witzigen Augen. Die Haut wie gegerbtes Leder.« Das Leben des Afghanen beschrieb Melchart in einer Artikelserie. Demnach hat Gul im Frankfurt der sechziger Jahre Mathematik und Physik studiert, anschließend noch die Hochschule für Erziehung absolviert und 1970 sein Staatsexamen abgelegt. Seither nennt er sich Professor. Nach dem Ende seiner deutschen Studienjahre kehrte Gul heim, um zusammen mit anderen Zahir Schahs Regime zu beseitigen. Deshalb ließ er sich vorher noch in einem irakischen PLO-Lager ausbilden. »Professor Kalaschnikow« – er hört den Titel mit einem Lächeln – verpaßte seinen Einsatz, als ihm Mohammed Daud zuvorkam.

Hassan Gul konnte sich in die neuen afghanischen Verhältnisse jedoch nie einfügen. Das politische System war ihm zu weit links. Er eckte an, als er in Kabul und Khost unterrichtete, später sogar Lehrer ausbildete. Taraki ließ ihn ins Gefängnis von Pule Charkhi bringen. Dort wurde er geschlagen und gefoltert, mit Elektroschocks gequält. Als man glaubte, ihn »bekehrt« zu haben, wurde er nach acht Monaten wieder freigelassen. Der »Professor« nutzte die erstbeste Gelegenheit, um in den Untergrund abzutauchen. Seine heutige Einstellung beschreibt er so: »Ich bin nicht übertrieben religiös. Ich bin Demokrat. Manche der islamischen Exilparteien träumen von einer Art Khomeini für Afghanistan. Ich nicht. Für mich wird dieser Krieg erst zu Ende sein, wenn in Afghanistan freie Wahlen stattfinden und die gewählten Vertreter der Provinzen in Kabul ein Parlament bilden... Ob ich das je erleben werde? Ich weiß es nicht. Aber ich habe keine Angst vor dem Tod. Ich weiß, daß ich ein Stück auf dem richtigen Weg gegangen bin. Wenn ich sterbe, werden andere auf diesem Weg weitergehen... Wir töten auch nicht, weil uns das Schießen Spaß macht. Wir töten, um selbst überleben zu können.«

Gul hat zum Teil ähnliche Vorstellungen wie Masud und glaubt, damit für ein künftiges Afghanistan mehr tun zu können, als die telegenen Parteiführer in Peshawar: »Viel wichtiger für die Menschen in den befreiten Gebieten ist es, daß ein normales Leben weitergeht. Wo es vom Krieg unterbrochen ist, muß es neu aufgebaut werden. Wir dürfen nicht vom Ausland, von Pakistan, abhängig werden. Ich versuche in meinen Gebieten Selbsthilfeprojekte aufzubauen. Ich habe zum Beispiel kleine Nähmaschinen mit Handbetrieb besorgt. Damit nähen die Frauen eines Dorfes Kleider, die wir in Pakistan verkaufen. Ich arbeite auch an Projekten für Viehzucht und Bewässerung.« Patrioten wie Hassan Gul werden von europäischen Intellektuellen mit Geldern und manchmal auch durch Arbeitseinsatz vor Ort unterstützt. Gerade alternativ denkende private Entwicklungshelfer können sich mit solchen autonomen Zellen inmitten des ansonsten explosiven Pulverfasses Afghanistan anfreunden.

Ein weiteres Widerstandsbeispiel existiert in der Provinz Wardak, südlich des Hasaradschat. Dort wirkt der Feudalherr Amin Wardak. Er unterhält lockere Verbindungen zu den gemäßigten Gruppen von Peshawar und würde die Rückkehr des Königs nicht ablehnen. Ein neutrales, der Sowjetunion freundlich gesinntes Afghanistan könnte er sich gut vorstellen. Niemand weiß genau, auf wie viele Gefolgsleute sich Wardaks Macht stützt. Es ist ihm jedoch bislang gelungen, ein für afghanische Verhältnisse einigermaßen geordnetes Gemeinwesen aufrechtzuerhalten und mit seiner »Gegenregierung« eine Alternative zu Babrak Karmal zu bieten.

Weitere Stammes- und Regionalallianzen soll es in den Provinzen Farah, Kandahar, Arghandab, Paktia, Nangarhar, Laghman, Baglan, Kundus, Tachar und Urusgan geben. Afghanistan war noch nie ein einheitliches, zentral regiertes Staatswesen, Kabuls Einfluß auf die vielen ethnischen Gruppen und das selbstbewußte Landvolk (86 Prozent der Bevölkerung) immer eingeschränkt, beziehungsweise von den lokalen Würdenträgern nur geduldet. Wer die internen Strukturen Afghanistans kennt, weiß, wie sehr westliche Analytiker bei der Betrachtung des Widerstandes oft an der Realität vorbeidenken. Die von den Parteien in Peshawar und Teheran ausgehende Macht ist lediglich ein Teilaspekt. Sie repräsentieren vermutlich nur 40 Prozent der bewaffneten Opposition. Vom Propagandagetöse her wirkt Peshawar dagegen wie der Nabel der antikommunistischen Afghanenwelt. Und das ist nun einmal falsch.

Um die islamische Opposition gegen die zuerst sozialreformerisch ausgerichtete und dann immer unverhüllter kommunistisch auftretende Regierung in Kabul verstehen zu können, müssen wir in der Geschichte ein Stück zurückgehen. Die Historiker der islamischen Bewegung stellen fest, daß sich die Afghanen erstmals durch die Kolonialmächte des 19. Jahrhunderts »ihrer Ehre und ihrer religiösen Werte beraubt« fühlten. Nach dem Zusammenbruch des Osmanischen Reiches im Ersten Weltkrieg und der Ausrufung der türkischen Republik Ende 1923 gab es dann diverse konservative Initiativen, die afghanische Monarchie in ein Kalifat umzuwandeln. Letztlich blieb es aber doch mehr bei einem Wunschdenken. König Nadir stellte unmißverständlich fest, daß er kein Kalif sein wolle. In den vierziger Jahren lassen sich erste Ansätze entdecken, die mit der heutigen islamischen Bewegung in Verbindung gebracht werden können. Wortführer der bereits von der ägyptischen Moslembruderschaft beeinflußten Aktivisten versuchten, die Herrschaftsgewalt der Monarchie einzuschränken. Im ersten Parlament des Landes bemühte sich ein gewisser Sayed Muhammad Dawie, den Muslimen ungenehme Gesetze zu ersparen. In den fünfziger Jahren zeichnete sich der Aufbau einer organisierten islamischen Opposition ab. Die weltweit ausgeschwärmten Sendboten der Moslembruderschaft trafen nun auch in Afghanistan und Pakistan ein. Außerdem kehrten zahlreiche fromme Afghanen, die sich ihr geistiges Rüstzeug an der Kairoer Moschee und Universität Al Azhar, dem Vatikan des Islam, geholt hatten, in die Heimat zurück. Der revolutionäre Funke sprang über, sollte aber erst zwei Jahrzehnte später zum Steppenbrand werden.

Ein bedeutender Führer der Islamisten war Professor Ghulam Muhammad Niasi. Er kam 1950 aus Kairo zurück, wo er die mündliche und schriftliche Überlieferung der Worte und Taten des Propheten studiert hatte. Am Nil war er zum engagierten Moslembruder geworden. Nach 1950 begann er in Kabul erste Zellen dieser Organisation aufzubauen. Beruflich brachte er es im Laufe der Jahre bis zum Rektor der Kabuler Universität. Die streng konspirativ wirkende Moslembruderschaft legte ihm daraufhin nahe, sich vollständig auf seine Universitätstätigkeit zu konzentrieren und die Leitung der Bewegung abzugeben. Niasi kam dem Wunsch nach. Sein Nachfolger wurde ein Religionsgelehrter namens Burhanuddin Rabbani, der spätere Vorsitzende der Jamiat-i Islami.

Ein anderer Lehrer, Abdur Rahim Niasi, zählt ebenfalls zu den Begründern der Bewegung. Auf seine Einladung hin versammelten sich 1969 etwa 75 Gleichgesinnte und konstituierten einen Bund, der sich »Jawanan Muselman« (Muslimjugend) nannte. Viele der Mitglieder studierten zu dieser Zeit am Polytechnischen Institut der Universität Kabul. Zu ihnen zählte auch Golbuddin Hekmatjar. Bevor Hekmatjar nach Pakistan fliehen mußte, arbeitete er eng mit Professor Rabbani zusammen. Zahlreiche Mitstreiter der ersten Stunde starben in den sechziger und siebziger Jahren eines gewaltsamen Todes, darunter auch Abdur Rahim Niasi. 1970 ließ das Kabuler Regime einen Giftanschlag auf ihn verüben. Selbst in Neu-Delhi konnte man dem unglücklichen Opfer nicht mehr helfen. Nachdem Niasis Leiche wieder in Kabul eingetroffen war, folgte die erste Massendemonstration gegen den damaligen König Zahir. Die »Muslimjugend« erfreute sich großen Zulaufs und gewann in diesem Jahr sogar die Studentenratswahlen. Haji Mangal Hussian, lange Jahre Sprecher der Hisb-i Islami Hekmatjars, erzählte mir in Peshawar: »Von den zwölf ehemaligen Vorstandsmitgliedern der Jawanan Muselman ist nur noch Golbuddin am Leben. Die anderen wurden alle ermordet. Ich habe ebenfalls an der Universität Kabul studiert und mit elf anderen einen großen Raum geteilt. Von diesen Freunden leben heute nur noch drei. Unter den neun Toten befindet sich auch mein Bruder. Die drei Überlebenden kämpfen nun in unserem Heiligen Krieg.«

Von diesem blutigen Schlagabtausch bekam nahezu kein Europäer

oder Amerikaner etwas mit. Die frühen Ansätze des Machtkampfes um Afghanistan liefen hinter den Kulissen ab, zumeist zwischen moskautreuen Kräften und den Auslegern der internationalen islamischen Bewegung. Für den Westen stellte sich Afghanistan damals lediglich als ein Traumziel der Hippies dar. Als aber die Menschen in Kabul erstmals auf die Straße gingen, wurden Landeskenner nachdenklich. Sie vermuteten System hinter den Vorgängen. Harry Hamm notierte 1970 in der *Frankfurter Allgemeinen Zeitung:* »Westliche Beobachter in Kabul sind der Meinung, daß die Protestwelle der Mullahs nicht, wie es zunächst den Anschein hatte, einen spontanen Charakter trägt. Es gibt genügend konservative Kräfte, nicht nur in der islamischen Geistlichkeit, sondern auch im Parlament und in Regierungspositionen, die seit langem mit Unbehagen bestimmte Tendenzen in Afghanistan beobachten. Verursacht wird es vor allem durch die zunehmend dominierende Stellung der Sowjets im Lande, die Afghanistan in immer größere, vor allem wirtschaftliche und militärische Abhängigkeit bringt.«
Die islamischen Kräfte benötigten noch acht Jahre, um sich zu konsolidieren. 1978, als die Kommunisten in Kabul die Macht übernahmen, begannen alle oppositionellen Gruppen Mitglieder zu werben, Mudschaheddin auszubilden, Waffen und Geld zu besorgen, ihr Netz im ganzen Land auszubauen. Plötzlich war jene Widerstandsfront geboren, die von der regierungsamtlichen Propaganda stets nur als »finstere Kräfte der Reaktion und konterrevolutionäre Elemente« umschrieben wird. Es ist jedoch äußerst kompliziert, den Werdegang des Peshawarer Parteienlabyrinths darzustellen. Im Jahre 1980 kam eine Allianz von sechs Organisationen zustande. Es handelte sich dabei um drei gemäßigte und drei fundamentalistische Gruppierungen. Nach mehreren Spaltungen und Wiedervereinigungen riefen die Parteien in der Peshawarer Mahabat-Khan-Moschee am 31. Dezember 1981 eine Art Parlament mit 60 stimmberechtigten Delegierten ins Leben, das jedoch nicht lange existierte. Anfang 1983 waren die verschiedenen Organisationen dann in zwei mächtigen Guerillaverbänden zusammengefaßt, und beide nannten sich »Itehade Islami Mudschaheddin-e Afghanistan« (Islamische Allianz der afghanischen Mudschaheddin). Sieben ihrer Mitgliedsgruppen gehörten zu den Hardliners und verfochten einen strikt islamischen Kurs, der weder Hilfe aus östlichen noch aus westlichen Quellen annehmen wollte, drei weitere wurden gemeinhin mit dem Attribut »moderat« beschrieben.

Die weltweit aktive Moslembruderschaft unterhält enge Kontakte zu den afghanischen Fundamentalisten in Peshawar. Das zeigt sich auch, wenn ihr Vorsitzender Omar el-Telmisani aus Kairo anreist.

Zur Allianz der Fundamentalisten zählten zuletzt Burhanuddin Rabbani, Yunus Khalis, Ghulam Rasul Sayyaf, Golbuddin Hekmatjar, Maulawi Mohsen, Maulawi Nasrullah Mansur sowie Maulawi Mahmud Mir und ihre Anhänger. In der gemäßigten Allianz, deren Sympathie eindeutig dem Westen gehört, schlossen sich die Parteiführer Maulawi Mohammed Nabi Mohammadi, Pir Sayed Ahmad Gilani und Sibghatullah Mujaddidi zusammen. Diese zehn Persönlichkeiten stehen mithin an der Spitze des in Peshawar ansässigen afghanischen Widerstandes. Ich werde sie einzeln vorstellen und ihre Beziehungen zueinander erklären.

Zuvor aber noch die weitere Entwicklung der Fundamentalisten: Da im Frühjahr 1983 auch unter den Parteien der Strenggläubigen keinerlei echte Zuneigung mehr herrschte und sich in der internationalen islamischen Bewegung deshalb langsam Unruhe ausbreitete – die Meldungen über Feuergefechte zwischen den Fundamentalisten häuften sich –, reiste Ende Juni unter konspirativen Umständen eine Gruppe von zwei Dutzend hochangesehenen religiösen Führern der sunnitischen Welt nach Peshawar. Es deutet alles darauf hin, daß die Mehrzahl von ihnen dem Internationalen Gremium der Moslembruderschaft angehörte. Die Delegation lud die Chefs der islamistischen Mudschaheddin ein. Auf einer zehntägigen Konferenz, deren Vorsitz vermutlich ebenfalls in den Händen eines Moslembruders lag, wurde beschlossen, daß alle Führer, und die nicht anwesenden gemäßigten, sofort fristlos die Mitgliedschaft in den beiden Allianzen kündigen sollten. Die Fundamentalisten hielten sich an diesen Spruch und richteten nahezu gleichlautende Briefe an die Leitungsgremien ihrer Allianz: »Wenn das zur Einheit des Kampfes führt, dann werden wir den Schritt unternehmen.«

Die 57 Stimmberechtigten der streng geheimen Tagung kamen außerdem überein, alle bisherigen Parteien aufzulösen und sämtliche Mitglieder, Finanzen und Waffen in eine neue Gesellschaft mit dem Namen »Islamische Allianz der Mudschaheddin Afghanistans« (Al Islami li Mudschahidi Afghanistan) einzubringen. Dieser Beschluß sollte für Pakistan, Afghanistan und weitere Länder gelten. Wie die in Dubai herausgegebene, der Moslembruderschaft nahestehende Zeitung *Al Eslah* (»Die Besserung«) später berichtete, wurden auf der Konferenz Ausschüsse gegründet, die sich die Arbeitsbereiche untereinander aufteilten. Mit 48 von 57 abgegebenen Stimmen errang Ghulam Rasul Sayyaf für die kommenden beiden Jahre den Vorsitz der neuen Allianz. Zwei Tage später lud Sayyaf alle wichtigen Persönlichkeiten der Fundamentalisten zum Essen ein und ließ sie dabei den Treueeid ablegen: »Ich schwöre, daß ich dir im Namen Allahs treu folgen werde, solange du auf dem Pfad Allahs gehst.«

Als weiterer Schritt gründeten die Islamisten zwei wichtige Gremien. Das eine hat die Oberaufsicht über die gesamte Allianz, das andere kümmert sich um die Durchführung der Beschlüsse und ist auch für die Finanzen verantwortlich. Seither werden die wichtigsten Entscheidungen bei wöchentlichen Konferenzen getroffen. Als die Geheimvereinbarungen von Peshawar in einem Manifest mit dem Titel *Almisak* aufgetaucht waren, befragte ich einen Sprecher der Moslembruderschaft, warum die Führer der moderaten Allianz – gleichfalls gläubige Muslime – nicht einbezogen worden seien, damit der in Pakistan sitzende Widerstand mit einer Stimme sprechen könne. Seine Antwort: »Wer bei uns nicht mitmachen will, der kann seinen eigenen Weg gehen. Wir schließen keine Kompromisse mehr.« Die Kluft zwischen den – nach westlichem Verständnis – Gemäßigten und den Radikalen scheint nun unüberbrückbar. Der Widerstand wird damit leben müssen.

Um die afghanischen Untergrundbewegungen aber noch genauer analysieren zu können, müssen wir nicht nur ihre bedeutenden Führer, sondern auch deren Stellung im Volk – für das sie nach einstimmiger Aussage allesamt kämpfen – betrachten. Gemeinsam ist ihnen, daß sie gegen die Atheisten im allgemeinen, eine fremde Armee im besonderen und gegen die tiefgreifende Bedrohung für das soziale Leben des ganzen Landes angetreten sind. In den Reihen der Führer findet sich auch der traditionelle Dorfmullah. Er ist kein Fundamentalist, in jeder Kommune vertreten und kümmert sich ohne revolutionären Anspruch um das Seelenheil seiner Mitbürger. Sein Wort gilt in den Dörfern. Viele Mullahs glauben letztlich auch nicht an den militanten Islam und wollen den Umsturz der alten Strukturen vermeiden. Deshalb tendieren sie zur jeweiligen Regierung in Kabul. Um die von der »Ideologie Kommunismus« für die »Ideologie Islam« ausgehende tödliche Gefahr ermessen zu können, reicht ihr Wissen häufig nicht aus.

Unter den oppositionellen Gruppierungen vertritt die »Harakate-Inqelabi Islami« (Bewegung der islamischen Revolution) des Schriftgelehrten Mohammed Nabi Mohammadi am ehesten die Position der Traditionalisten. Ich traf Mohammadi in Islamabad. Der Parteiführer – langer, schwarzer Vollbart, dunkelblaues Gewand des Mullahs und weißer Turban – war erkältet und saß inmitten vieler Medikamente in einem überheizten Zimmer, auf einer grün abgedeckten Liege. Während einer der mit Kalaschnikows bewaffneten Wächter Mohammadis Arzt zum Dolmetschen holte, wurden der übliche Tee mit Milch und viel Zucker, Gebäck und eine Schale mit Bananen und Äpfeln aufgetragen. Seine Bewegung, ließ Mohammadi ins Englische übertragen, repräsentiere die Ulemas und sei gegründet worden, um alle Probleme Afghanistans zu lösen. Schon zur Zeit Zahir Schahs hätten die beiden Fraktionen der Linken den Kommunismus einzuführen versucht. Deshalb habe man sich zu organisierter Abwehr der russischen Agenten zusammengetan. Der heutige Parteiname sei aber erst nach der sogenannten Saur-Revolution verkündet worden.

Mohammadi, Jahrgang 1921, erzählte, wie er als Parlamentsabgeordneter »Babrak Karmal, Hafisullah Amin und ihre Ideologie durch meinen starken Glauben schlagen« wollte. Gerade er sei dafür prädestiniert, da er der religiösen Elite des Landes entstamme und außerdem mit seiner Organisation den Kampf gegen die Ungläubigen begonnen habe. Während der ganzen Daud-Periode habe man ihn unter Hausarrest gehalten. 15 Tage nach dem kommunistischen Putsch sei er zusammen mit 30 anderen Mullahs nach Pakistan entkommen und habe im November 1978 in Peshawar den Dschihad ausgerufen: »Allah fordert von uns den Heiligen Krieg, und das Volk will ihn auch.« Während der Sprechpausen senkte Mohammadi demütig den Blick, begann jedes neue Statement mit »Bismillah«, »im Namen Gottes«. Die »Bewegung der islamischen Revolution« habe in Wasiristan die ersten 13 Ausbildungszentren eingerichtet und mit Hilfe von Deserteuren der afghanischen Armee ihre Mudschaheddin an den Waffen ausgebildet. Die Ausrüstung sei in der »Frontier« gekauft worden. Wie will Mohammadi das afghanische Dilemma überwinden? »Nach den Prinzipien des Islam hat jeder Mensch das Recht, über sein Schicksal zu entscheiden. Das kann am besten geschehen, wenn wir die Stämme und ethnischen Gruppen unseres Landes in der Großen Ratsversammlung, der Loya Jirgah, vereinigen. Unsere Organisation glaubt generell an einen militärischen und gleichzeitig an den politischen Weg. Ohne das eine ist das andere nicht zu verwirklichen. Nur mit militärischer Macht bekommen wir die Sowjets an den Verhandlungstisch.« Wie steht der Religionsgelehrte zum Westen? »Ich habe keine Abneigung gegenüber westlichen und anderen friedfertigen Ländern. Wer uns anerkennt, der wird auch von uns geachtet.« Zum Abschluß unseres Gesprächs öffnete Mohammadi seinen Kleiderschrank, um eine Broschüre herauszunehmen. Halb von einem Mantel verdeckt, sah ich ein nagelneues Schnellfeuergewehr und einen ganzen Haufen Ersatzmagazine. Das Rüstzeug des Heiligen Krieges.

Gleichfalls tief im Volk verwurzelt sind die islamischen Mystiker, die Sufis. Viele mächtige und weitverzweigte Familien Afghanistans bekennen sich zum spirituellen Islam. Ihre beiden Repräsentanten in der gemäßigten, nationalistischen Bewegung sind Pir Sayed Ahmad Gilani und Sibghatullah Mujaddidi. Der 50jährige Aristokrat Gilani steht im wesentlichen seiner eigenen Familie vor, und diese verkörpert die »Mahaz-i Melli-ye Islami« (Nationale Islamische Front) Afghanistans. Er wirkt wie ein Lebemann westlichen oder zumindest saudi-arabischen Zuschnitts. Mit Spitzbart und modischer Brille, einer schwarzen Nadelstreifenhose und gleichfarbener Wolljacke, in blauem Hemd mit weißem Kragen, einem Halstuch und schwarzen Lackschuhen sitzt Gilani vor mir. Während des Interviews, das er wegen der besseren politischen Ausdrucksmöglichkeiten dolmetschen läßt, wirkt er ruhig und besonnen, hat immer einleuchtende Argumente zur Hand. Er ist das

Pir Sayed Ahmad Gilani ist einer der drei westlich ausgerichteten Führer der Mudschaheddin. Er hätte nichts gegen die Rückkehr des Königs und fordert für Afghanistan demokratische Grundregeln.

Die Widerstandsbewegungen geben an ihre Mitglieder Parteipässe aus. Im vorliegenden Fall handelt es sich um einen Ausweis der Mahaz-Miliz des Pir Gilani. Autor
Dietl hat ihn als Geschenk erhalten.

241

bislang letzte spirituelle Oberhaupt der Qadiria (gegründet von seinem Vorfahren Sheikh Abdul Qader), einer sunnitischen Sekte, deren Einfluß in den Provinzen Kandahar, Wardak und Paktia besonders groß ist. Im Machtbereich der Qadiria galt Gilani stets als geistiger und weltlicher Herrscher, der dem jeweiligen in Kabul residierenden Potentaten allemal vorgezogen wurde. Nebenbei vermehrten die Gilanis vor dem kommunistischen Putsch ihr Familienvermögen, indem sie die französische Autofabrik Peugeot in Afghanistan vertraten.

Gilani hat nichts gegen eine Rückkehr des Königs und könnte ihn sich gut als Integrationsfigur des Landes vorstellen. Am liebsten wäre ihm jedoch Afghanistans Zukunft mit einem stark an den Idealen westlicher Demokratien orientierten System. Gilanis Nationalislamische Front verfolgte vor dem 27. April 1978, dem Tag des kommunistischen Putsches, nur soziale und religiöse Ziele. Ihre militärische Ausrichtung fand im Verlauf der Konfrontation mit den neuen Machthabern statt. Sechs Monate nach dem Coup konnte sich Gilani der Überwachung durch die Regierung entziehen und nach Pakistan fliehen. Dort gab er Anfang 1979 die Gründung seiner Kampforganisation offiziell bekannt. Seine Anhängerschaft bezifferte er 1983 überschwenglich mit drei Millionen.

Hekmatjar und dessen Freunde sieht Gilani als Extremisten an: »Wir sind gemäßigt, bekennen uns aber ebenfalls zu den fundamentalen Prinzipien des Islam. Der Unterschied ist nur, daß die anderen dem Volk ihr Parteisystem aufdrängen möchten. Wir dagegen wollen das Volk über seine Zukunft selbst entscheiden lassen. Der Islam ist unser Lebensweg. Den lassen wir uns weder von Kommunisten noch von radikalen Muslimen zerstören. Wenn die Sowjets vollständig abgezogen sind, dürfen die Fanatiker gerne für ihre Ziele beten und predigen. Sollten sie dann aber zur Waffe greifen, werden wir uns ihnen stellen. Aber ich sage Ihnen heute schon: Nicht wir sind es, die den Kampf suchen.«

Das verbietet sich schon aufgrund der Lehre und dem Lebenswandel der Sufis, die alles andere als gewalttätig sind. Im Haus eines meiner Freunde in Lahore traf ich einen der herausragendsten Vertreter der vier afghanischen Sufi-Orden: Sayed Ahmad Schah Jishti-Maududi. Er ist ein Verwandter Maulana Maududis, des Begründers und 1979 verstorbenen Führers der militanten pakistanischen Jamiat-i Islami, der Speerspitze des Islamismus. In den Augen des Parteivorsitzenden mag der Verwandte aus Herat wohl so eine Art schwarzes Schaf der Familie gewesen sein, denn die Fundamentalisten hegen keinerlei Sympathien für Mystiker. Nach ihrer Auffassung haben diese Häretiker den wahren Islam aufgeweicht und verfälscht. Der in der iranischen Stadt Maschad im Exil lebende Maududi ist ein Führer der Jishti-Sufis. Neben diesen gibt es noch Gilanis Qadiria, die Sukhrawardy und die Naqsbandi. Die von der Türkei bis nach Indien verbreiteten Bewegungen bauen auf die reine Gottesliebe auf, gebrauchen Gedichte, Musik und mystischen, entrückten Tanz als Ausdrucksform.

Bereits seit dem 12. Jahrhundert kümmerten sich Sufi-Gruppen, sogenannte Tarikas, um die Islamisierung weiter Gebiete. Die Sufis wurden zur Massenbewegung, da viele Gläubige bei ihnen emotionale und künstlerische Elemente fanden, die ihnen bei den strenggläubigen Asketen fehlten. Jishti-Maududi erzählte mir ausführlich, wie seine Familie zur Zeit des europäischen Mittelalters ihren Einfluß nach Indien, Malaysia, China und Südafrika ausdehnte. »Wir haben den Islam nach Indien getragen und auch sämtliche Schreine von Delhi errichtet. Meine Vorfahren begründeten eine Form der geistigen Führung, die den Menschen den Weg zur Wahrheit und zu Gott aufzeigt. Der alte Mystizismus kam aus Afghanistan und wurde in Indien mit dem Hinduismus und der Lehre Buddhas vermischt. Mein Verwandter Maulana Maududi war immer gegen unsere realitätsbezogenere Auslegung islamischen Seins.«

Jishti-Maududi war während unserer Unterhaltung hypernervös, schrie mehr als er sprach und stieß die Worte immer etwas atemlos hervor. Mit den Händen beschrieb er Kreise und Rechtecke. Er ist auch für orientalische Verhältnisse ein sehr auffälliger Mann. Über den langen, schwarzen Haaren, die in einem Vollbart münden, trägt der fromme Afghane stets eine goldfarbene Gebetshaube, um die er einen Turban gewickelt hat. Auch seine Brille ist goldumrandet. Er erzählte von Hafis und Sadi, den großen mystischen Poeten der Perser, vom Alltag im heutigen Iran und vom Widerstandskampf der Afghanen. »Wir sind ein unglückliches Volk«, klagte der 28jährige Jishti-Maududi, »bereits drei Millionen meiner Landsleute mußten flüchten, und eine Million hat das Leben verloren. Allah verhelfe uns zu einer raschen politischen Lösung.« Nach dem Gespräch griff er zu einem kleinen Flacon mit Rosenwasser und benetzte damit meine rechte Hand, Hüfte und Hals – ein Zeichen ganz besonderer Wertschätzung. Nun sei ich sein Bruder, stellte der Mystiker beim Abschied fest.

Politisch und von seiner ganzen Erscheinung her ist Professor Sib-

Die Führer der gemäßigten Allianz von Peshawar: Professor Sibghatullah Mujaddidi, Maulawi Mohammad Nabi Mohammadi und Pir Sayed Ahmad Gilani (von links). Sie bekennen sich zur Monarchie.

ghatullah Mujaddidi im Trio der Gemäßigten zwischen Gilani und Mohammadi einzuordnen. Er ist ein nachdenklicher, liberaler, hochgebildeter Mann, der die Welt gesehen hat. Als ich vor seinem Haus in Islamabad eintreffe, fällt mir auf, daß er sich kaum von den Unterführern der »Jabhe-ye nejat-e Melli« (Front für die nationale Befreiung) unterscheidet, die neben ihm vor dem Garagentor das Abendgebet verrichten. Der Professor trägt einen graumelierten Vollbart und eine zu große Brille, auf dem Kopf einen weißen Turban mit goldener Gebetshaube. Er spricht perfekt Englisch und liebt exakte Aussagen, was den westlichen Journalisten natürlich besonders erfreut.

Sibghatullah Mujaddidi wurde 1925 als Enkel des großen Schamsul Masaik, des damaligen religiösen Führers Afghanistans, geboren. Seine Familie zählte stets zur islamischen Elite des Landes, war dem Königshaus und den Naqsbandi-Sufis eng verbunden. Deshalb kann es fast als selbstverständlich vorausgesetzt werden, daß Mujaddidi an der Kairoer Azhar-Universität studierte und in islamischem Recht promovierte. Er unterrichtete später an der Universität Kabul, bis er 1959 unter der falschen Beschuldigung,

244

an einer Verschwörung gegen den Staatsgast Chruschtschow beteiligt zu sein, verhaftet wurde. Der mißliebige Professor saß ohne Prozeß vier Jahre und sieben Monate im Gefängnis. Als 1973 Daud an die Macht kam, verließ Mujaddidi samt Familie das Land und ging zunächst nach Saudi-Arabien, wo ihn sein Freund König Faisal aufnahm. Der Flüchtling arbeitete dort ein Jahr für die Welt-Muslim-Liga und bekam dann das Islamische Zentrum in Kopenhagen übertragen.

Nach der kommunistischen Machtergreifung in Kabul konnte er dem Geschehen in seiner Heimat nicht mehr völlig fern bleiben. Die Mujaddidis verließen Dänemark und begaben sich nach Peshawar. Zwei konspirative Treffen in Kopenhagen und Mekka hatten zur Gründung der Front für die nationale Befreiung geführt. Der Parteiführer berichtet: »Ein halbes Jahr danach riefen wir zum Heiligen Krieg in ganz Afghanistan auf. Unter dem Papier stand mein Name. Das erste Ergebnis war der Aufstand in Herat, Anfang 1979. Seither ist viel geschehen. Der Kampfgeist unseres Volkes hat überdauert, wenn auch viele Familien unseres Landes einen hohen Preis dafür zahlen müssen. Sie haben immer weniger Lebensmittel und Kleidung zur Verfügung. Ihre Häuser und ihre Anbauflächen werden durch Luftangriffe zerstört.«

Mujaddidis Sohn Asimullah wurde 1981 im Alter von 23 Jahren mitten in Peshawar erschossen. Der Vater überlebte dagegen bereits drei Bombenanschläge und einen Feuerüberfall auf seinen Wagen. Die Täter hatten sich im letzteren Fall verrechnet, da Mujaddidi gar nicht in dem Auto gesessen war. Der nach demokratischen Idealen – ähnlich der traditionellen afghanischen Stammesversammlung – strebende Religionsgelehrte erzählt auch, wie so viele andere, von den permanenten bewaffneten und propagandistischen Auseinandersetzungen mit Golbuddin Hekmatjars Hisb-i Islami. Mujaddidi: »Wir haben einen seiner Briefe abgefangen. Darin fand sich der Befehl an alle Kommandeure der Hisb-i Islami-Gruppen, die anderen Mudschaheddin zu entwaffnen und ihren Nachschub beziehungsweise ihre Vorräte zu stehlen. ›Wenn ihr das nicht alleine schafft‹, so hieß es in dem Schreiben, ›dann müßt ihr auf die Hilfe der russischen Truppen vertrauen.‹ Wir haben diesen Brief überall publiziert. Golbuddins Rache blieb nicht aus. Plötzlich tauchte ein Schreiben mit meiner gefälschten Unterschrift auf. Darin biedere ich mich dem Minister für Stammesangelegenheiten, Sulaiman Laeq, an. Ich initiiere angeblich eine gemeinsame Allianz gegen Golbuddin. Gerade Laeq war verantwortlich für meine langen Jahre im Gefängnis. Warum sollte ich mit diesem Mann kooperieren wollen?«

Wer sich mit dem afghanischen Widerstand befaßt, wird letztlich immer wieder auf Golbuddin Hekmatjar stoßen, den 35jährigen ehemaligen Ingenieurstudenten vom kleinen Stamm der Kharoti-Paschtunen. Von mehreren längeren Begegnungen habe ich Hekmatjar als tiefgläubigen Guerillaführer, der seine gesamte Energie dem Heiligen Krieg für Allah widmet, in Erinnerung. Er spricht leise, monoton und zurückhaltend. Auch wenn der Parteichef seine Konkurrenten oder den Feind mit Worten attackiert, bleibt er sanft. Hekmatjar ist ein hochgewachsener, schlanker Mann mit sensiblen Augen. Ohne schwarzen Vollbart und die Mütze aus dem Fell des Karakulschafes könnte man sich ihn kaum vorstellen. Sehr häufig trägt er über der weiten Paschtunentracht eine grüne Militärjacke. Von seinem Privatleben ist außerordentlich wenig bekannt und er versteht es auch hermetisch abzuschirmen. In einer gefährlichen Stadt wie Peshawar ist das für jeden ratsam, der in der Öffentlichkeit wirkt. Nur soviel konnte ich in einem günstigen Moment erfahren: Golbuddin Hekmatjar ist verheiratet, hat zwei Söhne und drei Töchter.

Hekmatjar befand sich, wie erwähnt, unter den Gründern der heutigen islamischen Bewegung und ist einer der wenigen Überlebenden aus deren Spitzengruppe. Ab 1975 bauten er (nach eineinhalb Jahren Haft) und Professor Burhanuddin Rabbani, unabhängig voneinander und doch in engem Kontakt, die Kampforganisationen Hisb-i Islami und Jamiat-i Islami auf. Beide sind in ihrer Struktur ähnlich und eng mit der weltweit wirkenden Moslembruderschaft verknüpft. Die ersten Gefechte fanden, vom Ausland noch unbemerkt, in den Bergen der an Pakistan grenzenden Provinzen Paktia und Kunar statt. Als Tarakis und Amins Terrorregime immer grausamere Züge annahm, griff der bewaffnete Untergrundkampf auf die Städte über. Die beiden Parteiführer wechselten nach Peshawar, wo sie ihre heutigen Hauptquartiere bezogen. Der genaue Zeitpunkt, an dem Hekmatjar und Rabbani das Land verließen, wird jedoch stets verschleiert. In manchen Quellen heißt es, sie hätten sich bereits 1974 in Pakistan befunden. Dort sei es ihnen mit Hilfe des Daud feindlich gesinnten Präsidenten Bhutto leichtgefallen, die Infrastruktur ihrer Organisation aufzubauen. Offizielle Biographien sprechen von einem längeren Aufenthalt der Guerillaführer in »Landbereichen« oder in »Stammesgebieten«. Es scheint, daß sie schon frühzeitig – und mit entsprechender

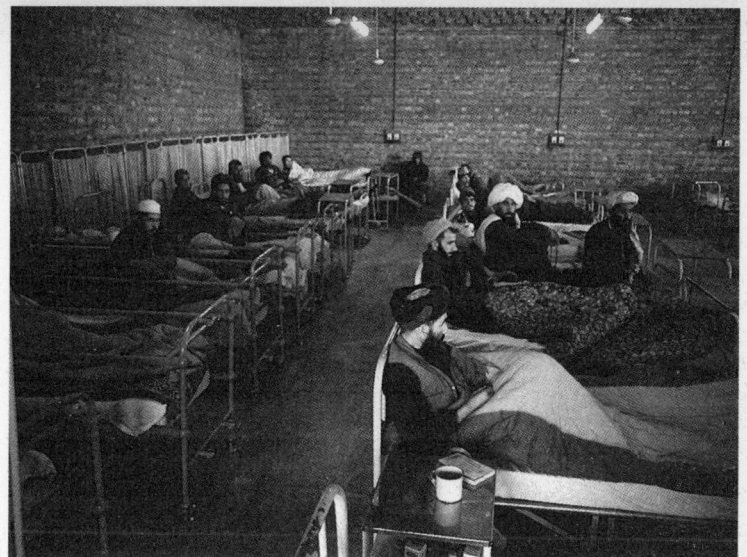

Unter der Obhut der pakistanischen Jamiat-i Islami werden verletzte afghanische Mudschaheddin in einem ehemaligen Filmstudio in Lahore ärztlich behandelt. Hospitäler und Krankenbetten sind rar.

Unterstützung aus Islamabad – über die Grenze hin- und herreisen.
Jedenfalls wurden die beiden Parteien stets durch die pakistanische Jamiat-i Islami gefördert. Auch heute unterhält diese Organisation der Islamisten mehrere Krankenhäuser, in denen afghanische Mudschaheddin Aufnahme finden. Das »Afghan Surgery Hospital« von Peshawar wird, wie ich mich bei mehreren Besuchen überzeugen konnte, jedes Jahr weiter ausgebaut. Denn die Zahl der Verletzten aus den Kampfgebieten nimmt immer mehr zu. In Lahore sind die verwundeten Krieger im Hauptquartier der Jamiat-i Islami untergebracht, in einem riesigen, ehemaligen Filmstudio. Auf demselben Gelände befindet sich die »Islamic Research Academy«, ein Forschungs- und Ausbildungsinstitut für Studenten aus zahlreichen Ländern Asiens und Afrikas. Auch die Kader einer künftigen islamischen Regierung Afghanistans werden dort unter dem Schutz der Fundamentalisten herangezogen.
Zunächst aber dürfen die afghanischen Studenten innerhalb der Hisb-i Islami oder der Jamiat-i Islami weiter nach oben rücken. In beiden Organisationen unterscheidet man gemeinhin zwischen vier

247

Kategorien von Mitgliedern. Ich will dies am Beispiel der Hisb-i Islami aufzeigen. Die höchste oder erste Stufe besteht aus sogenannten »Pillars«, was übersetzt »Organe« bedeutet. Ihnen folgen die einfachen Mitglieder, die Förderer und die Sympathisanten. Das Organisationsschema wurde auch bereits auf die Provinzen, Distrikte, Kreise und Dörfer übertragen. An der Spitze dieser religiösen Elite stand bislang der Amir, in diesem Fall Golbuddin Hekmatjar. Dann folgten Führungsräte, die allesamt der ersten Kategorie von Mitgliedern entstammten. Das Exekutivkomitee überragte wiederum die anderen Komitees, denen die Feinarbeit oblag. Es war bisher – und ist auch jetzt, während des Umbaus der Organisation in eine fundamentalistische Allianz – alles sehr verschachtelt. Dadurch, so erklärten mir die Sprecher der Islamisten, sei man gegen Unterwanderung ziemlich gut abgesichert. Bei der neuen Allianz dürfte an der bisherigen inneren Struktur deshalb kaum etwas geändert werden.

Bis 1982 galt die Hisb-i Islami als bestausgerüstete und effizienteste Guerillagruppe. Inzwischen hat sie aber wegen der ständigen Intrigen und Bruderkämpfe viele Mitglieder verloren. Einzelne Kommandos der Hekmatjar-Partei müssen bei ihren Einsätzen in Afghanistan bis zu 300 Kilometer Umweg in Kauf nehmen, um nicht mit feindlich gesinnten Stämmen oder stärkeren Konkurrenten aneinanderzugeraten und dabei eventuell den kürzeren zu ziehen. Fast alle westlichen Journalisten, die die afghanischen Untergrundbewegungen suchten, haben Kämpfe zwischen rivalisierenden Mudschaheddin erlebt, und fast immer war die Hisb-i Islami der Aggressor. Trotzdem halte ich die – vermutlich sogar vom KGB zur Desinformation ausgestreute – These, Hekmatjar arbeite mit den Sowjets zusammen und falle deshalb allen anderen Gruppen in den Rücken, für ein handfestes Windei. Es gehört nun mal zur Taktik der Islamisten dieser Region, Machtkampf um jeden Preis zu betreiben. Hekmatjar wird auch der Satz in den Mund gelegt, er habe genügend Waffen gelagert, um nach einem Abzug der Russen eineinhalb Jahre Bürgerkrieg überstehen zu können. Das klingt meines Erachtens viel realistischer.

Ich traf Hekmatjar wiederholt in seinem festungsähnlichen Hauptquartier in Peshawar, umgeben von zahlreichen schwerbewaffneten Leibwächtern. Bei unserem letzten Gespräch bekräftigte er frühere Aussagen, daß er niemals einer politischen Lösung für Afghanistan zustimmen werde. »Nur mit starken militärischen Einheiten und wirkungsvollen Waffen können wir die Russen aus

Die Führungsspitze der militanten Hisb-i Islami tagt in Peshawar. Unter der Leitung des Parteiführers Golbuddin Hekmatjar (Mitte) werden vergangene und zukünftige Kampfeinsätze besprochen.

dem Land zwingen. Das ist die einzige Sprache, die sie verstehen. . . Ich fordere den bedingungslosen Rückzug der Invasionstruppen. Die Zukunft Afghanistans und unser künftiges Regierungssystem sind keine Sachen, die wir mit den Sowjets zu diskutieren haben.«

Wie soll dieses Afghanistan der Zukunft aussehen? Könnte es einen Weg zurück geben, zum früheren System? Hekmatjar: »Wenn Sie König Zahir meinen, dann muß ich Ihnen sagen, daß es keinerlei Unterschied zwischen ihm und den Russen gibt. Er war es, der den Kommunisten Tür und Tor geöffnet hat. Wenn er auf irgendeine Weise an die Macht zurückkäme, wäre es für die Mudschaheddin kein Problem, ihn zu beseitigen und eine Regierung einzusetzen, die ihren Vorstellungen entspricht. Wir kämpfen für eine reine islamische Gesellschaft und für eine islamische Regierung in Afghanistan. Deshalb werden wir auf keinen Kuhhandel eingehen und noch einmal andere über unser Schicksal bestimmen lassen. Unser ganzes Volk kämpft für dieses Ideal, und mehr als 500 000 Menschen haben dafür schon ihr Leben lassen müssen. Unser Volk will nichts anderes als ein unverfälschtes islamisches System.«

Ghulam Rasul Sayyaf, der sich Professor nennt, an der Universität Al Azhar in Kairo studiert hat und rein äußerlich Hekmatjars Bruder sein könnte, denkt ebenso. Bislang hat Sayyaf immer wieder Kommandos in den Heiligen Krieg geschickt und sich dabei als eigenständiger Parteichef zu profilieren versucht, dann aber letztlich doch mit den anderen Fundamentalisten paktiert und ab 1982 auch den Vorsitz ihrer Allianz übernommen. Seine Feinde sagen ihm nach, daß er auf Kosten der Organisation ein gutes Leben führe und über große Mengen an Spendengeldern verfüge. Sayyaf ist weniger der Typ des zupackenden Freiheitskämpfers, sondern eher der eines ewig konferierenden Apparatschiks.

Die eigentliche Konkurrenz für Hekmatjar ist der Tadschike Professor Burhanuddin Rabbani, Jahrgang 1940. Der bisherige Führer der Jamiat-i Islami stammt aus Faisabad in der nördlichen Provinz Badachschan. Er kommt ähnlich wie Hekmatjar, aus einer armen Familie – was vermutlich auch die Abneigung der beiden gegen Großgrundbesitzer und Feudalherren von Gilanis Art erklärt – und war schon früh mit islamischen Studien beschäftigt. Zwischendurch half er die islamische Bewegung aufbauen und erhielt seine höhere Bildung an der Azhar-Universität. Rabbani trat bereits mit vielen religiösen Aufsätzen und Büchern in Erscheinung. Er übersetzte auch Schriften der Moslembruderschaft und bekam wegen seiner hohen Begabung schon in jungen Jahren einen Lehrstuhl für Philosophie zugeteilt.

Wer mit Rabbani zusammentrifft, bemerkt den roten Faden, der fast alle afghanischen Widerstandsführer verbindet. Auch er spricht leise und würdevoll, läßt sich zu keinen Ausfällen hinreißen und bleibt stets sachlich. Er blickt den Interviewer mit ruhigen Augen an und nimmt sich Zeit für seine Antworten. Frage an den Professor: »Es gibt so viele unterschiedliche Aussagen über das von den Mudschaheddin angestrebte Regierungssystem. Was soll nach der Befreiung Ihrer Heimat in Afghanistan geschehen?« Rabbani erwidert ausführlich: »Lassen Sie mich zuerst ein allgemeines Mißverständnis erläutern. Wenn wir erklären, daß wir uns eine Regierung nach dem Muster des ersten islamischen Staates vorstellen, dann denken viele Leute, wir wollten die Geschichte zurückdrehen und dieselben Lebensbedingungen wie vor 1300 Jahren einführen. Sie meinen, daß eine Regierung, die auf jenem Modell aufbaut, nicht mit den Bedingungen des Zeitalters der Elektronik mithalten kann. Aber dieser Fall liegt nicht so einfach, wie sie denken. Wir sehen keine Probleme, die Prinzipien und

Ein Foto aus dem Archiv der Widerstandsorganisation Sasmane Nasr. Die Krieger posieren auf den Resten eines von ihnen zerstörten sowjetischen Panzers. Ein Moment des Triumphes.

Werte aus der Zeit des Propheten Mohammed, Friede sei mit ihm, in unsere Gesellschaft zu übertragen. Wir glauben, daß jene Prinzipien und Werte auf die nationalen und internationalen Angelegenheiten der Gegenwart genauso übertragbar sind, wie sie gelten werden, wenn sich die Welt noch weiterentwickelt.«

»Welche Rolle werden die Mullahs in einem künftigen islamischen System haben? Sollen sie den Staat vollständig übernehmen, wie das im westlichen Nachbarland geschehen ist?« Rabbani: »Die Rolle der Ulemas im Iran und in Afghanistan ist höchst unterschiedlich. Im Iran spielten sie während der Revolution eine wichtige politische Rolle, und sie tun dies auch nach ihrem Erfolg. In Afghanistan kommen die Geistlichen dieser Rolle nur während der Revolution nach. Traditionsgemäß haben sie sich schon immer geweigert, eine Aufgabe in der Staatsführung zu übernehmen. Die früheren afghanischen Regierungen könnten bestätigen, daß die Ulemas nach ihrer aktiven Teilnahme an Revolutionen stets zu Lehre und Predigt zurückgekehrt sind. Dasselbe erwarten wir nach dem Erfolg unserer Revolution. Aber wir sind auch vorsichtig. Es könnte ja sein, daß die Mullahs in einer künftigen Regierung mehr

251

zu sagen haben möchten. Deshalb versuchen wir, eine Atmosphäre von Verständnis und Kooperation zwischen den Ulemas und den Menschen mit moderner Erziehung zu schaffen. Wir sind dabei, die Lücken zu schließen.«

Rabbanis Stellvertreter, Professor Sayed Mohammed Musa Tawana, drückte bei einem Gespräch, das ich mit ihm in Peshawar führte, die Haltung der Jamiat-i Islami zur eventuellen politischen Regelung des Afghanistan-Konflikts aus: »Wir sind mit einer diplomatischen Lösung einverstanden, wenn Würde und Unabhängigkeit unseres Volkes gewahrt bleiben. Dies werden aber die Kommunisten ablehnen, da es allein schon ihre Ideologie nicht zulassen darf. Deshalb bleibt uns bis auf weiteres nur der bewaffnete Kampf.«

Yunus Khalis, ein weiterer fundamentalistischer Parteichef, hat mit Burhanuddin Rabbani die politische Schläue, die verbindliche Haltung und die sympathische Erscheinung gemeinsam. Er ist Paschtune und kommt aus der Gegend von Jalalabad. Seine zahlenmäßig schwache Gruppe ist stark an Kampfgeist, was unter anderem darauf zurückzuführen ist, daß er – als einziger der aus dem Exil operierenden Führer – selbst an den Gefechten teilnimmt. Khalis' Anhänger, die sich mit ihm zusammen nach langen Strategiediskussionen und wegen persönlicher Animositäten von Golbuddin Hekmatjars Hisb-i Islami gelöst haben, sind vor allem im Raum Kabul, in Nangarhar und Paktia vertreten. Für Bernd de Bruin, der ihn schon mehrmals bei Einsätzen begleitet hat, ist Khalis »eine lebende Legende«. De Bruin: »Einmal hat er zu mir gesagt, das Höchste, was er später noch werden könnte, wäre wohl Minister für Religionsangelegenheiten. Wenn er aber, was noch besser sei, im Heiligen Krieg sterbe, dann bleibe er schlicht und einfach, was er sei.«

Khalis wurde 1919 geboren, bekam seine Ausbildung in verschiedenen Moscheen Afghanistans und Indiens und erregte bald durch Gedichte Aufsehen. Als Journalist und Verleger erwarb sich Khalis einen guten Ruf, zuerst mit dem Monatsmagazin *Payamehaq* (»Botschaft der Wahrheit«) und nachher mit der Tageszeitung *Warang* (sinngemäß »Röntgenstrahl«). Nach einer schweren Nierenoperation zog er sich aus dem öffentlichen Leben zurück. Aus dem ruhigen Lebensabend wurde jedoch nichts, da 1973 der rücksichtslose Mohammed Daud an die Macht kam. Khalis' Sohn fiel den Schergen des linken Premiers zum Opfer. Der Vater ging 1975 nach Pakistan und begann wieder Gedichte zu schreiben, die jedoch zunehmend den Heiligen Krieg zum Inhalt hatten. 1978 nahm er selbst die Waffe in die Hand und zog gegen die Kommunisten ins Feld.

Die Fundamentalisten geben auch gerne drei Überläufer als Führer echter Parteien aus. Tatsache aber ist lediglich, daß sich Maulana Mahmud Mir von Mujaddidis Front für die nationale Befreiung und Maulawi Nasrullah Mansur sowie Maulawi Mohsen von Mohammadis Bewegung der islamischen Revolution getrennt und dabei einige ihrer Anhänger mitgenommen haben. Auch von einer Auflösung der beiden gemäßigten Parteien, wie es die Fundamentalisten behaupten, kann keine Rede sein.

Generell ist die Situation der Islamisten so, daß sie unter den afghanischen Intellektuellen sehr stark, im einfachen Volk dagegen schwächer vertreten sind. Sie haben ihren Kampf auch nicht in den Wohngegenden der ärmeren Schichten begonnen, sondern in den großen Städten und an der Universität von Kabul. Oftmals gegen die Fundamentalisten geäußerte Vorwürfe, daß sie vom Ausland beeinflußt seien, weil sie Hilfe aus Pakistan und den Golfstaaten erhalten hätten, können von ihnen nicht entkräftet werden.

Viele Afghanen nehmen den Islamisten – und dabei vor allem Hekmatjar – auch übel, daß ihre Taktik vorsieht, zuerst das Land unter Kontrolle zu bringen und dann die Russen zu bekämpfen. Ich habe die folgende Aussage öfters von Mudschaheddin der moderaten Allianz gehört: »Wir einfachen Widerständler wollen zuerst unser Land befreien und dann ein neues System aufbauen, nicht umgekehrt.« Vielerorts kommt es nicht gut an, daß sich die Fundamentalisten häufig am Iran orientieren und ihre Bewunderung für Khomeinis Revolution nicht verhehlen. Denn die breite Masse Afghanistans will im Prinzip gar keine revolutionäre islamische Regierung haben, da man befürchtet, daß diese auch nach einem möglichen Abzug der Sowjets das Land nicht zur Ruhe kommen lassen würde. Rabbani und Khalis haben inzwischen die Realitäten erkannt. Sie orientieren sich zunehmend an lokalen Traditionen und bewegen sich geschickt unter den verschiedenen Stämmen und ethnischen Gruppen.

Auf Traditionen, orientalische Lebensweisheiten und den Koran beziehen sich in Afghanistan sogar die linken Mudschaheddin. Auch ihre Anhänger stammen zumeist aus den intellektuellen Zirkeln. Die Parteigänger der sozialdemokratischen »Afghan Mellat« (Afghanische Nation) beispielsweise saßen bislang überwiegend in Universitäten, Verwaltung und Armee. Heute ist diese Organisation jedoch nahezu aufgerieben. Die Sozialdemokraten waren 1969 erstmals in der politischen Szene erschienen und hatten sich bei den Paschtunen als Nachfolger des legendären Gandhi-Gefährten Abdul Ghaffar Khan dargestellt. Das brachte ihnen auch gewissen Zulauf. 1973 spaltete sich eine kleine Gruppe paschtunischer Intellektueller ab, die später in Kabul als Stadtguerilla aktiv wurde. Ihr werden Verbindungen zu den Maoisten nachgesagt. Der Generalsekretär der Sozialdemokraten, Mohammed Amin Wakman, lebt heute in den USA, Parteichef Ghulam Mohammed Farhat irgendwo in Afghanistan. Die Partei unterhält auch ein Büro in Peshawar, in dem aber zumeist nur ein oder zwei Jugendliche mit museumsreifen Maschinenpistolen vor leeren Räumen Wache halten. Trifft man einen Funktionär, wie es mir nach mehreren Versuchen gelang, dann bestätigt auch er, daß die Partei fast ausgelöscht ist. Viele ihrer Mitglieder sollen angeblich noch in afghanischen Gefängnissen sitzen und für die Forderung nach parlamentarischer Demokratie teuer bezahlen. Vielleicht sind sie aber schon nicht mehr am Leben. Es wird beredte Klage geführt, daß sich die Sozialistische Internationale nicht um ihre Brüder vom Hindukusch kümmert und ihnen auch der mißtrauische Zia ul-Haq in Peshawar nicht den geringsten Spielraum läßt.

Ein besonders gefährlicher Gegner der Sowjets und ihrer Kabuler Freunde ist dagegen die SAMA oder »Organisation zur Befreiung des afghanischen Volkes«. Sie entstand zusammen mit einigen anderen, aber weniger bedeutenden sozialistischen Gruppierungen. Die SAMA steht noch weiter links als die Demokratische Volkspartei des Regimechefs Babrak Karmal und orientiert sich an den Lehren Mao Tse-tungs. Die Sowjets sind für sie »Sozialimperialisten« und auch die Nachfolger des großen Mao mehr oder weniger auf dem Irrweg. Die Anhänger der SAMA sind vor allem unter den Bildungsbürgern zu finden, teilweise aber auch bei nationalen Minderheiten. An der Spitze der Organisation stand zunächst Abdul Majid Kalakani, ein 40jähriger Lehrer, Politiker und Dichter. Er wurde im Februar 1980 in Kabul verhaftet und im Juni desselben Jahres hingerichtet. Seither hat sich um ihn ein Mythos entwickelt, der den Stadtguerilleros viel Zulauf beschert.

Ghani Daud, SAMA-Vertreter in Neu-Delhi, erzählte mir, daß seine Partei bereits seit der Zeit des Königs Zahir existiere und schon damals »wirkliche Demokratie« wie auch soziale Reformen gefordert habe. Man habe zunächst nur demonstriert und sei erst nach vielen Verhaftungen und anderen brutalen Attacken der Regierung in den Untergrund gegangen. Daud nannte mir acht Basen in Afghanistan und eine Reihe von mobilen Gruppen. Deren Aufgabe sei es auch, Waffen zu besorgen. Bisher habe man das Kampfgerät zumeist erbeutet, teilweise aber auch durch Banküberfälle finanziert. An der Spitze der SAMA stehe seit Kalakanis Tod ein Führungsrat, der in Afghanistan im Untergrund lebe. Inzwischen habe man auch neun der 13 für die Hinrichtung des Parteiführers Verantwortlichen getötet, unter ihnen einen General der Sowjetarmee. Nach letzten Meldungen soll die SAMA sogar zwei der fünf in Afghanistan bisher ums Leben gekommenen russischen Generäle erschossen haben. Als ranghöchster Offizier wurde Generalleutnant Pjotr Schkidtschenko, der ehemalige stellvertretende Oberbefehlshaber der Sowjettruppen in der DDR, im Januar 1982 mit seinem Hubschrauber abgeschossen.

Ich will von Daud Näheres über die Ziele der SAMA erfahren. Seine Antwort: »Wir finden nicht, daß sich die Probleme unseres Landes auf der Grundlage des Islam lösen lassen. Wir wollen die Religion nicht für unseren Befreiungskampf mißbrauchen, glauben aber dennoch an die Lehre des Propheten. Nur unsere Gegner nennen uns Maoisten.« Die Freunde der SAMA sitzen heute auch in Europa und den USA, wo man sie zumeist in Studentenzirkeln antrifft. Vor allem die Hisb-i Islami hat sich im wahrsten Sinne des Wortes auf SAMA eingeschossen. Ghani Daud kündigt Rache an: »50 Prozent unserer Märtyrer sind von regulären Truppen getötet worden, 50 Prozent von Hekmatjars Leuten.«

In den Umkreis der SAMA gehören auch »Schola-e Javed« (Ewige Flamme) und »Settem-i Melli« (Nationale Unterdrückung), gleichfalls maoistisch ausgerichtete Vereinigungen. Alle drei können am ehesten mit den iranischen Mudschahidin-i-Khalq verglichen werden und konzentrieren sich in ihrem Kampf auf die Städte und den Norden des Landes. Die Setem-i Melli hat schon nach Mohammed Dauds Putsch im Jahre 1973 zur Waffe gegriffen und später vor allem die Parchamis bekämpft, aus denen sie einst hervorging. Auch die Schola-e Javed soll 1968 von der Demokratischen Volkspartei abgefallen sein. Der Vorwurf ihrer Gegner aber, die Mao-Sympathisanten würden Hilfe aus China erhalten, konnte bislang nicht bewiesen werden.

Während die 8000 afghanischen Flüchtlinge in Neu-Delhi keinen Parteienhader kennen und die Funktionäre sich – mit Ausnahme der SAMA-Leute – alle an einen Tisch setzen, ist die Situation im Iran viel komplizierter. Abgesehen von Hekmatjars Organisation, darf in der Islamischen Republik keine sunnitische Gruppe mehr aktiv arbeiten. Es werden nur noch Schiiten unterstützt. Bei einem dreiwöchigen Besuch im Iran konnte ich insgesamt sieben verschiedene Gruppen schiitischer Mudschaheddin ausmachen. Die wichtigste davon ist »Sasmane Nasr« (Organisation des Sieges). Sie unterhält Büros in Teheran, Ghom, Kerman, Maschad, Zahedan und Isfahan, in Syrien angeblich sogar theologische Schulen und Lager. Der Sprecherrat der Organisation sitzt aber in Afghanistan. So mußte ich mit Mohammed Karim el-Khalili, dem Leiter des Teheraner Büros, das sich in einer ehemals sehr eleganten Villa mit Garten und Ententeich befindet, vorlieb nehmen. Sechs Millionen Afghanen sind schiitischen Glaubens, erklärte mir el-Khalili schon zu Beginn unseres Treffens, und von diesen würde die Hälfte seiner Partei angehören. Wie so häufig eine maßlose Übertreibung. Wenn ich die von den einzelnen Rebellengruppen genannten Mitgliedszahlen addierte, könnte ich leicht auf das Doppelte oder gar Dreifache der Bevölkerung Afghanistans kommen.

Bei der Gründung der Sasmane Nasr hatte die Moslembruderschaft Geburtshilfe geleistet, was auch ohne weiteres zugegeben wird. Ab 1969 bauten die Mullahs eine geheime Infrastruktur auf. Nach vier Jahren saßen sie in den meisten schiitischen Dörfern und Städten West- und Zentralafghanistans fest im Sattel. Erst 1979 hatte die Organisation aber ihre jetzige militärische Stärke erreicht. Bezeichnend sind die Titel der Nasr-Publikationen, die ausnahmslos nach dem Saur-Putsch auf den Markt kamen: *Botschaft der Unterdrückten, Botschaft des Blutes* oder gar *Botschaft des Schützengrabens.* El-Khalili erzählte mir: »Diese Zeitschriften gibt es auch heute noch. Sie leisten in Afghanistan als einzige Blätter echte Kulturarbeit. In den befreiten Gebieten haben wir darüber hinaus mit Unterricht für Kinder begonnen und für diesen Zweck 30 000 Lehrbücher aus dem Iran ins Land gebracht. Wir sind dabei, sämtliche Bücher des alten Systems aus dem Verkehr zu ziehen oder zu ändern.« Sasmane Nasr ist kompromißlos gegen alles, was nicht aus dem Iran kommt: »Die westlichen Imperialisten warten doch nur darauf, daß die Russen abziehen und sie selbst nach Afghanistan kommen können. Für uns sind die USA und die Sowjetunion gleich große Übel. Deshalb kämpfen wir ausschließlich für die Islamische Republik Afghanistan. Eine politische Lösung ist in unseren Augen nicht möglich, nur eine militärische.«

Mullah Azizallah Schafagh, ein typischer Hasara, kam hinzu. Er ist verantwortlich für den Nachschub der Nasr-Guerillas und befand

Schiitische Kampfgruppen sind vor allem im Hasaradschat und in den westlichen Teilen Afghanistans zu finden. Sie werden zur moralischen Stärkung gelegentlich von iranischen Mullahs (Bildmitte) besucht.

sich nur für kurze Zeit im Iran. Seine Kernaussage: »Der Iran hat uns trotz seiner eigenen Probleme stets geholfen. Wir Afghanen dürfen hier arbeiten und können viel Geld nach Hause senden. Kürzlich haben wir sogar 2000 unserer Leute zu den Pasdaran, den Revolutionswächtern, geschickt. Afghanen bekommen zwar weniger bezahlt als Perser, verbrauchen aber auch weniger. Jedes Jahr kommen eine Million Menschen über die Grenze, um hier zu arbeiten. Dieselbe Anzahl geht wieder nach Hause zum Kämpfen. Diese Möglichkeit bekommen wir in Pakistan nicht geboten.«

Im Kellergeschoß eines modernen Wohnhauses, im Nordosten Teherans, traf ich die Vertreter der »Nehdjat-i Islami« (Islamische Bewegung). Eftkheri Ali, ein Mittvierziger, Religionslehrer von Beruf und in den schiitischen Heiligtümern Nadschef und Ghom ausgebildet, leitet das dortige Büro. Er erzählt, daß sich das Hauptquartier seiner Organisation in den »befreiten Gebieten Afghanistans« befindet, Filialen habe man außer in Teheran noch in Ghom und Maschad. Die Nehdjat-i Islami sei 1960 in Kabul gegründet worden und werde seitdem von einem Sprecherrat geleitet. Als wahren Führer erkenne man jedoch nur Imam Khomeini an, der

stets großes Interesse für den Kampf der afghanischen Mudschaheddin gezeigt habe. Einmal seien sogar Repräsentanten der Parteien Sasmane Nasr, Nehdjat-i Islami und Hisb-i Islami von ihm
eingeladen worden. Wie denkt Eftkheri Ali über die Zukunft seines Landes? »Wir suchen keine politische Lösung. Die Russen sind
in unser Land eingedrungen. Wenn sie nicht freiwillig gehen, dann
bringen wir sie eben um. Wir haben ihnen keine Angebote zu
machen.«

An einem kalten, verschneiten Wintertag sitze ich dem Sprecher-
kollektiv der »Islam Macktab Tauhid« (Islam – Ideologie der Einheit) gegenüber. Diese Gruppe hat ihr Büro in einer besonders
scharf bewachten Straße, in der sich das Hauptquartier der Pasdaran, Khomeinis Prätorianergarde, und diverse Gebäude befinden, in denen Einheiten der Revolutionswächter untergebracht
sind. Erst nach mehreren Kontrollen können mein Dolmetscher
Mohammed Zangeneh und ich die Sperrketten passieren und das
Haus mit den Kulturzentren der afghanischen, aber auch der irakischen Mudscheddin betreten. In einem spartanisch eingerichte-
ten Raum, zwischen Metallregalen, Postern und Matratzen, begrüßt uns Sayed Husseini, der 32jährige Wortführer, ein ehemaliger Chemielaborant. Mit leiser Stimme und sehr konzentriert beginnt er das Gespräch: »Im Namen Allahs, des Barmherzigen, des
Erbarmers.« Einer von Husseinis Gefährten schreibt jedes Wort
mit, und zudem läuft noch ein Tonbandgerät. Schon mit seinen
nächsten Worten glaubt er mir ein Kompliment zu machen:
»Schriftsteller sind besser als Journalisten. Sie fühlen die Probleme
der Welt im Herzen. Gut, daß Sie kein Journalist sind.« Ich bedanke mich artig für die tiefschürfende Aussage und versichere, daß
ich keine Mühe scheuen würde, um – wie er es auch ausgedrückt
hatte – »den Schrei des Volkes aufzufangen.«

Außerdem, fügt Husseini hinzu, sei ich ja ein Deutscher. Die Deutschen seien selbst Opfer der Russen und könnten deshalb die Tragödie seines Volkes aus eigener Erfahrung nachempfinden. Tee
wird gereicht – ein größeres und drei kleine Gläser, das größere für
mich. Sayed Husseini ist trotz, oder vielleicht gerade wegen der
Staatslogis in dem kasernenähnlichen Gebäude nicht sehr glücklich
mit der Unterstützung durch den Iran. Er findet, daß die Regierung des Gastlandes die islamische Revolution in Afghanistan noch
nicht so richtig akzeptiert habe. Sonst würde sie die Teheraner
Botschaft des Karmal-Regimes schließen. Wörtlich fügte er hinzu:
»Wenn wir alle hier rufen: kein Osten und kein Westen, dann

müssen wir das auch beweisen. Wann bekniet das iranische Volk die eigene Regierung, um uns zu helfen?«

Nach dieser Vorrede kommen die Vertreter der Tauhid zur Sache. Ich lasse mir die Geschichte der Bewegung berichten. 1968 wurde sie in Kabul gegründet, benötigte aber fünf Jahre, um Wurzeln zu schlagen – was dann hauptsächlich in Studentenkreisen geschah. Ein gewisser Sayed Mir Ahmad Schah stand 1976 an der Spitze der Tauhid. Als Staatschef Daud sich von den Schiiten bedroht fühlte, zerschlug er die Organisation. Ihre Mitglieder gingen in den Untergrund und schließlich 1979 nach Persien, um von hier aus den Widerstand weiterzuführen. Sayed Husseini, der sich immer wieder auf sein spirituelles Vorbild Hodschat al-Islam Sayed Ali Sobhani – ein frommer Afghane in Ghom – beruft, versichert mir, daß er die Zusammenarbeit mit Sunniten nicht ablehne und seine Partei auch Angehörige dieser Glaubensgemeinschaft aufgenommen habe. Es dürfe jeder kommen, der zu den Unterdrückten der Welt zähle. Auch in dieser Frage gehe er, Husseini, mit Imam Khomeini konform, dem Führer der Unterdrückten der Welt. Wenn man sich von Gott abwende, so fügt er rasch noch aus dem Koran hinzu, und den Materialismus vorziehe, dann werde man schon sehen, was überall passiere. Die unvollendete Drohung bleibt bedeutungsschwer im Raum.

Ich dringe in Husseini, um noch mehr greifbare Fakten zu erfahren. Nur langsam läßt er sie sich herauslocken, nennt zahlreiche Basen und Einsatzgebiete seiner Organisation, bekennt aber auch, daß 90 Prozent ihrer Mitglieder im Iran eine Arbeitsstelle angenommen haben, um die Partei am Leben zu erhalten. Das Büro in Maschad sei jedoch bereits aus Geldmangel geschlossen worden. In Afghanistan kämpfe man auch zusammen mit anderen Gruppen, zum Beispiel unter dem gemeinsamen Namen »Hisbollah«. Das bedeutet soviel wie »Gottesheer«, und die Vereinigung tritt oft als Dachorganisation für vier der schiitischen Gruppen in Erscheinung. Abschließend versichert Sayed Husseini noch einmal den unbedingten Gehorsam der Tauhid gegenüber Khomeini. Auf dessen Geheiß hin habe man an der irakischen Front gekämpft. Manche Afghanen hätten in Khorramschar, am Golf, ihr Leben gelassen. Das sei aber eine gerechte Sache, da jeder Muslim in einem aufgezwungenen Krieg zur Waffe greifen müsse. Husseini gibt mir eine Khomeini-Aussage zur moralischen Stärkung mit auf den Weg: »Dieses Jahrhundert ist die Zeit, in der die Unterdrückten siegen.«

Um meine Eindrücke abzurunden, besuche ich das im fünften

Stock eines Wohngebäudes, mitten in Teheran untergebrachte Büro der Hisb-i Islami. Ingenieur Mohammed Assef Asim, der Leiter der Kulturabteilung, empfängt mich. Er versichert sogleich, daß sein Ressort die meiste Arbeit leistet. Man helfe auch den Sepah-Pasdaran bei der Betreuung der Gläubigen. Einmal pro Woche sei eines der acht Mitglieder des Aktivrates unterwegs, um an verschiedenen Orten über das Wesen des Islam und des Marxismus zu sprechen. Auf die Frage nach statistischen Angaben nennt Asim zwölf Orte im Iran, in denen Büros der Hisb-i Islami existieren sollen, und die Zahl von 10000 Mitgliedern. Die Zusammenarbeit mit den hiesigen Regierungsstellen sei bestens, weil man über dieselbe ideologische Grundlage verfüge. Gemeinsam werde man auch die Russen militärisch schlagen. Daß Herr Asim ein eifriger Mann ist, merke ich überall in Teheran. Nirgendwo hängen mehr Hekmatjar-Poster, außer in Peshawar selbst.

In ähnlich phantasievoller Weise wiederholen sich die Aussagen der Parteiführer immer wieder. Viele Stunden sitze ich auch in Ghom mit Vertretern der schiitischen Mudschaheddin zusammen und lausche den Erzählungen aus dem Krieg. Hinzugefügt werden muß noch, daß außer den bereits beschriebenen größeren Organisationen eine »Harakate Islami« (Islamische Bewegung) unter Leitung Sheikh Asif Mohseni existiert. Mohseni stammt aus Kandahar, ging schon 1973 ins iranische Exil und wurde auf der Woge der dortigen Revolution hochgespült. Seine Befreiungsbewegung orientiert sich sehr stark an den nationalistischen und klassenkämpferischen Thesen des 1977 ermordeten iranischen Soziologen Ali Schariati. Wegen der Übernahme dieses sozialrevolutionären Gedankengutes soll die Gruppierung in Teheran mittlerweile in Ungnade gefallen sein. Wo sich Mohseni aufhält, kann niemand mit Bestimmtheit sagen. Die Harakate kämpft auf alle Fälle noch entlang der iranischen Grenze, im Hasaradschat und in Kabul.

Außerdem gibt es noch die RJA oder »Ruhaniat-i-Jawan-i-Islami« (Junge Geistlichkeit des Islam) unter Sayed Ishaq Naqawi. Der Guerillaführer stammt aus dem afghanischen Urusgan und gilt als Schüler des mutmaßlichen Khomeini-Nachfolgers Ayatollah Montaseri. Zwei Organisationen, die nur aus Angehörigen des Hasara-Stammes bestehen, heißen »Shura-i-Itifaq-i Islami« (Rat der islamischen Einheit) und »Itehade-i-Mudschaheddin-i Islami« (Union der islamischen Mudschaheddin). An ihrer Spitze stehen Sayed Ali Beheschti beziehungsweise Hadschi Rasul, angeblich früher Ladeninhaber in Kabul. In den Iran soll auch die Nabelschnur der eigentlich maoistisch orientierten Schiitengruppen »Nirau« (Gewalt) und »Raad« (Donner) führen. Gerade über diese endlos verzweigten und sektiererisch lebenden Miniorganisationen ist wenig in Erfahrung zu bringen, da sie weder offizielle Büros unterhalten noch sonstige Anlaufstellen bieten. Sie befinden sich in einer Art Grauzone des Untergrunds, verfügen nur über eine schwache Infrastruktur und keine große Kampfkraft.

Der afghanische Widerstand hat – anders als der im Iran – nicht von innen begonnen. Externe Faktoren waren ausschlaggebend. Genauso könnte er auch, wenn die Hilfe von außen ins Stocken gerät, innerhalb kurzer Zeit seine Dynamik verlieren. Zweifellos sind die Afghanen immer noch dieselbe »tapfere, verwegene und unabhängigkeitsliebende Rasse«, als die sie Friedrich Engels 1857 charakterisiert hat. Für sie ist Krieg auch noch, wie Engels weiter feststellte, »etwas Erregendes, die willkommene Abwechslung von monotoner Alltagstätigkeit«. Im Zeitalter der elektronischen Kriegführung sollte jedoch die Partisanenromantik in den Hintergrund treten. Es zählen nur noch Fakten und klare statistische Werte. Wenn man die vor allem von amerikanischer Seite betriebene folkloristische Überhöhung des afghanischen Widerstandes ignoriert, dann bleibt nur noch ein zerstrittener, relativ unsicherer Haufen von 70000 bis 200000 mäßig (also ungenügend) ausgerüsteten Rebellen übrig.

Nach einem vierjährigen Guerillakrieg haben die Mudschaheddin, bei anfänglich hohen Verlusten, inzwischen aber ihre Taktik gefunden. Die meisten Kommandos gehen großen Feldschlachten aus dem Weg und bevorzugen statt dessen eine Art »Hit and run«. Sie schlagen aus dem Hinterhalt zu, setzen Heckenschützen ein und führen bestens vorbereitete Sabotageanschläge durch. Es gelingt ihnen häufig, den Feind zu demoralisieren. Die Mudschaheddin konzentrieren sich immer mehr auf die Ringstraße und die Versorgungsroute über den Salang-Paß, kämpfen intensiver denn je in den wichtigsten Städten. Am zweiten Augustwochenende des Jahres 1983 bewiesen sie in einer gemeinsamen Aktion gegen Kabul, daß sie sich nicht in den Bergen zu verstecken brauchen. Bei den heftigsten Kämpfen um die Hauptstadt seit dem sowjetischen Einmarsch griffen die Aufständischen den Rundfunksender, russische Einrichtungen und Wohnanlagen sowie das Hauptquartier des afghanischen Geheimdienstes an. Dabei wurden sie sogar von Mitgliedern der an der Regierung beteiligten Khalq-Fraktion unterstützt, die sich an den rivalisierenden Parchamis rächen wollten.

Des öfteren haben die Mudschaheddin den Krieg auch schon über die Nordgrenze in die benachbarte Sowjetrepublik Tadschikistan getragen. Golbuddin Hekmatjar erzählte mir von Angriffen seiner Hisb-i Islami auf Grenzposten jenseits des Amu-Darja-Flusses. Rabbanis Stellvertreter Tawana zeigte mir auf der Landkarte die Route mehrerer Einsätze, die vom afghanischen Darkad auf russisches Territorium führten. Auch aus der Provinz Badachschan wollen die Mudschaheddin Vorstöße in die Sowjetunion gestartet haben. Seit Jahren läßt die pakistanische Jamiat-i Islami Propagandaschriften in russischer Sprache drucken und mit Hilfe der Afghanen bei Nacht über die Grenze schmuggeln.

Das sind höchst risikoreiche Unternehmen, da den Sowjets die Sicherheit ihrer Grenzen seit jeher ein erstrangiges Anliegen ist. 300 Meter hinter dem Amu Darja haben sie ein dichtes Netz von Wachtürmen, Wachposten und Basen der KGB-Grenztruppen angelegt. Gegenüber dem Dorf Kohne Kaldar, gleich neben den strategisch wichtigen Flußhäfen und Grenzübergängen Heiratan (afghanisch) und Termes (sowjetisch) gelegen, befindet sich eine von den Mudschaheddin gefürchtete Feuerstellung. Wenn die Afghanen sowjetische Schiffe oder Militärkonvois auf oder bei einer der neuen Brücken über den Amu Darja angreifen, bekommen sie eine rasche und höchst massive Antwort aus der Nachbarschaft Kohne Kaldars. Abdul Jabbar, in diesem Distrikt Führer von 400 Turkmenen, erklärte mir: »Ein Schuß meiner Leute über den Fluß – und die Russen bombardieren uns stundenlang. Wir haben unseren Kopf ständig im Maul des Tigers.«

Trotzdem wird es immer wieder zu solchen Himmelfahrtskommandos kommen, da sie zur Strategie der Freiheitskämpfer gehören und für mehr Aufsehen sorgen als eine Attacke gegen sowjetische Soldaten, die fern der Heimat »brüderliche Hilfe« leisten. Und Propaganda ist in Afghanistan beinahe so wichtig wie militärische Aktionen. Nicht umsonst übernehmen bei erfolgreichen Überfällen auch die Führer solcher Einheiten die Verantwortung, die sich zum Zeitpunkt des Angriffs Hunderte von Kilometern entfernt befunden hatten. Klappern gehört nun einmal zum Handwerk.

Abschließend ein besonders gelungenes Beispiel kommunistischer Agitation. Bisher konnten die sowjetisch-afghanischen Streitkräfte nur wenige Ausländer fassen, die sich illegal im Land aufhielten. Im März 1980 präsentierten sie einen dieser Verhafteten der gerade verfügbaren »internationalen Presse« (womit fast immer Ostblock-Journalisten gemeint sind). Die afghanische Presseagentur

Bakhtar berichtete: »Ziauddin Mahmud, ein ägyptischer Spion, der unlängst von afghanischen Sicherheitsbeamten in der Provinz Kunar festgenommen wurde, gestand, daß er für seine verbrecherischen und subversiven Aktionen von der CIA bezahlt wurde. Bei einem Presseinterview mit in- und ausländischen Journalisten gab er Auskunft über seine heimtückischen Aktionen und über die Aufträge, die er erhalten hatte. Der 27jährige Ägypter hat an der Al-Azhar-Universität ein Studium als Ingenieur für Bauwesen abgeschlossen. Nach diesem Abschluß ging er nach Kuwait und arbeitete dort vier Jahre lang.«

Im folgenden Text gab die Agentur ein abgekartetes Frage-und-Antwort-Spiel wieder, wie es übrigens im Frühsommer 1983 auch mit dem gefangenen französischen Arzt Philippe Augoyard vor Gericht exerziert wurde:

Wie und warum sind Sie nach Afghanistan gekommen?

»Vor zwei Wochen bin ich ins Land gekommen, um den Rebellen beizubringen, wie man mit Waffen umgeht und wie man Bomben herstellt. Außerdem wollte ich Informationen über Afghanistan erhalten. Ich habe diese Leute an den Waffen ausgebildet, die sie besaßen.«

Wer gab Ihnen den Auftrag, nach Afghanistan zu gehen?

»Den Auftrag, nach Afghanistan zu gehen, erhielt ich von Abdullah al-Akil, dem Führer der kuwaitischen Jamiat-i Islami.«

Sie sind über Pakistan nach Afghanistan gekommen. Wen haben Sie in Pakistan getroffen und wie haben Sie die Grenze überschritten.

»Ich bin, von Kuwait kommend, in Karatschi gelandet und dann mit dem Zug nach Peshawar gefahren. Dort habe ich die Rebellenlager besucht. In Pakistan nahm ich Kontakt mit der sogenannten Hisb-i Islami auf und kam mit einigen Leuten des Kulturkomitees dieser Organisation zusammen. Sie trafen Vorbereitungen für meine Reise nach Afghanistan und zur Erfüllung meiner Aufgaben.«

Haben Ihnen diejenigen, die Sie nach Afghanistan schickten, auch Geld dafür gezahlt?

»Als ich in Kuwait arbeitete, sagte man mir, daß ich nach Ausführung meiner Mission bezahlt würde. Wenn Sie die Summe wissen wollen, dann muß ich Ihnen sagen, daß sie nicht hoch war. Ich habe lediglich einen Vorschuß von etwa 1200 Rial erhalten.«

Waren Sie allein oder mit anderen zusammen?

»Ich war nicht allein. Wir waren fünf Mann. Ich befand mich in Begleitung von zwei Briten und zwei Chinesen.«

*Sie bezeichnen sich als Muslim. Hier wurden aber in den USA herge-
stellte Waffen gefunden – Waffen, mit denen die Israelis gegen die Araber kämpfen. Wieso machten Sie gemeinsame Sache mit den Amerikanern und unternahmen derartige Aktionen gegen Afghanistan?*
»Mein Auftraggeber in Kuwait sagte mir, daß wir jetzt eine gewaltige Kraft darstellten und andere unterstützen sollten. Wir würden
mit einer weiteren Großmacht, den Vereinigten Staaten, zusammenarbeiten und diese Aktionen unter amerikanischer Leitung
durchführen.«
*Wen haben Sie in den Rebellenlagern in Pakistan getroffen und was
haben Sie dort gesehen?*
»Nach meiner Ankunft in Peshawar traf ich einen Briten, der mich
eine Zeitlang ausbildete. Dort gab es zahlreiche pakistanische und
chinesische Ausbilder, die die Rebellen unterwiesen.«
Sie waren ein Spion. Wußten Sie, welchen Interessen Sie dienten?
»Natürlich. Ich gebe zu, ich wurde als Spion ausgebildet. Ich erhielt
ein spezielles Frontkämpfertraining, um andere Kämpfer unterrichten zu können. Aber man hat mich betrogen. Ich habe diesen
Auftrag von al-Akil erhalten, der sehr viel Geld besitzt, ein beque-
mes Leben führt und die Unterstützung der Regierungen von Kuwait, Ägypten, Saudi-Arabien und anderen mehr genießt.«
*Die verschiedenen Gruppen, die aus Afghanistan fliehen, werden,
wie Sie bereits sagten, von imperialistischen Kräften in Pakistan mit
Waffen ausgerüstet, um die Muslime zu bekämpfen. Betrachten Sie,
ausgehend von Ihrem islamischen Glauben, den Kampf beziehungsweise die subversive Tätigkeit dieser Gruppen als einen Heiligen
Krieg?*
»Wenn ich Afghanistan verlasse und in mein Heimatland zurück-
kehre, werde ich natürlich meinem Volk alles erklären, was ich mit
eigenen Augen gesehen habe. Die von den imperialistischen Ländern, von meinen Leuten und von reaktionären Kreisen gestartete
Propagandakampagne hat uns falsche Information über Afghanistan geliefert. In Kuwait hat man uns beispielsweise gesagt, in Afghanistan gäbe es fast kein Leben mehr. Das Land sei von sowjetischen Truppen besetzt, die versuchten, alles Leben auszulöschen.
Die Luft sei hier voll von Giftgasen. Menschen würden getötet,
und das gesamte afghanische Volk führe einen Kampf gegen eine
Supermacht. Als ich hierher kam, stellte ich fest, daß Afghanistan
gar nicht von sowjetischen Truppen besetzt ist. Im Gegenteil: Ich
beobachtete, daß die Menschen ein normales Leben führen. Darüber werde ich mein Volk und die ganze Welt informieren.«

Was haben Sie zwischen Ihrer Ankunft in Afghanistan und dem Zeitpunkt Ihrer Verhaftung unternommen?

»Als ich Pakistan verließ, nahm ich den Weg durch die Berge. Ich verbrachte eine Nacht in einem Weiler der Provinz Kunar. Dort hatte ich Kontakt mit zwei oder drei Leuten, die bereits in Pakistan ausgebildet worden waren. Aber ich verfügte nicht über genügend Zeit, um ihnen beizubringen, wie man Bomben herstellt oder um sie anderweitig zu trainieren. Denn ich wurde kurz darauf von den afghanischen Sicherheitskräften festgenommen.«

Sind Sie, bevor Sie nach Afghanistan kamen, außer in Pakistan auch in anderen Ländern gewesen? Wenn ja, zu welchem Zweck?

»Vor meiner Ankunft in Afghanistan bin ich lange durch Ägypten gereist. Ich war in einer Reihe anderer arabischer Länder. Eine weitere Reise nach Westdeutschland war streng geheim.«

Erzählen Sie uns etwas über Ihre Reise nach Westdeutschland und darüber, was Sie dort gelernt haben.

»Als ich Kuwait verließ, um nach Westdeutschland zu fahren, stellte mich unser Führer al-Akil einem Deutschen mit Namen Hebeck vor, der mich auf meiner gesamten Reise begleitete. Da ich eine sehr dunkle Brille tragen mußte, konnte ich nur schlecht sehen. Ich wohnte privat und blieb zwölf Tage dort. Man zeigte mir verschiedene Filme und ich erhielt eine weitere Ausbildung, beispielsweise im Erkennen von sowjetischen Flugzeugen aller Typen, auch wenn sie in großer Höhe fliegen. Außerdem bildete man mich erneut in der Herstellung von Handgranaten sowie für den Umgang mit Sprengstoffen aus. Weiterhin brachte mir Hebeck, ein Spezialist auf diesem Gebiet, bei, wie man mit Kameras umgeht.«

Welche Quelle finanzierte Ihren Aufenthalt in Westdeutschland?

»Um es kurz zu machen: die CIA.«

Wie hieß der Kommandeur, mit dem Sie in Peshawar Kontakt aufnehmen sollten?

»Der Kommandeur war Golbuddin Hekmatjar, und da gab es noch einen, der hieß Mohammed Amin. Ich habe die beiden aber nicht getroffen, da sie sich zu dieser Zeit nicht in Peshawar aufhielten. Der Mann, mit dem ich zusammentraf, stellte sich mir als Vorsitzender des Kulturkomitees der Hisb-i Islami vor.«

Wohin sind Ihre Kollegen gegangen, die beiden Briten und die zwei Chinesen?

»Die Chinesen sind in ein anderes Gebiet gegangen. Die Briten sind mit mir nach Kunar gekommen, haben mich dann aber in einem der Dörfer verlassen.«

Wie erklären Sie, auf Grund Ihrer eigenen Beobachtungen, die Beziehungen zwischen Hekmatjar, Ihren Führern und der CIA?
»Ich kann die Beziehungen zwischen Hekmatjar, al-Akil und der CIA ganz einfach erklären. Abdullah al-Akil betrachtet sich als Führer der Islamischen Partei in Kuwait und Golbuddin Hekmatjar sieht sich als Führer dieser Partei in Pakistan. Man schickte mich auf Kosten der CIA zur Ausbildung nach Westdeutschland. Später kam ich zu Hekmatjar, um subversive Kräfte auszubilden. Damit sind diese Beziehungen geklärt. Hekmatjar sowie alle anderen Rebellenführer genießen ihr gutes Leben und die Unterstützung westlicher Länder. Ich kann Ihnen sagen, ich bin, im Gegensatz zu jenen Männern, ein Opfer. Sie werden von den imperialistischen Staaten offiziell für den Kampf gegen das Volk von Afghanistan beschäftigt.«
Wie Sie bereits sagten, bilden die CIA, Westdeutschland, Ägypten und die arabische Reaktion die Flüchtlinge für den Einsatz in Afghanistan aus. Stellen diese Aktivitäten keine Einmischung in die inneren Angelegenheiten Afghanistans, eines islamischen Landes, dar?
»Ja, das ist eine Einmischung in die inneren Angelegenheiten Afghanistans. Jetzt bin ich davon überzeugt. Mich hat man jedoch zur Ausbildung der Aufständischen hierhergeschickt. Ich wurde irregeführt. Und ich sehe jetzt, daß das Leben in Afghanistan seinen normalen Gang geht.«
Wie Sie schon berichteten, greifen die USA, andere imperialistische Länder und ägyptische Reaktionäre zu diesen Mitteln und beabsichtigen, ihre Subversion in Afghanistan fortzusetzen. Widerspricht eine solche Politik nicht Ihrem islamischen Glauben?
»Ja. Jetzt ist mir das bewußt geworden, nachdem ich gesehen habe, unter welch günstigen Bedingungen das großartige afghanische Volk lebt. Sämtliche Aktivitäten der imperialistischen Staaten sind eine Einmischung in die inneren Angelegenheiten dieses islamischen Landes.«
Diese Pressekonferenz war eine Mischung aus Schmierenkomödie und altbekannter ideologischer Diktion, angereichert mit den üblichen antiimperialistischen und sozialistischen Schablonen – letztlich aber auch der verzweifelte Versuch eines hilflosen Gefangenen, seinen Kopf zu retten. Geschickt eingestreute Tatsachen sorgten dafür, daß die Agentenstory stellenweise sogar glaubhaft klang. Sie weist jedoch eindeutig auf sowjetische Urheberschaft hin.

Die verschwiegenen Wege der Waffen

>»Die Mudschaheddin sind mit einer Vielfalt
>von Waffen ausgerüstet, angefangen mit
>Gewehren aus der Zeit um die Jahrhundert-
>wende bis zu den modernsten Angriffswaf-
>fen, die sowjetischen oder afghanischen
>Truppen abgenommen oder von Überläu-
>fern mit in die Lager der Aufständischen ge-
>bracht wurden.«
>
>Pentagon-Studie, erschienen im März 1983

Der heikelste und zugleich undurchsichtigste Aspekt des Krieges
um Afghanistan ist die Versorgung der Mudschaheddin aller Fraktionen mit dem nötigen Kampfgerät. Golbuddin Hekmatjars Stan-
dardaussage lautet dazu: »Die Waffen liefern uns die Russen –
unfreiwillig. Wenn wir eine Einheit der sowjetischen Armee angreifen und besiegen, nehmen wir ihre Waffen als Beute mit und
bilden unsere Männer daran aus.« Diese Behauptung ließ sich in
der ersten Phase des Konflikts ohne weiteres aufrechterhalten und
klang zudem ungemein heroisch. Je länger jedoch einige besonders
gewiefte ausländische Journalisten in Peshawar und Quetta lebten
und den Alltag der Rebellen eingehend studierten, desto deutlicher zeigte sich, daß die Waffen unmöglich in der vorhandenen
Menge erbeutet werden konnten. Inzwischen lassen sich aus vielen
Puzzlestücken die verschwiegenen und verschlungenen Wege des
militärischen Geräts rekonstruieren. Es erscheint mir heute ziemlich sicher, daß nur etwa 40 Prozent der in Afghanistan eingesetzten Waffen Beutestücke sind, während 60 Prozent den Mudschaheddin von islamischen und westlichen Freunden kostenlos zur
Verfügung gestellt oder verkauft wurden.
Die für ihre Enthüllungsstorys berühmte *Washington Post* berichtete schon am 2. Februar 1979, daß »afghanische Dissidenten in
einem Stützpunkt zwölf Meilen nördlich von Peshawar ihre Ausbildung in der Guerilla-Kriegführung erhalten«. Dieses Camp sei eine ehemalige Garnison und stehe unter Aufsicht der pakistanischen Armee. Auch andere Journalisten begannen sich für den
Vorgang zu interessieren. Pakistans Regierung erklärte, in dem
Stützpunkt seien lediglich Flüchtlingsfamilien untergebracht. Vor
Ort zeigte sich jedoch, daß die anwesenden 270 Männer fast

durchwegs jung und ohne Verwandtschaft waren. Die *Neue Zürcher Zeitung* notierte etwas später: »Es ist sehr auffällig ..., daß fast alle Menschen, die nach Pakistan flüchten, männliche Erwachsene sind.« Gleichzeitig tauchte eine Zahl von 20 Millionen Rupies (zwei Millionen Dollar) auf, die Zia ul-Haq den Afghanen habe zukommen lassen.

Etwa zur selben Zeit – Khomeini schickte sich gerade an, die Macht im Iran zu übernehmen – publizierte die linke indische Tageszeitung *The Patriot* vermutlich vom KGB stammende Erkenntnisse. Daraus ging hervor, daß »bei der amerikanischen Botschaft in Islamabad und beim amerikanischen Generalkonsulat in Karatschi eine CIA-Spezialeinheit unter dem Oberkommando Robert P. Lessards eingerichtet wurde ... Die Lessard-Einsatzgruppe ist nach unseren Informationen mit der Aufgabe betraut worden, äußerst geheime und empfindliche Operationen sowohl im Iran als auch in Afghanistan zu organisieren. Das jüngste Ansteigen konterrevolutionärer Aktivitäten an der Grenze zwischen Pakistan und Afghanistan trägt offenbar die Handschrift dieser Einsatzgruppe.«

Das amerikanische Magazin *CounterSpy,* eine Gründung der oppositionellen Bürgerrechtsbewegung, das seine Neuigkeiten unter anderem von CIA-Dissidenten wie Philip Agee und Victor Marchetti, aber auch aus undurchsichtigeren Quellen bezieht, wartete mit Ergänzungen auf: »Unsere Nachforschungen haben bestätigt, daß Lessard, der bei der US-Botschaft in Islamabad als stellvertretender Botschaftssekretär geführt wird, tatsächlich ein CIA-Offizier ist. Er war zuvor in Afghanistan eingesetzt und – über eine außergewöhnlich lange Zeitspanne von zehn Jahren – im Iran des Schahs Reza Pahlevi. Zu den CIA-Offizieren in Islamabad gehören auch John J. Reagan (früher in Indonesien, Hongkong und Malaysia im Einsatz) und David E. Thurman (drei Jahre in Karatschi, ehe er nach Islamabad versetzt wurde). Ein CIA-Offizier in Karatschi ist Richard B. Jackman, der zuvor in Jordanien, Saudi-Arabien und Abu Dhabi tätig war.«

Paul Nitze, unter Jimmy Carter mit Afghanistan befaßt, plauderte im Oktober 1979 aus, daß die Chinesen, die Pakistaner und eigene Kräfte jenseits des Khybers engagiert seien. Präsidentenberater Zbigniew Brzezinski, habe – so Nitze – schon Anfang 1979 geplant, den Rebellen unverhüllte Hilfe zu leisten. Dies sei ihm nur mit Mühe auszureden gewesen. Gegen Jahresende 1979 erwachte die CIA aus ihrer von Watergate und Vietnam verursachten Lethargie. Die Teheraner Geiselnahme und der sowjetische Einmarsch in Afghanistan mobilisierte nicht nur das Pentagon und führte zur Gründung der »Schnellen Eingreiftruppe«, auch der Geheimdienst erhielt einen kräftigen Nachschlag aus dem Budget. Zum ersten Mal seit der verdeckten CIA-Mission in Angola (1975) durften die Sendboten des in Langley/Virginia residierenden CIA-Chefs Stansfield Turner wieder an die unsichtbare Front. Folgendermaßen lautete der Text einer Anzeigenkampagne für die neue Aufrüstung: »Wir suchen Männer, die ihren Sinn für Abenteuer noch nicht verloren haben. In einer Zeit der geistlosen Jobs bieten wir die alternative Karriere. Sie können in eigener Initiative und schnell entscheiden. Wenn Sie beim internationalen Geschehen hautnah dabeisein wollen, so haben wir Arbeit für Sie.« Daraufhin gingen 2000 Bewerbungen ein.

Im ersten Jahr der Reagan-Regierung wuchs der CIA-Haushalt dann um 20, in den folgenden Jahren jeweils um 17 Prozent – rascher als das Budget des Pentagon. Die Reaktivierung des Geheimdienstes bedurfte jedoch einer längeren Anlaufphase, in der sich die Zahl der geheimen Aktionen nur geringfügig erhöhte. Ein inoffizieller CIA-Sprecher: »Bei uns war jahrelang alles vernachlässigt worden, und deshalb mußten wir teilweise sogar die Infrastruktur wieder aufbauen.« Es sollte vor allem zu keiner solchen Blamage mehr kommen, wie sie im Zusammenhang mit den Ereignissen des Dezembers 1979 kolportiert wird. Unmittelbar nach der Besetzung Afghanistans durch die Sowjetarmee begann bei den westlichen Nachrichtendiensten die Suche nach dem Schuldigen an der eigenen Unwissenheit. Sogar von Bonner Ministern wird berichtet, die in vertraulichen Konferenzen am Bundesnachrichtendienst kein gutes Haar ließen. Und natürlich wollte Präsident Carter von der CIA wissen, woher der Mangel an Informationen kam. Dabei zeigte sich, wie der *Stern* in Washington erfuhr und im Sommer 1980 publizierte, daß die CIA ein halbes Jahr vor dem Einmarsch in der Washingtoner Sowjetbotschaft »Wanzen gepflanzt« hatte. Bei ihren Sitzungen sprachen die Diplomaten jedoch immer nur von einem »taktischen Aufmarsch«, nie von einer wirklichen Invasion. Später wurde klar, daß das KGB die kleinen Mikrofone längst entdeckt und zur Täuschung des Gegners benutzt hatte. So waren die Amerikaner hereingefallen.

Am 9. Januar 1980 folgte ein weiterer Hinweis auf die Trendwende in der amerikanischen Außenpolitik. Birch Bayh, Vorsitzender des Senatsausschusses für die Geheimdienste, wurde in der NBC-

Sendung *Today* befragt, ob seine Regierung den afghanischen Rebellen aktiv helfe. Seine Antwort: »Das kann man meiner Meinung nach wohl sagen. Nachdem sich ein erheblicher Teil des afghanischen Volkes zu einer eigenen Anstrengung entschlossen zeigte und bewies, daß er hinsichtlich der Regierungsform mitreden und sich nicht mit dem Regime abfinden will, das ihm von den Sowjets aufgezwungen wurde, haben wir bestimmte Schritte unternommen, um jenen Leuten zu helfen, das zu tun, was jeder Gruppe von Bürgern in einem beliebigen Lande erlaubt sein sollte.«

Das waren zwar etwas pathetische Aussagen, aber sie ließen aufhorchen. Bis zum Sommer 1981 mußte Watergate-Spürnase Carl Bernstein recherchieren, um dann in einem aufsehenerregenden Artikel die Einzelheiten des amerikanischen Engagements erklären zu können. Er stellte in der Zeitschrift *New Republic* die Behauptung auf, daß hinter den Worten aus dem Weißen Haus mehr stecke, als man allgemein annehme. Zum ersten Mal lieferten die USA vorsätzlich Waffen, mit denen sowjetische Soldaten getötet würden. Bernstein stellte fest: »Die Operation war von Präsident Carter persönlich angeordnet und unter der direkten Aufsicht seines Nationalen Sicherheitsberaters Brzezinski und des CIA-Direktors Turner durchgeführt worden. In den Stunden, nachdem die Russen die afghanische Grenze überschritten hatten, erklärte der Präsident bei einer Sitzung des Nationalen Sicherheitsrates, daß die Vereinigten Staaten eine ›moralische Verpflichtung‹ hätten, den Widerstand bewaffnen zu helfen. Bis dahin war die amerikanische Hilfe für die Rebellen ... auf medizinischen Nachschub und Funkausrüstungen beschränkt gewesen.«

Man dürfe, so habe Carter weiter erklärt, jedoch den Eindruck nicht zerstören, es handle sich um einen islamischen Krieg gegen die Sowjets. Daraufhin sei von der CIA die Koordination mit mehreren islamischen Ländern vereinbart worden, und zwar nicht auf diplomatischen Kanälen, sondern in direktem Kontakt mit den befreundeten Geheimdiensten. Die NATO-Alliierten habe man gar nicht erst gefragt, da man von ihrer Seite nur eine Beeinträchtigung der Operationen befürchtete. Am 9. Januar 1980 legte die CIA, nach Bernsteins Informationen, dem Geheimdienst-Kontrollausschuß des Senats detailliert ausgearbeitete Pläne für die Afghanistan-Mission vor. Senator Birch Bayh in einem Interview mit *ABC-News* im Sommer 1981: »Die CIA erkannte, daß wir den Afghanen wirksame Waffen gegen Hubschrauber liefern mußten, damit sie sich selbst verteidigen konnten.«

Das bedeutete konkret: Lieferung von hitzesuchenden Luftabwehrraketen des Typs SAM-7, von RPG-Panzerabwehr, leichten
Geschützen, Maschinengewehren und vor allem von Schnellfeuer-
gewehren Kalaschnikow AK-47. All diese Waffen mußten entweder im Ostblock hergestellt oder so gut nachgemacht sein, daß sich
ihre Herkunft auch durch die eigentlichen Produzenten nicht identifizieren lassen konnte. Daran hat sich die CIA bis heute gehalten
und ihre Hilfe für die afghanischen Mudschaheddin stets gut zu
verschleiern gewußt. Ausschußvorsitzender Birch Bayh stellte fest:
»Unsere Idee war, einen Ausgleich zu schaffen. Auf der einen
Seite wollten wir die Sowjets einen spürbaren Preis zahlen lassen.
Auf der anderen Seite sollte der Konflikt nicht auf die Ebene eines
konventionellen Krieges gehoben werden.« Es sei auch nie darum
gegangen, soviele Waffen zu schicken, daß die Sowjets gezwungen
wären, noch mehr Truppen nach Afghanistan zu verlegen.
Im Gegensatz zu den letzten Waffenlieferungen des Jahres 1975
nach Angola hatte der Senatsausschuß nun nicht das geringste an
den CIA-Vorschlägen auszusetzen. Das meldete am 15. Februar
1980 auch die *Washington Post*. Kurze Zeit später reiste Verteidigungsminister Harold Brown nach China. Im geheimen Teil der
Abmachungen einigten sich die Gesprächspartner über Waffenhilfe für die Mudschaheddin. Bernstein zitierte einen Teilnehmer der
Beratungen: »Es war so etwas wie ein Menuett. Wir gaben bekannt, daß wir gewisse Dinge tun würden. Sie gaben bekannt, daß
sie gewisse Dinge tun würden. So ergab sich eine stillschweigende
Übereinkunft. Anstelle einer gemeinsamen Operation würden wir
die Dinge parallel anpacken.« Was waren nun diese »Dinge«? Die
Chinesen erlaubten amerikanischen Maschinen, Waffen für die
Mudschaheddin über Pekings Hoheitsgebiet zu transportieren. Sie
versprachen zudem, Luftabwehr- und Anti-Panzer-Raketen an
den Endabnehmer zu bringen. Sollte die Grenze zwischen Pakistan
und Afghanistan abgeriegelt sein, dann würden sie die Waffen über
das schwierige Terrain an der afghanisch-chinesischen Grenze
schaffen.
Gerade diesen Weg haben die Sowjets aber inzwischen versperrt.
Denn nach einiger Zeit merkten sie, daß die Karawanen vom
»Dach der Welt« nicht nur zivile Handelsgüter transportierten.
Jene Nachschubroute der Mudschaheddin zog sich von Kaschgar
im chinesischen autonomen Gebiet Sinkiang-Uighur aus über die
nur 70 Kilometer breite Grenze durch den 200 Kilometer langen,
schmalen Wakhan-Korridor in die Provinz Badachschan. Dieser

nur 300 Quadratkilometer große Landfinger, an den vier Staaten grenzen, war einst Teil des wichtigsten Handelsweges zwischen Europa und Fernost. Hier mühten sich die Karawanen durch eine rauhe Landschaft, die von 2500 auf über 7000 Meter im Hindukusch und am Rande des Pamir ansteigt. Zuletzt lebten in der menschenfeindlichen Gegend, deren Sommer nur zwei Monate dauert, noch etwa 3000 Kirgisen. In Zelten und kleinen Siedlungen campierten sie in Höhen, die, nach einem alten afghanischen Sprichwort, sogar Vögel nur zu Fuß betreten.

Als die Sowjets 1981 den Durchgangsverkehr stoppten, annektierten sie den Wakhan-Korridor und ließen sich die Landnahme am 16. Juni von Babrak Karmal in Moskau vertraglich absichern. Die Kirgisenstämme wurden nach Pakistan verdrängt. Seither bauen die Russen, nach Erkenntnissen westlicher Nachrichtendienste, im Wakhan kleine Flugplätze und andere Stützpunkte. Während des kurzen Sommers verlegen sie jeweils 1500 bis 2000 Mann in den Höhenzug. Mittlerweile wurden der ehemalige Puffer zu Britisch-Indien dem sowjetischen Militärbezirk Murgab unterstellt.

Interessant ist für die Sowjets natürlich auch der nur 50 Kilometer von der bisherigen afghanischen Grenze entfernte Karakorum-Highway, eine atemberaubende Meisterleistung chinesischer Straßenbaukunst. Die kühnste Bergstraße der Welt beginnt im Herzen Asiens, in Kaschgar, und ist auch mit Sinkiangs Hauptstadt Urumtschi verbunden. Sie erreicht Pakistan am Khundscherab-Paß in der »Northern Area«, nach indischem Sprachgebrauch in Kaschmir. Über Gilgit, nicht weit vom Nanga Parbat entfernt, führt der Karakorum-Highway durch das Tal des Indus nach Islamabad. 20 Jahre lang hatten die Pakistaner und ihre chinesischen Partner an dem noch fehlenden 600 Kilometer langen Teilstück der Straße gebaut. Kurz vor der Eröffnung, im Jahre 1978, waren damit 15000 Pakistaner und 10000 Chinesen beschäftigt. 500 von ihnen verunglückten tödlich.

Die nordsüdliche Route der alten Seidenstraße wird von den Sowjets unter strategischen Gesichtspunkten betrachtet. In einem 1980 erschienenen *Iswestija*-Artikel findet sich folgende Passage: »Die neue Straße versorgt Pakistan mit chinesischen Waffen und erfüllt zugleich für China den Zweck, seine militärische Präsenz in der gesamten Region auszubauen, um dadurch nicht nur den indischen Bundesstaat Jammu und Kaschmir, sondern den ganzen Subkontinent zu bedrohen. Sie kann auch gegen die Freundstaaten Indiens genutzt werden – die UdSSR und Afghanistan. Die durch

Weniger als die Hälfte der von afghanischen Mudschaheddin verwendeten Waffen wurden im Kampf erbeutet. Die meisten stammen aus westlichen Quellen und aus der Volksrepublik China.

diese Straße hervorgerufene Gefahr darf in keinster Weise ignoriert werden.« Moskau unterstellt den Chinesen darüber hinaus, daß sie über Afghanistan zum Indischen Ozean vordringen wollen und der Straßenbau ihrer imperialistischen Ausbreitung nach Südwesten dienen sollte. In einem weiteren Punkt haben die Sowjets zweifellos recht: Die Volksrepublik China hat die afghanischen Freiheitskämpfer mit großer Wahrscheinlichkeit über den Karakorum-Highway durch Waffentransporte unterstützt.

Der holländische Reporter Aernout van Lynden ist in Pakistan unerwünscht, seit er sich die gelieferten Militärgüter zu genau angesehen hat. In einem Bericht für die *Washington Post* schrieb er am 19. Dezember 1982: »Der eintreffende Lastwagen brachte eine Vielzahl von hochentwickelten Waffen, wie ich sie während meines Besuchs im letzten Jahr noch nicht gesehen habe: 150 nagelneue chinesische Kalaschnikows mit umlegbarem Metallgriff, 300 khakifarbene, mit Plastik verkleidete Minen, ebenfalls aus China; 15 Granatwerfer – sowohl die britische als auch die chinesische Ausgabe des Kalibers 82 Millimeter –, vier rückstoßfreie Gewehre, eine Art Anti-Panzer-Kanone, alles nagelneu, mit chinesischen

273

Schriftzeichen, und dazu 24 Granaten. Mir wurde gesagt, daß sich der Nachschub dieser Qualität seit dem letzten Jahr verdoppelt und verdreifacht habe, und daß das Depot in Parachinar nun alle drei oder vier Tage eine solche Wagenladung erhalte. Es ist nicht das einzige Verteilungszentrum, was ganz deutlich zeigt, daß die Waffenhilfe zunimmt, daß sich die Mudschaheddin immer mehr auf Waffen von außerhalb verlassen und daß deren Qualität immer besser wird.« Van Lynden unterstrich diese Informationen durch zahlreiche Beobachtungen und Daten aus Afghanistan.

Wichtiger als die chinesischen Transporte war aber von Anfang an der Waffennachschub der US-Alliierten. Es begann mit 20 bis 30 Millionen Dollar Starthilfe. Nach der Islamischen Konferenz der Außenminister im Januar 1980 in Islamabad berichtete die Deutsche Presseagentur von »fünf arabischen Staaten«, die sich »verpflichtet haben, die afghanischen Rebellen mit Geld und Waffen zu unterstützen«. Allem Anschein nach hat es sich dabei um Ägypten (das an der Tagung wegen des Camp-David-Abkommens nicht teilnehmen durfte), Saudi-Arabien, Kuwait, die Vereinigten Arabischen Emirate und Oman gehandelt. Saudi-Arabien, ohne dessen finanzielle Zuwendungen Pakistan in erhebliche Schwierigkeiten käme, veranlaßte den vorsichtigen Zia ul-Haq, seine Grenzen für Mudschaheddin-Waffen durchgängig zu halten, und stiftete selbst den Löwenanteil der notwendigen Gelder.

Die Ägypter dagegen kümmern sich seit dem Beginn des Afghanistan-Konflikts um die Ausbildung der Mudschaheddin und liefern die meisten Waffen. Präsident Anwar el-Sadat hatte diese Tatsache in einem NBC-Interview im September 1981 sogar unvorsichtigerweise preisgegeben und damit erheblichen Wirbel auf der diplomatischen Bühne ausgelöst. Die Ägypter schicken noch heute Ausrüstungsgegenstände aller Art. Mit Ausnahme von Sibghatullah Mujaddidi haben das jedoch alle Guerillaführer mir gegenüber stets dementiert. Mujaddidi bat um Nachsicht, daß er im jetzigen Stadium noch nicht über die genauen Hintergründe sprechen könne. Nach dem Endsieg würde jedoch alles offengelegt und »für die Geschichtsschreibung freigegeben«. Daß er Waffen aus arabischen Staaten erhält, wollte Mujaddidi aber nicht bestreiten.

Die Ägypter haben in den letzten Jahren Sowjetwaffen nach Afghanistan geschafft, die noch aus der Zeit des sowjetisch-ägyptischen Freundschaftsvertrages stammten oder auf Lizenzbasis in den Waffenschmieden des Nilstaates hergestellt werden, speziell in Heluan südlich von Kairo. Ich habe selbst Kalaschnikows mit arabischen Schriftzeichen in der Hand gehalten. Interessant ist in diesem Zusammenhang, daß der antisowjetisch eingestellte Waffenlieferant Ägypten seit August 1983 mit Rumänien eine gemeinsame Rüstungsindustrie aufbaut. Das wurde bei einem einwöchigen Besuch des rumänischen Verteidigungsministers Constantin Olteanu in Kairo vereinbart. Der internationale Waffenhandel steht jenseits aller ideologischen Barrieren. Ich habe im Jahr 1983 selbst erlebt, wie ausländische Waffen an die Mudschaheddin kommen. Mit bulligen Transportmaschinen des Typs Hercules C-130 – Aufschrift »Royal Saudi Air Force« oder »Pakistan Air Force«, letzteres aus Rücksichtnahme auf die empfindlichen Sowjets – werden halbautomatische Gewehre, Handgranaten, Kalaschnikows, Maschinengewehre, Granatwerfer und vieles mehr direkt nach Peshawar geflogen. Viel Gerät trifft auch im Hafen von Karatschi ein. Schon 1980 prangerten die Sowjets diesen Transportweg an. Sie veröffentlichten beispielsweise die KGB-Erkenntnisse, daß ein pakistanischer Frachter mit Namen »Al Kasum« bereits im Juni 1979 etwa 2000 Tonnen Waffen und Ausrüstung aus den USA gebracht habe. Ein anderes Schiff, die »Rustam«, sei zur selben Zeit aus China eingetroffen. Seine 8000-Tonnen-Waffenladung sei nach Peshawar gebracht und dort verteilt worden – »im Zentrum der Saboteure und gekauften Banditen«.

Ich weiß aus sicheren Quellen, daß Karatschi noch immer der wichtigste Umschlagplatz für die Waffenhilfe zugunsten der afghanischen Freiheitskämpfer ist. Die pakistanische Armee schirmt solche Lieferungen ab und transportiert die Militärgüter mit eigenen Lastwagen nach Quetta und Peshawar. Daß dabei bis zu 40 Prozent der Waffen in pakistanischen Depots hängenbleiben, liegt in der Natur der Sache. Meistens handelt es sich dabei um die besten Exemplare. Die Übergabe erfolgt ebenfalls konspirativ, zum Beispiel in einer leerstehenden Villa in Peshawars University Town oder in irgendeinem Bauernhaus abseits der Stadt. Beteiligt sind daran auf seiten der Lieferanten nur pakistanische Zivilisten, die jedoch vom Haarschnitt bis zur Haltung militärisch wirken. Die Treffpunkte ändern sich laufend.

Diese Transaktionen stehen unter der Kontrolle des berüchtigten pakistanischen Geheimdienstes, durch dessen Aufmerksamkeit auch schon einmal ein unangemeldetes Waffenschiff entdeckt worden sein soll. Auf den Frachtpapieren waren damals angeblich britische Kühlschränke verzeichnet. In Wirklichkeit sollen Schnellfeuergewehre und Granaten für die verbotene Volkspartei des hingerichteten Expräsidenten Bhutto transportiert worden sein. Den Linken ist es im »Land der Reinen« verboten, solch gefährliches Instrumentarium zu horten, während die pakistanische Jamiat-i Islami seit langem im Verdacht steht, von den Mudscheddin Waffen zu kaufen. Dafür helfen die frommen Herren auch mit, wenn es um die Koordination der militärischen Ausbildung geht.

Jede Entscheidung über Unterstützungsmaßnahmen der pakistanischen Streitkräfte wird von Zia ul-Haq persönlich getroffen und ihre Ausführung vielfach kontrolliert. Nach Information Carl Bernsteins hat Zia den Waffentransporten durch sein Territorium nur unter drei Bedingungen zugestimmt. Die beteiligten Länder müßten darüber strenges Stillschweigen bewahren, die eintreffenden Waffen auf dem schnellsten Weg nach Afghanistan geschafft werden und ihre Menge sollte auf zwei Flugzeugladungen pro Woche beschränkt bleiben.

Aus den Kreisen der Jamiat-i Islami und von pakistanischen Militärs weiß ich, daß es im 1600 Kilometer langen Grenzgebiet zwischen Pakistan und Afghanistan rund 50 ehemalige britische Grenzforts und Garnisonen gibt, die heute zur Ausbildung der Mudscheddin genutzt werden. Dafür stehen beispielsweise Nordägypter bereit, die mit entsprechender Barttracht den Afghanen sehr ähneln. Es gibt aber auch Militärberater aus den USA, China und Pakistan. Sogar Türken sollen schon eingesetzt worden sein. Einmal sind arbeitslose Vietnam-Veteranen aus dem rechtsextremen Söldner-Dunstkreis der Zeitschrift *Soldiers of Fortune* an der Grenze gestrandet und haben ihre sachkundige Hilfe angeboten. Als sie aber durch ihr ungehobeltes Benehmen für zu starke Unruhe sorgten, wurden sie von CIA-Leuten leise wieder abgeschoben. Solche Vorgänge werden von pakistanischen Regierungsstellen natürlich dementiert, desgleichen, daß die bescheidene Rüstungsindustrie des armen Landes inzwischen in einer Fabrik bei Rawalpindi eigene Kalaschnikows produziert (Codenummer M 24) und an die Afghanen verkauft. Die hausgemachten Schießeisen erkennt man an ihrem schlecht verarbeiteten Schloß.

Im November 1982 erschien in der Zeitschrift *Newsweek* ein Hinweis auf den Kriegsschauplatz im Mittleren Osten. In einem Report über »Amerikas geheimen Krieg« gegen Nicaragua hieß es: »*Newsweek* hat erfahren, daß die CIA derzeit in etwa zehn Ländern paramilitärische Operationen durchführt, darunter auch in Afghanistan. Mit der Afghanistan-Mission sind zwar nur eine Handvoll CIA-Agenten beschäftigt, sie hat aber bisher Hunderte

Millionen Dollar für Waffen, die durch Dritte geliefert wurden, gekostet.« Das stimmt sicher, da die CIA nun erstmals Hilfswillige aller Herren Länder für sich arbeiten läßt, um den Russen in Afghanistan eine Lektion zu erteilen.

Anfang 1980 tummelten sich in Peshawar zwei angebliche »Rebellenführer«. Sie gaben ihre Namen mit Zia Nesri und Zia Khan Nassery an. Die sowjetfreundlichen Autoren von *CounterSpy* berichteten damals, daß es sich bei Zia Nesri um einen Monarchisten handelte, der Vater Zia Khan Nasserys dagegen Gouverneur der Provinz Paktia und sein Schwiegervater Abdul Rezaq Khan 20 Jahre lang Oberbefehlshaber der afghanischen Luftwaffe gewesen sei (bis 1973). Beide seien amerikanische Staatsbürger und zumindest einer von ihnen mit dem State Department in Verbindung. Damit war Zia Nesri gemeint. Dieser mittlerweile wieder in der Versenkung verschwundene Afghane veranlaßte sogar Wadim Sagladin, den Ersten stellvertretenden Leiter der Internationalen Abteilung beim ZK der KPdSU, anläßlich eines *Stern*-Gesprächs zu weitschweifigen Ausführungen: »Im Frühjahr 1979 kam ein Afghane namens Zia Nesri aus Peshawar auf Einladung der Amerikaner nach New York und Washington ... In den USA traf er mit Mitarbeitern der Senatoren Church und Javits zusammen. Anschließend wurde er im Außenministerium von Ronald Lorton empfangen, dem Chef der Mittelost-Abteilung. In einem Interview erklärte dieser Zia Nesri dann, er sei in die USA gekommen, um finanzielle, materielle und politische Unterstützung für die afghanischen Rebellen zu erhalten. Er brauche viel Geld für Waffen.«

Auch Zia Khan Nassery, der im Namen eines ominösen, unauffindbaren »Islamischen Nationalistischen Revolutionsrates von Afghanistan« sprach, begeisterte die Journalisten durch seine gewandte Art und lieferte ihnen immer wieder abenteuerliche Neuigkeiten. Olaf Ihlau von der *Süddeutschen Zeitung* verfaßte sogar eine Art Nachruf auf den mutmaßlichen CIA-Mann und Waffenkoordinator: »Schade, wirklich sehr schade, daß Zia Khan Nassery nicht mehr durch die nordwestpakistanische Provinzhauptstadt Peshawar wieselt, dieser selbsternannte afghanische ›Rebellenführer‹, der seine gewaltige Gestalt in ein paramilitärisches Filzkostüm mit schwarzer Lederweste zu hüllen pflegte und stets eine blumentopfartige Chitral-Kappe auf seinem wuchtigen Schädel trug. Seine Gesichtszüge erinnerten, soweit sie nicht von einem schwarzen Vollbart und einer Nickelbrille verdeckt wurden, gleichermaßen an Leo Trotzki wie an Fritz Teufel. An der linken Seite eines schweren Gürtels, der seinen Bauch umrundete, baumelte ein Pistolen-halfter. Doch ich bin ziemlich sicher, daß darin Konfekt gesteckt haben dürfte, jedenfalls keine Pistole. Denn die hatte Zia bei sei-ner letzten Nahost-Mission mitsamt Koffer angeblich in Teheran verloren.« Um es kurz zu machen: Zia mißfiel seinem Namensvet-ter Zia ul-Haq und wurde des Landes verwiesen. Seither hat sich die Spur des »Rebellenführers« verloren.

Da der Krieg um Afghanistan auch in seinem vierten Jahr noch nicht entschieden ist, werden immer mehr Waffen und Ausrü-stungsgüter benötigt. Die traditionelle Waffenschmiede in Darra, 30 Kilometer südlich von Peshawar, produziert am laufenden Band für die Grenzstämme. Es gibt kaum ein Schießgerät, das sich in dem ausschließlich aus Waffengeschäften bestehenden Ort nicht erwerben läßt. Doch sollte man Darra eher im Bereich der Folklo-re ansiedeln. Die dortigen Lieferanten werden den Ausgang des Krieges nicht beeinflussen. Dasselbe gilt für die immer zahlreiche-ren verborgenen Waffenfabriken der Mudschaheddin. Sie befinden sich in kleinen Dörfern, abseits der umkämpften Regionen. In die-sen Selbsthilfe-Werkstätten werden Patronen hergestellt, sowie so-wjetische Bomben und Granaten entschärft und zur Weiterver-wendung vorbereitet. Kein ungefährlicher Job, wie ein Bericht der Londoner *Agency Afghan Press* beweist:»Als die Zwillingsbrüder Afzal Khan und Fazil Khan bei einer Schießpulverexplosion star-ben, überschattete eine Welle der Düsternis die Guerillafronten.« Seit die Sowjets von der Existenz der »Recyclingbetriebe« wissen, lassen sie nach Möglichkeit keine beschädigten Waffen mehr liegen. Was sie nicht abtransportieren können, wird gründlich zerstört.

Entscheidend für das Überleben des afghanischen Widerstandes wird weiterhin die Versorgung von außen sein. Die Waffenhilfe hat, allem Anschein nach, im Jahr 1983 zugenommen, und unter Reagans umstrittenem CIA-Chef William J. Casey vermutlich be-reits einen Gesamtwert von 100 Millionen Dollar erreicht. Wa-shington agiert immer offener und kündigt die Aufrüstung der Mudschaheddin nun sogar in allen Einzelheiten an. Wird einmal ein mutmaßlicher amerikanischer Waffen-Zwischenhändler, wie im Februar 1983 der 35jährige Lehrer Eugene R. Clegg, von der pakistanischen Polizei verhaftet und von einem Gericht verurteilt, dann kann er sicher sein, daß ihn seine Auftraggeber nicht im Stich lassen. Im Mai 1983 erklärte ein Sprecher des Weißen Hauses gegenüber der *New York Times,* daß die Reagan-Administration seit Dezember 1982 verstärkt Bazookas, Granatwerfer, Minen und rückstoßfreie Gewehre nach Afghanistan liefere. Gleichzeitig wurde bekannt, daß dafür ein jährliches Budget von 30 bis 50 Millionen Dollar vorhanden ist, zu dem die Saudis 50 Prozent beisteuern. In einer Rundfunkrede beschuldigte Babrak Karmal die Amerikaner, »in diesem Jahr mehr als 100 Millionen Dollar zur Ausbildung und Bewaffnung der konterrevolutionären Banden bereitzustellen«. Die *Prawda* sprach in diesem Zusammenhang sogar von »einem unerklärten Krieg der Vereinigten Staaten« gegen Afghanistan und von einem Einsatz »chemischer Granaten« aus den USA. Das war jedoch eher eine Replik auf den amerikanischen Vorwurf, die Russen würden in dem besetzten Land chemische Kriegführung betreiben.

Die Sowjets haben ihre Anstrengungen gegen die Mudschaheddin im Jahre 1983 verstärkt. Auf seiten der Rebellen aber wurde mir berichtet, daß bald Waffenlieferungen aus Südafrika (erbeutet in Angola und Mozambique) sowie aus Israel (PLO-Ausrüstung) zu erwarten seien, darunter zahlreiche Luftabwehrraketen des Typs SAM-7. Stolz und mit sichtbarer Schadenfreude führten mir die Freiheitskämpfer Kalaschnikows aus der DDR (Seriennummer 79 HH 2084) vor, die sie über einen westlichen Waffenhändler für 4000 Mark pro Stück erstanden hatten. »Wenn wir erst alles bekommen haben«, so mein Gewährsmann in Quetta, »dann werden wir den Sowjets endgültig ihr Vietnam bereiten.«

Bürgerliche Politiker suchen eine Lösung

»Wir sind absolut für eine politische Lösung. Der Kampf war sehr wichtig, ein Mittel zum Zweck. Sein Zweck aber muß Ruhe
und Ordnung in Afghanistan sein.«

Dr. Mohammed Yussof,
Ex-Premierminister

Die Opposition gegen Babrak Karmal und sein Regime, das
fremdartig im eigenen Lande lebt, wird fast immer mit schwerbewaffneten, bärtigen, adleräugigen Guerillas gleichgesetzt. Es hat
sich längst noch nicht herumgesprochen, daß es auch einen bürgerlichen Widerstand gibt, eine Opposition mit Anzug und Krawatte,
wohlgesetzten Worten und intellektueller Brillanz. Ein Land wie
Afghanistan, das kaum Bürgertum und Mittelstand besitzt, kann
froh sein, wenn es wenigstens eine Handvoll seriöser, liberaler Politiker hervorbringt. Denn es ist längst keine Frage mehr, daß die
afghanischen Stellvertreter der Moskauer Strategen einen Scher-
benhaufen nach dem anderen hinterlassen. Sollte es zu einer westlich orientierten Verhandlungslösung für Afghanistan kommen,
dann würden die gemäßigten Politiker – wenigstens für eine mehr-
jährige Übergangsphase – dringlicher denn je gebraucht.
Um diese lautlos und ohne Schlagzeilen die aktuelle Lage beob-
achtende Gruppierung vorzustellen, genügen zwei Beispiele:
Dr. Mohammed Yussof, Premierminister während der kurzen demokratischen Phase seines Landes in den sechziger Jahren, und
Abdul Rahman Pazhwak, einst Botschafter bei den Vereinten Nationen und 1966/67 Präsident der UN-Vollversammlung.
Mohammed Yussof, Jahrgang 1915, gehörte von 1949 bis 1965
mehreren afghanischen Kabinetten an: zuerst als stellvertretender
Erziehungsminister, dann als Vizeminister für Bodenschätze und
Industrie. 1956 rückte er in diesem Ressort zum Minister auf. Im
Anschluß an Dauds Entmachtung durch König Zahir wurde Yussof zum neuen Premier ernannt. Nach seinem Rücktritt im Jahre
1966 kam er als Botschafter in die Bundesrepublik Deutschland.
1973 kehrte der Politiker nach Kabul zurück, um daraufhin Bot-
schafter in Moskau zu werden. Nach wenigen Tagen stürzte die
Monarchie, und Yussof mußte seinen Schreibtisch wieder räumen.
In Kabul stand er jahrelang unter Hausarrest, durfte das Land aber

im Dezember 1979 verlassen. Seither lebt er in der Nähe von Koblenz.

Der promovierte Physiker (Universität Göttingen) schwieg lange Zeit, bevor er am 23. November 1981, anläßlich Leonid Breschnews Besuch in Bonn, einen offenen Brief veröffentlichte und um Gnade für sein Land bat. Im Juni 1982 schrieb er erneut an den sowjetischen Parteichef: »Herr Generalsekretär, ich appelliere an Sie im Namen der Menschlichkeit und des Weltfriedens: Beenden Sie die Aggression gegen Afghanistan, ziehen Sie Ihre Truppen zurück, geben Sie dem afghanischen Volk die Möglichkeit, in freier Selbstbestimmung sein Schicksal in die Hand zu nehmen.« Gleichzeitig wandte sich Yussof auch an den US-Präsidenten Reagan, der damals gerade die Bundesrepublik besuchte: »Unsere Erwartung, Herr Präsident, geht dahin, daß die USA wirksameren politischen Druck auf die Sowjetunion ausüben, bis diese ihre Versprechungen in die Tat umsetzt ... Damit verbinden wir die Hoffnung, daß die afghanische Tragödie und die Vernichtung von Menschenleben und Menschenrechten in diesem Teil der Welt bald ein Ende findet.«

Als im Frühjahr 1983 in Genf indirekte Gespräche zwischen Pakistan und Afghanistan stattfanden, fiel immer wieder der Name Mohammed Yussof. Er wurde als Kompromißkandidat für die Besetzung des Premierministeramtes »gehandelt«, falls es zu einer politischen Lösung kommen sollte. Auch der immer noch im römischen Exil lebende König Zahir wurde ins Spiel gebracht. Auf ihn, so sagten Kenner des Landes, höre die Mehrheit des afghanischen Volkes noch immer. In mehreren Unterredungen mit Yussof sprach ich auch dieses Thema an. Seine Antwort: »Wenn die Russen aus Afghanistan einen kompletten Satelliten machen wollen, dann werden Zahir Schah und ich nicht zurückgehen, um für sie die Quislinge zu spielen. Meine Freunde und ich fordern, daß wir uns mit den Russen selbst an einen Tisch setzen können. Babrak Karmal ist nicht unser Gesprächspartner. Wir machen nicht mit, wenn es darum gehen sollte, eine zweite Mongolei zu schaffen. Das österreichische Modell wäre uns lieber. Eines können wir den Sowjets aber jetzt schon versprechen: Wir werden in einem Afghanistan unserer Fasson nicht zulassen, daß das Land zu einem Aufmarschgebiet für eine fremde Macht wird. Wir wollen einen modernen Staat auf den Grundlagen des Islam, aber keinen Feudalismus. Es soll ein fortschrittlicher und demokratischer Staat werden, der sich langsam entwickelt.«

Seit 1983 steht das Konzept Yussofs und anderer Liberaler für eine Einheitsfront, die ein neues Afghanistan schaffen soll. Es wurde zum Teil bei einer in Bonn ansässigen »Organisation zur Stärkung der Einheit und des Kampfes für die Befreiung von Afghanistan« (OSULA e. V.) entwickelt, deren Vorsitz Yussof führt. Der nächste Schritt war eine dreitägige Konferenz in einem römischen Hotel, auf der die Bürgerlichen zusammen mit den gemäßigten Mudschaheddin im August 1983 Vorbereitungen zur Schaffung einer Exilregierung trafen. Daran nahm auch der renommierte ehemalige afghanische UNO-Botschafter Abdul Hakim Tabibi teil. König Zahir, der selbst nicht erschien, hatte dazu eingeladen, um eine breitere Front der Opposition zu schaffen, in der alle Gruppen ungeachtet ihrer religiösen, ethnischen oder sprachlichen Bindungen mitwirken sollten.

Diese Vorstellungen decken sich auch mit den Zielen des liberalen Politikers Abdul Rahman Pazhwak. Der Sohn eines Richters stammt aus Ghazni und begann seine steile Karriere als Journalist. Ab 1943 leitete er, gerade 26 Jahre alt, die Nachrichtenagentur Bakhtar, vertrat sein Land später als Diplomat in London, bei der Internationalen Arbeitsorganisation und in Washington. 1954 kehrte Pazhwak in das Außenministerium zurück, wurde dort bald darauf Generaldirektor für Politische Angelegenheiten und 1958 Botschafter bei den Vereinten Nationen. Er vertrat Afghanistan bei den ersten Konferenzen der blockfreien Staaten und auch bei der berühmten Vorbereitungstagung in Bandung. Nach seiner Zeit als Präsident der 21. UNO-Generalversammlung trat Pazhwak 1973 die Position des Botschafters in Bonn und wenige Monate später in Neu-Delhi an.

Der in der gesamten Dritten Welt hochangesehene Politiker stand in Kabul über viele Jahre hinweg unter Hausarrest oder unter stetiger Polizeibewachung. Ende März 1982 bekam der chronisch Magenkranke die Erlaubnis, sich in Indien ärztlich behandeln zu lassen. Von dieser Reise kehrte er nicht mehr zurück. Pazhwak schloß sich dem Widerstand an und siedelte nach Peshawar über. Kurze Zeit später bereiste der Diplomat Europa und die USA, um alle Fraktionen der weitverzweigten Emigranten kennenzulernen. Dabei brachte er immer wieder seine Überlegungen zur Vereinigung der gesamten Opposition zur Bildung einer Exilregierung und der Einberufung einer internationalen Afghanistan-Konferenz unter den Auspizien der Vereinten Nationen vor. An dieser Tagung sollten sich die ständigen Mitglieder des Sicherheitsrates sowie Vertreter aller Kontinente beteiligen, da Afghanistan – so Pazhwak – inzwischen zu einem »globalen Problem« geworden sei.

Ich traf den eindrucksvollen und jedes öffentliche Wort abwägenden Liberalen im Gästehaus des Mahaz-Führers Gilani in Peshawar, wo er vorübergehend lebte. Dabei dementierte Afghanistans »Elder Statesman«, daß er seine Friedensmission mit vollem Wissen der Sowjets, denen ebenfalls an einer diplomatischen Lösung des Konflikts gelegen sei, durchführe. Sämtliche Initiativen, so versicherte er mir, würden ausschließlich aus eigenem Antrieb geschehen. Mit einem etwas bitteren Lächeln fügte er hinzu: »Wenn ich Ihnen sage, ich sei in einem meiner Vorhaben erfolgreich gewesen, so meine ich nur, daß ich alle Brücken hinter mir abgebrochen habe.«

Ich fragte Pazhwak: »Wenn die von Ihnen gewünschte Afghanistan-Konferenz auf UNO-Ebene zustande käme, wäre dann auch gewiß, daß sich alle Teilnehmer an mögliche Absprachen halten würden? Gibt es nicht zu viele Interessenslagen?« Pazhwaks Antwort: »Ich weiß, daß die Russen erklärt haben, sie benötigen Garantien für ihre eigene Sicherheit. Wer aber kann ihnen diese Sicherheit verschaffen? Pakistan? Der Iran? Die islamischen Staaten? Die Mudschaheddin? Keiner kann ihnen diese Garantie geben. Sie wären mit einer entsprechenden Zusage der Mudschaheddin ohnehin nicht befriedigt. Sie wollen eine internationale Garantie. Wenn ihnen diese jemand geben könnte, dann nur die anderen permanenten Mitglieder des UNO-Sicherheitsrates. Deshalb glaube ich auch, daß alle bisherigen und gegenwärtigen Verhandlungen absolut fruchtlos sind.«

Der 66jährige Exilpolitiker schien bei der Frage nach seiner Meinung über Pakistans Rolle in dem »großen Spiel« um Afghanistan einen Moment unsicher zu werden. Er verstehe die Probleme und Schwächen Pakistans, antwortete er dann zögernd. Nur wegen der eigenen unsicheren Position lasse sich Islamabad zu vielen Zugeständnissen hinreißen. Letztlich gehe es den Sowjets nicht nur um Afghanistan. Sie hätten sich seit langer Zeit gleichzeitig um den Iran, um Afghanistan und die Belutschen-Gebiete bemüht. Das Großmachtdenken habe längst die engen regionalen Grenzen überschritten.

Ich wollte von Pazhwak außerdem wissen, wie er sich eine Vereinigung aller Widerstandsgruppierungen Peshawars vorstellen könnte. »Die Fundamentalisten benötigten nur noch einen kleinen Schritt, um die anderen, die Gemäßigten, als Ungläubige zu bezeichnen. Deshalb befindet sich eine ziemlich hohe Mauer zwischen den beiden Allianzen, und ich glaube, sie werden nie zusammenkommen. Das ist ein Punkt. Zum anderen sehe ich, daß hier ein ziemlich heftiger Machtkampf im Gange ist. Das führt, wie Sie wissen, auch zu Gefechten zwischen den Mudschaheddin. Wir können eigentlich nur versuchen, beiden Seiten klarzumachen, daß ihre grundlegenden Ziele die Befreiung des kommunistischen durch ein islamisches Regime sein müssen. An dieser Stelle sollten wir uns treffen, nicht bei den politischen Differenzen.«

Vor dem Krieg zählte der Staatsmann auch zu den bekanntesten und begabtesten Schriftstellern seines Landes. Er war ein Poet, den heute noch viele bewundern. Ich bitte ihn um Beispiele seiner im klassischen Stil der Perser gehaltenen Dichtkunst, Pazhwak wird sehr ernst und blickt mich einen Moment durchdringend an: »Wenn ich auch Beispiele liefern könnte, so würde ich das jetzt nicht wollen. Ich habe die Fähigkeit zum Schreiben verloren, seitdem mein Vaterland von fremden Truppen besetzt ist. Ich möchte nicht schreiben und auch nicht als Dichter in Erinnerung gerufen werden, bis mein Volk wieder seine Freiheit errungen hat. Im Moment bringt uns die Poesie leider nirgendwo hin.« Ich merke, daß ich seine tiefste Wunde getroffen habe und wechsle das Thema. Doch Pazhwaks leidender Gesichtsausdruck bleibt als Spiegel seiner wahren Seelenlage erhalten.

Die Klage der Dichter in der Emigration

> »Bitte den Neujahrstag, in diesem Jahr nicht
> zu kommen, weil es für ihn keinen Platz gibt
> in einem Land, dessen Bewohner Trauer-
> kleider tragen! Bitte den Vogel, keine Freu-
> denlieder zu singen, weil das Herz des Trau-
> ernden voll ist mit Leid und er nicht lächeln
> kann! Für jene, die Trauerkleider tragen,
> sind Frühling und Winter gleich. Für sie gibt
> es keinen Unterschied zwischen der Wüste
> und dem Blumengarten.«
>
> Khalilullah Khalili,
> *Das Neujahr für die Flüchtlinge*

Im armen und zum großen Teil von Analphabeten bewohnten Afghanistan gibt es zwei Kultur- und damit auch zwei Literaturspra-
chen: Dari und Paschtu. Beide sind reich an literarischer Tradition
– vor allem auf dem Gebiet der Märchen und Erzählungen. Die
Paschtu-Dichtungen wurden stets nur mündlich weitergegeben,
während das Dari auch schriftlicher Überlieferung diente. In sämtlichen bekannten Werken finden sich Bezüge zum Islam, der das
Leben des Landes seit Jahrhunderten bestimmt. Die moderne afghanische Literatur aber war immer nur ein Bindeglied der Intellektuellen. Um 1930 erschienen in den gedruckten Medien erstmals Kurzgeschichten, 1938 der erste afghanische Roman. Bis
heute gibt es weder einen echten Buchmarkt noch private Verlage.
Denn das Gewerbe nährt keinen, der davon leben müßte.

Da aber auch für afghanische Literaten ein gesichertes Einkom-
men über Wohl und Wehe der Kunst entscheidet, blieb die Auto-
renschaft bislang immer Journalisten sowie Beamten, Diplomaten
und Politikern (auch Taraki dichtete) vorbehalten. Nach einem
Jahrzehnt kommunistischen Terrors haben es die Regierenden in
Kabul inzwischen geschafft, beinahe alle Schriftsteller auszurotten.
Viele von ihnen kamen in den Kerkern Dauds, Tarakis und Amins
ums Leben. Aber auch Babrak Karmals anfängliche Liberalität
reichte nicht soweit, daß er kritische Geister neben sich dulden
würde. Im Zweifelsfalle helfen die Sowjets nach, deren Erfahrung
auf dem Gebiet der Knebelung von Intellektuellen weit zurück
reicht.

Stellvertretend für alle ermordeten Literaten der Phase ab 1973 sei hier Dr. Ghulam Schogays gedacht. Er war ein hochbegabter und feinsinniger Mann, spätestens seit seinen Studienjahren in München von der Dichtung Friedrich Hölderlins erfüllt. Schogay hat die Werke Bertolt Brechts ins Paschtu übersetzt und in Afghanistan eingeführt. Seine Lesungen im Kabuler Goethe-Institut waren sensationelle Ereignisse. Auch Schogay zählte zu einer Gruppe kritischer Oppositioneller, die mit den Steinzeitmethoden des damaligen Regimechefs Hafisullah Amin nichts anfangen konnten. Deshalb mußte er unter der Folter sterben, ohne jedoch Namen preisgegeben zu haben. Mit ihm ging eine ganze Gruppe gebildeter Afghanen in den Tod. Es war jene Zeit, der Sommer 1979, als plötzlich eine Liste mit 11000 Namen am Schwarzen Brett des Innenministeriums hing – 11000 unschuldig Getötete. In Wirklichkeit waren aber bereits mehr als 30000 Menschen den Massenmördern zum Opfer gefallen. Die überlebenden Literaten sind an zwei Händen abzuzählen. Im Land selbst befinden sie sich nach wie vor in großer Gefahr. Die Emigranten unter ihnen schweigen, wie Abdul Rahman Pazhwak, oder arbeiten aktiv mit dem Widerstand zusammen und dienen dabei als Leuchttürme der Hoffnung.

Einer der herausragenden Dari-Poeten ist Professor Sayd Schamsuddin Majrooh. Der 1911 geborene Gelehrte war bereits 1935 Mitglied des afghanischen Parlaments. 1939 ging er zur Nationalbank und stieg 1950 zum Direktor des Dezernats für Stammesangelegenheiten bei der Regierung auf. 1963 gehörte Majrooh dem Kabinett als Justizminister an. Zwischendurch entsandte ihn das Außenministerium auch als Botschafter nach Kairo. Heute lebt er in Peshawar. Dort leitet sein Sohn Professor Sayd Bahauddin Majrooh seit einigen Jahren das »Afghan Information Center«, ein Pressebüro in der University Town, das ungefilterte Nachrichten aus Afghanistan verbreitet. Diese außerordentlich verläßliche und objektive Einrichtung kann sich nur mit französischen Hilfsgeldern über Wasser halten, da Majrooh seinen Kunden lediglich das monatlich erscheinende Bulletin berechnet. Der heute 55jährige ehemalige Rektor der Universität Kabul wurde in Kunar geboren. 1951 legte er an der französischsprachigen Istiqlal-Schule von Kabul sein Abitur ab. Er studierte in Paris und Montpellier Philosophie, Psychologie sowie Soziologie und absolvierte 1957 das Staatsexamen. 1967 promovierte Majrooh in Paris zum Doktor der Philosophie. Zu dieser Zeit leitete er auch das »Afghanisch-Europäische Kulturamt« in München.

Vor allem während der Pariser Jahre entstanden zahlreiche Ge-

Professor Khalilullah Khalili ist der bedeutendste Schriftsteller Afghanistans. Er hat seiner Heimat nach dem kommunistischen Putsch den Rücken gekehrt und lebt nun im pakistanischen Exil.

Die afghanischen Dichter schwärmen nicht mehr von Blumen und Glücksgefühlen. Sie widmen ihre Arbeiten dem traurigen Schicksal ihrer Landsleute, den unschuldigen Kindern, den trauernden Witwen und Müttern.

dichte und Kurzgeschichten aus der Feder Majroohs. Viele Werke des frankophilen Autors wurden in Kabul verbrannt, als er in den Untergrund und später außer Landes gehen mußte. Inzwischen sieht der nun in Peshawar lebende sensible und hilfsbereite Gelehrte, dem ich viel von meinem Wissen über die Situation Afghanistans zu verdanken habe, seine eigene Lage wieder positiver: »Manche meiner Arbeiten können jetzt, 1983, wieder als Buch erscheinen. Es handelt sich dabei um Allegorien im klassischen persischen Stil.« Majrooh erläuterte mir seine neuen, von Trauer und Leid erfüllten Gedichte. Vielsagend ist der Titel des Buches: *Ein Reisender auf der Suche nach dem Heimatland der Freiheit.* Als aufschlußreich empfinde ich auch einzelne Überschriften: »Die Führer, die ihren Weg nicht kennen, und die Kriegsherren, die noch keinen Krieg erlebt haben«, »Eine Stimme aus den Ruinen von Ghazni«, »Leben im Exil«, »Im Kreis der Freiheitsliebenden«, »Die Geschichte von dem verrückten Mann, der seine Ketten liebte«, »Die Sprache des Terrors«, »Leben in einem Gefängnis«, »Das Buch der Verdammten«. Titel, die der Alltag Afghanistans geschrieben hat.

Nachfolgend ein Auszug aus Professor Majroohs Geschichte *Der Drache des Bewußtseins,* die noch zu Dauds Zeiten erschienen ist, aber bis heute an Aktualität nichts verloren hat. »Leute! Wenn ihr nicht in den endlosen Strudel der Ungerechtigkeit und Tyrannei hineingezogen werden wollt, so müßt ihr der zügellosen Flut der Angst begegnen. Fürchtet euch nicht vor ihr, denn sie verschlingt euch zwar, aber sie wirft euch schließlich an den Strand des Friedens. Tyrannei ist ein Unglück, es saugt euer Blut aus, es frißt euer Fleisch, aber die Tyrannei wird immer hungriger und durstiger, die Tyrannei ist durstig nach euren Seelen . . .« Die Geschichte endet mit folgender Empfehlung: »Jener eine Weg jedoch, der schmalste von allen, der mühevollste und der längste, endet in der Endstation Freiheit. Alle anderen Stationen sind nah und bekannt, außer dieser Endstation. Sie ist weit entfernt, unbekannt und fremd. Alle Wege sind breit, kurz und bequem, außer diesem einem. Er ist sehr lang, voller Dornen und mit Leid und Not verbunden. Also, Leute! Wenn ihr die Freiheit erreichen wollt, wählt nicht die kurzen und bequemen Wege, wählt den langen und gefahrvollen. Wählt nicht die nahen und bekannten Stationen, sondern geht zu den weit entfernten und unbekannten, und ihr müßt wissen, daß der Mensch schwer begehbare Wege bewältigen kann. Der Mensch ist ein Wüstenwanderer, und sein Ziel sind die weit entfernten Stationen.«

Ein weiterer bekannter Literat ist Abdul Ghafur Rawan Farhadi. Er stammt aus Kabul, wo er 1929 geboren wurde. 1955 unterrichtete Farhadi an der juristischen Fakultät der Kabuler Universität. Danach trat er in den diplomatischen Dienst ein, wurde wechselweise auf Auslandsposten versetzt oder arbeitete an führender Stelle im Außenministerium. Von 1969 bis 1972 amtierte er sogar als stellvertretender Außenminister. 1973 wurde Farhadi, der Afghanistan auf vielen internationalen Konferenzen vertreten hat, zum Botschafter in Paris ernannt. Von dort kehrte der ehemalige Sorbonne-Absolvent nach dem kommunistischen Putsch nochmals in seine Heimat zurück, wo man ihn dann eine Zeitlang inhaftierte. Der Autor von bedeutenden, in Farsi und Arabisch geschriebenen Werken lebt heute in Paris.

In Islamabad traf ich – so Majrooh – »den einzigen Giganten der heutigen afghanischen Literatur«: Professor Khalilullah Khalili. Der Begegnung mit dem 76jährigen Poeten verdanke ich das beeindruckendste Gespräch, das ich im Laufe meiner Recherchen zu diesem Buch mit Afghanen geführt habe. Meine Eindrücke aus der engen Studierstube des alten Mannes hielten mich noch lange gefangen. Telefonisch hatte ich mit seinem für die Jamiat-i Islami arbeitenden Sohn Masud einen Termin vereinbart. Das Gespräch fand an einem Freitagnachmittag statt. Wir saßen dabei in einem Raum, dessen Inhalt neben schlichten Möbeln nur aus Büchern (darunter viele Nachschlagewerke) und Zeitungen bestand. Khalili hatte ein Blatt Papier an die Wand geheftet, auf dem ein einziges Wort stand: »Khoda« – »Gott«.

Aus dem biographischen Teil eines in englischer Sprache erschienenen Gedichtbandes wußte ich schon manches über meinen Gastgeber. Khalilullah Khalili bezeichnet sich selbst als Sufi-Dichter. Er stammt aus Kabul und war bereits im Alter von 22 Jahren Gouverneur der Provinz Masar-i-Sharif. 13 Jahre lang arbeitete er als Berater des Premierministers, dann als Vizepräsident der Universität Kabul und als Informationsminister, daraufhin als Botschafter Afghanistans in Saudi-Arabien und im Irak. 1963 hatte Khalili eine »Partei der Nationalen Front« gegründet und später eine antikommunistische Wochenzeitung herausgegeben. So war es selbstverständlich, daß der Autor von mehr als 20 Büchern, darunter auch Standardwerke der Geschichte und Philosophie, 1978 der neuen Regierung den Gehorsam aufkündigte und von seinem Auslandsposten nicht mehr heimkehrte. Er ging zuerst in die Bundesrepublik und von hier aus zur medizinischen Behandlung in die

USA. Seit Herbst 1982 lebt Professor Khalili in Islamabad, ver-
bringt aber immer wieder einige Wochen in Peshawar, um dem
Widerstand näher zu sein.

Bei unserem Gespräch verwendete er ein schnelles, klares Dari.
Sein Sohn übersetzte ins Englische. Ich leitete die Unterhaltung
mit einer Frage nach seinem persönlichen Erfahrungen in den Vereinigten Staaten ein. Khalili darauf halb ironisch: »Ich hatte gehört, daß es eine Organisation namens UNO gibt, die fähig sein
sollte, Entscheidungen für die Welt zu treffen. Dort wollte ich die
Situation unseres Landes darstellen. Das mochte aber niemand
hören. Also versuchte ich mein Glück bei der amerikanischen Regierung. Aber auch dort sitzen die Leute auf einem so hohen Roß,
daß niemand sie ansprechen kann. Ich bin also heimgekehrt, ent-
täuscht und gleichzeitig erfahrener.«

Wie fühlt sich der Dichter heute? »Ich sehe mich als verletzten
Vogel, dessen Flügel gebrochen und viel zu kurz sind, der sein Nest
nicht erreichen kann, obwohl es sich nur einen halben Meter entfernt befindet. Meine Kinder werden verbrannt und getötet, und
ich verfüge nicht einmal über die Fähigkeit, für sie Tränen zu vergießen. Ich bin müde, erschöpft, ein alter Mann. Trotzdem wäre
ich immer noch in der Lage, auch auf einem Pferderücken zu
schreiben. Denn zu viele Fragen sind unbeantwortet: der Schrei
des Heimatlandes; der Schrei unschuldiger Kinder, die von Hubschraubern bombardiert werden; der Schrei jener trauernden Witwen und Mütter, deren Männer und Söhne von den Russen getötet
wurden; der Schrei all jener schönen Dinge in meinem Land, deren
Blüten nun geschlossen sind. Ich bedaure es, daß ich mich den
Mudschaheddin nicht mehr anschließen kann. Deshalb sitze ich
hier und sende mein Weinen und meine Trauer in die Gefängnisse
Afghanistans. Viele Führer des Widerstandes kommen zu mir, von
sieben Uhr morgens bis abends um 23 Uhr, um meinen Gedichten
zu lauschen, meinen Rat und meinen Zuspruch zu hören. Gelegentlich sende ich meinem Volk Botschaften über Radio Pakistan.
Das ist mein Leben.«

Khalili saß während seiner Ausführungen auf einem einfachen Bett
mit blauem Eisengestell. Um den Hals trug er eine Schnur, an der
seine Brille baumelte. Mit einem weißen Hemd und einer schwarzen Hose war er eher westlich gekleidet. Afghanistans bedeutendste literarische Stimme ist ein bescheidener Mann, dessen Interessen weitab von den Idealen der Konsumgesellschaft liegen. Er
erinnerte mich stark an Ungarns freiheitsliebenden Kommunisten

Imre Nagy, der für ähnliche Ziele in den Tod gegangen ist. Khalili gleicht »Onkel Imre« äußerlich und auch in der Gestik.

Wir sprachen über die geistige Rastlosigkeit des Dichters, die Suche nach der Wahrheit und über die Verpflichtung des Literaten, auch die täglichen Probleme, Leben und Tod zu beschreiben. Khalili: »Ich habe mein letztes Buch *Haus der Trauer* genannt, weil wir von keinem Land der Erde wirklich effektive Hilfe empfangen. Die Türen der Vereinten Nationen müßten geschlossen werden, und die Menschen trauern. Sie sollten sich grämen über die Toten in dieser Ecke der Welt.«

Ich sprach meinen Gastgeber auf seine literarische Herkunft an: »Professor Khalili, Verehrer bescheinigen Ihnen, daß Ihre Verse mit den Werken der englischen Liebespoeten des 16. und 17. Jahrhunderts eng verwandt sind, daß Sie aber auch die reinen Traditionen der ersten Sufi-Dichter, wie Ibn al-Faridh und Jalaluddin Balkhi Rumi, vertreten, die den richtigen Weg zu Gott durch Liebe und Reinigung zu finden hofften.« »Ja, meine Dichtung hat diese Dimensionen gehabt. Ich war einmal ein Dichter der Nation, der die Schönheit des Landes gepriesen hat. Ich habe einmal den Frieden und die Moral und die menschlichen Werte dieser Welt gepriesen. Deshalb war ich auch so glücklich, als man meine Poesie als Ausdruck von Humanität, von Friedfertigkeit und Gelassenheit im Geiste der Menschen bezeichnet hat. Oft haben schöne junge Mädchen meiner Heimat die Gedichte in ihren glücklichen Nächten gelesen, aber auch die Vertreter des Geistes lasen sie, als sie zum Sonnenaufgang beteten. Während der Nächte lauschte ich den Sternen und tagsüber den Wellen der Flüsse, und ich hörte einen Klang, gleich dem Pochen meines Herzens. Im Iran und in Afghanistan hat man mich einen Dichter des Gemüts, der Liebe und des Friedens genannt. Es ist nun genau vier Jahre her, seit ich mich geändert habe. Heute betrachte ich nicht mehr die Natur, sondern die Festungen, nicht mehr den Frieden, sondern den Krieg. Meine Dichtung ist nun gemischt mit dem Klirren der Ketten von Gefangenen und den traurigen Stimmen der Mütter und unschuldigen Kinder meines geliebten Landes. Nun beweine ich in meinen Versen den Tod des Rechts, des Friedens und aller menschlichen Werte in meiner Heimat.«

Wir diskutieren auch über die literarische Szene des Exils. Es gebe noch einige junge Schriftsteller in Peshawar, erzählt Khalili. Manche von ihnen lebten bei den Mudschaheddin und würden aus der Situation heraus schreiben, wann immer dazu Gelegenheit bestehe.

Wir streiften auch das Thema Islam. Khalili meinte dazu: »Gerade die Menschen in den westlichen Nationen sollten nicht vergessen, daß die Kirchenglocken eine effektive Waffe gegen den Atheismus sein können. In unserem Land verkörpert der Islam alle vorstellbaren Werte. Er ist unser Lebensweg. Was immer Gott bewirkt, das ist schön.« Ich wünschte Khalilullah Khalili zum Abschluß unseres Gespräches eine ehrenvolle Rückkehr in ein freies Kabul und daß er dort wieder die Motivation finde, Gedichte über den Duft von Iris und Jasmin zu schreiben.

Ein Nachtrag: Im Oktober 1980 wurde in Kabul unter der Patenschaft des sowjetischen Schriftstellerverbandes ein »Verband der Schriftsteller der Demokratischen Republik Afghanistan« gegründet. Darüber berichtete die *Neue Zürcher Zeitung:* »Die Verbandsgründung wird von offizieller Seite als ein weiterer entscheidender Schritt zur Disziplinierung der ›schöpferischen Intelligenz‹ Afghanistans und zur ›Konsolidierung der Kräfte im Kampf gegen die Konterrevolution einerseits, für den Aufbau einer neuen, von zwischenmenschlicher Ausbeutung freien Gesellschaft andererseits‹ bezeichnet. – ›Ihr höchstes Ziel sehen die afghanischen Schriftsteller‹, so bestätigte der moskautreue Poet Abdulla Bachtani in seiner Begrüßungsansprache, ›im Dienste an ihrem arbeitsliebenden Volk und an der Aprilrevolution. Die Schriftsteller und Dichter Afghanistans müssen – in künstlerischen Bildern – Beispiele des Patriotismus und des unbeugsamen Kampfes gegen den Feind verkörpern‹.

In seinem Hauptreferat ›Über die Gründung des Schriftstellerverbandes und die Aufgaben der Literaten zur Verteidigung und Fortentwicklung der Errungenschaften der Aprilrevolution beim Aufbau einer neuen Gesellschaft‹ unterstrich Habib Mangal, Mitglied des ZK der Volksdemokratischen (sic!) Partei Afghanistans, daß der Verband in erster Linie dazu dienen müsse, den afghanischen Literaturschaffenden bei der künstlerischen Konzeption eines neuen ›Menschenbildes‹ behilflich zu sein und dem neuen positiven Helden zum Durchbruch zu verhelfen – ›dem Krieger und Verteidiger der Revolution, dem Werktätigen und dem Erbauer der demokratischen Gesellschaft und einer neuen Kultur‹; als weitere wichtige Aufgabe des Verbandes und der afghanischen Schriftsteller nannte Mangal ›die Festigung und Entwicklung der brüderlichen Bande zu den Schriftstellern der Sowjetunion sowie zu den Literaten der sozialistischen Staatengemeinschaft‹.«

Zwischen Schleier und Befreiungskampf

>»Die afghanischen Frauen sind nicht mehr
so rückständig, wie sie oft dargestellt werden. Viele von uns haben eine moderne
Haltung. Sie tragen den Kopf nicht mehr bedeckt, was aber ihre religiösen Gefühle nicht
ändert. Ich glaube, daß Gott viel größer ist
und nicht auf solchen Kleinigkeiten besteht.
Im Islam und gerade auch bei uns gibt es
soviel mehr zu tun.«
>
> Adeena Niasi, 1952 in Kabul geboren

Die afghanische Gesellschaft ist immer noch weithin patriarcha-
lisch ausgerichtet. Vor allem in den unwegsamen ländlichen Gebieten sind die Frauen den Männern absolut untergeordnet. Die Privatsphäre gilt als besonders schützenswert, und deshalb darf die
Frau das Haus nur verlassen, wenn sie sich von den Füßen bis zu
den Haarspitzen verhüllt hat. Fremden gegenüber ist es ihr nicht
erlaubt, sich zu zeigen. Das wichtigste Ereignis in ihrem Leben ist
der Hochzeitstag, und dabei hat auch der örtliche Mullah mitzure-
den. Kommt ein Mädchen zur Welt, dann wird das gemeinhin als
familiäres Unglück gewertet. Lediglich zwei Prozent von ihnen
dürfen die Schule besuchen.
Das ist jedoch nur eine, die besser bekannte Seite der afghanischen
Gesellschaft. Die andere: Schon 1919 starteten die ersten Bemühungen, auch die afghanische Frau von alten, überholten Zwängen
zu befreien, von Schleier, Bildungsnotstand und patriarchalischem
Eherecht. Dagegen liefen jedoch die Mullahs jahrzehntelang
Sturm, und so wurden die Reformen immer wieder hinausgescho-
ben. Erst zu Dauds Zeiten wagten sich einzelne Studentinnen un-
verschleiert auf die Straße. Heute ist ihnen das längst zur Gewohn-
heit geworden. Nur die armen Bevölkerungsteile halten an den
strengen Regeln der Vergangenheit fest. Die Frauen der Hauptstadt sind inzwischen in viele Berufszweige, die ihnen früher versperrt waren, vorgedrungen. Und es gibt, um an den vorhergehen-
den Abschnitt des Buches anzuknüpfen, auch Schriftstellerinnen.
Schon 1921 erschien die erste afghanische Frauenzeitschrift, und
1952 gab die Autorin Maga Rahmani eine Bibliographie der
schreibenden Damen mit dem Titel *Rede hinter Schleiern* heraus.

Die Afghaninnen sind zwar noch meilenweit von der Selbstsicherheit ihrer palästinensischen Schwestern entfernt und tragen auch nicht das Selbstbewußtsein vieler Iranerinnen zur Schau, beteiligen sich heute aber dennoch am Krieg ihres Volkes. Daß sie dabei auch wieder auf den verhaßten Schleier zurückgreifen, erklären sie als reinen Selbstschutz. Denn der Geheimdienst fahndet auch nach ihnen. Dazu die hübsche schwarzhaarige Keshwar Kamal, Mitglied der 1976 gegründeten »Revolutionären Liga der Frauen Afghanistans«: »Der Schleier, dieser Ausdruck der Frauenunterdrückung, hat in Afghanistan vor einiger Zeit Auferstehung gefeiert. Er erlaubt den Frauen, einen wichtigen Beitrag im Kampf um die Befreiung unseres Landes zu leisten. Natürlich benutzen wir ihn nicht gerne, doch ist das bißchen Stoff nicht so schlimm wie die Unterdrückung durch die Sowjets.«

Auf Einladung der »Föderation afghanischer Studenten im Ausland« (FASA) bereiste Keshwar Kamal 1982 die Bundesrepublik Deutschland und besuchte eine Reihe von Informationsveranstaltungen. Sie erklärte dabei, daß sie schon drei Jahre im Untergrund lebe, während ihr Mann von Anfang an am Kampf der Mudschaheddin teilgenommen habe. Die Frauenliga war einst aufgebaut worden, um die gesellschaftliche Stellung des »schwachen Geschlechts« verbessern zu helfen, nach dem kommunistischen Putsch aber hat auch sie politische Position bezogen. Keshwar Kamal, Mutter eines vierjährigen Sohnes, berichtete, wie Tausende von Frauen im Widerstand mitarbeiten. Sie greifen zur Waffe, schreiben und verteilen Flugblätter, übermitteln Botschaften, transportieren Waffen und Munition, plazieren Bomben und Minen an strategisch günstigen Stellen – eine junge Frau aus Khair Khana lud sogar fünf Russen zu sich ein und tötete sie mit vergiftetem Wein – und besuchen die Häftlinge. Immer wieder organisieren sie Demonstrationen und lassen sich für ihre freie Meinungsäußerung zusammenknüppeln. Walter H. Rueb schrieb dazu in der *Welt:* »Die größte Demonstration fand in Kabul statt und richtete sich gegen die sowjetischen Besatzer. Die Demonstration konnte selbst von Panzern nicht gestoppt werden. Es war ein gespenstisches Bild: Auf der einen Seite Soldaten und Panzer, auf der anderen ein Heer dunkelgekleideter, verschleierter Frauen.« Inzwischen sitzen Tausende von Frauen in den Gefängnissen, werden vergewaltigt und gefoltert.

Professor Bahauddin Majrooh veröffentlichte in Peshawar den Bericht einer 21jährigen Studentin der Universität Kabul, die mit

Adeena Niasi arbeitet für die Afgha-
nengruppen von Neu-Delhi.

Propaganda eines Freiheitskampfes,
verbreitet von Afghanen im Exil.

dem Untergrund zusammengearbeitet hatte und nach einer Haus-
durchsuchung vom Geheimdienst Khad festgenommen worden
war. Tobah Hamid, so heißt sie, wurde verhört und nach den Namen ihrer Komplizen in der Stadtguerilla befragt. Sie weigerte sich,
zu antworten. Dasselbe Spiel begann am nächsten Morgen aufs
neue. Als sie auch dabei die Kooperation versagte, wurde Tobah
Hamid mit den Fußknöcheln angekettet und, den Kopf nach unten,
an die Decke gehängt. Die Prozedur dauerte etwa eine Stunde.
Wieder erschienen die Folterknechte des Khad und fragten, ob sie
ihre »Verbrechen« gegen das Regime bekennen würde. Sie blieb
jedoch standhaft. Nun wurde die Studentin von einer weiblichen
Geheimpolizistin festgehalten, während sie ein Mann namens Za-
bet Karim schlug und wüst beschimpfte. Daraufhin wurden an Tobah Hamids Zehen Drähte befestigt und mit einem Generator verbunden. Schmerzhafte Krämpfe schüttelten ihren Körper hin und
her, als sie mit Stromstößen gepeinigt wurde. Nachher war sie
nahezu bewußtlos. Die Geheimdienstleute befürchteten jetzt, daß
die zierliche Studentin sterben würde, und so verschonten sie das
Mädchen zwei Wochen lang und gaben ihm sogar Medikamente.
Nach dieser Zeit wurde Tobah Hamid aus ihrer Zelle geholt und in
das berüchtigte Gefängnis Pule Charkhi gebracht. Zusammen mit

35 anderen Frauen mußte sie eine Zelle teilen. Das Licht blieb 24 Stunden durchgehend an, und die Häftlinge durften sich nicht waschen. Nur zweimal am Tag war ihnen erlaubt, zur Toilette zu gehen. Ein einziges Mal wurde die Zelle gesäubert – als eine Delegation des Internationalen Roten Kreuzes zur Visite kam. Vorher pinselten die Wärter noch regierungsfreundliche Slogans an die Wände, um zu zeigen, daß sogar die politischen Gefangenen Babrak Karmal lieben. Nach sechs Monaten wurde Tobah Hamid wieder entlassen. Sie flüchtete mit ihrer Familie nach Pakistan, wo sie jetzt wieder im Befreiungskampf integriert ist.

Ein ganzes Jahr lang befand sich die 25jährige Nur Bibi im »Afghan Surgery Hospital« von Peshawar. Als ich das Krankenhaus zuletzt besuchte, war immer noch nicht klar, ob sie je wieder auf eigenen Beinen stehen kann. Die junge Frau stammt aus einem kleinen Dorf in der Provinz Paghman. Mitten in der Nacht kreisten die afghanisch-sowjetischen Truppen auf der Suche nach Rebellen, das Dorf ein, zerstörten die Häuser und töteten ihre Bewohner mit Raketen und einem regelrechten Kugelhagel. Die Bauern verteidigten sich so gut sie konnten, unterlagen jedoch der Übermacht. Dabei mußte Nur Bibi mit ansehen, wie ihre ganze Familie ermordet wurde. In ihrer Verzweiflung griff sie nach einer Pistole und feuerte auf drei – völlig überraschte – Sowjets. Keiner von ihnen überlebte. Aber auch Nur Bibi wurde schwer verletzt. In diesem Zustand blieb sie liegen, da die Angreifer sie für tot hielten. Einige Mudschaheddin brachten die junge Frau über die Grenze nach Peshawar. Fast völlig in Gips gehüllt, schwor sie Rache: »Ich werde die Mission meines Mannes erfüllen und so lange gegen die Eindringlinge kämpfen, bis auch ich in diesem Heiligen Krieg sterbe. Auf andere Weise will ich nicht mehr leben.« Zum frühestmöglichen Zeitpunkt, sagte mir Nur Bibi, werde sie nach Afghanistan zurückkehren.

Frauen wie Keshwar Kamal, Tobah Hamid und Nur Bibi sind bei den orthodoxen islamischen Guerillaorganisationen nur selten anzutreffen, da diesen der Sinn nicht nach Women's Lib steht. Die Heimat solcher Kämpferinnen ist eher bei linken und unabhängigen Gruppen, die der Emanzipation undogmatisch gegenüberstehen. Eine ziemlich ungewöhnlich junge Afghanin namens Adeena Niasi habe ich in Neu-Delhi getroffen: Sie ist dort das Bindeglied aller Widerstandsgruppen aus ihrer Heimat, kennt jeden Funktionär und wirkt oft als treibende Kraft, wenn es um Demonstrationen und um Propaganda-Aktionen wie das Verteilen von Flugblättern geht. Adeena Niasi ist unter den Afghanen Neu-Delhis sehr beliebt und hat ihr Leben völlig der gemeinsamen Sache verschrieben.

Ein Kollege empfahl sie mir als Kontaktperson und Dolmetscherin. Da ich sie in ihrer Wohnung nicht antraf, hinterließ ich eine Nachricht, und so kam sie in mein Hotel. Adeena Niasi wirkte auf den ersten Blick sehr zerbrechlich und leicht wie eine Feder. Sie trug ein schlichtes, blaugemustertes Kleid und zwei Ringe an den feingliedrigen Fingern, war äußerst dezent geschminkt und sah mit ihren kurzen, schwarzen Haaren beinahe europäisch aus. Die mir vom ersten Moment an sympathische Frau erschien selbst in der Glitzerwelt eines modernen, 16stöckigen Hotelpalastes nicht als Fremdkörper. Ich sollte bald merken, daß sie sich mit ihrem natürlichen Charme überall zu bewegen verstand, ob in der Runde islamischer Fundamentalisten oder beim Vertreter der linken SAMA, bei Professor Ibrahim Abbasy, dem früheren Gouverneur von Herat, oder in Delhis pseudowestlichen Enklaven.

Als ich Adeena Niasis Vertrauen gewonnen hatte, sprach sie auch über ihr Leben. Sie wurde 1952 in Kabul geboren und wuchs in einer wohlhabenden Familie heran. Der Vater war Gouverneur von Maimana, ihr Bruder arbeitet als Rechtsanwalt, die Schwester in einem Ministerium. 1975 begann Adeena, an der Universität Kabul persische Literatur zu studieren. Mit einem Stipendium kam sie 1977 nach Delhi, um ihr Fach durch Sanskrit-Studien zu ergänzen. Nachdem in Kabul Taraki die Macht ergriffen hatte, wollte sie nicht mehr heimkehren und legte ihre Prüfungen in Delhi und Lucknow ab. Bei Erscheinen dieses Buches dürfte sie auch die letzte Hürde geschafft und die Doktorwürde in persischer Literatur erworben haben.

Adeena erinnerte sich an ihre Jugendzeit. Unter Zahir Schah sei alles freier gewesen als heute, beinahe demokratisch. Jungen und Mädchen hätten bereits in gemeinsamen Klassenzimmern lernen dürfen. »Eigentlich haben wir den König aber nicht gemocht. Für uns war er ein Relikt vergangener Zeiten. Der große Nationalist Daud lag uns dann mehr. Es herrschte Aufbruchstimmung. Wir Frauen in den Städten waren jedenfalls gebildet und selbstbewußt und in Erwartung großer Umwälzungen. Daß es dann so kommen würde, das wußte seinerzeit niemand.«

Ich fragte die Studentin, ob sie sich trotz dieser Umstände und trotz der langen Jahre in Indien noch zum Islam bekenne. »Ich bete nur früh am Morgen und am Abend, nicht fünfmal am Tag. Dafür lese ich aber jeden Tag den Koran. Hier in Neu-Delhi hat sich mein kulturelles Bewußtsein nicht verändert. Ich trage die gleiche Kleidung wie zu Hause und bin auch vom Glauben her völlig in der Tradition meines Volkes verwurzelt. Ich bete zum selben Gott.«

Adeena Niasi hört klassische Musik des Westens, indische und afghanische Folklore, liest die Literatur Asiens. Europa oder die USA sind für sie keine Lockmittel. Würde sie einen Inder heiraten wollen? »Nein, nur einen Afghanen. Doch zuerst muß ich mein Studium beenden; Mutter hat sehr großes Interesse an meiner Ausbildung, da sie selbst keine höhere Bildung erlangen konnte.« Wie stark sind ihre Verbindungen nach Kabul? »Wenn Freunde zu Besuch kommen, erfahre ich die Neuigkeiten. Als mein Vater im Gefängnis saß, habe ich davon aber erst ein halbes Jahr später gehört. Meine Mutter schickt gelegentlich einen Brief. Ich antworte ihr ohne Absenderangabe. Viele Briefe sind schon verschwunden.«

»Was wirst du machen, wenn dein Studium abgeschlossen ist?« frage ich noch. »Darauf warten, daß die Russen unser Land verlassen. Solange das nicht geschehen ist, bleibe ich in Indien. Gerne würde ich nach Pakistan gehen, doch besitze ich dort als Frau nicht genügend Bewegungsfreiheit. Also versuche ich lieber in Indien etwas für meine Heimat zu tun, indem ich Flüchtlingen helfe. Die meisten meiner Freunde haben Kabul verlassen. Sie leben heute in Deutschland, in Saudi-Arabien und den USA. Ich weiß, daß ich hier besser aufgehoben bin. Meinen Lebensunterhalt kann ich wie bisher verdienen, als gelegentliche Lehrerin für persische Literatur, als Übersetzerin bei All India Radio und durch Sprachunterricht. Auch für uns wird der Tag der Freiheit wieder kommen, und dann will ich in Kabul leben.«

Eine Minderheit ohne große Zukunft

>»Heute haben wir eine wirkliche demokratische Gesetzlichkeit im Land errichtet, und die Rechte und Freiheiten unseres Volkes haben einen legalen Status. Der Sieg des 27. Dezember zerstörte alle Komplotte der reaktionären Länder der Region und des Imperialismus ... In den zweieinhalb Jahren, die seit dem Sturz des blutigen Amin-Regimes vergangen sind, haben wir bewiesen, daß wir die wirklichen und ergebenen Diener unseres Volkes sind.«
>
> Babrak Karmal am 24. August 1982

Die ersten zaghaften linken Strömungen hatten in Afghanistan das Licht der Welt erblickt, als Ministerpräsident Schah Mahmud 1947 freie Wahlen nicht mehr ausschließen mochte. In diesem Bemühen wurde er von westlich orientierten Mitgliedern der Königsfamilie unterstützt. Damals entstand die Literatenvereinigung »Wish Zalmiyan« (Erwachende Jugend). An ihrer Spitze stand Nur Mohammed Taraki, ein Mann mit sozialreformerischen Ideen. Der spätere »weise Führer des Volkes«, wie er sich gerne nennen ließ, vertrat eine neue, weniger romantische, eher politisch orientierte Literatur. Weder die Monarchie noch der Islam wurden dabei jedoch in Frage gestellt. Die »Erwachende Jugend« wollte lediglich, gemäß ihrer Grundsatzerklärung, »das Volk aus dem Dunkel der Unwissenheit herausführen«.

Die jungen Idealisten und Nationalisten waren von einer dogmatischen oder gar moskautreuen Haltung weit entfernt. Als Hafisullah Amin später die Anfangsphase der linken Bewegung in das schönste Licht rückte, hatte das eher mit Wunschdenken zu tun: »Unser großer, heldenhafter Führer Nur Mohammed Taraki begründete die erste nationale Befreiungsorganisation Afghanistans, die später in der organisatorischen Form einer Partei den geschichtlichen Kampf des Volkes fortsetzte.«

Eine Anzahl ihrer Mitglieder wurde 1949 ins Parlament gewählt. Doch zwei Jahre danach war die freisinnige Atmosphäre schon wieder vorbei, und eine lange Durststrecke begann. Die Monarchisten griffen rigoros durch und füllten die Gefängnisse mit allen Oppositionellen, deren sie habhaft werden konnten. An dieser

Politik änderte sich nichts, bis 1963 durch König Zahir die liberale Phase eingeleitet wurde. Das Experiment der konstitutionellen Monarchie scheiterte jedoch, nicht zuletzt wegen der immer ungestümeren linken Kräfte. Die Verfassung des Premierministers Dr. Mohammed Yussof sah ein demokratisches Parlament mit Ober- und Unterhaus vor. Erstmals in der Geschichte Afghanistans durften im September 1965 Frauen von ihrem Wahlrecht Gebrauch machen. Fünf verschiedene Gruppierungen traten an, rechts die Konservativen wie Sibghatullah Mujaddidi und seine Freunde, in der Mitte die gemäßigte Nationale Front Khalilullah Khalilis, und links Heißsporne wie Babrak Karmal, Dr. Anahita Ratebzad und Nur Ahmed Nur.

Die Sozialisten schafften es indirekt, zusammen mit ihren Anhängern aus der studentischen Linken, die Übergangsregierung Yussof zu stürzen. Am 24. Oktober 1965, als Yussof sein Kabinett vorstellen wollte, wurde dies durch Demonstrationen verhindert, da den Studenten der Zutritt zum Parlament versperrt war. Einen Tag danach setzten sich die Unruhen fort und endeten vor dem Haus des Premierministers. Polizisten feuerten in eine Gruppe von Demonstranten und töteten dabei drei Menschen. Nach Tagen der Gewalt trat Yussof am 29. Oktober 1965 zurück. Eine Regierung nach der anderen versuchte in dem politisch unreifen Land, demokratische Grundsätze zu verwirklichen. Relative Ruhe kam aber erst 1973, nach dem Sturz des Königs durch den »roten Prinzen« Daud, auf. Die Kommunisten befanden sich damals jedoch bereits in der Zielgeraden und benutzten auch die Daud-Jahre nur, um ihre eigene Infrastruktur weiter auszubauen. 1978 ging es auf Leben und Tod, als Daud das Spiel nicht mehr länger ertragen und sich der Linken entledigen wollte. Diese gewannen die Kraftprobe mit Hilfe seit langem in der Sowjetunion ausgebildeter Parteimitglieder in den Streitkräften. Nach diesem Putsch hatte Moskau freie Hand, Afghanistan nach und nach in seinem Sinne zu formen. Als Hafisullah Amin nicht mehr bedingungslos mitspielen wollte und zudem von der Opposition überrollt zu werden drohte, mußte auch er über die Klinge springen. Die Volksrepublik des Babrak Karmal war geboren.

Eine Demokratische Volkspartei Afghanistans (DVPA) gibt es bereits seit dem 1. Januar 1965. Seit 1967 ist sie – wie erwähnt – in den eher nationalkommunistischen Khalq-Flügel und die moskautreue Parcham-Fraktion gespalten. Daß der Riß durch die Partei selbst geht, hat von Anfang an ein Klima des Mißtrauens und der

Kabul heute: Alle öffentlichen Einrichtungen und sogar die Moscheen müssen von Einheiten der Armee vor Attacken der Mudschaheddin geschützt werden. Das Leben in der Hauptstadt wird immer schwieriger.

partiellen Handlungsunfähigkeit entstehen lassen. Moskau mochte sich deshalb nie so recht zu seinem unehelichen Kind bekennen und unterstützte letztlich auch immer die Parchamis, deren Führer Babrak Karmal ist. Nicht nur, daß eine nationale Minderheit von 5000 Kommunisten sich seit jeher wie der Elefant im Porzellanladen aufführt und sämtliche kulturellen Normen Afghanistans verletzt, darüber hinaus löste sie auch ihre inneren Konflikte stets nur mit Waffengewalt. Der chronische parteiinterne Vernichtungskrieg ist den Sowjets natürlich ein Dorn im Auge. Doch auch ihnen sind die Hände gebunden und die heißblütigen afghanischen Genossen – die bei jeder kleinen Meinungsverschiedenheit sofort zur Kalaschnikow greifen – zum Teil entglitten. Vermutlich wurden bereits mehr Funktionäre der beiden Fraktionen bei ideologischen Streitigkeiten getötet oder schwer verletzt als durch die Kommandos der Mudschaheddin.

Doch zurück zur Partei in ihrer Gesamtheit. Afghanistan wird heute von einem Revolutionsrat beherrscht, der die Generallinie der Politik bestimmt – soweit Moskau einverstanden ist. Der Revolutionsrat hält sich die Regierung als Exekutive. Sein Vorsitzender

Babrak Karmal ist gleichzeitig Staatsoberhaupt. Alles zusammen firmiert unter dem Dach der Demokratischen Volkspartei. Bei ihrem kleinen Häuflein an Parteigängern in einem Land von 13 bis 18 Millionen Einwohner (eine genaue Zahl gibt es nicht) und der zweieinhalbfachen Größe der Bundesrepublik fallen ohnehin für fast jeden Funktionär mehrere Posten ab. Die Personalprobleme der DVPA häufen sich mit der zunehmenden Zahl von Staatsbegräbnissen für erschossene Kader.

Was hat Babrak Karmal versprochen und was wurde in Afghanistan seit dem historischen 27. Dezember 1979 getan? Gleich in den ersten Tagen des Jahres 1980 legte Moskaus Mann ein vermutlich schon während seines vorübergehenden Exils in der Tschechoslowakei entworfenes Programm vor. Kernpunkte waren dabei die Freilassung politischer Häftlinge aus Amins Terrorzeit, das Verbot willkürlicher Verfolgungen sowie von Hausdurchsuchungen und Konfiskationen durch Sicherheitsorgane, die Achtung der freien Religionsausübung und der Persönlichkeit des einzelnen. Zu Karmals Programm zählten auch die Passagen »Wiederherstellung der persönlichen Sicherheit, der revolutionären Ordnung und der Ruhe im Lande; Schaffung der Bedingungen für demokratische Freiheiten, einschließlich des Rechts der Gründung fortschrittlicher und patriotischer Parteien, für Pressefreiheit, Versammlungsfreiheit und das Recht auf Arbeit.«

Von den hier genannten selbstverständlichen demokratischen Rechten ist noch kein einziges in die Tat umgesetzt worden. Karmals Amtszeit begann mit einer inszenierten Vorführung für die Weltpresse: Am 11. Januar 1980 sollten zwei Dutzend Journalisten die Freilassung der angeblich letzten 126 politischen Gefangenen des berüchtigten Pule-Charkhi-Gefängnisses miterleben. Plötzlich versuchten aber Tausende von aufgebrachten Afghanen, die ihre Angehörigen nicht gefunden hatten, die trutzige Kerkerfeste zu stürmen. Die dreifache Postenkette der afghanischen Armee wurde überrannt. Im zweiten Hof standen sowjetische Soldaten und drei Schützenpanzer, die dann ein grauenhaftes Blutbad anrichteten. Für den Regimechef war es nachher kein Problem, die freigewordenen Zellen mit der doppelten Menge an Gefangenen wieder zu füllen. Ungehemmte Staatsgewalt hat in Afghanistan Tradition.

Wie die von Karmal garantierten Bürgerrechte aussehen, zeigte ein internationales Afghanistan-Hearing in Oslo Anfang 1983 auf. Der ehemalige Polizeioberst Mohammed Ayub Assil sagte dabei aus, daß inzwischen ohne sowjetische Einwilligung kein wichtiger Befehl mehr gegeben wird. Also sind die wahren Herren des Landes auch mit den Greueltaten einverstanden. Beschlagnahmen von Eigentum, Plünderung, willkürliche Festnahmen und Folter passieren Tag und Nacht mit einer erschreckenden Selbstverständlichkeit. Assil gab an, daß seit der kommunistischen Machtergreifung 12 000 Menschen im Zuständigkeitsbereich des Innenministeriums zu Tode gequält worden seien. 10 000 würden vermißt, und Hunderttausende habe man ohne Prozeß und Verteidiger ganz einfach hingerichtet.

Erst KGB-Spezialisten und Fachleute aus der DDR, so der Polizeioberst weiter, hätten die Folterkammern der afghanischen Staatssicherheitsorgane perfekt ausgebaut. Dazu ein Auszug aus seinem Bericht: »Gefoltert wird oft mit Elektrostäben. Sie gleichen Fahrradpumpen. Bei Männern sind die Genitalien, bei Frauen die Brüste die hauptsächlichen Ziele. Ein beliebtes Foltermittel ist es, den Häftlingen die Verrichtung der Notdurft zu verbieten oder diese nur vor Augenzeugen zuzulassen. Das demütigt und ist eine beabsichtigte psychologische Maßnahme. Beliebt ist es auch, den Häftlingen Holzstücke in den After zu stoßen, an Bärten die Haare büschelweise auszureißen, in den Mund zu urinieren oder die Häftlinge kopfüber an die Decke zu hängen. Oft werden Gefangene in feuchte oder infernalisch laute Verliese gesperrt. Es gibt auch Fälle, wo scharfe Schäferhunde auf die Häftlinge gehetzt werden – mit der Drohung, entweder zu gestehen oder zerrissen zu werden. Im Saal 66 des Innenministeriums wohnte ich im März 1980 der Folterung einer im achten Monat schwangeren Frau bei. Auf einen Spezialstuhl geschnallt, wurden ihr Holzstücke und Nägel in die Vagina gestoßen ... Nie werde ich ihr Schreien vergessen ... Auf einem zweiten Stuhl mußte ihr Ehemann die entsetzliche Tortur mit ansehen.«

Die 22jährige Studentin Farida Ahmadi, Mitglied der Revolutionären Frauenliga, erzählte von den dunklen Fluren in den Pule-Charkhi-Gefängnisblöcken. Dort gebe es viele blutbefleckte Vorhänge, und auf Tischen seien abgehackte Finger, Arme, Hände und Beine sowie ausgestochene Augen zur Schau gestellt. Jeder müsse auf dem Weg zum Verhör an ihnen vorbeigehen und bekomme dadurch gleich eine Vorahnung von seinem weiteren Schicksal. Farida erinnerte sich: »In meiner Gegenwart wurde einem Häftling, während gleichzeitig Musik erklang, ein Auge ausgerissen, schließlich ein Säugling erwürgt. Ich selbst bekam Elektroschocks und wurde zu dauerndem Stehen verurteilt. Tagelang durfte ich mich nicht von der Stelle rühren. Nach fünf Tagen konnte ich nicht mehr stehen. Ich fiel immer wieder hin. Dann platzten die Venen . . .«

Karmal versprach in seinen Erklärungen auch die »Überwindung von Not, Krankheit und Analphabetentum« sowie ein beschleunigtes Wirtschaftswachstum, ein höheres Lebensniveau der Werktätigen, die Fortführung der von Amin begonnenen Bodenreform und eine – was immer das im korrupten Afghanistan sein mag – »Demokratisierung des Staatsapparates«. Eine letzte, angesichts der herrschenden Verhältnissen geradezu zynische Kostprobe aus dem Karmal-Programm: »Die revolutionäre Regierung hat erklärt, daß sie mit aller Entschlossenheit jegliche Formen der Ausbeutung des Menschen durch den Menschen aufheben, den Widerstand der Reaktion zerschlagen und in Afghanistan eine neue, fortschrittliche Gesellschaft aufbauen wird.«

Die vermutlich einzige volksnahe Entscheidung der Kabuler Regierung war die Abschaffung der unter Amin eingeführten roten Staatsflagge, die für jeden einfachen Afghanen im wahrsten Sinne des Wortes ein rotes Tuch gewesen war. Der von seinen Feinden als »Russenknecht« bezeichnete Karmal hat zwar zweifellos das Bildungswesen zum Vorteil seines Volkes ausgebaut, sich aber damit selbst auch ein Indoktrinationsinstrument ersten Ranges geschaffen. Es war eben schon immer eine kommunistische Maxime, daß mit der Jugend die Welt zu gewinnen sei. Doch auch diese Bemühungen funktionieren nur in den großen Städten, die sich wirklich unter Regierungskontrolle befinden. Dort besuchen heute 70 Prozent der Kinder eine Schule. Auf dem flachen Land hat sich nahezu nichts geändert. Vorsorglich hat die Regierung 10 000 Halbwüchsige in die Sowjetunion und andere osteuropäische Staaten geschickt, damit sie dort zu aufrechten Kommunisten erzogen werden. Mit ihnen hofft das Regime, den Grundstock für die anvisierte Zukunftsgesellschaft gelegt zu haben. Die Zahl der zu militärischer Ausbildung entsandten Jugendlichen ist nicht bekannt.

Afghanistans Wirtschaft liegt am Boden und kann lediglich durch hohe sowjetische Subventionen am Leben erhalten werden. Nur das im Ostblock wegen seiner Waffenbestellungen hoch verschuldete Indien darf außerhalb des Warschauer Paktes noch als ernstzunehmender Handelspartner gelten. Inzwischen haben sich sogar Länder wie die DDR geweigert, von Moskau gestiftete Verrechnungsdollars anzunehmen. Ost-Berlin will vom teuren Freund am

Staats- und Parteichef Babrak Karmal (Mitte) auf Goodwilltour in osteuropäischen Freundesländern. Hier wird ihm gerade die Pfarrkirche im ungarischen Eger erklärt – für Afghanen ein exotischer Ort.

Hindukusch Bares sehen. Auch »Uneigennützigkeit« hat ihre Grenzen. Denn Afghanistan kann keine echten Gegenleistungen bieten. Die Wirtschaft des Landes basiert hauptsächlich auf Ackerbau und Viehhaltung. Seit Jahren gab es aber keine nennenswerten Ernten mehr. Millionen Bauern sind geflohen, und die afghanisch-sowjetischen Streitkräfte haben einen Großteil der Felder zerstört, um den Mudschaheddin die Lebensgrundlage zu entziehen. Nachdem die Bevölkerung Kabuls innerhalb von drei Jahren um das Doppelte, auf 1,8 Millionen, gewachsen ist, liegt es nun an den Sowjets, die Versorgung dieser »Insel« zu sichern.

Während der Zeit Tarakis und Amins wurde die Landreform mit brachialer Gewalt durchgeführt. Die Regierungsbeamten verteilten traditionelle Güter ohne Rücksicht auf Wasserrechte und ohne die neuen Besitzer mit Dünger und Saatgut zu versorgen. Karmal will dasselbe nun geordneter praktizieren, kann sich aber nicht gegen die Mudschaheddin durchsetzen, die bereits in elf Provinzen die Bewässerungssysteme zerstört haben. Die Einrichtung von Kolchosen und die Neubewässerung von einer Million Hektar bebaubaren Landes im Norden, wie es Landwirtschaftsminister Abdul Ghaffar Lakanwal vorschwebt, wird also in absehbarer Zeit nicht gelingen.

Nur die Erdgasgewinnung funktioniert, als einziger Wirtschaftssektor, mehr oder weniger normal. Schließlich liegen die Gasfelder auch ausnahmslos in der Nähe der sowjetischen Grenze, über die schwerbewachte Pipelines führen. Der nördliche Nachbar nimmt fast die gesamte Fördermenge ab und hat für die Bezahlung eine deutlich unter dem Weltmarktpreis liegende Rate festgesetzt. Angeblich sollen sich sogar die Zählgeräte der Gasleitungen jenseits des Amu Darja befinden.

Als die Demokratische Volkspartei 1981 erkannte, daß der blutige Machtwechsel noch nicht viel bewegt und vor allem ihre Basis nicht erweitert hatte, gründete sie eine sogenannte Nationale Vaterlands-Front (NFF). In dieser sollten alle Gruppen und Schichten des Landes, bis zur Ebene der Dörfer erfaßt werden. Eine groß angelegte Propagandakampagne sollte es den Stämmen, den Religionsgruppen und der Arbeiterschaft schmackhaft machen, in der Vaterlandsbewegung ihr Heil zu suchen. Manche haben sich tatsächlich überzeugen lassen und sind der Organisation, die von dem Paschtunen Saleh Zeary aus der Khalq-Fraktion geführt wird, beigetreten. Inzwischen weiß aber jeder Afghane, daß die meisten Mitglieder gekauft wurden. Stammeshäuptlinge und islamische

Würdenträger, die ein sattes Salär aus Kabul beziehen, halten der Volkspartei mit der nötigen Vorsicht die Treue. In der Gegend um Herat erstreckte sich die Einkaufspolitik sogar auf einen Ring von Dörfern, die von Karmals Regierung dann in ihr Verteidigungssystem gegen die Mudschaheddin eingebaut wurden. Die Rebellen nehmen an den Verrätern blutige Rache, wo immer sie ihrer habhaft werden. Deshalb wird der Vaterlands-Front, ähnlich der staatlichen Vereinigung der Ulemas, allgemein keine lange Überlebensdauer zugestanden. 1982 versuchte das Regime, Afghanistans traditionelle Jirgah, das Parlament der Stammesgesellschaft, zu neuem Leben zu erwecken. Auch diese Bemühungen verpufften wirkungslos.

Im März 1982 fand der erste Parteitag nach dem Umsturz statt. Karmal flehte die 836 Delegierten und das hoffnungslos zerstrittene 51köpfige Präsidium an, Einigkeit zu wahren. Im übrigen erging er sich in bekannten Phrasen, versprach erneut »demokratische Freiheiten für alle und Wohlstand für die Massen«. Der Staatschef präsentierte ein überarbeitetes Parteiprogramm. Künftig werde man die »Intensivierung und Fortsetzung des Kampfes gegen den Feudalismus« forcieren, große kapitalistische Konzerne nicht mehr zulassen, den Lebensstandard der Bevölkerung anheben und den Paschtunen-Grenzstämmen des Ostens bessere Sozialleistungen bieten. Das Schauspiel wiederholte sich beim 9. Plenum des Zentralkomitees im Juli 1982, und im November wurde dann das angeblich 75000. Parteimitglied gefeiert, natürlich ohne dessen Namen zu nennen. Die Partei hatte durch Zwangsrekrutierung von Soldaten, Beamten und Jugendlichen (ein eigener Verband seit Januar 1981) Zuwachs erhalten, aber bei weitem nicht in dieser Stärke.

Wesentlich schlechter stellt sich dagegen die Situation der noch nie sehr effizienten afghanischen Streitkräfte dar. Von einst 80000 Mann haben dem Regime nur 20000 die Stange gehalten, und dabei handelt es sich überwiegend um Khalqis, geborene Befehlsempfänger, und Rekruten, die noch nicht entwischen konnten, da inzwischen die Sicherheitsvorkehrungen enorm verschärft wurden. Insgesamt eine abenteuerliche Truppe. Karmal kann sich auf die Streitkräfte nur bedingt verlassen, da das Offizierskorps traditionell von der Khalq-Fraktion gestellt wird. Sogar aus deren Reihen sind schon viele zu den Rebellen übergelaufen. Die neue Soldatengeneration wird dagegen erst in der Sowjetunion ausgebildet. Auch Verteidigungsminister General Abdul Qader hat sich nach der

Ablösung des unbeliebten Parcham-Ministers General Mohammed Rafi nicht als Integrationsfigur erwiesen.

Aus zuverlässigen Quellen weiß ich, daß nicht wenige Offiziere mit den Mudschaheddin kollaborieren, weil sie keinen Sinn darin sehen, in diesem Stellvertreterkrieg zu sterben. Manche liefern Waffen, andere lassen die Rebellen an ihren vorgeschobenen Stützpunkten vorbeiziehen, ohne das Feuer zu eröffnen, oder warnen die Aufständischen vor geplanten Sowjetoffensiven. Im September 1982 wurde General Wohdud, der Kommandeur des »Zentralen Armeekorps«, tot in seinem Büro aufgefunden. Die Russen sollen angeblich seine geheimen Verbindungen zu den Mudschaheddin aufgedeckt haben. Ich habe selbst mit zwei Generälen und mehreren anderen hohen Offizieren der afghanischen Armee gesprochen, die sich im letzten Moment, bevor ihre wahre Gesinnung aufgeflogen wäre, nach Pakistan absetzen konnten.

Da seit 1979 jährlich etwa 10000 Mann desertiert und 5000 weitere bei Kampfhandlungen getötet oder verwundet worden sind, kommt die Regierung in immer größere Bedrängnis. Im ganzen Land werden Männer im Alter von 16 bis 39 Jahren einfach von der Straße weggeholt und in die Armee eingezogen. Sogar vor der Verpflichtung 14jähriger soll die Rekrutierungsbehörde manchmal nicht zurückschrecken. Nur für die Kinder der Parteifunktionäre gibt es Ausnahmen. Inzwischen hat es sich in wohlhabenden Kreisen eingebürgert, daß Eltern ihre Söhne zu Verwandten ins Ausland schicken. Die Angst geht um, es könnte letztlich eine ganze Generation verheizt werden. Olaf Ihlau notierte bereits nach 18 Monaten sowjetischer Besetzung in einer Bestandsaufnahme: »Der Grundwehrdienst wurde zum zweitenmal innerhalb kurzer Zeit um sechs Monate verlängert. Er dauert jetzt drei Jahre. Eingezogene Soldaten erhalten einen Monatssold von 100 Afghani, das sind viereinhalb Mark. Wer sich danach weiterverpflichtet, bekommt diesen Loyalitätsbeweis mit 3000 Afghani monatlich versilbert. Soviel verdient auch ein Lehrer. Aber nur wenige lassen sich durch diesen finanziellen Anreiz einfangen.«

Neuerdings werden Bemühungen unternommen, eine Wehrersatzorganisation mit noch jüngeren Knaben und mit älteren Männern auf die Beine zu stellen. Jungen von 10 bis 15 Jahren erhalten bereits in den Schulen militärischen Unterricht. Sie sollen, nach einem Plan zur Zivilverteidigung, Wachaufgaben übernehmen und die damit jetzt noch belasteten Polizeieinheiten freisetzen. Dieses Vorhaben stieß jedoch in der Bevölkerung auf Widerstand und so

Am 11. Januar 1980 sollten angeblich die letzten 126 politischen Häftlinge aus dem Gefängnis Pule Charkhi entlassen werden. Als enttäuschte Angehörige den weiträumigen Komplex stürmen wollten, kam es zu einem Blutbad.

konnte es bisher noch nicht in die Tat umgesetzt werden. Die miserable Kampfmoral der Regierungsarmee würde aber auch auf die neue paramilitärische Truppe rasch übergreifen und sie scheitern lassen.

Niemand weiß, wie lange es noch so weitergehen kann und wie stabil die Parteiführung auf Dauer ist. Karmals Regierung lebt im Bunker und verläßt ihre sicheren Bastionen nur in Ausnahmefällen, meistens wenn ein Rapport in Moskau ansteht. Babrak Karmal läßt sich nur noch von sowjetischen Leibwächtern beschützen. Er hat sich im »Haus des Volkes« eingeigelt und geht dort seiner Auftragsarbeit nach. In dem früheren Königspalast finden auch die Kabinettssitzungen statt. Er enthält eine mobile Klinik, ein Radio- und Fernsehstudio – und für den Notfall zwei Fluchthubschrauber. In der Küche wirken die Russen, und sogar die Alibi-Gebete zu muslimischen Feiertagen muß Karmal in der Moschee des Palastes verrichten. Mitte Oktober 1982 startete Karmal zu einem geradezu sensationellen Ausflug in das unsichere Herat. Schon 15 Tage vorher wimmelte es dort von Geheimdienstleuten und Armee-Sondereinheiten. Kurz vor Karmals Ankunft griffen jedoch die Rebellen von allen Seiten an und zerstörten zwölf Panzer sowie zahlreiche Schützenpanzer und Transporter. Heftiger Beschuß der Regierungspositionen durch Granatwerfer setzte ein, und auch das »Hotel Mafaq«, wo der Revolutionsführer zum Mittagessen erwartet wurde, bekam schwere Treffer ab. Karmal landete um 7.45 Uhr. Geschützt von afghanischen und sowjetischen Truppen, legte er die vier Kilometer lange Strecke in die Stadt zurück. An der Straße standen eigens aus Kabul herangeschaffte Parcham-Sympathisanten und jubelten.

Die Khalqis von Herat waren vorher entwaffnet worden. Vorsicht ist besser, hatten sich Karmals Sicherheitsberater wohl gedacht. Daß beim Einsammeln der Khalq-Waffen mehrere Parchamis ums Leben kamen, ist nicht ungewöhnlich. Als Karmal in seiner gepanzerten sowjetischen Limousine in der Innenstadt eintraf, jagte ein verwegener Mudschahid mit seiner Panzerfaust gerade einen Tankwagen in die Luft. Sechs andere Transporter kollidierten mit dem brennenden Laster. Eine hohe Stichflamme und schwarze Rauchschwaden stiegen in den Himmel. Als der Regimechef seine Rede im hermetisch abgeriegelten Sportstadion begann, entstand Unruhe unter den herbeibeorderten Zuhörern. In dem allgemeinen Durcheinander konnten die meisten schließlich entlaufen. Daraufhin brach Karmal seine ursprünglich für vier Tage geplante Reise ab und flog nach Kabul zurück.

Dort wird er vermutlich noch länger residieren, wenn ihn nicht unvermittelt das Schicksal vieler seiner Vorgänger ereilt oder ein politischer Schachzug aus Moskau ihn matt setzt. Doch die Sowjets müssen diesen roten Quisling – zumindest vorläufig – weiterhin mit ihren Bajonetten beschützen, weil es für ihn bisher keine klare Alternative gibt; es sei denn, die Besatzer würden ihre Gunst wieder den Khalqis schenken. Karmals schwere historische Last scheint ihnen aber bis heute noch nicht so richtig bewußt geworden zu sein. Er war es, der im ersten Parlament nach 1965 den Koran mutwillig mit den Füßen getreten und seine atheistische Haltung mit dem Ausspruch »Gesegnet sei Lenin« unterstrichen hat. So etwas können Afghanen nie verzeihen.

Moskaus eigentlicher Mann im Kabinett, Außenhandelsminister Mohammed Khan Jallalar, ist ein farbloser Hinterbänkler, der schon zu Dauds Zeit dem KGB zu Diensten war. Im Rampenlicht würde er seinen Zweck verfehlen. Die Khalqis bilden eine monolithische Einheit und werden ihre Rivalen vermutlich immer mit tödlichem Haß verfolgen. Für die Bevölkerung wirken sie aber nationalistischer als die Parchamis und kommen deshalb besser an. Ihre heutigen Wortführer sind Postminister Aslam Watanjar, der parteiintern sogar für einen Abzug der Sowjets eingetreten sein soll, und Innenminister Sayed Mohammed Gulabsoy.

Die Parcham-Fraktion dagegen hat sich zersplittert. Auf der einen Seite steht die starke »Exilgruppe« um Babrak Karmal, Dr. Anahita Ratebzad und Nur Ahmad Nur. Ihre Gegenspieler in der eigenen Abteilung sind die »Weißen Kommunisten«. Sie teilen gemeinsame Gefängniserfahrungen und werfen den anderen vor, man habe sie damals im Stich gelassen. Zu dieser Gruppe gehören der jetzige Premierminister Sultan Ali Keschtmand sowie die Generäle Mohammed Rafi und Abdul Qader. Eine dritte und weniger effektive Lobby hat der Hardliner Sulaiman Laeq, Minister für Stammesangelegenheiten. Aber auch er verfolgt nur eigene Interessen. Die gegenseitigen Intrigen und die mörderische Vendetta unter den Kabuler Polit-Mafiosis sind von außen kaum durchschaubar. Erst wenn wieder ein Minister von der parteiinternen Konkurrenz niedergestreckt wurde und das Ressort zur Disposition steht, lassen sich neue Entwicklungen konstatieren. Karmal selbst wurde schon öfters totgesagt und angeblich durch einen General ersetzt. Er hat alles überstanden. Vielleicht wird es ihm deshalb auch vergönnt sein, eines Tages wieder mit den Sowjettruppen abzureisen, die ihn im Dezember 1979 ins Land gebracht haben.

Viele Probleme für die 40. Armee

> »Die Beziehungen der UdSSR zu anderen
> Staaten beruhen auf der Einhaltung der
> Prinzipien der souveränen Gleichheit, des
> gegenseitigen Verzichts auf Gewaltanwen-
> dung und Gewaltandrohung, der Unverletz-
> lichkeit der Grenzen, der territorialen Inte-
> grität der Staaten, der friedlichen Regelung
> von Streitigkeiten, der Nichteinmischung in
> die inneren Angelegenheiten, auf der Ach-
> tung der Rechte des Menschen und der
> Grundfreiheiten, der Gleichberechtigung
> und des Rechts der Völker, über ihr Schick-
> sal zu entscheiden ...«
>
> Verfassung der UdSSR, Artikel 29

In diplomatischen Zirkeln des Mittleren Ostens hält sich ein Witz
hartnäckig am Leben: »Wann werden die Russen wieder aus Afghanistan abziehen? Wenn sie den gefunden haben, der sie gerufen
hat!« Wer als Augenzeuge erlebt, wie die sowjetischen Schützenpanzer nach Beginn der nächtlichen Ausgangssperre ab 22 Uhr
durch Kabul brausen und wie die umliegenden Berghänge mit starken Suchscheinwerfern abgetastet werden, der könnte glauben,
dieser böse Scherz sei unter dem Eindruck eines solchen militärischen Reizklimas entstanden. Zugleich fragt man sich, ob Rudyard
Kiplings Gedichte auch ins Russische übersetzt worden sind, zum
Beispiel dieses: »Das war in Kabul, der Stadt am Kabul – blast
Tusch und schultert das Messer! / Da hab' ich verloren in Schlamm
und Pfuhl / den Kam'raden im kalten Gewässer!«
Viele Kam'raden haben sie in diesem Kriegsabenteuer schon verloren, jene jungen Männer von der Wolga und der Moskwa, aus
der Ukraine und aus Sibirien. Ihre Feinde sprechen von 50000
Mann, während vorsichtige Schätzer die Wahrheit im Jahre 1982
bei 10000 ansetzten. Vermutlich dürfte die realistischste Zahl der
Verluste um die 14000 liegen, da inzwischen wieder einige Zeit
vergangen ist. Die Sowjetarmee unterhält in Afghanistan sieben
Kommandozentralen und acht bis neun Divisionen. Das sind
105000 Mann. Sie gehören alle zur 40. Armee, die von den Generälen Safronow und Malachonow befehligt wird. Ihr sind kleine
Kontingente aus Kuba und Bulgarien angegliedert. Marschall So-

kolow soll sich jedes Jahr für drei Monate am Hindukusch aufhalten, um selbst nach dem Rechten zu sehen. Neben den Kampftruppen gibt es eine beträchtliche Anzahl Militärberater. Sie nehmen dem afghanischen Verteidigungsminister Abdul Qader und seinen Untergebenen sämtliche schwierigen Entscheidungen ab und finden sich in den Streitkräften bis hinab zur Kompanieebene. Im Zweifelsfalle haben sie das letzte Wort. In den sowjetischen Aufmarsch müssen noch rund 35 000 Mann einbezogen werden, die jenseits des Amu Darja in den zum Oberkommando Süd gehörenden Militärbezirken Turkestan, Transkaukasus und Mittelasien stationiert sind. Sie kümmern sich um den immer sehr unsicheren Nachschub und fliegen Tag für Tag Angriffe gegen Ziele in Afghanistan. Abends kehren die Maschinen wieder in ihre Stützpunkte auf sowjetischem Territorium zurück.

Welche Vorteile zieht die große Sowjetmacht aus ihrer unpopulären Präsenz im kleinen Afghanistan? Zuerst einmal zählt für Moskau natürlich jede strategisch wertvolle Landnahme. Die sowjetische Luftwaffe hat die Militärflughäfen Bagram und Schindand gewaltig ausgebaut. Da Schindand nur 800 Kilometer von der Straße von Hormus entfernt liegt, bedeutet es für die Langstreckenbomber des Typs MiG-27 und die Langstreckenaufklärer der Baureihe MiG-25 nur einen Katzensprung, wenn sie den Golf erreichen wollen. Von hier aus können sie beispielsweise auch ohne Zwischenlandung nach Äthiopien fliegen. Allem Anschein nach vergrößern die Sowjets derzeit 13 afghanische Flugplätze, davon sechs in der nordöstlichen Provinz Badachschan. Sie verbreitern und verstärken die zur iranischen Grenze führenden Straßen, besonders westlich von Schindand und Farah. Auch die Errichtung einer Satelliten-Bodenstation in Kabul deutet nicht gerade auf einen zeitlich begrenzten Einsatz hin. Daß Afghanistan deshalb aber unweigerlich zur vielbeschworenen »16. Sowjetrepublik« werden muß, scheint mir eine gewagte Behauptung westlicher Beobachter zu sein.

Viel wahrscheinlicher ist dagegen die Funktion Afghanistans als willkommenes Experimentierfeld für neue Waffen, Geräte und Führungsrichtlinien. Zum ersten Mal seit dem »Großen Vaterländischen Krieg«, wie der Zweite Weltkrieg von den russischen Patrioten genannt wird, haben die Streitkräfte eine Chance, ein Reservoir kampferprobter Offiziere, Unteroffiziere und Mannschaften zu schaffen. In der neuesten Pentagon-Studie zur sowjetischen Rüstung (Ausgabe 1983) finden sich auch, vermutlich von der CIA

313

ermittelte, Daten zu Afghanistan: »Neues und modernisiertes Gerät ist ins Land gebracht worden. Das Unterschallflugzeug Frogfoot für Luftnahunterstützung, das etwa der amerikanischen A-10 ähnelt, leistet pünktlich und treffsicher Unterstützung mit Bomben, Raketen, Napalm und Kanonen. Der automatische Granatwerfer AGS-17 und der automatische 82-mm-Mörser liefern die Feuerkraft in den oberen Winkelbereichen, die das dortige Gelände erfordert. Obwohl die Sowjets nach wie vor Panzer einer älteren Generation einsetzen, bringen sie in Afghanistan auch die neuesten Modelle gepanzerter Mannschaftstransportwagen mit Rad- oder Kettenlaufwerk sowie Artillerie auf Selbstfahrlafetten zum Einsatz.« So sehen es die Fachleute.

Ihr Wissen beziehen sie aus einer Vielzahl von Quellen. Zum einen leistet sich die CIA (wie auch befreundete Dienste) im lebensgefährlichen Afghanistan immer noch Beobachtungsposten. Bei weitem nicht alle Kabuler Regierungsoffiziellen wollen nämlich einen – ihrer Ansicht nach zum Scheitern verurteilten – Sozialismus (oder gar Kommunismus) aufbauen. Zum anderen gelingt es westlichen Spähern immer wieder, das relativ abgeschlossene Land zu bereisen, legal oder als Begleiter der Mudschaheddin. Durch einige ungewöhnliche Abenteurer entstand sogar eine völlig neue Branche. Für viel Geld lassen sie sich nach Afghanistan einschleusen und holen sowjetische Waffen oder deren wichtigste Teile heraus. Dadurch bleiben jene Experten auf dem laufenden, die sich mit der Sowjetrüstung im Detail beschäftigen.

Galen Geer, ein Auslandskorrespondent der bereits erwähnten rechten amerikanischen Zeitschrift Soldiers of Fortune, die auch einen Stellenmarkt für Söldner enthält, wollte sich 1980 durch die Beschaffung einer neuartigen Mini-Kalaschnikow 10000 Dollar verdienen. Nach einer wochenlangen, gefährlichen Expedition gelang es ihm statt dessen, die damals frisch entwickelte sechs Zentimeter lange Gewehrpatrone des Kalibers 5,45 Millimeter, an der die NATO höchstes Interesse hatte, zu »erbeuten«. Erstmals konnte nun die CIA in Afghanistan eingesetzte Hochgeschwindigkeitswaffen analysieren.

Für drei geheime Einsätze dieser Art verpflichtete sich der ehemalige britische Soldat Philip Sessarego. Von einem Führungsagenten, der sich als Sir William Lindsay Hogg vorstellte, wurde er instruiert. Lindsay Hogg, ein früherer Kavallerieoffizier, arbeitet heute im Luftfahrtgeschäft. Sessarego erhielt in Pakistan zwei Kameras und eine Bestell-Liste mit zwei Dutzend Artikeln. Darunter

Anfangs galten diese Wehrpässe gefallener Sowjetsoldaten als Beweise für die Anwesenheit der fremden Truppen in Afghanistan. Heute sind es nur noch traurige Relikte eines immer grausameren Krieges.

befanden sich besonders gefragte Panzerteile, eine Anzahl von Raketen, Elektronik- und Funkausrüstung. Sessarego sollte nach dem Maschinengewehr des Hubschraubers MI-24, Verteilern für chemische Kampfstoffe, einer Vorrichtung, die hitzesuchende Raketen verwirrt, und nach Titaniumplatten Ausschau halten.
Er wurde von seinem Auftraggeber, der entweder für den britischen oder für den amerikanischen Militär-Geheimdienst (oder für beide) arbeitete, davor gewarnt, in Gefechte mit Sowjettruppen zu geraten. Bei der ersten Tour, Codename Extraction I, ging der ehemalige Angehörige der SAS-Eingreiftruppe Ihrer Majestät mit einem Trupp der Hisb-i Islami ins Land, seiner Beschreibung nach sogar in das Mudschaheddin-Lager Alla Jirgah. Doch dort konnte er die gesuchten Teile nicht finden und kehrte deshalb nach Quetta zurück. Bei der Mission Extraction II überquerte er die Grenze – wieder mit Hilfe Golbuddin Hekmatjars – nahe Parachinar im Nordwestabschnitt. Unter dem weiten afghanischen Gewand trug er einen olivgrünen Kampfanzug. Der Zehntagetrip führte bis in die Umgebung von Kabul. Dort konnte er am Wrack eines gerade abgeschossenen Hubschraubers seiner Aufgabe nachgehen. Sessa-

rego sicherte eine intakte Luft-Boden-Rakete, bemühte sich jedoch vergebens, eine große Titaniumfläche zu zerkleinern.

Plötzlich nahten ein MiG-Jäger und fünf »Gunships«. Drei der Hubschrauber landeten, bargen die Leichen des Wracks und sprengten es in die Luft. Die Waffensammler hatten Glück, in diesen Minuten nicht entdeckt zu werden. Sie schafften es, die Rakete, einen neuen Granatentyp und eine Handgranate nach Peshawar zu transportieren. Mit dem British-Airways-Flug Nummer 22 brachten sie ihre Ausbeute am 9. September 1980 von Karatschi nach London.

Zusammen mit einem SAS-Kameraden namens Sam Evans startete Sessarego Wochen später zu dem Unternehmen Extraction III. Sie hatten eine motorgetriebene Spezialsäge dabei, um auch das harte Titanium zerkleinern zu können. Auf ihrer »Einkaufsliste« standen 27 Posten. Diesmal bargen sie jedoch nur ein Stück Metall und ein Rotorteil. (Durch eine Untersuchung des Rotors kann zum Beispiel die Tragkraft des Hubschraubers festgestellt werden.) Nur mit Mühe kamen die beiden Abenteurer über einen tief verschneiten Bergpaß nach Pakistan zurück. Dort wurden sie diesmal jedoch von Grenzposten festgenommen. Eine von Lindsay Hogg für den Notfall angegebene militärische Telefonnummer in Rawalpindi half ihnen jedoch aus der Patsche. Zu Hause in Herford stellten die Ärzte bei Sessarego Gelbsucht, Hepatitis und Malaria fest – lange währende Andenken. Das Extraction-Programm wurde, allem Anschein nach, vorläufig abgesetzt. Das heißt aber nicht, daß es keine gleichartigen Missionen gibt.

Für die afghanischen Freiheitskämpfer sind die technischen Neuerungen der Sowjetwaffen nicht so wesentlich. Viel mehr als alles andere fürchten sie den erstmals in ihrem Land kriegsmäßig eingesetzten riesigen Kampfhubschrauber MI-24 HIND E. Er ist das bestbewaffnete »Gunship« der Welt und auch mit dem etwas flinkeren amerikanischen Gegenstück des Typs Cobra nur schwer zu vergleichen. Der MI-24 trägt 128 kleine Raketen sowie vier schwere Panzerabwehrraketen unter seinen Stummelflügeln und besitzt vor der Pilotenkanzel ein Vierlauf-Rotations-Maschinengewehr. Er kann Bomben abwerfen und durch Infrarot-Sichtgeräte auch bei schlechtem Wetter und in der Dunkelheit operieren. Das elf Tonnen schwere und 17 Meter lange Ungetüm ist an der Unterseite dick gepanzert und deshalb nur mit Flugabwehrraketen oder durch gezielte Treffer in den seitlichen oder oberen Partien zu »knacken«.

Die gefährlichste Angriffswaffe der Invasionstruppen sind die Hubschrauber. 1981 erhöhten die Sowjets die Zahl ihrer eingesetzten Helikopter von 60 auf 240. Unser Bild zeigt einen MI-24 HIND E.

Die Kampfhubschrauber der Sowjets greifen gemeinhin in Rudeln von drei bis fünf Stück an. Eine tieferfliegende Gruppe gibt Feuerschutz, während die etwas weiter zurückgestaffelten Hubschrauber Ziele in einer Entfernung von bis zu drei Kilometern attackieren. Der MI-24 zeigt, welche Lehren Moskaus Strategen aus dem Vietnam-Krieg gezogen haben. Kein anderes militärisches Gerät läßt sich bei der Guerilla-Bekämpfung so gut einsetzen wie der Erdkampfhubschrauber. Moskau sollte aber auch wissen, daß der Vietnam-Krieg eine Wende nahm, als die Partisanen über genügend Boden-Luft-Raketen verfügten (sowjetische übrigens). Exakt diese Waffen würden, wenn sie für die Mudschaheddin in ausreichenden Mengen erhältlich wären, die Dimension des Afghanistan-Konflikts über Nacht verändern.

Mittlerweile ist allgemein bekannt, daß die sowjetischen Truppen in Afghanistan unter Verletzung des Völkerrechts hochwirksame Kampfstoffe gegen Menschen, Tiere, Felder und zur Vergiftung des Wassers einsetzen. Obwohl die endgültigen Beweise für die Verwendung tödlicher Kampfgase in den schwer zugänglichen Versuchsgebieten, die zumeist im Norden des Landes liegen, noch ausstehen, scheinen die Indizien erdrückend zu sein. Der gefangene Sowjetsoldat Waleri Kiselow berichtete mir bei unserem Gespräch im Lager Alla Jirgah, daß in seinem ehemaligen Stationierungsort Bagram eine Spezialeinheit untergebracht sei, die unter großer Geheimhaltung operiere. Die Ergebnisse hat Kiselow selbst gesehen: »Nach dem Einsatz der chemischen Bomben war die Erde überall rot gefärbt.«

Ähnliches bestätigte mir auch der desertierte afghanische Geheimdienstgeneral Ghulam Siddiq Miraki: »Einer meiner Untergebenen hat mir Bericht erstattet, nachdem er von einem Einsatz aus dem Pandschir-Tal zurückgekommen war. Die Russen hatten dort chemische Waffen benutzt. Daraufhin waren die Mudscheddin ohnmächtig geworden. Blut war aus ihren Nasen gelaufen. Unsere Leute haben ihre Waffen eingesammelt und sie dann der Reihe nach erschossen.« Hier hatte es sich eindeutig um das sogenannte Blue-X-Gas gehandelt, einen Stoff, der die Opfer acht bis zwölf Stunden außer Gefecht setzt. Daß sie dann bei jener Gelegenheit nicht gefangengenommen werden, liegt in der Eigenart dieses Krieges, bei dem es grundsätzlich keine Gefangenen gibt (es sei denn, sie sollen vorgezeigt werden).

Es ist höchst wahrscheinlich, daß die an chemischer Kampfführung interessierten Sowjets zumindest 1980 und 1981 in Afghanistan experimentiert haben. Nicht umsonst sind fünf der eingesetzten Divisionen Spezialkorps aus den Reihen der bis zu 100000 Mann starken C-Kriegs-Einheiten des Generalobersten V. K. Pikolow angeschlossen.

Mein amerikanischer Kollege Sterling Seagrave hat die unheimlichen Vorgänge in einem weithin beachteten Buch über den »Terror chemischer Kriegführung« untersucht. Nach seinen Ermittlungen kam der Tod in einer »schmutzig-gelbbraunen Wolke, ausgestoßen von Hubschraubern, einer Wolke, die die Freiheitskämpfer aus ihren Höhlen taumeln, tanzen und sich krümmen und Blut spucken ließ, bis sie unter Krämpfen auf den kahlen Felsen starben, wie Würmer, die sich unter dem tödlichen Strahl von Insektengift winden ... Die Hubschrauber drehten gemeinsam ab und jagten wie ein Libellenschwarm zwischen den Gipfeln davon, um den MiG-21-Kampfflugzeugen Platz zu machen, die Napalm auslegten. Das gallertartig verdickte Benzin brannte die gelbe Wolke und jedes Partikelchen des gelben Pulvers auf den versengten Felsen weg.«

Sterling Seagrave weiter: »Über die tödlichen Gifte jedoch gab es

Ein Gespräch mit dem afghanischen Geheimdienstgeneral Ghulam Siddiq Miraki. Er desertierte Ende 1982 nach Pakistan und lieferte dort viele Informationen zur Lage in seiner umkämpften Heimat.

nicht so leicht sichere Informationen. Wegen des raschen Todes und der auftretenden Krämpfe hielten es die meisten Beobachter für Nervengas. Das erklärte aber nicht das Blut. In verschiedenen Flüchtlingslagern und am Khyber-Hospital in Peshawar nannten Flüchtlinge und afghanische Rebellen weitgehend dieselben Symptome: zuerst Erblinden und Würgen unter schrecklichen Brandschmerzen, dann Übelkeit mit Blutspucken sowie Blutungen aus Augen, Nase und Ohren. Nach wenigen Minuten färbte sich die Haut tiefgelb und wurde dann schwarz, entweder kurz vor oder kurz nach dem Todeseintritt. Der Tod war grausam und stets mit Zucken, Um-sich-Schlagen und Bluterbrechen verbunden.«

Ein umstrittener Untersuchungsbericht des amerikanischen Außenministeriums erklärt diese Symptome mit der Anwesenheit von Trichotezaenn – Giftstoffen, die in Pilzen gefunden werden. In 16 Fällen, so heißt es in dem Report, seien auch Mykotoxine festgestellt worden. Mykotoxine verursachen unter anderem schwere Hautekzeme. Der einzige westliche Zeuge für die Verwendung dieses Kampfstoffes ist der holländische Journalist Bernd de Bruin. Er trug selbst Verletzungen davon. Ihm gelang es aber auch, ein

Opfer chemischer Bomben zu fotografieren – mit aufgequollener, schwarzer Haut. De Bruin wurde dazu bei der Tagung des Russell-Tribunals im Dezember 1982 in Paris öffentlich gehört. Experten zweifelten bislang nicht an seinen Beobachtungen und Beweisen.

Das Internationale Rote Kreuz hüllte sich zu dem gegen die Sowjets gerichteten Vorwurf der rücksichtslosen chemischen Kriegführung bislang in Schweigen. Dabei hatte eine Untersuchungskommission aus Genf im pakistanischen Grenzgebiet Ermittlungen angestellt, Zeugen und Hinweise gesammelt. Meine Fragen nach dem Resultat dieser Bemühungen wurden weder in Genf noch in Peshawar beantwortet. Wenn man elementare Verstöße gegen Menschen- und Völkerrechte zu erkennen glaube, würden die mutmaßlichen Schuldigen persönlich angesprochen, erklärte mir IKRK-Sprecher Pascal Gondraund.

Im Vergleich dazu ist der – ebenfalls völkerrechtswidrige – Einsatz von Hohlmantelgeschossen, die beim Auftreffen ins Taumeln geraten und dann im Körper regelrecht explodieren, von Sprengbomben, die beim Aufprall Hunderte nadelfeine Pfeile ausschleudern, und von »Booby traps« beinahe als konventionell anzusehen. »Booby traps«, das sind Trickminen, die aus tieffliegenden Hubschraubern in Mengen von 200 bis 300 Stück abgeworfen werden. Sie sehen wie Schmetterlinge, Uhren oder Kugelschreiber aus. Der Sprengkörper explodiert bei der leichtesten Berührung und reißt dann meistens einen Arm oder ein Bein weg. Seine Opfer sind sehr häufig Kinder.

Die Sowjeteinheiten zeigten bald nach ihrem Einmarsch, daß sie zu einem rücksichtslosen Krieg ohne Achtung internationaler Konventionen angetreten waren. Am 22. Februar 1980 kam es zum »blutigen Freitag von Kabul«. Wie in den ersten Monaten üblich, marschierten Demonstranten durch die Hauptstadt und machten ihrem Unmut gegen die Invasoren Luft. MI-24-Hubschrauber kreisten bedrohlich über ihren Köpfen. Dann flogen MiG-21-Jets und Suchoi-7-Erdkampfjäger aus Taschkent Scheinangriffe. Erst als die unübersehbare Menschenmenge das Zentrum Kabuls erreichte, feuerten die Russen. Sie beschossen auch die Schiitenviertel Qalae-Schadar und Tschendaol sowie Khargha, wo sich die Aufständischen auf dem Kasernengelände der afghanischen 7. Infanteriedivision befanden. Es soll 300 bis 500 Tote und Tausende von Verletzten gegeben haben.

Die sowjetischen Operationen nahmen seither in ihrer Intensität von Jahr zu Jahr zu; parallel zu der Erfahrung der Kremlherren,

Ein sowjetischer Kampfhubschrauber des Typs MI-24 wirft eine Bombe ab. Nach ihrer Detonation steigt gelber Rauch auf – der berüchtigte »gelbe Regen«. Experten glauben hier an den Einsatz von Giftgas.

Die Leiche eines aller Wahrscheinlichkeit nach von chemischen Kampfstoffen getöteten Afghanen. Dieses Foto gilt als Beweis für den Einsatz völkerrechtlich verbotener Waffen.

daß in Afghanistan kein begrenzter Befriedungseinsatz möglich ist. 1981 erhöhten die Sowjets die Zahl ihrer eingesetzten Helikopter von 60 auf 240. Sie weiteten ihre bisherige Taktik, nur große Städte und die Ringstraße zu sichern, aus und flogen massive Luftangriffe gegen die Basen des Widerstandes, vor allem im Kunar- und im Pandschir-Tal. Anfang 1982 stieg die Zahl der Einsätze nochmals. Es kam nun unter anderem zu einer brutalen Strafaktion gegen Kandahar. Mindestens ein Drittel der Stadt wurde durch heftige Bombardements und durch gezielten Beschuß mit Raketenwerfern, Panzergeschützen und Mörsern zerstört. Die Anzahl der Toten ist nicht zu ermitteln. Zwei weitere Großoffensiven richteten sich 1982 gegen Ahmad Schah Masud und seine Kämpfer im Pandschir-Tal.

Seit damals praktizierten die Sowjets auch die von ihnen in Vietnam verurteilte Taktik der »Fire Free Zones«. Sie äschern ganze Dörfer und Täler durch Luftangriffe ein, um den Mudschaheddin die Grundlage zu entziehen. Bodentruppen stoßen bei diesen Operationen nach und vollenden das Werk, indem sie die Erde verbrennen und alles töten, was überlebt hat. Dabei werden die einfachen Bauern auch ihrer gesamten Habe beraubt. Mit der Flucht nach Pakistan retten sie nur das nackte Leben. Am 13. September 1982 wurde wieder einmal ein Dorf von sowjetischen Truppen eingekreist: Padkhwab-e-Sana, 65 Kilometer südlich von Kabul. 105 Einwohner, darunter viele Frauen und Kinder, versteckten sich daraufhin in einem unterirdischen Bewässerungskanal, der nur wenig Wasser führte. Nach Berichten von Augenzeugen stauten die Russen das Wasser und gossen aus Tankwagen eine brennbare Flüssigkeit und nachher weißes Pulver, das sie nur mit Schutzanzügen transportierten, in den Kanal. Ein Soldat entzündete das Gemisch. Nach einer gewaltigen Detonation verbrannten die 105 Zivilisten lebendigen Leibes.

Am 18. September 1982 griffen sowjetische Kampfhubschrauber den Basar von Paghman mit Raketen und Maschinengewehrsalven an. Dabei sollen etwa 200 Menschen ums Leben gekommen und die meisten Läden zerstört worden sein. Aus vielen Dörfern werden immer wieder Massaker gemeldet. Die grausamen Bilder gleichen sich. So läßt sich unschwer nachvollziehen, daß viele Afghanen das Geschehen vom 3. November 1982 als gerechte Strafe Allahs ansehen. An diesem Tag befand sich ein langer Konvoi sowjetischer Militärfahrzeuge auf dem Weg über den Salang-Paß in Richtung Kabul. In der 2,7 Kilometer langen Tunnelröhre am

Eine sowjetische Bombe, die nicht detoniert ist. Drei Afghanen sitzen mehr amüsiert als erschreckt davor. Auch solche Situationen zeigen, wie alltäglich der Krieg in diesem zerrissenen Land geworden ist.

Kamm des Hindukusch-Gebirges kollidierte ein afghanischer Tankwagen mit dem ersten Fahrzeug der Sowjets und explodierte. Der Konvoi wurde gestoppt. Die brennenden Transporter verursachten eine Panik. Trotzdem fuhren immer noch Busse und Lastwagen in den 5,20 Meter breiten und 6,60 Meter hohen Tunnel. Als die an beiden Eingängen plazierten sowjetischen Wachmannschaften Schüsse hörten, sperrten sie den Salang-Tunnel kurzerhand ab. Sie vermuteten wohl einen Mudschaheddin-Angriff im Inneren des langen Schlauches. Das Feuer verzehrte rasch den geringen Sauerstoffvorrat, da die elektrischen Ventilatoren bereits seit einem Jahr außer Betrieb waren. Bei vielen Fahrzeugen liefen zudem wegen der enormen Kälte in 3363 Meter Höhe die Motoren. So kam es zu einer Katastrophe, die aller Wahrscheinlichkeit nach 700 Sowjetsoldaten und 400 afghanischen Zivilisten das Leben kostete.
Ereignisse dieser Art sprechen sich wie ein Lauffeuer herum und beeinträchtigen die Kampfmoral der sowjetischen Truppen ganz erheblich. In Afghanistan handelt es sich dabei meistens um junge Wehrpflichtige, die zwei Jahre dienen müssen. Schon bald nach der

Ankunft auf dem Kriegsschauplatz merken sie, daß ihnen keineswegs Chinesen und Amerikaner gegenüberstehen, daß sie schlicht und einfach an der Nase herumgeführt werden. Sie bekommen rasch den Zynismus einer Werbebroschüre der afghanischen Regierung zu spüren. Darin heißt es unter einem Foto mit sowjetischen Soldaten und afghanischen Zivilisten: »Mit herzlichem Entgegenkommen und tiefer Dankbarkeit begegnen alle aufrechten Afghanen den Sowjetsoldaten, die sich auf Bitten der Regierung der Demokratischen Regierung Afghanistan vorübergehend in diesem befreundeten Land befinden.« Das pure Gegenteil ist der Fall: Die Rekruten kapieren schnell, daß sie Tag und Nacht mit dem Rücken zur Wand stehen, der Gegner jederzeit aus dem Hinterhalt zuschlagen und viele von ihnen töten kann.

Um das nervlich durchzuhalten, greifen sie zu Rauschgift und Alkohol. Wodka bekommen sie nur, wenn sie ihn selbst importieren, Drogen dagegen sind in jeder Menge vorhanden. Afghanistan ist einer der führenden Opiumproduzenten der Welt. Etwa 300 Tonnen werden in friedlichen Zeiten pro Jahr auf den Markt geworfen. Heute dient es neben Haschisch den jungen Sowjetsoldaten zum Doping, und in anderer Weise durchaus auch den Mudschaheddin, die mit dem Erlös Waffen einkaufen. Um sich mit der für sie verbotenen Ware eindecken zu können, betätigen sich nicht wenige Russen als Straßenräuber. Sie verhökern aber auch immer häufiger Ausrüstungsteile, Waffen und sogar Fahrzeuge. Das Geld wechselt schließlich im Basar wieder den Besitzer. Vietnam ist gar nicht so fern!

Von Todesangst und schlechtem Essen, Gemetzeln unter der wehrlosen Bevölkerung und hohen Verlusten, von täglichen Kriegskosten zwischen fünf und fünfzehn Millionen Dollar und dem militärischen Patt erfahren die Sowjetmenschen in der fernen Heimat nur selten, und dann auch bloß in vagen Andeutungen. Nur manchmal dürfen die sowjetischen Zeitungen beinahe wehrkraftzersetzende Hinweise bringen: »Es gibt Schwierigkeiten bei uns, und zwar nicht wenige.« So die Worte eines tapferen Divisionskommandeurs von der Front. Die Sowjetpresse muß nun zwangsläufig etwas detaillierter berichten, da ein immer größerer Kreis weiß, was in Afghanistan passiert. Wie mir ein Moskauer Insider berichtete, soll es in den baltischen Staaten während einer Bestattung von Opfern der Mudschaheddin zu lautstarken Unmutsäußerungen gekommen sein. Die Ausländer in der Hauptstadt merken von solchen Ereignissen wenig. Das noch verbliebene, ge-

Afghanische Mudschaheddin haben diese Bildfolge fotografiert: Sie greifen einen sowjetischen Konvoi an, zerstören seine Leitfahrzeuge, damit er zum Stehen kommt, und töten dann die feindlichen Soldaten.

ringe Häuflein an Dissidenten beschäftigt sich zumeist mit naheliegenderen Problemen, und die einfache Bevölkerung reagiert oft sogar patriotisch: Die mächtige Sowjetunion, so oder ähnlich heißt es häufig, müsse brüderliche Hilfe leisten und die Genossen in Afghanistan aus dem finsteren Mittelalter in die lichten Höhen des 20. Jahrhunderts führen. Einer meiner Moskauer Gesprächspartner stellt aber fest: »Ich habe noch nie gehört, daß hier die Söhne meiner Freunde eingezogen werden. Moskau wird ausgespart, damit nicht zu viele Einzelheiten an die Öffentlichkeit und in den Westen dringen können.« Von der Bewußtseinslage der Sowjetbevölkerung ausgehend, könnte der Krieg noch lange dauern. Sie nimmt ihn nur am Rande wahr. In einem Land ohne öffentliche Meinung ist das nun einmal so.

Daran kann auch ein einzelner Nachrichtensprecher wie Wladimir Dantschew, der an einem Tag Ende Mai 1983 in mehreren Sendungen die offiziellen Texte über Afghanistan verändert und von »sowjetischen Invasoren« und der »Verteidigung des Territoriums gegen sowjetische Besatzer« gesprochen hat, nichts ändern. Er wurde aus dem Verkehr gezogen und befindet sich seither in einer psychiatrischen Klinik Taschkents. Dort würde ihm der desertierte KGB-Major Wladimir Kusitschkin bald Gesellschaft leisten dürfen, käme er seinen ehemaligen Dienstherren in die Finger. Im US-Magazin *Time* packte Kusitschkin nämlich Ende 1982 über die Probleme Moskaus aus: »Bei der Beurteilung der Lage in Afghanistan sind uns zwei große Fehler unterlaufen: Wir haben die Bereitwilligkeit der afghanischen Armee, zu kämpfen, überschätzt und den Kampfeswillen des afghanischen Widerstandes unterschätzt. Die Folge: Wir entsandten zuwenig Truppen. Das Verhängnisvollste an dieser Entwicklung ist: Der Kreml kann seinen Irrtum nicht korrigieren. Wenn wir Rückschläge haben, sagen die Militärs, dann gebt uns mehr Soldaten. Der sowjetische Generalstab verlangt zweimal soviele Soldaten, um die afghanische Grenze zu Pakistan dichtzumachen und eine bessere Kontrolle an der Grenze zum Iran ausüben zu können. Aber das Politbüro lehnt diese Forderung ab, weil es befürchtet, dadurch würde eine ernsthafte Reaktion des Westens heraufbeschworen. Niemand in der UdSSR ist über diesen Krieg glücklich. Die sowjetischen Truppen operieren ohne Erfolg. Karmal hat keine wirklichen Führungsqualitäten gezeigt. Wie seine Vorgänger, geht er mit Moskau ziemlich rüde um. Bedenkt man, wie er behandelt wurde, so ist das auch kein Wunder. Im Frühling 1982 wollte ihn das Politbüro schon absetzen, aber es entschloß sich schließlich, ihm noch etwas Zeit zu lassen. Niemand sieht einen Weg aus der Sackgasse.«

Der gute alte Rudyard Kipling käme ins Sinnieren und würde auch dazu die richtigen Worte finden: »Drum reitet nicht nach Kabul, der Stadt! – / Blast Tusch und schultert das Messer! – / Die halbe Truppe und mein Kamerad, / die liegen im kalten Gewässer! / Im kalten Gewässer des Kabul! / Im Kabul wohl in der Nacht! / Und zu rufen nach ihnen hat gar keinen Sinn! / Und schlammig und seicht zieht das Wasser dahin, / im Kabul, im Kabul in der Nacht!«

Michael S. Voslensky: Fragen und Antworten

>»Die Menschen waren in der Politik stets
die einfältigen Opfer von Betrug und Selbst-
betrug und sie werden es immer sein, solange sie nicht lernen, hinter allen möglichen
moralischen, religiösen, politischen und sozialen Phrasen, Erklärungen und Versprechungen die Interessen dieser oder jener
Klasse zu suchen.«
>
> Wladimir Iljitsch Lenin

Michael S. Voslensky wurde 1920 in der Südukraine geboren. Er
studierte an der Moskauer Lomonosow-Universität und promovierte an der Hochschule für Internationale Beziehungen. Später
arbeitete er als sowjetischer Dolmetscher beim Nürnberger Prozeß
und im Alliierten Kontrollrat für Deutschland, habilitierte sich als
Historiker in Moskau und als Philosoph in der DDR. Voslensky
war ordentlicher Professor an der Lumumba-Universität in Moskau. Zwischen 1950 und 1972 (jenem Jahr, in dem er die Sowjetunion verließ) blieb er dem Zentralkomitee der KPdSU engstens
verbunden. Das brachten seine Tätigkeiten als Sekretär der Ab-
rüstungskommission an der Akademie der Wissenschaften und als
Vizepräsident der »Historikerkommission UdSSR-DDR« mit sich.
Der Autor von fünf Büchern und über 300 weiteren Fachpublika-
tionen steht heute dem Münchner »Forschungsinstitut für sowjetische Gegenwart« vor und unterrichtet an der Universität Linz. Er
gilt in der Bundesrepublik als bester Kenner seiner alten Heimat
und ihrer politischen Umstände.
*Herr Professor Voslensky, wir sind im vierten Jahr der sowjetischen
Intervention in Afghanistan. Wie denken Sie über dieses für die
Sowjetunion wenig erfolgreiche, aber weltpolitisch sehr gefährliche
Engagement der Kreml-Führung?*
»Die Sowjets haben einen großen Fehler begangen. Sie hatten
gedacht, daß ihr Einmarsch in Afghanistan sehr einfach verlaufen
würde. Ich finde, daß die Vorstellungen der Sowjets über die Dauer ihrer militärischen Intervention durch den Zeitpunkt klar wer-
den, an dem diese begonnen hat. Der 27. Dezember ist als Inva-
sionsdatum ein denkbar ungünstiger Tag für den Aggressor: Der
Krieg beginnt fünf Tage vor Jahresende und dauert damit im Falle

Afghanistans optisch ein Jahr länger – seit 1979 und nicht seit 1980. Warum dann am 27. Dezember? Weil das die Zeit der Weihnachtsferien im Westen ist. Die Sowjets gingen offenkundig davon aus, daß sie im Verlauf der zweiwöchigen Weihnachtsferien vollendete Tatsachen schaffen könnten; die westlichen Politiker würden dann nach Hause kommen und diese Tatsachen anerkennen müssen. Sie sehen, wie groß die Kluft zwischen der ursprünglichen sowjetischen Planung und den Tatsachen ist.

Der Überfall auf Afghanistan war das Ergebnis einer Eskalation. Am Anfang stand, daß in der Sowjetunion erzogene und ausgebildete afghanische Offiziere 1978 den Kreml über ihre Absicht benachrichtigt hatten, Prinz Daud zu stürzen. Um das den Sowjets schmackhaft zu machen, offerierten sie, daß dann der Führer der kommunistischen Partei – Taraki – als Staatschef fungieren würde. Der Kreml konnte dieser Versuchung nicht wiederstehen, obwohl Afghanistan unter Prinz Daud von ihnen weitgehend abhängig und Daud selbst ihnen gegenüber gehorsam war.«

Aber nur bis kurz vor seinem Ende ...

»Ich würde die Manöver, die er da begonnen hat, nicht überbewerten. Die Sowjets haben auch mit Finnland ab und zu kleinere Schwierigkeiten; größer waren die Probleme mit Prinz Daud ja auch nicht. Überhaupt möchte ich das damalige Afghanistan als eine Art asiatisches Finnland bezeichnen. Deshalb mußten die Verschwörer Moskaus Einverständnis einholen: Sie wußten, daß die Sowjets über starke Hebel in Afghanistan verfügten, und ohne die sowjetische Zustimmung ein Umsturz unmöglich wäre.«

In den letzten Jahren haben sogar namhafte Leute immer wieder behauptet, daß der Kreml von der sogenannten Saur-Revolution nichts wußte.

»Ja, aber das ist sicher falsch. Ohne sowjetische Zustimmung hätten die Kommunisten den Staatsstreich gegen Daud sofort zu einem ›faschistischen Putsch‹ der ›CIA-Agenten‹ hochstilisiert. Dann wäre irgendein afghanisches Komitee gebildet worden, das die Sowjets hätte einladen müssen. Die Verschwörer gegen Daud hatten keine Chance, ohne Moskau ihr Ziel zu erreichen. Die Ernennung Tarakis durch Leute, die eigentlich nicht auf seiner Seite standen, war der Preis, den sie zu zahlen bereit waren. Die Sowjets waren ihrerseits mit dem Putsch einverstanden: Sie bekamen ein kommunistisches Regime in Afghanistan, das offenkundig nicht durch eine Intervention Moskaus an die Macht gekommen war. Also eine von diesen authentischen sozialistischen Revolutionen, die den Sowjetpolitikern so bitter fehlen. Dann bliebe nur noch, die Verschwörer zu liquidieren, und die kommunistische Alleinherrschaft in Afghanistan wäre perfekt.«

Es sah nach Nationalkommunismus aus, war aber sowjetisch gelenkt.

»Natürlich, und alles lief nach diesem Szenario ab. Zwei Wochen nach dem Putsch hat Taraki alle Verschwörer, die ihn an die Macht gebracht hatten, liquidiert. Er hat sich in der Macht etabliert und sofort damit begonnen, einen Personenkult aufzubauen und sich offiziell als den ›großen Führer des Volkes‹ feiern zu lassen. Aber dann begann der Widerstand, weil Taraki und seine Genossen, die auf so unverhoffte Weise an die Spitze gekommen waren, zu forsch vorgegangen sind. Mit der Opposition der Massen konnte Taraki nicht fertigwerden. Er war alt und spielte die Rolle eines Schöngeistes, eines Literaten. Moskau brauchte aber in dieser Situation keinen Intellektuellen, sondern einen Henker. So haben die Sowjets Taraki fallengelassen – unmittelbar nach seiner Rückkehr aus Moskau, wo er von Breschnew abgeküßt worden war. Dieser Moskauer Judaskuß sollte zeigen, daß alles, was danach kommen würde, mit dem Kreml nichts zu tun habe. In Kabul wurde Taraki dann ermordet und durch Amin ersetzt. Amin war ein brutaler Kerl, aber man wollte in Moskau diese Brutalität. Allerdings bekommt man den Eindruck, daß die Sowjets Amin von Anfang an als ein Provisorium betrachteten. Das fand seinen Niederschlag darin, daß die Zeitungen der UdSSR in ihren Äußerungen über Amin von Beginn an sehr zurückhaltend waren. Vermutlich gab es zwei Linien in der Sowjetführung. Die einen sagten: Amin und seine Armee können den Widerstand nicht bezwingen, wir werden sowieso einmarschieren müssen. Die anderen meinten: Es ist peinlich, eine militärische Intervention zu organisieren, gerade damit blamieren wir uns; also versuchen wir es noch weiter mit Amin. Aber diese Versuche führten zu nichts. Amin war tatsächlich nicht imstande, den Widerstand abzuwürgen. Der Kreml befand sich vor der Wahl, zu intervenieren oder den Sieg der Mudschaheddin zu akzeptieren. Das letztere wäre aber eine politische Niederlage für die Sowjets gewesen. Sie hätten nach all diesen Manövern schließlich ein für sie viel schlimmeres Regime bekommen, als sie es vorher hatten. Dann entschloß sich das Politbüro zum Einmarsch. Es gab ja, wie man aus dem Datum ersehen kann, wahrscheinlich eine Zusicherung der Militärs, innerhalb von zwei Wochen alles zu bereinigen.«

Bis 1979 hatte Afghanistan in dieser Region immer zur Spitzengruppe der Geldempfänger aus Moskau gehört – nach Indien, Ägypten und dem Iran. Der Iran und Ägypten sind dann weggefallen. Also muß Afghanistan danach im Kreml sehr hohe Priorität genossen haben.

»Natürlich. Moskau wollte Afghanistan aus dem Status eines finnlandisierten Staates nicht entlassen, sondern umgekehrt, es zu einer Volksdemokratie ›erheben‹. Durch diese Eskalation sind die Sowjets in das afghanische Abenteuer hineingerutscht. Wie es aber für ihr Vorgehen typisch ist, versuchen sie auch aus dem Debakel in Afghanistan das Beste zu machen. Das ist übrigens eine Stärke der Sowjets. Sie wollen sich unbedingt und um jeden Preis durchsetzen, während der Westen schnell resigniert und seine Pläne aufgibt.«

War es ein Betriebsunfall, daß Amin ausgerechnet beim Einmarsch der von ihm angeblich gerufenen ›befreundeten Sowjetkräfte‹ ums Leben kam?

»Wieso ein Betriebsunfall? Natürlich wollten die Sowjets ihn umbringen. In diesem Sinne sind die Aussagen Kusitschkins sehr interessant, daß das KGB zuerst einen sowjetischen Koch zu Amin geschickt hatte, um ihn zu vergiften. Aber Amin war sehr vorsichtig. Er erwartete wahrscheinlich von dem sowjetischen Koch nichts anderes. Daraufhin mußte Moskau ein KGB-Killerkommando nach Kabul einfliegen, das den Befehl bekam, alle Personen, die in Amins Palast waren, wahllos zu erschießen. Der Befehl wurde ausgeführt.«

Dagegen hieß es doch immer, der stellvertretende sowjetische Innenminister sei beauftragt gewesen, eine friedliche Lösung zu schaffen, zu erreichen, daß Amin ein ›Geständnis‹ unterschreibt und – wie üblich – seine ›Verbrechen gegen das Volk‹ bekennt, und daß er dann zurücktritt.

»Auch nach einem solchen ›Geständnis‹ wäre Amins Schicksal kaum beneidenswert gewesen. Aber diese Version klingt zu edel und realitätsfremd, in einem Afghanistan, wo Mord und Totschlag herrschten. Natürlich sind unsere Informationen begrenzt, ich finde jedoch, daß Kusitschkins Bericht plausibel ist. Danach haben die sowjetischen Truppen im afghanischen Gebirge zuerst mit Panzern eingegriffen. Ohne Erfolg. Im Gebirge funktionieren Panzer schlecht. Dabei haben die Sowjets tadschikische Soldaten eingesetzt. Auch das war falsch. Es gab mehrere Überläufer. Man mußte die Tadschiken wieder abziehen. Dann kamen russische Soldaten, die natürlich nie im Gebirge gewesen waren. Jetzt versuchen die Sowjets, sie als Gebirgsjäger auszubilden. Auch daraus wird vermutlich nichts, weil man mäßig trainierte Russen nicht mit den in den Bergen geborenen Mudschaheddin vergleichen kann.«

Man hat es außerdem mit einem zutiefst motivierten Gegner zu tun.

»Jawohl, und zwar im Gegensatz zu den sowjetischen Soldaten, die nicht verstehen, warum sie in Afghanistan kämpfen müssen. Aber wie ich schon gesagt habe, die UdSSR versucht das Beste aus dem afghanischen Abenteuer zu machen. Natürlich ist die militärische Präsenz in Afghanistan und die Brutalität des Angriffs eine Einschüchterung für die Golfstaaten: für Saudi-Arabien und die Emirate.«

Auch für den Iran?

»Der Iran läßt sich nicht einschüchtern. Er entwickelt sich in einer Weise, die der Kreml gar nicht wünscht. Die iranische Führung, die am Anfang mit der Tudeh zusammenarbeitete, hat jetzt diese prosowjetische Partei radikal liquidiert. Die Tudeh wollte am Anfang die Leninsche Lehre durchsetzen, sozusagen die zweite Revolution einleiten. Das ›Hinüberwachsen‹, um es mit Lenin zu sagen, der Anti-Schah-Revolution, also der anti-feudalen Revolution, in eine ›sozialistische‹. Daher kam die Parole: ›Die Revolution wird fortgesetzt!‹ Das haben die iranischen Behörden gestoppt. Diese Tudeh-Leute waren sofort zahm geworden und hatten, zumindest als Lippenbekenntnis, Khomeini unterstützt. Dann kam das bittere Ende.«

Ich glaube, Moskau hat sich vom Ende der Geiselnahme in der Teheraner US-Botschaft mehr versprochen, nämlich, daß die Verhärtung zum Westen hin noch viel größer würde, sobald die Geiseln zurückgegeben waren, daß Sanktionen folgen und Moskau als Freund in der Not erscheinen könnte.

»Darauf hat Moskau sicher gehofft. Aber die Geiselaffäre hat den Sowjets letzten Ende nichts gebracht. Sie hat nur das Selbstbewußtsein der Mullahs gestärkt. Die Mullahs sind jetzt überzeugt, daß sie mit jeder Weltmacht fertig werden können. In der Tat haben die Sowjets alles geschluckt, was mit der Tudeh geschehen ist. Die Vorgänge in Afghanistan dienen also nicht einer Einschüchterung des Iran, sondern der arabischen Staaten. Ihre Regierungen denken: Wenn die Sowjets sich eine Invasion in Afghanistan geleistet haben, einem Land, das mit ihnen verbunden war, dann können sie auch uns angreifen.«

Können sie beispielsweise etwas gegen Saudi-Arabien unternehmen, nachdem dort US-Militärberater sitzen und handfeste Verbindungen zum Westen existieren, was in Afghanistan nicht der Fall war?

»Das können sie nicht und das werden sie nicht tun. Aber Sie müssen verstehen, daß sich die Menschen, die in Saudi-Arabien leben, unsicher fühlen. Wer hätte damals sagen können, daß die Sowjets plötzlich Afghanistan angreifen? Auch niemand. Daraus erklärt sich die ganze politische Linie dieser Staaten, die zwar mit dem afghanischen Widerstand sympathisieren, ihm etwas helfen und in der afghanischen Frage gegen die Sowjets stimmen, aber dennoch nicht sehr aktiv sind. Die Mudschaheddin hätten von ihrer Seite mehr erwarten können. Denken Sie beispielsweise an die ›heilige Sache der Palästinenser‹; dafür waren diese Staaten immer zu haben.«

Wie definieren Sie generell die Denkweise der Sowjet-Nomenklatura zu Krieg und Frieden?

»Diese Denkweise basiert auf der ›Leninschen Lehre über den Krieg‹. Seine These lautete: Es gibt zwei Kategorien von Kriegen, die gerechten und die ungerechten. Gerecht sind die revolutionären Kriege, die nationalen Befreiungskriege und die Kriege gegen den imperialistischen Aggressor. Ungerecht sind dagegen die konterrevolutionären Kriege, die Kolonialkriege und die Kriege, die der imperialistische Aggressor führt.«

Welchen Stellenwert hat die unsichere Lage im Nahen und Mittleren Osten für die UdSSR?

»Die Sowjets wollen in dieser Region Fuß fassen. Dazu haben sie in Gestalt der ›palästinensischen Revolution‹ eine Möglichkeit entdeckt. Was bedeutet der Begriff ›palästinensische Revolution‹? Das ist nicht wie die Französische Revolution – eine Revolution in Frankreich. Unter der etwas verschwommenen Parole ›palästinensische Revolution‹ kann man den Kampf der Palästinenser für ein Heimatland ziemlich leicht in einen Kampf für einen gesellschaftlichen und politischen Wandel in dieser Region umfunktionieren, und letzten Endes ein prokommunistisches Regime etablieren. Damit sie im Nahen Osten Verbündete wie Arafat und Assad besitzen, brauchen die Sowjets dort einen Kriegszustand. Denn im Frieden würden die meisten arabischen Staaten Moskau den Rücken kehren, wie seinerzeit Sadat, weil sie sowjetische Waffen und Militärberater nicht mehr bräuchten. Deshalb ist der Kreml gegen den Frieden im Nahen Osten, und auch gegen Camp David als einen Versuch, den Friedensprozeß einzuleiten.«

Lassen Sie uns nach Afghanistan zurückkehren. Welche Lösung sehen Sie für den gesamten Konflikt?

»Können die Sowjets diesen Krieg unendlich lange führen? Nein, sie können das politisch und moralisch nicht. Schon jetzt haben sie sich maßlos blamiert. Ich denke an das Jahr 1940 zurück, an den finnischen Winterkrieg. Wie blamabel empfand man es damals in der Sowjetunion, daß die Rote Armee den Krieg gegen Finnland vom 30. November 1939 bis Mitte März 1940 führen mußte, also fast vier Monate! Das war eine unvorstellbare Schlappe. Sie hat man später zu kaschieren versucht, indem man behauptete, daß jener Krieg nur im Namen des Leningrader Militärbezirks geführt worden sei. Es wußten jedoch alle, daß dies falsch war und daß die Soldaten aus verschiedenen Gegenden der UdSSR hingeschickt worden waren. Der Krieg in Afghanistan dauert nun schon fast vier Jahre, also zwölfmal länger als der finnische Winterkrieg. Und dabei gibt es bis heute militärisch, geschweige den politisch, keinen Erfolg für die Sowjets. Die Lage ist für sie in Afghanistan heute ungünstiger als am 27. Dezember 1979. Die anfänglichen Ängste der Mudschaheddin vor der angreifenden Weltmacht sind verschwunden. Die Freiheitskämpfer haben begriffen, daß die sowjetischen Angreifer sie nicht besiegen können.«

Glauben Sie an eine politische Lösung, die einen phasenweisen Rückzug mit späterer Prüfung der Sicherheitslage in den geräumten Gebieten vorsieht? In Kabul würde möglicherweise eine Übergangsregierung bleiben, vorläufig noch von Babrak Karmal geführt.

»Babrak wird dort selbst nicht bleiben – aus Gründen der persönlichen Sicherheit.«

Und wenn man vorher Kabul abschotten würde ...

»Soll man die Stadt gegen die ganze Bevölkerung absichern? Das sind unrealistische Vorstellungen.«

Und die Rückkehr des Königs als Staatspräsident?

»Als Person vielleicht möglich, aber das Problem ist, welche Politik gemacht wird.«

Eine bürgerliche, an Finnland orientiert.

»Aber den Status Finnlands gab es in Afghanistan schon, und den hat Moskau dann selber verspielt. Nein, wenn die Sowjets abziehen, sind die Mudschaheddin die Macht im Lande. Wer sonst? Hier spiegelt sich die im Laufe des ganzen Krieges für die Freiheitskämpfer negative, aber im Falle einer Lösung positive Tatsache, daß kein einziges Land so effektiv geholfen hat, daß die Mudschaheddin von ihm abhängig wären.«

Befürchten Sie nicht im Falle eines Machtvakuums, also sobald die Sowjets abgezogen sind, einen Bürgerkrieg?
»Das ist wirklich eine schwierige Lage. Ich befürchte, daß es unter diesen Umständen zu einer Teilung in ein Nord- und ein Südafghanistan kommt. Nordafghanistan mit Karmal und den Sowjets – die dadurch ihr Gesicht wahren –, und der Süden als Mudschaheddin-Land.«
Ich meinte eine andere Möglichkeit, die schon mehrmals ins Gespräch gekommen ist. Die Russen müßten sich vom flachen Land zurückziehen, dagegen Kabul, Herat, Kandahar und die Luftwaffenbasen behalten. Sie würden damit 98 Prozent des Territoriums abgeben und eine Situation schaffen, wie sie ähnlich zur Zeit der Könige geherrscht hat – die Zentren für die Regierung, die ländlichen Gebiete den unabhängigen Stämmen.
»Ich bezweifle, daß dies machbar ist. Solange die Sowjets bleiben, wird es auch Krieg geben. Alles andere ist ziemlich weltfremd.«
Was wäre also eine ehrenhafte Lösung für Moskau? Darum geht es ja wohl.
»Letzten Ende haben auch die Amerikaner in Vietnam darauf verzichten müssen, das Gesicht zu wahren. Und die Sowjets werden dies in Afghanistan ebenso tun. Es bleibt ihnen nichts anderes übrig, als abzuziehen. Karmal und seine Gruppe werden sie begleiten müssen. Aber: Mit jedem Monat, mit jedem Jahr, mit jeder sowjetischen Offensive, mit jedem zerstörten Dorf wird sich in Afghanistan alles nur noch verschlimmern. Der Kreml sollte sich möglichst bald damit abfinden, seine Truppen abzuziehen.«
Stichwort Andropow. Ich glaube, es hängt sehr viel von ihm ab, vermutlich sogar alles. Ist Andropow das friedliche Lamm, als das ihn die KGB-Desinformation dem Westen gerne darstellt, oder ist er ein Wolf im Schafspelz?
»Ich würde sagen, weder noch. Andropow ist ein kluger Politiker. Er ist ein Pragmatiker und kein Ideologe. Andropow sieht die Situation bestimmt richtig. Er ist sicher intelligenter als Breschnew. Aber er ist kein Zar. Er ist abhängig von denjenigen, die ihn unterstützen, also vom KGB und vom Militär. Das bedeutet nicht, daß das KGB und die Militärs den Krieg wollen. Es heißt aber, daß hier Kräfte mit im Spiel sind, die in den Kategorien von Law and Order denken. Deshalb schafft Andropow jetzt Ordnung in der Sowjetunion, obwohl er ganz genau weiß, daß das nichts hilft.
Natürlich wäre ein Abzug für die Moral der Truppen schlecht. Vielleicht gibt es bei den Militärs auch die zynische Erwägung, daß

die Streitkräfte Kriegserfahrung bekommen sollen. Sie möchten aus allem das Positive ziehen. Die Nomenklatura wäre bereit, noch lange in Afghanistan zu bleiben, wenn sie eine Aussicht hätte, tatsächlich zu siegen. Nur gibt es diese Aussicht nicht. Deshalb vermute ich, daß sie doch bereit sein wird, die Truppen abzuziehen; nicht sofort, aber in einer nicht zu fernen Zukunft. Ich sehe mich durch das Zustandekommen der Genfer Gespräche bestätigt.«

Sind Sie optimistisch, was Genf betrifft?

»Genf ist ein erster, noch halboffizieller Versuch. Das Problem ist, daß die neue Führung den Schwarzen Peter nicht an die Verstorbenen gegeben hat. Die Troika ist weg: Breschnew, Kossygin, Podgorny – und Suslow als Chefideologe dazu. Es wäre möglich gewesen, zu sagen: der Einmarsch in Afghanistan war der Fehler dieser Herrschaften. Die Andropow-Führung hat das nicht gemacht.«

Kusitschkin war es, der berichtet hat, daß Andropow gegen den Einmarsch in Afghanistan war, Breschnew dafür. Muß das Politbüro nicht immer einstimmige Beschlüsse fassen?

»Absolut nicht. Darüber hinaus hat Kusitschkin nur gesagt, daß Andropow dagegen war, aber nicht, daß er dagegen gekämpft habe. Wahrscheinlich hat das Politbüro die Meinung des KGB erfahren. Der Geheimdienst hat vermutlich dem Politbüro in vorsichtiger Weise die möglichen Schwierigkeiten und Gefahren mitgeteilt. Mehr sicher nicht. Es ist in Moskau nicht Usus, daß irgendeine Behörde, auch das KGB nicht, mit dem Politbüro oder dem Sekretariat des Zentralkomitees diskutiert. Das sind Ausführungsorgane und keine Berater. Natürlich muß jetzt auch Andropow die Stimmung im KGB und beim Militär beachten, aber es handelt sich dabei um die großen Linien der Politik, nicht um Entscheidungen in konkreten Fällen. Das letztere bleibt Prärogative der ›Direktivorgane‹ – des Politbüros und des Sekretariats des ZK der KPdSU.«

Was soll aus Afghanistan werden?

»Scheine heller und heller, heilige Sonne,
Sonne der Freiheit, Sonne des Glücks.
In Stürmen sind wir marschiert – den Pfad
des Sieges, den Pfad der Dunkelheit und
den Pfad des Lichts, den roten Pfad des Op-
fers, den ehrlichen Pfad der Brüderlichkeit.
Unser revolutionäres Vaterland gehört nun
den Arbeitern. Dieses Erbe der Löwenher-
zen gehört nun den Bauern. Vorbei sind die
Tage der Unterdrückung, die Arbeiter haben es vollbracht. Unter den Menschen begehren wir Frieden und Brüderlichkeit, für
die schwer Arbeitenden mehr Rast. Für sie
verlangen wir Brot, für sie wollen wir Unter-
kunft und Kleidung.«

Text der afghanischen Nationalhymne
(freie Übertragung)

Afghanistan und die gesamte Region Mittlerer Osten sind der
Prüfstein der Ost-West-Politik in den achtziger Jahren. Ob Genfer
Raketengespräche geführt werden oder nicht, es sollte doch niemand übersehen, daß in Europa die Fronten und die gegenseitigen
Einflußsphären längst abgesteckt sind. Im »Krisenbogen« zwischen Indien und Ostafrika fletschen beide Supermächte jedoch
immer bedrohlicher die Zähne. Die amerikanischen Haushaltsmit-
tel für den Aufmarsch am Indischen Ozean haben inzwischen einen
Umfang erreicht, der dem Bruttosozialprodukt mancher Staaten
entspricht. Daß die Sowjetunion hier kaum zurücksteht, läßt sich
ebenfalls nachweisen. Allein beim Aufwand für ihre Flotte steigern
sich die Sowjets in einem Rüstungsboom, den vor einem Jahrzehnt
niemand für möglich gehalten hätte. Noch besteht die Hoffnung,
daß einige Realisten im Weißen Haus und im Kreml erkennen
werden, wie wenig ihre Länder sich eigentlich diese gigantische

337

Aufrüstung leisten können, wie sehr beide über ihre Verhältnisse leben.

Afghanistan bleibt in seiner jetzigen Form ein gewaltiger Klotz an Moskaus Bein. Wirtschaftlich gesehen, zahlt die keineswegs auf Rosen gebettete Sowjetunion am Hindukusch absolut drauf. Zum einen muß sie ihr Expeditionsheer von mehr als 100 000 Mann und einen ungeahnten Materialverlust finanzieren, zum anderen das gesamte Land über Wasser halten, da Afghanistan im Prinzip bankrott ist. Geostrategisch besitzt die Anwesenheit in der Nachbarschaft des Persischen Golfes durchaus ihren Reiz, obwohl der Rückzug mit dem neuen sowjetischen »Backfire«-Langstreckenbomber jederzeit ausgeglichen werden könnte. Afghanistan zu besitzen, ist meines Erachtens kein Muß für Moskau, sondern inzwischen eine reine Belastung. Solange dieser Konflikt andauert, wird die Kommunikation zwischen den beiden Machtblöcken gestört bleiben, was sich aber eher zum Nachteil Moskaus als des Westens auswirkt.

Seit Jurij Andropow, allem Anschein nach ein realistischer Politiker, das Ruder übernommen hat, scheinen die erstarrten Fronten in Bewegung gekommen zu sein. Das heißt nicht, daß jetzt plötzlich eine Friedenstaube im Kreml sitzt, die Stammvater Lenins Auftrag zur Eroberung der Welt vergessen oder gar verworfen hat. Es bedeutet auch nicht, daß die bis über das Jahr 1990 hinaus ausgearbeiteten sowjetischen Entwicklungspläne für Afghanistan über Nacht zur Makulatur werden. Die fieberhafte Bautätigkeit auf den Militärflugplätzen in Grenznähe zum Iran sowie die erste Bahnverbindung des Landes (sie führt von Taschkent und Buchara über Termes nach Heiratan und wurde im Juni 1982 eröffnet) sind Investitionen, die sich nur langfristig auszahlen. Moskau weiß das, denn die Kremlherren kalkulieren messerscharf. Was sich weder strategisch noch ideologisch noch wirtschaftlich rentiert, das stoßen auch sie meist ab. Afghanistan – soviel steht fest – ist unter vertretbarem militärischen Aufwand von niemandem zu erobern. Über die Zukunft des kaputten Landes können allein politische Verhandlungen entscheiden. Moskau dieses Faustpfand im Mittleren Osten wieder abzuringen, wird vielleicht im Laufe der Jahre von selbst einfacher, sollte aber trotzdem schleunigst versucht werden – einzig und allein im Interesse der grausam mißhandelten afghanischen Bevölkerung.

Wie sehen die beiden eigentlichen Verhandlungspartner die Zukunft Afghanistans? *Spiegel*-Herausgeber Rudolf Augstein wurde der journalistische Erfolg zuteil, im April 1983 mit Jurij Andropow sprechen zu dürfen und (im Gegensatz zum *Spiegel*-»Gespräch« mit Breschnew) auch direkte Antworten zu erhalten. Augstein zu Afghanistan: »Ist man sich sowjetischer Seite bewußt, wie sehr die Frage Afghanistans das internationale Klima stört, und gibt es Pläne, diesen Störfaktor zu beseitigen?« Darauf die höchst interessante Aussage des neuen sowjetischen Parteichefs, die ich hier wörtlich wiedergeben möchte:

»Unsere Pläne einer politischen Lösung des afghanischen Problems sind nicht geheim, wir legen sie in aller Öffentlichkeit dar, und dies jetzt nicht zum ersten Mal. Darüber sprach noch Leonid Iljitsch Breschnew. Nach ihm haben wir das mehrmals wiederholt. Wir meinen, daß sobald die politische Einmischung in die Angelegenheiten Afghanistans aufhört, und sobald es Garantien gäbe, daß sie sich nicht wiederholt, wir sofort unsere Truppen von dort abziehen. Dies ist unser Ziel. Die Sache ist die, daß wir dort einmarschiert sind auf Bitten der legalen afghanischen Regierung. Das heißt, unsere Truppen befinden sich dort auf Bitten auch der jetzigen Regierung Karmal, einer legalen Regierung. Wir suchen dort für uns selbst nichts, wir haben dort nichts verloren. Aber die Sache ist die, daß es eine Bitte eines Bruderlandes war, welches gebeten hat, Hilfe zu leisten gegen die Intervention und gegen eine solche Intervention oder eine solche eigenartige Intervention, aber doch Intervention, und wir haben eine solche Hilfe geleistet. Aber auch außerdem, man darf nicht vergessen, daß dies in unserer Ecke geschieht, an der Grenze geschieht es, wir haben eine große gemeinsame Grenze, und uns ist es nicht gleichgültig, was für ein Afghanistan das sein wird. Sagen wir zum Beispiel so, daß man es besser begreift, ob es den Vereinigten Staaten egal wäre, welche Regierung in Nicaragua sein würde. Nicaragua befindet sich in einer riesigen Entfernung von den Vereinigten Staaten. Bei uns aber ist mit Afghanistan eine gemeinsame Grenze, und wir verteidigen unsere nationalen Interessen, wenn wir Afghanistan helfen. Aber ich wiederhole: Wir haben überhaupt nicht vor, uns in Afghanistan aufzuhalten. Die politischen Gespräche sind jetzt im Gange. Und hier denke ich wohl auch, daß nicht die Pakistani daran schuld sind, denn sie werden die meiste Zeit am Ellenbogen festgehalten, von irgendwoher aus Übersee. Jedoch, mit Hilfe der Organisation der Vereinten Nationen und ihres Generalsekretärs glauben wir, daß man zu einem Erfolg kommen kann, auf irgendeiner vernünftigen Grundlage.«

Eine aufschlußreichere Aussage zum Thema Afghanistan hatte es von dieser Seite vorher noch nicht gegeben. Andropow erklärte hier deutlich, daß die Sowjetunion einlenken würde, wenn die künftige Unversehrtheit ihrer Südgrenze garantiert wäre und in Kabul eine ihr freundlich gesinnte Regierung an die Macht käme. Finnland und die Mongolei scheinen am politischen Firmament auf. Der Kreml würde taktisch einen Schritt zurücktreten, könnte jedoch sein Gesicht wahren. Moskau ermutigt aber auch die Vereinten Nationen, im Sinne einer Verhandlungslösung tätig zu werden, und hofft dabei sicherlich, daß eine goldene Brücke entsteht. Wie das in der Praxis, hinter den Genfer Kulissen aussieht, davon soll noch die Rede sein.

Ein im Gegensatz zu manchen bundesdeutschen Diplomaten sehr kooperativer und erstaunlich entspannter Gesprächspartner ist US-Botschafter Ronald Spiers in Islamabad. Der ehemalige Vertreter seines Landes in der Türkei sitzt näher am Krisenherd, als irgendein anderer Beauftragter der Reagan-Administration. Bei diesem Urteil nehme ich auch die immer noch existierende US-Botschaft in Kabul nicht aus, da deren Handlungsmöglichkeiten auf ein Minimum reduziert sind. Die wichtigeren Geheimdienstberichte und Hintergrundinformationen kommen aus Islamabad und Neu-Delhi, und dort laufen auch alle relevanten Drähte zusammen. Nicht umsonst wird dem Sowjetbotschafter Smirnow in Islamabad mehr Bedeutung zugeschrieben, als er nach außen hin je zeigen darf.

Doch zurück zu Spiers, der mir die offizielle US-Position mitteilte. Kurz gesagt, die Amerikaner glauben, daß die Russen Afghanistan nicht in einen zweiten Iran umwandeln lassen wollten, aber auch den damaligen Regimechef Amin nicht mehr ertragen konnten. Deshalb seien sie einmarschiert. Eigene Verluste von 10 000 Mann und mehr seien für den Kreml keine Tragödie. Wegen der fehlenden Informationsmöglichkeiten für den einzelnen Bürger fiele das kaum ins Gewicht. Nun stünden die Truppen also an der Grenze Belutschistans und blickten begehrlich auf die nächste Beute. Die Sowjetunion sei eine Gefahr für den Iran und für Pakistan, aber keinesfalls umgekehrt. In Washington glaube man nicht daran, daß Einflüsse aus den Nachbarstaaten die muslimische Bevölkerung der Sowjetunion zum Aufstand veranlassen könnten.

Der US-Botschafter fuhr fort: »Wir dürfen nicht den Fehler begehen, auf zwei, drei, viele Polen zu setzen. Die Sowjetunion ist innerlich gefestigt und durch keine Opposition gefährdet. Die Versorgung mit Gütern des täglichen Bedarfs schreitet voran. Der Kreml hat alle seine Satelliten fest in der Hand. Wenn es erforderlich sein sollte, wird er in Afghanistan noch mehr Tote in Kauf nehmen. Jeder Stratege weiß, daß Afghanistan mit einer halben Million Soldaten befriedet werden könnte. Die Sowjets wären damit in der Lage, alle Hauptstraßen und Städte abzusichern. Auf den Rest des Landes könnten sie verzichten. Sie haben die Chance vertan, mit uns bei den Abrüstungsgesprächen auf einen gemeinsamen Nenner zu kommen. Das Verhältnis zwischen unseren beiden Nationen ist schwer belastet. Wir können also nur noch auf die Bemühungen der Vereinten Nationen hoffen.«

Darüber hinaus hat sich Washington die Kernforderungen der vier bisherigen UNO-Resolutionen über Afghanistan zu eigen gemacht: Die sowjetischen Truppen müßten vollständig abziehen, Moskau dem afghanischen Volk Selbstbestimmung ermöglichen, den unabhängigen und blockfreien Status Afghanistans wieder herstellen und die Rückkehr der Flüchtlinge »in Sicherheit und Ehre« garantieren.

Die Bemühungen für eine diplomatische Lösung des Afghanistan-Konflikts begannen 1980 mit unakzeptablen Vorschlägen der Karmal-Regierung, deren Ergebnis letztlich die internationale Anerkennung des sowjetischen Einmarsches gewesen wäre. Im Januar 1981 regte Pakistan eine Initiative der Vereinten Nationen an, da ihm die Flüchtlinge immer mehr zur Belastung wurden. UNO-Generalsekretär Kurt Waldheim beauftragte den Peruaner Javier Pérez de Cuellar, seinen späteren Nachfolger, mit der heiklen Mission. Das brachte aber vorläufig ebensowenig wie ein konstruktiver Vorschlag der Europäischen Gemeinschaft, präsentiert beim Moskau-Besuch des britischen Außenministers Lord Carrington. Kabul akzeptierte die Vermittlerrolle der UNO erst im August 1981, verlangte aber sogleich eine Garantie dafür, daß die Übergriffe aus Pakistan und dem Iran beendet würden. Noch bewegte sich auf der diplomatischen Bühne nichts. Erst als 1982 deutlich wurde, daß die Situation von Moskau und Kabul militärisch nicht in den Griff zu bekommen war, zeigten sie sich einer Verhandlungslösung wieder aufgeschlossener. Im Kreml weiß man nicht erst seit Breschnews Tod, daß der Krieg mit den bislang eingesetzten Kräften nicht zu gewinnen ist. Von den drei Möglichkeiten, nämlich die Streitkräfte in Afghanistan zu vervielfachen, Diplomaten vorzuschicken oder in Kabul eine volksnähere Regierung einzusetzen, entschieden sich die Sowjets für die zweite.

Der neue UNO-Generalsekretär Pérez de Cuellar ernannte den aus Ekuador stammenden Diplomaten Diego Cordovez zu seinem Unterhändler und ließ ihn im April und im Juni 1982 erste indirekte Gespräche zwischen einer pakistanischen und einer afghanischen Delegation leiten. Keine Seite war zu Kompromissen bereit, und der Iran steuerte auch noch die Forderung nach einer von den bisherigen Widerstandsführern regierten »Islamischen Republik Afghanistan« bei. Interessanterweise hatten sich Pakistan und die Sowjetunion plötzlich aber viel zu sagen, und Zia ul-Haq wurde nach Breschnews Begräbnis im November vom neuen Kremlchef 40 Minuten lang mit ausgesuchter Höflichkeit empfangen. Anschließend gestand Zia dem Kreml »ein Recht auf einen sowjetfreundlichen Staat« Afghanistan zu. Die Londoner *Times* behauptete, hinter den Kulissen seien konkrete Abmachungen getroffen worden. Zia solle zugestimmt haben, den Mudscheddin die Unterstützung zu entziehen, wenn Moskau innerhalb von zwei Jahren seine Truppen aus dem Nachbarland abziehe. Selbstverständlich ist für diese Mutmaßung in Islamabad keine Bestätigung zu erhalten.

Trotzdem begann die früher sorgsam propagierte islamische Solidarität der Pakistaner im Frühjahr 1983 zu bröckeln. Auch Olaf Ihlau von der *Süddeutschen Zeitung,* der in Sachen Pakistan schon immer ein feines Gespür hatte, bezog die Möglichkeit eines geheimen Kuhhandels zwischen Islamabad und Moskau in seine Überlegungen ein: »Nur Träumer konnten erwarten, General Zia, der seinem eigenen Land das Privileg demokratischer Grundrechte vorenthält, habe es wirklich aufrichtig gemeint mit der von ihm gerne gebrauchten Formel, dem afghanischen Volk müsse erlaubt werden, sein Schicksal selbst zu bestimmen und eine Regierung seiner Wahl zu berufen.« Monatelang pendelte Diego Cordovez zwischen Teheran, Kabul und Islamabad, bot überall sein Kompromißpaket an. In der *Prawda* fand sich unversehens ein Satz, der die westlichen Analytiker aufhorchen ließ: »Die Sowjetunion ist daran interessiert, daß Afghanistan ein neutraler und nichtpaktgebundener Staat und ihr guter Nachbar bleibt.« Experten wußten, daß Afghanistan von dieser Seite immer als blockfrei apostrophiert worden war, jedoch noch nie als neutral. Im Kreml-Jargon hat »neutral« einen höheren Stellenwert als »blockfrei«. Die positiven Zeichen mehrten sich.

Es bestand schon längst kein Zweifel mehr daran, daß die Initiative für eventuelle Friedensverhandlungen von der Sowjetunion ausge-

Im Widerstand arbeitende Künstler fertigen bizarre Karikaturen an, um die Situation Afghanistans darzustellen. Hier wird Leonid Breschnew als schwer angeschlagenes Raubtier gezeigt. Zuviel Optimismus?

gangen war. Valentin Falin, der damalige außenpolitische Sprecher des ZK stellte in Genf fest: »Wir wollen die Gespräche und sind nicht daran interessiert, in Afghanistan zu bleiben.« Und der stellvertretende Leiter der Internationalen Abteilung des ZK, Wadim Sagladin, äußerte gegenüber der italienischen Zeitung *Paese Sera:* »Es sind Kontakte zwischen Pakistan und Afghanistan im Gang. Es ist eine politische Lösung möglich, die die Intervention von außen stoppt und den Rückzug unserer Soldaten ermöglicht.« Nun sei alles in ein »neues Stadium« getreten. Der mutmaßliche KGB-Resident in Peshawar, Anatol Gurganow, ein smarter Typ, dem die Kommunikation mit der westlichen Presse viel Spaß macht, verbreitete bereits vor der neuen Genfer Verhandlungsrunde, im April 1983, was sein Land akzeptieren würde. Man könne doch unter UNO-Aufsicht, versuchsweise 5000 Flüchtlinge zurückschicken, die Sowjettruppen aus deren Siedlungsgebieten abziehen und die entstehende Situation beobachten. Gurganow wörtlich: »Der Status quo in Kabul wird durch keinerlei Verhandlungen zu ändern sein. Es ist jedoch nicht unbedingt notwendig, daß Karmal bleibt.« Das ließ die Insider von Peshawar erneut aufhorchen.

Pakistans Außenminister Sahabzada Yakub Ali Khan, ein absolut unterkühlter Karrierediplomat, dem selten ein Kommentar zu entlocken ist, sprach Ende April 1983 bereits von »wesentlichen Fortschritten«, und auch der UN-Vermittler Diego Cordovez freute sich wohl etwas verfrüht über einen zu 95 Prozent fertig ausgearbeiteten Vertragsentwurf. Von anderer, ebenfalls ernstzunehmender Seite, war dagegen zu erfahren, daß sich die Genfer Unterhändler den wichtigsten Fragen noch nicht einmal genähert hätten; also der von Moskau verlangten Garantie für eine Nichteinmischung in die inneren Angelegenheiten Afghanistans, der Regelung des Flüchtlingsproblems und den Details einer neuen afghanischen Regierung. Im Mai meldete die indische Nachrichtenagentur UNI aus Kabul, der Kern der 20seitigen Afghanistan-Vereinbarung bestehe aus einem Stufenplan, dessen Verwirklichung bereits im September beginne. Aus diplomatischen Zirkeln sickerten Einzelheiten durch: Die Sowjeteinheiten sollten sich zunächst aus den Grenzprovinzen zu Pakistan – also aus Nangarhar, Paktia und Zabol – zurückziehen und die dortigen Garnisonen an afghanische Elitetruppen übergeben. Danach würden die Flüchtlinge unbewaffnet (!) in ihre Dörfer zurückkehren und dort unbehelligt den Wiederaufbau beginnen können. Diego Cordovez, so wurde weiter bekannt, peile einen drei Jahre dauernden, allmählichen Abmarsch der Sowjets an, während Moskau von fünf Jahren ausgehe, um seine Genossen wohlversorgt in Kabul zurücklassen zu können.

Am 16. Juni begannen die dritten Afghanistan-Gespräche, »Genf III« genannt. Wiederum führten die Pakistaner Yakub Ali Khan und sein afghanisches Pendant Schah Mohammed Dost indirekte Konversationen, das heißt, UN-Diplomat Cordovez eilte beständig zwischen den beiden hin und her und teilte ihnen die Positionen der Gegenpartei mit. Ursache dieses Versteckspiels ist Pakistans Weigerung, die Karmal-Regierung anzuerkennen. Und wen es offiziell nicht gibt, mit dem kann man auch nicht Auge in Auge zusammensitzen. Die Teilnehmer dieser Konferenzrunde reisten etwas betreten in die Sommerpause. Konkrete Ergebnisse blieben aus.

Hinter den Kulissen jedoch geriet einiges in Bewegung. Das Gerücht, die Sowjets würden mit dem pensionierten General Mohammad Khan, dem Verteidigungsminister der Ära Yussof, über die Nachfolge Karmals verhandeln, war plötzlich vorhanden und genauso schnell wieder verschwunden. Expremier Yussof versicherte mir: »Was will Khan denn? Wenn bekannt würde, daß er mit russischer Hilfe an die Macht gekommen ist, dann wäre er sofort unten durch.« Außerdem, so hieß es von anderer Seite, sei der General alt und krank. Auch der agile und keineswegs uninteressierte Yussof wurde in die Überlegungen einbezogen und zu den bürgerlichen Politikern gezählt, mit denen Moskau als Alternativlösung einverstanden sei. Yussof sprach für seine liberale Gruppe: »Wir haben den Russen direkte Gespräche vorgeschlagen. Wenn sie darauf nicht eingehen, wären wir auch zu Verhandlungen unter UN-Ägide bereit. Außerdem versuchen wir König Zahir zu mobilisieren. Eine neue, eine bürgerliche Regierung müßte als erstes neue Truppen aufstellen, um für Sicherheit und Ordnung zu sorgen und die Gefahr des Bürgerkrieges zu bannen. Nach vier bis fünf Jahren sollte die Loya Jirgah einberufen werden, die große Stammesversammlung, um den Übergang so reibungslos wie möglich zu regeln. Wir wollen keinen Bruderkrieg mehr.«

Bevor die Überlegungen der Liberalen für eine säkulare Exilregierung in Rom weitergesponnen wurden, meldete sich zur Überraschung aller Zahir Schah zu Wort. In seinem ersten Interview im Exil – er gewährte es *Le Monde* – versicherte der 69jährige: »Persönlich habe ich überhaupt keine Ambitionen und schon gar nicht, die Monarchie wieder herzustellen. Mein einziges Ziel ist, meinem Land zu dienen. Meine Pflicht ist es, Bedingungen für Verhandlungen zu schaffen.« Er wünsche eine absolut einige Widerstandsfront, die auch an internationalen Verhandlungen teilnehmen könne. Afghanistan, so versicherte der ehemalige Herrscher, werde nach einem Abzug der sowjetischen Truppen auf keinen Fall in eine Basis für Sowjetgegner umgewandelt. Das Land dürfe nie zur Gefahrenquelle für die UdSSR werden. Bei freien Wahlen müsse es auch den jetzigen Machthabern erlaubt sein, sich der Abstimmung zu stellen.

Keiner meiner Gesprächspartner, ob in Genf oder im Mittleren Osten, wollte jedoch im Herbst 1983 die Hand dafür ins Feuer legen, daß die Sowjets nicht nur pokerten und in Wirklichkeit gar nicht ernsthaft an einen Rückzug dachten. Aufgrund vieler Anzeichen drängt sich nämlich die Frage nach der zusätzlichen Karte im Ärmel Jurij Andropows auf. Sowjetkenner Schores Medwedew widersprach dem KGB-Überläufer Wladimir Kusitschkin in seiner 1983 erschienenen Andropow-Biographie. Der neue starke Mann hätte, so Medwedew, 1979 als Geheimdienstchef zurücktreten müssen, wenn er gegen die Invasion in Afghanistan gewesen wäre. Medwedew behauptete weiter, die Vorstellung, daß Moskau seine

Marionette Karmal fallenlasse, sei reines Wunschdenken. Der Exil-Autor kündigte statt dessen eine »Afghanisierung« des Konflikts an.

Damit kann er durchaus den Nagel auf den Kopf getroffen haben. Was wäre, wenn Moskau – wie bisher – auf seine vermeintliche Fähigkeit vertrauen würde, den Kampf um die Seelen der Afghanen doch noch zu gewinnen? Nach wie vor befinden sich mehr als 10 000 zukünftige Parteikader und Apologeten des »real existierenden afghanischen Sozialismus« in sowjetischer Obhut. Sobald sie zurückkehren, wird sich dies wie ein Dopingmittel auf das in seiner jetzigen Form chancenlose Kabuler Regime auswirken. Auch eine »kosmetische« Änderung der Führungsschicht, die so etwas wie »Liberalisierung« vortäuschen würde, und die beleidigten Khalqis wieder in Ehren aufnähme, ist im Repertoire der Kommunisten allemal enthalten. Ein publicity-trächtiger Truppenteilabzug im Jahr 1984 würde gleichfalls gut ins Bild passen und Moskaus westlichen Freunden in Sachen Afghanistan endlich ein Erfolgserlebnis bescheren. Elite-Einheiten durch die Hintertür wieder zurückzuführen, hat die Sowjetunion noch immer beherrscht. Auch diese Alternative würde sich mit meiner Grundthese decken, daß Moskau seine Beute nicht aufgeben, aber politisch zum Teil einlenken wird.

Sollte das Kunststück gelingen, den afghanischen Stammesfürsten lokale Autonomie im Austausch gegen eine Duldung der neuen Zentralregierung zu gewähren (wie es die Engländer taten), dann könnte Jurij Andropows derzeitiger Freund Zia ohne besondere Skrupel – die er sowieso kaum kennt – den Mudschaheddin ihren Unterschlupf aufkündigen und den bisherigen Durchgangsverkehr sperren. Golbuddin Hekmatjar und seine Leute dürften als einzige der Widerstandsgruppen in den Iran gehen, um von dort aus weiterzukämpfen. Um die verpaßte Chance zur Demokratisierung würde keiner von ihnen trauern. Vielleicht wäre im Wahljahr 1984 auch Washington zufrieden, wenn aus Afghanistan keine Greuelmeldungen mehr einträfen und gleichzeitig der sowjetische Einfluß in Mittelamerika spürbar abnähme. Wie man hört, stellt sich Andropow bereits auf eine zweite Amtsperiode Ronald Reagans ein. Warum sollten sich die beiden nicht über gemeinsame Sicherheitsinteressen verständigen können?

Wie es auch kommt, Zweifel sind bei jeder Afghanistan-Lösung angebracht. Schon einmal zogen die Sowjets Truppen ab – unzuverlässige usbekische und tadschikische Einheiten. Der Vorgang wurde zu einer klassischen Propagandaveranstaltung. Keine Rede war mehr davon, daß sich die muslimischen Soldaten mit ihren ethnischen Verwandten in Afghanistan zunehmend verbrüdert hatten. Die DDR-Nachrichtenagentur ADN meldete aus jenem Anlaß: »Im Kabuler Stadtbezirk Khair Khana wurde einer der sowjetischen Truppenteile, die auf das Territorium der Sowjetunion zurückkehren, herzlich verabschiedet. Zugegen waren dabei Vertreter der afghanischen Armeeführung sowie in- und ausländische Journalisten. Afghanische Offiziere sprachen auf der Veranstaltung der Sowjetunion aufrichtigen Dank dafür aus, daß sie dem afghanischen Volk geholfen hat, die Unabhängigkeit, die nationale Souveränität und die territoriale Integrität des Landes zu verteidigen und die Einmischung von außen abzuwehren. Der Chef der Politischen Hauptverwaltung der Volksstreitkräfte der Demokratischen Republik Afghanistan, Gol Aka, hat in einem Interview betont, das begrenzte Kontingent sowjetischer Truppen erfülle erfolgreich seine internationalistische Mission, die eine Mission des Friedens sei.«

Ob auch das leidgeprüfte afghanische Volk an Frieden glaubt, wenn es solche Worte oft genug hört?

Ein großes Dankeschön

gilt allen, die mich bei der Arbeit an diesem Buch in irgendeiner Weise unterstützt haben.

Besonders hervorheben möchte ich hier Professor Sayd Bahauddin Majrooh vom Afghan Information Center in Peshawar, Mukhtar Hassan von der Agency Afghan Press in Islamabad und seinen Londoner Kollegen Syed T. Wasti, Paul Bucherer-Dietschi, Gründer und Leiter der Bibliotheca Afghanica in Liestal (Basel) sowie die Experten beim United States Information Service München, dem US Central Command und im Foreign and Commonwealth Office London. Sehr wertvoll war mir auch die Unterstützung durch das Internationale Institut für strategische Studien in London und durch die nationalen Institute in Islamabad wie in Neu-Delhi. Ebenso kooperativ zeigten sich meine Gesprächspartner beim Internationalen Roten Kreuz und bei den Vereinten Nationen.

In Islamabad kam mir das Wissen der Professoren Anis Ahmad und Khurshid Ahmad vom Institute for Islamic Policy zugute. Professor K. P. Misra von der Jawaharlal-Nehru-Universität in Neu-Delhi und Professor Michael S. Voslensky vom Institut für sowjetische Gegenwart in München lieferten mir wertvolle Hinweise und gaben Denkanstöße. Da die afghanische Regierung meine Arbeit von Anfang an behindert hat, mußte ich, um bestimmte Informationen zu erhalten, weitgehend mit den Vertretern der Widerstandsgruppen und den Oppositionspolitikern zusammenarbeiten. Das funktionierte jedoch bestens. An dieser Stelle danke ich auch dem ehemaligen afghanischen Premierminister Dr. Mohammed Yussof und meinem versierten Kollegen Dr. Nadjib Yussufi, der das Manuskript unter historischen Gesichtspunkten gelesen hat.

Dem Buch kam außerdem die Kooperation mit den in Sachen Afghanistan bestens informierten Journalisten John Fullerton (wohnhaft in London und Hongkong), Bernd de Bruin (aus Amsterdam) und Dr. Ohlaf Ihlau (bis Herbst 1983 Korrespondent der

348

Süddeutschen Zeitung in Neu-Delhi) zugute. Eine Reihe von Publizisten aus Indien und Pakistan fanden sich zu Hintergrundgesprächen bereit und ebneten mir manche Wege. Ein besonderes Dankeschön den Chefredakteuren Inder Malhotra (Neu-Delhi) und Agba Murtaza Pooya (Islamabad) sowie dem Südasien-Korrespondenten des *Spiegel,* Sri Prakash Sinha. Die couragierte Adeena Niasi war mir eine große Hilfe in Neu-Delhi. In Teheran bewies das Ministerium für religiöse Führung, daß es Bitten unbürokratisch zu erfüllen versteht. Dasselbe trifft, in anderem Zusammenhang, auf eine Anzahl westlicher Diplomaten – vornehmlich aus der Bundesrepublik Deutschland – in der gesamten Region zu. Einige Informationen konnte ich nur mit Hilfe der Moslembruderschaft erhalten.

Zu unentbehrlichen Stützen sind mir inzwischen Maritta Morgner und Lisa Lutz geworden, die mir seit langem bei der Aufbereitung und Auswertung der Materialfülle helfen. Ein Dankeschön nicht zuletzt allen, deren moralische Unterstützung mich ermutigt hat.

Bildnachweis

United Nations High Commissioner for Refugees: A. Diamond (1), S. Errington (1), J. Cuénod (1), D. A. Giulianotti (1); US Central Command (3), MTI Foto (3), TASS-Jürgens (3), Mönch-Verlag (1), Hans Peter Kruse (2), Bernd de Bruin (3), Gabriele Sudmann (1), Wilhelm Dietl (34). Die restlichen Fotos stammen von verschiedenen afghanischen Widerstandsgruppen.

Personenregister

351

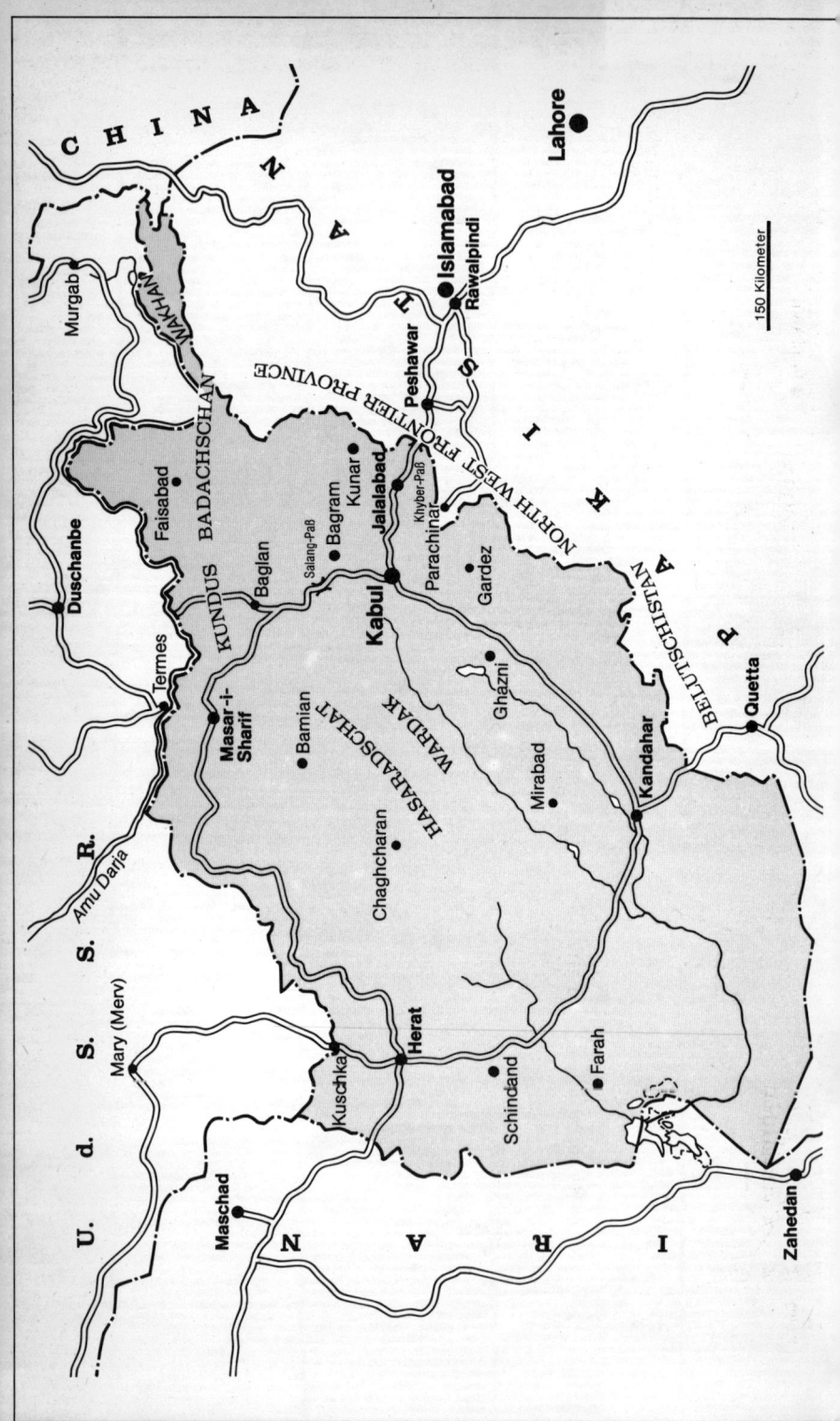